《中国职业技术教育》创刊30年丛书

30年30业

编写组

中国教育出版传媒集团
高等教育出版社·北京

内容提要

本书是《中国职业技术教育》创刊30年丛书之一。职业教育需要与产业发展保持紧密联系，以提升和培养适应产业发展需求的人才为核心目标。随着我国经济结构调整和产业升级不断加快，数字经济蓬勃发展，新技术、新业态、新模式、新职业层出不穷，各行各业对高素质技术技能人才的需求越来越紧迫。为总结宣传30年来中国职业教育主动适应经济社会发展和产业变革需要，推动新产业、新业态高质量发展所取得的成就，本书聚焦先进制造业、现代服务业和战略性新兴产业等领域，选择"直播电子商务""大数据服务""电子竞技""建筑绿色低碳化"等30种与职业教育发展紧密相关的新业态，面向相关行指委等单位征集新业态发展研究成果，旨在充分展现职业教育与新业态相互支撑、相互促进的良好生态，促进教育链、人才链与创新链、产业链有机深度融合。

图书在版编目（CIP）数据

《中国职业技术教育》创刊30年丛书. 30年30业 / 《〈中国职业技术教育〉创刊30年丛书·30年30业》编写组编. --北京：高等教育出版社，2023.12
ISBN 978-7-04-061526-5

Ⅰ. ①中… Ⅱ. ①中… Ⅲ. ①职业教育-中国-文集
Ⅳ. ①G719.2-53

中国国家版本馆CIP数据核字（2023）第236924号

《中国职业技术教育》创刊30年丛书·30年30业
《ZHONGGUO ZHIYE JISHU JIAOYU》CHUANGKAN 30 NIAN CONGSHU · 30 NIAN 30 YE

策划编辑 贾瑞武　责任编辑 陆 明　封面设计 易斯翔　版式设计 童 丹
责任绘图 邓 超　责任校对 吕红颖　责任印制 赵义民

出版发行 高等教育出版社
社　　址 北京市西城区德外大街4号
邮政编码 100120
印　　刷 北京中科印刷有限公司
开　　本 787mm× 1092mm 1/16
印　　张 21.25
字　　数 410千字
购书热线 010-58581118
咨询电话 400-810-0598

网　　址 http://www.hep.edu.cn
http://www.hep.com.cn
网上订购 http://www.hepmall.com.cn
http://www.hepmall.com
http://www.hepmall.cn

版　　次 2023年12月第1版
印　　次 2023年12月第1次印刷
定　　价 58.00元

物 料 号 61526-00

序言

自1993年创刊以来，《中国职业技术教育》已届而立之年，我们特决定出版“《中国职业技术教育》创刊30年丛书”。

职业教育是基础性事业，其发展离不开理论指导、榜样引领、事件推动、支柱支撑和伙伴协同。故此，本丛书撷取1993—2022年这段历史，分别从“文、人、事、校、业”五个角度，力图较为全面地展示30年来中国职业教育发展之路。

“30年30文”：理论是实践的先导。中国职业教育的伟大实践与成就，离不开扎根中国实际的学术研究和理论基础。30年来，中国职业教育学术界在借鉴、总结、开拓、创新中，为实践发展路径提供了前瞻性理论探寻，对实践中的迷茫与争论进行了拨云见日的澄清，为打造职业教育“中国方案”、形成中国职业教育发展模式提供了理论支撑。回顾历史，我们从《中国职业技术教育》刊发的21400余篇文章中撷取各年度富有代表性、创造力、影响力的文章30篇，并邀约专家学者进行总结、阐释、解读，梳理展现30年来中国职业教育学术发展脉络与理论成就。

“30年30人”：综合国力的竞争归根结底是人才的竞争、劳动者素质的竞争。高素质技术技能人才是支撑中国制造、中国创造的“主力军”，也是实现高水平科技自立自强、破解创新发展难题的“生力军”；职业教育是培育造就高素质技术技能人才的主阵地，是孕育能工巧匠、大国工匠的重要母体。弘扬大国工匠与良匠之师的先进事迹，对营造劳动光荣、技能宝贵、创造伟大的时代风尚，树立心有大我、至诚报国，言为士则、行为世范，启智润心、因材施教，勤学笃行、求是创新，乐教爱生、甘于奉献，胸怀天下、以文化人的教育家精神，具有重要意义。因此，我们在众多大国工匠、能工巧匠、优秀教师中精选30位先进人物，介绍他们的事迹，供各界人士了解。

“30年30事”：重要时间节点和标志性事件既是推动我们事业发展的坐标点，也是铭记事业成就的里程碑。30年来，党和国家对职业教育高度重视、寄予厚望，一系列重要政策、会议、指示，指引了职业教育的发展方向；30年来，职业教育战线奋勇向前、改革探索，在不同时期、不同发展阶段取得了一系列辉煌成就。为系统展现30年来中国职业教育的成长历程、关键环节、重要成就，我们特遴选30件影响职业教育发展的重要事件，并进行阐释解读。

“30年30校”：职业院校是职业教育的主力军，是职业教育服务经济社会发展、满足人民群众需求的核心力量。从1994年确立“三改一补”发展高等职业教育，到2019年正式批准确立首批职业本科院校，广大职业院校共同构建了以中职为基础、高职为主体、职业本科为牵引的现代职业教育体系。30年来，它们以提升服务经济产业能力发展为主旨，努力开拓办学体制机制新路径；30年来，它们以满足人民群众高质量教育需求为要责，不懈探索教育教学新模式；30年来，它们以服务社会多样化教育需求为使命，为社会广开求学之门。为展现职业院校30年来筚路蓝缕、改革探索的艰辛历程，我们从全国1万多所职业院校中遴选30所院校作为代表，进行典型呈现。

“30年30业”：产业是职业教育服务的核心，也是其发展的重要支撑。30年来，职业教育不断探索服务产业发展路径、模式，以产定教，教随产出，四链融合，专业与产业发展日渐同频共振。以先进制造业、现代服务业和战略性新兴产业为代表的新产业和新业态，代表着产业发展的方向，也最为集中地体现了职业教育紧盯产业发展、教随产出的发展重心。为此，我们选择30种与职业教育发展紧密相关的新业态，充分展现职业教育与产业相互支撑、相互促进的良好生态。

历史是最好的教科书，是我们开创事业、进行斗争、实现复兴的重要基础。铭记历史，才能面向未来。1993—2022年，是中国职业教育浓墨重彩的30年。这30年，中国职业教育在拉开社会主义市场经济的帷幕下起步，迄今已建成大规模的职业教育体系，为中国成为世界第二大经济体提供了源源不断的技能人才；这30年，职业教育面向人人、服务人人，一线新增从业人员70%以上来自职业院校，职业院校70%以上学生来自农村，两个“70%”为学生的发展、社会的共同富裕奠定了坚实基础；这30年，中国职业教育从“引进来”到“走出去”，为世界提供了“中国智慧”“中国方案”，充分展现了中国道路的优势与自信。

“大江流日夜，慷慨歌未央。”回顾30年历史之河，众多中国职业教育的研究者、探索者、建设者或以异乎寻常的敏锐思想、超前视角探究职业教育发展前沿，扫清理论、思想障碍；或以无与伦比的勇气，勇往直前，开拓创新，开辟职业教育实践新路；或甘于奉献，勤勤恳恳夯实职业教育发展根基。他们的思想、探索、奉献值得我们回顾、铭记。

《中国职业技术教育》诞生成长于这30年。作为时代见证者、历史记录者、学术思想库，我们有责任刻录下这30年的发展历程，以及为此做出不可磨灭贡献的人物、院校和单位，进而为未来发展奠定更加坚实的基石。这是我们出版本丛书，绘制30年职教发展全幅画卷的初衷。

面向未来，党的二十大的胜利召开对职业教育做出新部署、提出新要求，中国职业教育进入新的发展阶段，前途广阔，一片光明。面向世界，中国职业教育发展模式被越来越多的国家学习引进，逐步走向世界前列。我们坚信在下一个30年，中国职业教育将赢得更加辉煌的未来！

本丛书由教育部职业教育发展中心主任彭斌柏策划指导、副主任曾天山统筹组织，产教合作处处长唐以志具体推进。在编撰过程中得到全国电子商务职业教育教学指导委员会、深圳职业技术大学等单位和院校，李梦卿、陈衍等专家学者的鼎力支持。高等教育出版社编辑在时间紧、任务重的情况下，尽心竭力，夙夜不懈，保证了丛书的高质量出版。在此，向所有参与丛书编撰的单位、院校、专家、学者和同仁表示衷心的感谢。

需要说明的是，由于篇幅所限，许多重要的文章、人物、事件、院校、产业未能列入其中，引以为憾，期待日后再加以增补。

编写组

2023年9月

目 录

职业教育促进数字农业经济智能农机应用新业态高质量发展

党的十八大以来，党中央高度重视农业农村的建设和发展，国务院和农业农村部相继出台《数字乡村发展战略纲要》《数字农业农村发展规划（2019—2025年）》《“十四五”全国农业农村信息化发展规划》等政策文件，各地也积极制定农业信息化发展规划推动数字农业建设和发展。伴随着大数据、区块链、移动互联网和人工智能等信息技术的快速发展和大范围普及，世界主要农业发达国家都将农业数字化转型作为国家发展农业的重要战略。我国作为世界农业大国之一，正向农业强国建设转型升级，以信息化推动农业现代化建设是时代的紧迫需求，也是农业强国建设的充分保障。而就农机而言，“十四五”时期，农业现代化角逐已由机械化向智能科技竞争转变。为应对新时期农业现代化挑战，我国有必要立足数字经济优势，推进数字农业高速发展。作为“十四五”时期现代农业的重要发展方向，数字农业通过高新技术应用将实现对农业要素、农业过程和农业机械化的可视化表达、智能化运用和数字化管理。

一、数字农业经济智能农机应用新业态定位

数字农业经济智能农机应用新业态是指智能农业装备在数字农业经济中呈现出的行业状态。农业机械装备是现代农业发展的重要物质基础，是我国制造强国建设的十大重点领域之一。2018年，中央一号文件提出推进我国农机装备产业转型升级，加强科研机构、设备制造企业联合攻关，进一步提高大宗农作物机械国产化水平，加快研发经济作物、养殖业、丘陵山区农林机械，发展高端农机装备制造。随着现代互联网技术与新农业的融合与发展，农业装备从机械化到智能化的跨越进程正在加速推进，并促进了以物联网、移动互联网、大数据和云计算等为支撑和手段的现代农业的形成。

（一）数字农业将农业现代化提升到更高阶段

近年来，北斗导航、5G等技术应用到农业生产、流通、服务等环节，在一些地

方，农业不但改了模样，还变了内涵：物联网、大数据引领“无人化”农业正逐步替代看天浇水、靠经验施肥的传统耕作模式，数字农业将是农业现代化的更高级阶段。

我国“十四五”规划首次将粮食综合生产能力作为安全保障类约束性指标，在经济社会发展主要指标中予以明确，全国人大通过立法建立长效机制，推进乡村振兴，确保粮食安全。数字农业经济的发展将促进粮食综合生产能力提升，当前，能否让数字农业从一些地方的“盆景”变成大规模推广和应用的“风景”，还需加快科研应用转化，提高生产经营效率，通过数字农业把农民、新型经营主体、涉农企业、行业组织联系在一起，形成更强的竞争力、更高的生产力，助力实现农业现代化。

（二）数字农业融入智能农机的路径

近年来，农业农村部不断加强数字技术与农业融合发展，促进传统农业转型升级，实现农业生产发展新突破。强化顶层设计，农业农村部会同中央网信办、国家发展和改革委员会等部门出台《“十四五”国家信息化规划》《数字乡村发展行动计划（2022—2025年）》等政策文件，将农业农村信息化作为一项重要任务进行谋划和部署。制定印发《“十四五”全国农业农村信息化发展规划》《“十四五”数字农业农村建设规划》，进一步明确农业农村信息化推进思路，细化实化建设重点任务。

开展智能农机装备及关键核心技术攻关，加快精准农业、智能农机等标准制定。推动信息技术与农机农艺融合，打造数字田园、智慧农（牧、渔）场等数字化应用场景，为农业全产业链发展提供支撑。

推动数字技术与现代农业技术深入融合。聚焦行业发展需求，探索智能农机行业数字化转型路径。研发一些先进适用的智能农机装备，支持建立农业智能装备、农机作业监测与大数据应用重点实训室等，提升科技创新能力，促进智能农机装备加快投入产业应用。

二、数字农业经济智能农机应用新业态变迁

作为我国农业发展的系统性工程之一，数字农业关键技术涉及经济社会发展各个领域，需要充分研判技术、环境、资源等多种数字农业发展要素的内在规律。党的十八大以来，中共中央、国务院高度重视数字农业关键技术的发展，将其作为未来农业发展的方向，在我国经济高质量发展的迫切需求下，如何借助数字农业关键技术实现农业农村创新发展并成为新的经济增长点，是国家“十四五”时期重点关注的议题。

20世纪80年代，美国率先提出使用农业互联网及大数据分析的精确农业构想。

借此构想，美国农业产业链条实现了全新变革，并在世界农业领域引起重大反响。随着精确农业构想逐步落实以及数字技术的日益发展，数字农业理念正式诞生。其中，数字化技术的发展正是数字农业理念“脱虚向实”的重要根基。数字技术的广泛应用，实现了农业生产环节新突破，推动农业经济效益飞速提升。从数字农业关键技术发展历程来看，我国数字农业经历了萌芽期、探索期、初步发展期以及高质量发展期四个时期。

1. 萌芽期（1990—1997年）

20世纪90年代，得益于全国实行的家庭联产承包责任制，中国人均粮食拥有量达到世界平均水平，标志着全国农业生产进入历史性改革阶段。为进一步紧跟国际农业发展步伐，科技部于1990年将“农业智能应用系统”相关研究纳入“863”计划。在该阶段中，我国数字农业关键技术主要以遥感技术为代表，对农作物事项进行动态监测并予以估产。与此同时，农业计算统计科学与农业数据处理也开始崭露头角，开启生产记录与管理电子统计的新阶段，为我国数字农业关键技术的发展奠定基础。

2. 探索期（1998—2012年）

随着农业数字模型以及农业专家系统构建并逐步成熟，中国食品信息网于1998年开通运行。该网站的运行成为早期食品发布、管理与查询的重要标志，也为数字农业关键技术应用与发展提供了有利条件。我国农业产业发展开始由“质量型”向“生态型、安全型”过渡，并逐渐以技术和资本为导向，此阶段“数字农业”内涵较第一阶段有了较大拓展。

3. 初步发展期（2013—2016年）

这一时期我国大宗农产品价格断崖式下跌，农村居民经营性收入下降，农产品结构性矛盾再次凸显。为优化农业生产不平衡现状，我国数字农业主要以农业物联网、大数据技术等关键技术为主，突出生物科技在其中的重要作用。同时，随着农业信息网络体系初步形成，以及农业信息资源与信息服务等载体不断优化，农业领域信息开始实现交流与共享，为数字农业关键技术的发展奠定了坚实基础。这一时期，数字农业关键技术已逐渐与农业发展进行了深度融合。

4. 高质量发展期（2017年至今）

2017年以来，我国先后出台多项有关推进数字农业关键基础发展的政策方针，以促进数字农业与数字乡村的协同发展。这一时期，人工智能、物联网、大数据等新一代信息技术逐渐应用于农业种植各领域，并不断推进农业信息化进程。与此同时，数据价值的重要性在“十四五”期间进一步凸显，促使数字农业关键技术的应用与推广，成为这一时期农业领域生产流通的主要抓手。与上一阶段相比，数字农业关键技术的相关理论与实际应用逐渐成熟，技术日趋完善，特征也更加明显。

三、数字农业经济智能农机应用新业态的未来发展

农机装备智能化是智能制造十大领域之一，也是乡村振兴和新农村建设的一个关键环节，对于推动农业机械化和农机装备产业转型升级，提升农业生产效率，推进农业农村现代化发展有着十分重要的意义。农机装备智能化可以提升农业生产各个作业环节的效率和质量，物联网和数据平台可以及时提醒用户进行保养维护、调度管理，进一步提升生产和管理效率，进而增加收益。产业数字化转型的浪潮使得智能拖拉机、植保无人机等一批新的数字化装备开始在农业生产中显露头角，随着乡村振兴战略深入推进，农业现代化和农机装备智能化受到国家相关部门和社会各界的高度重视。未来的农场将普遍是高标准无人作业农场，应用北斗卫星导航系统高精度定位、智能控制、天空地一体化测控、农业物联网、高端农业装备、优质高产稻麦品种、精确精准栽培等现代技术，形成整套无人作业高产高效稻麦种植体系，旨在将高产栽培模式通过智能化植入种植的全过程，并将种植过程模式化、标准化，实现农机农艺的深度融合，促进农业产业发展和乡村振兴。

农机装备将常规配置具有远程监控、自动导航、无人驾驶、全路径规划功能的动力机械，实现耕整地、种植（栽插）、植保、施肥、收获等智能化操作。利用5G低时延特性，让超远距离、集群化实时控制变为可能，促发农机行业革命，通过5G的大带宽使得视频传输实现无损回传，实时监控田间的各种信息，为全无人化农机作业提供技术保障。根据田块的数字地图，查看作业地块、车辆状态及单机控制界面，支持查看各区域信息、各地块作业动态和作物状态可视化显示,并可实现以下功能。

实现远程控制，通过作业车辆携带的视频采集终端和农场视频系统实现作业视频信息的实时回传，制订相应的作业部署，单机控制界面中可对机车进行点火/熄火、开始/结束、农具控制等操作，部署完成后，云端下发给相应设备，完成最终作业。

实现无人终端，通过无人平台可以查看农机的具体信息，包括农机上的智能装备、工况信息和历史轨迹，同时可以设置农机作业时的工况信息阈值，当超出阈值后会自动报警。

实现作业视频年度内全量存储，通过网络硬盘录像机对无人驾驶车辆安装的网络摄像机传输的数字数据码流进行存储、管理，实现网络化的分布式架构，可以同时观看、浏览、管理、存储多个作业视频。管理人员可以在控制室实时查看车辆整体作业进度和状态，快速查阅历史视频记录，便于对车辆的综合作业状态进行监管和调控。通过云存储空间，管理者可以在任何时间、任何地点连接联网装置，方便地存取数据。

完善农机信息化平台，通过在农机上安装的智能化设备可以对农机进行监管，不仅包括了对设备作业面积、作业轨迹、工作量等基本信息的统计，也包含了对设备异常信息的采集记录、设备保养信息的汇总分析、设备智能终端参数调节管控等智能监管功能。

完善智能物联平台，对当前通信网络系统覆盖进行升级，基于切片技术，为农场提供高可靠的5G农业专网，保障农场内高清视频监控的实时回传。同时，确保农场内水、肥、药、补光等农场控制设备的精准操作，避免由于延迟而导致缺量或过量，造成作物损害或资源浪费。结合农场内传感器设备、视频采集设备及工作人员对网络的不同需求，适配相应网络服务，实现农场内数据质量保障。整合气象站、土壤墒情、虫情监测和病情监测等田间智能设备，对实时回传的田间数据在后台进行数据整合，实现智能决策以及自动控制。无人农场和农机人工智能是智能农业装备在数字农业经济中的典型应用，也是数字农业经济在智能农业装备的落脚点。

无人农场先进的一小步，迈出了中国式农业现代化的一大步。未来的无人农场将实现耕、种、管、收、藏等生产环节全覆盖，机库田间转移作业全自动，自动避障异况停车保安全，作物生产过程实时监控，智能决策精准作业全无人。随着城市化进程的不断加快，“农业没人干”成为农村普遍现状，而无人农场的出现，不仅有效破解了“谁来种地”和“怎样种地”的难题，更是契合了现阶段农业智能化、数字化新模式，让农民真正做到智慧种田。

当下，随着现代信息技术与农业生产的深度融合发展，人工智能已融入了农业机械，并在农业机械领域得到大范围覆盖。从定位导航到无人驾驶，再到实时在线检测，人工智能贯穿始终，以智能化的技术实现精准管理，提高了农业的种植生产效率。随着时代的发展、科技的进步，我国农业的发展也与时俱进，智慧农业也在种植、畜牧等机械领域得到广泛应用，高效推动农业产业链的改造升级，助力实现农业机械化、精细化、高效化、绿色化发展。

四、职业教育支撑数字农业经济智能农机应用新业态发展

（一）职业教育服务数字农业经济智能农机应用新业态

1. 职业教育促进数字农业经济智能农机应用推广

在农业领域进行数字技术的应用和改革，必须要有相对应的数字技术推广。由此看来，我国智能农机应用技术主要面临着三大考验：一是务农者长期依赖传统农业耕种形式；二是数字技术存在一定的风险，导致部分风险偏好较低的地区应用数

字技术的意识较低；三是数字技术需要较高的农业知识与技能。推进农业数字经济在智能农机方向的应用，人才是关键。职业教育相关院校要扩大面向农村招生的规模，为农村培养用得上、留得住、干得好的带头人和各类技术技能人才。打破围墙式的传统教育模式，开门办学，送教下乡，使农民不离乡、不离土，就近接受系统的职业教育，实现产业链上培养人才。

2. 职业教育为数字农业发展提供高素质的应用型人才

职业教育与云计算、互联网及大数据等的融合为数字农业的发展带来新的机遇，并促进了数字农业的新业态与新模式的产生。引导职业院校学生学习新的技能，发挥职业院校技术创新优势，为推动数字农业发展提供有价值、能落地的科技成果；探索构建以职业院校为依托的数字农业推广应用、成果转化新模式，为数字农业的发展提供高素质的应用型人才。

（二）职业教育促进数字农业经济智能农机应用新业态发展

党的二十大提出，“促进数字经济和实体经济深度融合，打造具有国际竞争力的数字产业集群”。为中华民族伟大复兴培养社会主义建设者和接班人，是新时代党和国家赋予高等职业教育的新使命，也是智能农机应用职业教育高质量发展的重大机遇。由此，重点面向新一轮科技革命和产业变革，重构高水平智能农机应用专业群是实现我国新旧增长动能全面转换、培养更多高素质和创新型技术技能人才的重要支撑。2019年12月，教育部、财政部公布中国特色高水平高职学校和专业建设计划建设单位名单，共有197所高职学校入选此批次“双高计划”。其中，56所高职学校入选高水平学校建设，141所高职学校入选高水平专业群建设。其中，黑龙江农业工程职业学院承担农业装备应用技术高水平专业群建设。高水平专业群建设与职业教育促进数字农业经济智能农机应用具体承载内容为国内首个无人农场项目，该项目包含以下内容。

1. 无人农场云平台

该平台系统实现客户端对数据文件、数据库、数据发布服务及功能服务的交互和集成，具有良好的兼容性、扩展性和容错性。

2. 病虫害监测防治子系统

该系统包括物联网设备管理，建立病虫害田间调查数据、物联网智能病虫测报设备监测资料、各监测站点、监测设备及监测人员等统一管理平台；包括病虫数据、图片及田间气象信息等相关监测信息，监测站点、作物、病虫种类等分类存储。通过该系统实现对各类监测信息的统一管理调度、互联互通。

3. 精准作业农机管理子系统

该系统包括基于地理信息系统（GIS）实现精准作业农机列表管理，实时显示农机的作业轨迹，统计作业面积。

4. 环境土壤信息监测子系统

该系统实现物联网设备管理，即基于地理信息系统实现物联网设备的应用展示，将环境信息监测（自有气象站数据）及部分农业物联网（自有田间生境监控数据）设备统一管理、分级或分组。图形化展示物联网设备状态、数量、位置等，自动将物联网采集设备采集的数据、图片等资料通过网络接入系统内，并自动对接入的各种信息进行分类、整理；对综合性数据进行分析展示。

5. 视频监控子系统

该系统包括基于现场的实时视频图像的管理与展示，基于空中无人机拍摄视频的展示及地面无人作业农机随动视频的管理与展示。

6. 无人驾驶农机应用子系统

该系统包括基于GIS的无人驾驶农机、无人驾驶高地隙喷植保机的可视化管理平台，在线无人作业调度及任务规划，远端生成和下发作业指令，车端全自主执行，实时作业状态和作业轨迹的显示，支持移动端对作业状态和轨迹的查询显示。黑龙江农业工程职业学院通过农业装备应用技术高水平专业群建设，促进数字农业经济智能农机应用新业态发展。

（三）数字化技术培养服务乡村振兴新人才

目前，农业生产领域不断迎来科技创新，提升行业供应链环节的信息获取能力，用技术驱动农业，将有利于促使现代农业专业群转型升级。职业院校应结合自身优势培养“科技+农业”的新兴复合型产业人才，推动乡村产业、人才、文化、生态、组织振兴，确立人才培养新规格。专业嵌融，创建专业课程新体系；耕读交融，实施教学组织新形式；多元共融，建立协同育人新机制。学校推进产教融合，深化科教融汇，发挥智能制造学院、互联网学院的专业优势，助力现代农业专业群数字化转型，培养懂技术、善创新、会管理的复合型“新农人”。

有学者建议，以智慧农业专业群对接现代农业产业群，加快职业院校涉农专业升级和数字化改造。智慧农业作为新技术变革下的多学科交叉新专业，对技能人才的知识结构、技能水平和能力素质均提出了全新要求。“既懂农业又掌握新一代信息技术，不仅会种地而且‘慧’种地的智慧农业实用复合型人才培养，需要更长学制。”因此，应以智慧农业专业群建设为发力点，优先支持高水平涉农职业院校开展本科层次现代种业、智慧园艺、智慧养殖、智能农装等专业建设，提高办学吸引力，加快培养一批“用得上、留得住、能力强”的技能型人才。针对智慧农业设备一次性投入大，如大马力拖拉机、采棉机、育种专用播种收获机等单价均在上百万元，办学成本相对较高的现实需求，要加大办学经费投入，增强涉农职业院校人才培养的基础能力。国家“教育强国推进工程”要优先保障和支持智慧农业基础实训平台需要，高质量实施“校园+田园”培养，加强产教协同培养、普职对口支援，一体化设计和开发与产业适配的专业精品课程群、在线教学资源库和案例库，提高涉农职业教育供给精准度。

产业振兴是乡村振兴的核心要务，人才振兴是产业振兴的主要根基，是否能够实现产业富民关键在于是否有能够支撑智慧农业、数字乡村发展需要的技术技能人才。作为产业人才培养的主力军，高职院校应培养“新农人”。面对一系列新挑战，江西环境工程职业学院进行了以下探索：一是探索构建乡村振兴人才定向培养模式；二是打造乡村振兴技术技能创新服务平台；三是聚焦乡村振兴需要，加快涉农专业改造升级；四是以技术服务带动涉农专业人才培养；五是积极开展涉农专业创新创业教育和技能竞赛。

产教融合是职业教育的育人优势，企业在产教融合和合作过程中发挥着举足轻重的作用。“从产业的视角和企业用人需求的角度来说，校企双方需共融共通，根据产教融合的新场景，培养面临产业前沿和主流业态的产业高技能人才。”广州万维视景科技有限公司的业务涵盖数字农业基础设施建设、示范性农业产业园或特色小镇运营、大米种植等领域，通过场景化教学与学校育人模式深度结合。其中，企业最根本的作用是帮助学校把优势发挥出来，帮助学校走完教学“最后一公里”，解决产业师资缺乏问题，引导学生学习产业技能，助力企业便捷招聘到有效人力。

在新一轮科技革命和产业变革发展中，以数字化技术促进传统农业专业转型升级势在必行，企业和职业院校在校企合作实施智能农机产业技术人才培养实践中提出，目前在数字农业领域有两类人才十分紧缺，一类是智能农机装备新技术的应用人才。企业的切身感受是：“这两年随着植保无人机高效率的作业，类似的新型无人农机已经深入人心，但是由于从业者缺少系统培训，特别是农学知识的缺乏，作业水平参差不齐，每年因为不当作业造成的损失非常大，建议通过校企结合共育的方式，一方面是尽快出台例如北斗高精度导航智能农机的职业技能标准，另一方面可依据现有的1+X植保无人飞机应用职业技能等级标准和人力资源和社会保障部的无人机驾驶员（植保）国家职业技能等级标准，系统规范地培养高水平高技能人才。”另一类是智能农机装备的运维人才。目前国内的一些公司，每到春耕农忙季节在全国范围至少有上万人的季节用工需求，主要工作内容就是北斗导航终端加装改造传统农机和设备维护，但是企业很难招到合适的人，目前国内的高校未增加相关课程，而涉农职业院校的在校学生可以胜任这一岗位需求。因此，各职业院校、企业应深度合作，共同打造新技术结合新产业的专业岗位，搭建相关专业产教融合课程体系，从而实现新技术产业人才服务乡村振兴。

（四）推动职业教育高质量发展助力乡村振兴

党的二十大报告指出，必须坚持科技是第一生产力、人才是第一资源、创新是第一动力。建设现代职业教育体系，推动职业教育高质量发展。将产教融合作为促进经济社会协调发展的重要举措，同步规划产教融合与重大生产力布局，打造产教融合发展共同体。

发挥职业教育产教融合优势，助力乡村产业振兴。党的二十大报告强调，全面推进乡村振兴。我们要发挥职业院校技术创新优势，以深化农业供给侧结构性改革、提升农业发展质量为主线，为推动农村产业发展提供有价值、能落地的科技成果；探索构建以职业院校为依托的农业技术推广应用、成果转化新模式，把职业院校的科技优势转化为农业生产、市场竞争优势。

发挥职业教育人才培养优势，助力乡村人才振兴。全面推进乡村振兴，人才是关键。职业院校要扩大面向农村招生的规模，为农村培养用得上、留得住、干得好的带头人和各类技术技能人才。打破围墙式的传统教育模式，开门办学，送教下乡，使农民不离乡、不离土，就近接受系统的职业教育，实现产业链上培养人才。

主要执笔人：杜长征，黑龙江农业工程职业学院；冯艳辉，黑龙江农业工程职业学院；王应宽，中国农业工程学会；赵作伟，黑龙江农业工程职业学院；赵酝，云农京飞（北京）科技股份有限公司。

职业教育赋能铁路高端装备制造业态高质量发展

铁路高端装备制造业是我国高端装备制造的支柱产业，在“十三五”“十四五”国家战略性新兴产业发展规划中均被列为重点发展产业。目前，我国铁路装备制造业已经成为世界上最大的铁路装备制造业之一。职业教育主动适应经济结构调整和产业变革，紧盯产业链条和技术前沿，为产业经济提供源源不断的人才红利。近十年来，职业教育累计为各行各业培养输送7 900万高素质劳动者和技术技能人才。全国26所铁道类高职院校，开设铁道车辆、铁道机车、动车组检修技术和城市轨道交通车辆技术、铁道机车车辆制造与维护等专业。近年来，为铁路高端装备制造业重点产业提供了大量骨干技术人才。

一、铁路高端装备制造业态变迁

（一）铁路装备制造行业发展演变

铁路高端装备制造行业是指以铁路运输为主要应用领域，生产和销售各类铁路高端装备和系统的产业，包括铁路列车、城市轨道交通车辆、电气化设备、信号控制设备、信息化系统等。近年来，随着铁路高速化和城市轨道交通的迅速发展，铁路高端装备制造行业也随之飞速发展。我国的高铁技术已经实现了从引进到自主创新的跨越，建立了自主研发、自主生产、自主销售的铁路装备产业链。目前，我国铁路装备制造业已经成为世界上最大的铁路装备制造业之一。

铁路装备制造行业的历史可以追溯到19世纪末、20世纪初。按照技术发展，铁路装备制造行业的发展演变大致可分为蒸汽时期、内燃时期和电力时期。

1. 蒸汽时期

中华人民共和国成立以前，在中国国土上没有内燃机车和电力机车，只有蒸汽机车一个种类。1881年，开平矿务局的胥各庄修车厂，由英国设计、我国制造的第一台蒸汽机车“龙号机车”诞生。1950年，青岛四方机厂（现中车四方股份有限公司）成功改进仿制了“国庆周年”号机车；1952年，青岛四方机厂研制出我国首台蒸汽机车“八一号”，“八一号”解放型蒸汽机车（图2-1）的诞生，掀开了中国铁路工业崭新的一页，结束了中国人不能自行制造机车的历史，成为新中国机车工业变修为造的重大转折。从1957年开始，我国先后完成了建设型、人民型、和平型、前进型蒸汽机车的研制。自1952年7月至1988年12月的36年间，我国共新造铁路运输用准轨蒸汽机车7 494台，2005年10月30日，在我国集（宁）通（辽）铁路线上使用的最后1台前进型蒸汽机车（7048号）停止使用，从而完成了前进型蒸汽机车的历史任务，也结束了我国国家铁路使用蒸汽机车的历史。

图2-1 “八一号”解放型蒸汽机车

2. 内燃时期

1957年以前，中国没有内燃机车的设计和制造能力。1958年8月，长辛店机车车辆厂研制成功第一台电传动内燃机车，定名为“建设型”，但是由于功率偏小，未投入正式运营。1958年9月，大连机车车辆厂（现中车大连机车车辆有限公司）在苏联专家的指导下完成“巨龙型”内燃机车试制，1966年8月正式定名为“东风型”，代号DF，并陆续在国内铁路干线上担当牵引任务。新开发的建设型内燃机车实现了我国生产内燃机车零的突破，而巨龙型机车的研制成功，则开创了我国铁路使用内燃机车的新纪元。国产东风系列机车是我国铁路内燃机车结构的骨干，共有13个系列、42个型号，广泛运用于全路的非电化区段，在牵引动力内燃化的进程中作出了重要贡献。在机车内燃化的初期，铁道部实行“电传动与液力传动并举”发展内燃机车的技术政策。国内各工厂在开发电传机车的同时，也进行了液力传动内燃机车的开发研制。1959—1991年，国内先后开发研制了东方红1型、东方红2型、东方红3型、东方红4型和北京型液力传动内燃机车。由于液力传动内燃机车的技术特征，其未能在货运上得到广泛运用。2007年以后，国内开始生产和谐型“交-直-交”电传动内燃机车。

3. 电力时期

1958年，株洲电力机车厂生产出我国第一台电力机车——韶山1型（SS1）。至1999年，设计研发了从韶山1型到韶山9型多个系列的“交-直”传动型电力机车，在此过程中，机车牵引功率达到6 400 kW，最高时速达到170 km。2000年，株洲电力机车厂生产了DJJ1型（蓝箭）交流传动高速电力机车，最高试验速度达到260 km/h，标志着我国电力机车研制水平跻身世界先进水平。2002年，中华之星动车组下线，创造了当时“中国铁路第一速”321.5 km/h的最高试验速度。该车型采用了计算机网络控制技术、动力再生制动加电控制动的直通式数字制动机等先进技术。与此同时，和谐系列大功率交流传动电力机车开始上线运行，一举将我国铁路货运单节车厢的载重能力由“70~80吨时代”跃升至“百吨时代”。2005年，我国首列直线电机地铁车辆在中车四方股份公司下线，使我国成为世界上继加拿大、日本后第三个掌握此项技术的国家。2007年，“和谐号”动车组投入运营，宣告中国铁路由此跨入高速列车时代。2012年，CRH380A动车组在京沪高铁创造了486.1 km/h的世界铁路运营试验最高速。

如今，160 km/h、250 km/h、350 km/h不同速度等级、满足不同运用需求的“复兴号”系列动车组相继投入运营。2020年，400 km/h跨国互联互通高速动车组下线；2021年，具有完全自主知识产权的600 km/h高速磁悬浮交通系统下线。随着以智能京张、智能京雄为代表的智能高铁项目相继实施，“复兴号”动车组迈入智能化发展新阶段，在国际上首次实现350 km/h自动驾驶。中国中车股份有限公司建立了2个国家级创新中心、12个国家级研发机构，并在全球建立了18个海外研发中心，具备了面向全技术链的技术开发能力，面向全产品链的产品开发能力，面向全生命周期创新保障的科技支撑能力。中国铁路通信信号股份有限公司实现了高铁列控系统、高铁自动驾驶系统、城市轨道交通列控系统、城际铁路列控系统、中低速磁悬浮列控系统、货运编组站自动化系统、铁路综合智能运行维护管理系统与综合运输调度指挥系统八大核心技术自主创新，打破了国外垄断，实现互联互通、高效运营。

（二）铁路装备制造业职业教育的作用

铁路装备制造业是我国重要的战略性产业之一，据《2021年铁道统计公报》相关数据，全国铁路营业里程达到15万千米，其中，高速铁路营业里程达到4万千米；全国铁路机车拥有量为2.17万台，铁路客车拥有量为7.8万辆，其中动车组4 153标准组、33 221辆，铁路货车拥有量为96.6万辆。轨道交通行业持续不断发展，为铁路装备制造产业带来良好发展机遇。紧跟轨道交通大发展的新时期下职业岗位呈现融合优化的发展趋势，深度对接铁路装备制造产业需求的发展型、复合型和创新型的高端技术技能人才需求持续提升。

铁路装备制造职业教育承担着培养高素质复合型铁路工程技术人才的重要职责，是推动我国铁路装备制造业发展的关键人才支撑。铁路装备制造职业教育通过理论与实践相结合的教学以及校企合作等多种形式，培养学生具备扎实的理论基础知识和丰富的实践经验，掌握铁路装备的制造、组装、调试、检修与维护等知识与技能，使得学生能够胜任铁路机车车辆、信号、通信等领域的制造、维修和管理工作。通过职业教育，能够提高铁路装备制造业的生产效率和质量水平，推动企业的技术创新，从而实现企业的可持续发展，推动铁路装备制造业朝着高质量、高效益、高技术、高附加值的方向发展。

二、职业教育支撑铁路高端装备制造业态发展

2019年，国务院印发《交通强国建设纲要》，指出到2035年基本建成交通强国。近年来，随着国家战略的大力支持、各级政府部门的政策帮扶，我国铁路营运效率及智能建设规模显著提升，铁路科技创新水平已位于世界前列。

《中华人民共和国国民经济和社会发展第十四个五年规划和2035年远景目标纲要（草案）》提出，预计到2026年，中国城市轨道交通运营里程有望突破12 000千米。除城市轨道交通外，我国轨道交通发展的另一重要组成部分高速铁路市场亦呈现一片繁荣发展的景象。我国高铁“八纵八横”规划总里程约4.56万千米，当前建设进度已完成八成，高铁运营里程稳居世界第一。与此同时，我国城市轨道交通科技化水平不断发展，城市轨道交通营运规模持续扩大，城市轨道交通将迎来多元化发展，我国正朝着智能、平安、绿色的现代化交通强国不断前进。

职业教育主动适应经济结构调整和产业变革，紧盯产业链条和技术前沿，为产业经济提供源源不断的人才红利。截至2022年，职业教育共设置1 300余种专业和12余万个专业点，覆盖国民经济各领域。

（一）搭平台、建机制，打好“四链融合”的组合拳

职业院校坚持产教融合、校企合作，对接轨道交通产业智能升级，搭平台、建机制、立制度，打出教育链、人才链与产业链、创新链“四链融合”的组合拳。

1. 打造校企命运共同体，赋能行业高质量发展

湖南铁道职业技术学院作为中国特色高水平院校，将产教融合作为学校发展的动力之源和目标所向，学校牵头成立湖南省轨道交通装备制造与运用集团和全国高铁装备制造产教联盟，实施“产教融合提升工程”，推行“一群一链、一专一企”产教融合实践模式，成立了刘友梅院士工作站，校企共建4个产业学院、3个中国中

车科学家（技术专家）工作室、23个技能大师（名师）工作室，构建以大型国有企业为龙头，中小型企业为支撑的产教融合生态圈（图2-2）；创新共建共享共赢“三级双轨”产教融合运行机制，形成“人才共育、基地共建、人员互聘、资源共享、协作服务和文化交融”合作新格局；积极主动对接国家重大战略，学校制订《服务湖南全面落实“三高四新”战略定位和使命任务十项行动》，以建设世界级轨道交通装备产业集群为目标，对接轨道交通前沿技术，加速科技成果转化，促进特质学生个性化培养。

学校牵头组建的湖南轨道交通装备制造与运用职教集团立项国家示范性职业教育集团，升级创新服务平台，开发轨道交通配套新产品26项。开发精准导航、个性助学的智慧“教-学地图”，设计教学内容、教学资源、工作场景三者融合的“全景书”，“三教”改革推动校企共建海量教学资源，供全国24 000余家单位的84万名企业员工、社会人员、职业院校师生共享。与中国铁路广州局集团有限公司共建的产教融合基地，企业投入价值1.5亿元的现场最新设施设备。学校在产教融合方面的深度实践为服务国家战略和地方经济社会发展作出了重要贡献。

2. 搭建平台，形成“校企双向嵌入”产教融合生态

广州铁路职业技术学院构建了“集团+联盟+产业学院”产教融合平台体系。实体化运作国家级示范性职教集团和轨道交通产教融合联盟，整合、共享多方优质资源，输出轨道交通专业教学与培训标准，联合培养“一带一路”合作伙伴本地化人才。校企共建共管轨道交通智慧运维等6个产业学院，延伸办学空间。聚焦轨道交通智慧运维等领域，共建立国家、省级协同创新中心7个，市级重点实验室1个。推动广州市政府与广铁集团共建学校，构建了政府负责投资管理、企业深度参与人才培养的双主体办学新格局。构建学校反哺企业的共赢机制，发挥学校师资等优势，协助广州地铁等企业开发行业技能等级证书标准；发挥学校人才等优势，协助合作企业打造产教融合型企业，其中，国家级产教融合型企业2家，省级21家。

3. 专产对接，增强人才供给与产业发展匹配度

吉林铁道职业技术学院铁道机车专业群学生主要就业面向铁路运输业、铁路运输服务业和铁路机车制造业，同时，专业群建设突出高寒高铁培养特色，为中国高寒区域铁路行业年输送约1 000名以上技术技能人才，为中国铁路行业输送毕业生5 645人，培训干部职工46 552人·日。吉林省铁路运输承担了全省超过六成的客运周转量和约三成的货运周转量，是吉林省“一主六双”产业空间布局的关键连接，铁道机车专业群带动学校铁道类专业集群发展，为吉林省铁路部门输送本地技术技能人才几千人。以铁道机车专业群为核心组建的吉林铁道职业教育集团立项国家示范性职业教育集团，“高寒高铁专业群虚拟仿真实训基地”立项国家职业教育示范性虚拟仿真实训基地培育项目。

产教融合打造命运共同体
• 政校行企
• 产教融合决策层
湖南铁道职业技术学院理事会
省教育厅 职教园区
中车株机 中车株所 中车电机 广铁集团
省职成协会 省铁道学会 市职教协会
杰出校友 管理者代表 在校师生代表
省职成教育研究所
参与“一带一路”联盟 交通运输联盟
牵头成立
加盟中国中车牵头的先进轨道交通装备产教联盟
• 全国机械行指委、行业协会
• 全国轨道交通装备制造与运用企业
• 全国轨道交通职业院校、科研院所
• 轨道交通职教装备企业、出版社
全国高端装备制造与高铁制造产教联盟
湖南省轨道交通装备制造与运用职教集团
• 省轨道交通装备制造与运用企业
• 省中高职业院校
• 省轨道交通职教装备企业
• 湖南职业院校教师发展帮扶联盟
中车科学家工作站
技能大师工作室
搭建学校协同创新和四技服务平台
国家先进轨道交通装备创新中心
轨道交通装备制造应用技术协同创新中心
轨道交通装备制造“四技”服务中心
引领国家、区域产业升级服务“三高四新”战略
机车车辆配件研发 远程运维技术创新 综合服务手段创新
轨道交通装备应用技术研究所
科研创新团队1 2……
企业工作站1 2……
服务轨道交通企业发展 区域轨道交通配套企业 新产品研发、技术创新
轨道装备零部件研发 企业生产工艺流程改造 企业工装设计与实现
轨道交通装备制造应用技术研究所
智能控制应用技术研究所
服务中小微企业质效提升 区域轨道中小微企业工艺开发、技改升级、四技服务
学生创新协会
学生专业社团
同轴推进专业提升与人才培养
培育科技创新团队
培养领军人才
培养大师名师
培养英才学生
培养双师骨干
培养工匠之才
信息共享平台
经验分享
同步互动
联盟管理
资源共享
信息发布
协同教学研究
远程同步教学
国际课程
与轨道交通装备制造产业血脉相通
与轨道交通装备运用产业骨肉相连
与株洲动力谷园区产业唇齿相依

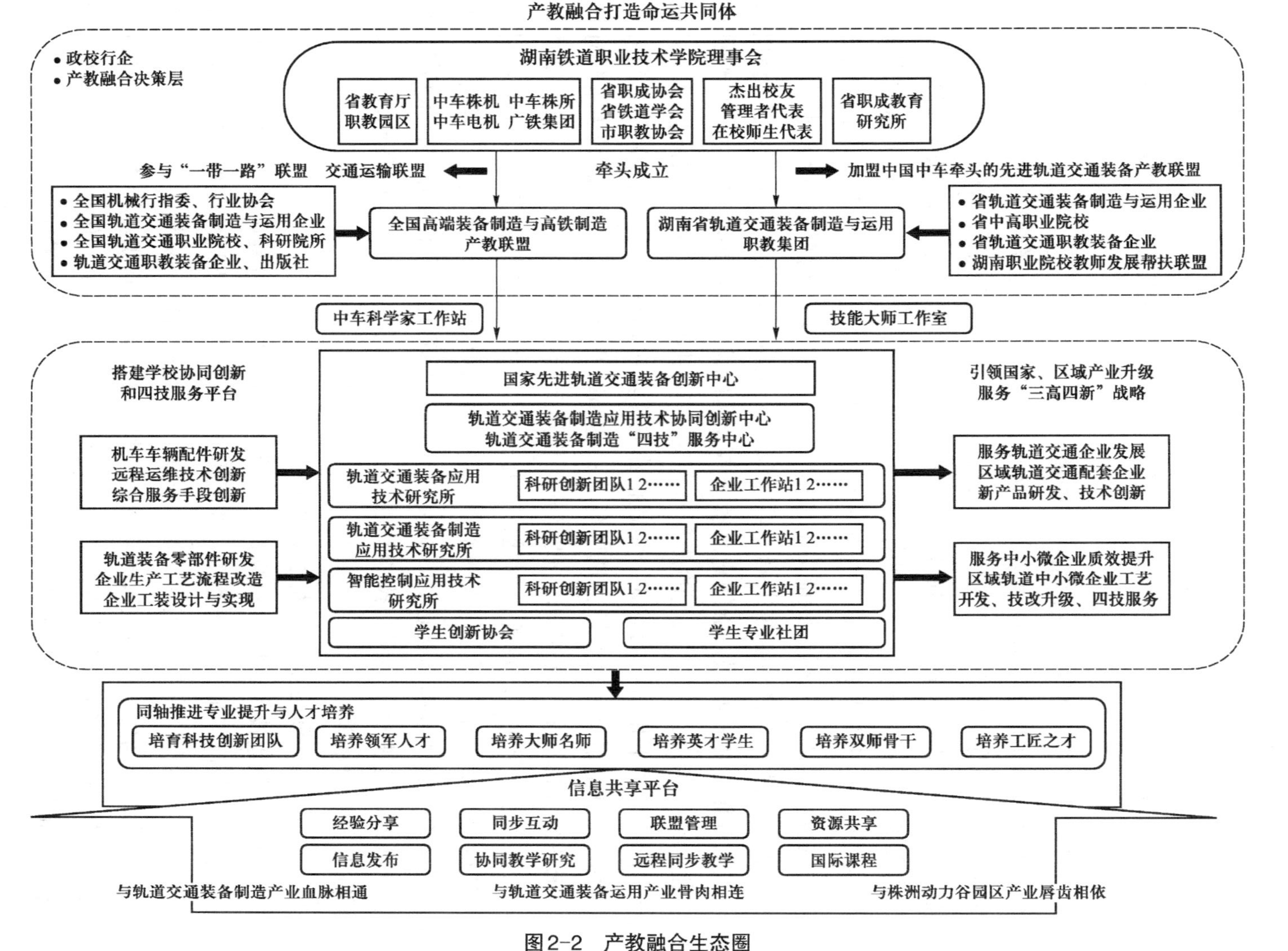

图2-2 产教融合生态圈

（二）聚焦行业，打造高铁人才职业特质培养范式

各高职院校深度践行“三教”改革，铁路特色“2+1”培养、现代学徒制1+X证书制度稳步推行，“学士后”“优长项目”等个性化培养项目特色鲜明，产出了轨道交通虚拟仿真中心、教学资源库、精品在线开放课程、全国教材建设奖等一批国家级人才培养成果，逐步建成了支撑高速铁路行业发展的技术技能人才培养高地。

1. 打造“三教”改革标杆，培养“铁道特质”学生

湖南铁道职业技术学院聚焦培养适应智能时代需求的复合型工程人才，跟踪轨道交通企业“智能制造、境外运维、无人驾驶”等复合型工作岗位、国际化工作环境、创新性工作能力需求，制订了《湖南铁道职业技术学院“主修+辅修”专业人才培养改革试点实施方案》《湖南铁道职业技术学院国际化人才培养试点实施方案》，在2020级学生中开展了“主修+辅修”和“国际化”专业人才培养，着力培养学生的复合能力、工程实践能力和创新能力。“主修+辅修”专业人才培养（图2-3）允许学有余力的学生在主修专业基础上，选取其他任意一个专业进行辅修，群内重点辅修专业核心课，群间重点辅修专业基础课和专业核心课；主、辅修课程内容相同或相似度达80%以上的课程可免修，利用业余时段组织辅修教学，理论教学采用线上线下相结合的方式，实践操作安排集中训练；主、辅修制不另行延长学习年限，可申请替换全院性公选课学分；达到结业要求的，颁发辅修专业结业证书，未达到辅修专业结业要求，仅部分课程达到合格要求的，可颁发课程结业证书。“国际化”专业人才培养，对接产业中的产品出口型或服务输出型企业海外岗位，选取对应专业开展国际化人才培养；以专业为单位，在新生入校一年后，按学业考核和素质测评成绩择优选拔，确定入选国际工匠班的学生，并实行末位淘汰；在重点培养其过硬专业知识和技能基础上，强化跨文化交互、全球视野、国际交往和国际业务能力培养。

2. 分类培养，重构差异化人才培养体系

郑州铁路职业技术学院针对高铁技术升级带来的运维过程中故障判断、应急决策、协作处置等高素质人才新需求，学校联合中国铁路郑州局集团等全国十余家铁路运营公司、俄罗斯乌拉尔国立交通大学等国内外知名铁路院校，开展基于“具象化、场景化、数据化”的高铁人才职业特质培养研究，绘制职业特质画像，创设12项真实的作业场景，从5个维度开展数据与画像的对比评价，优化了高铁人才“技术技能”和“职业特质”两主线贯穿的课程体系，构建了助推学生“准判断、快决策、精处理”职业特质养成的高铁人才职业特质培养范式。

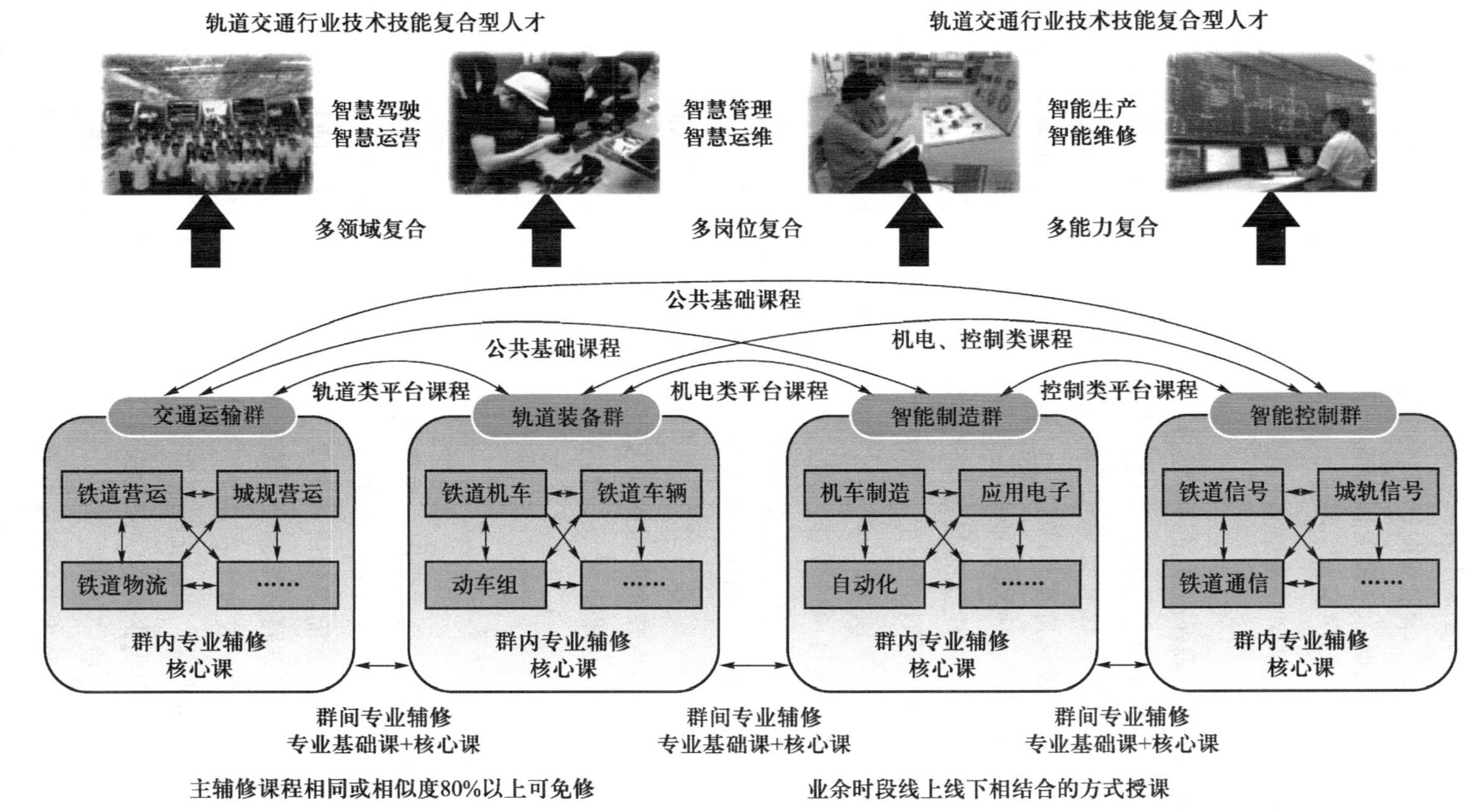

图2-3 “主修+辅修”专业人才培养

深度剖析传统人才培养模式与日益凸显的各类生源基础差异、学习需求差异、职业目标差异之间的三大矛盾点，聚焦人才培养质量，通过重构教学组织形式，实现按需编班和学院、学生双向选择；通过重构教学内容，定制个性化的人才培养方案和课程体系，根据学生接受程度适当超前引入前沿科技和岗位标准；通过重构教学管理与评价，实施“大班+小班”的灵活授课模式，支持多种成果兑换学分，探索弹性学制，构建了“分类培养、课程定制、能力引领”三维重构的差异化人才培养体系。

3. 明晰标准，确保高质量订单培养

广州铁路职业技术学院立足轨道交通，坚持面向市场、促进就业，以强化密切企业联系为先导，优化订单培养机制，扎实做好订单人才培养的各环节，实现学校常年订单规模保持在60%以上。学院持续强化密切企业联系的调研机制。以及时了解企业需求、密切企业联系为出发点，建立了学校－专业群－专业三级企业调研机制。学校以建立战略合作伙伴关系为主要目标，专业群调研以对接企业需求、制订订单培养计划为主，紧密型企业年度座谈调研不少于3次；专业每年安排至少2名教师“顶岗锻炼”，对接订单项目。不断优化运行机制和培养标准。校企人员共同组建订单培养项目组，实施校企“双负责人”项目管理模式。按照“一企一策”“一班一案”，校企共同制定订单培养的选拔、培养、考核和就业方案，每个环节校企双方均指定专人负责，实现企业深度参与。持续提升订单人才培养的质量。坚持“德技并修”，融合订单企业文化培养“铁路工匠精神”；以实践为导向，订单学生在企业跟岗实习至少半年，企业师傅“手把手”教岗位技能、工班长“面对面”谈职业发展，培养了认同订单企业文化、胜任岗位工作的优秀人才。

（三）深化中外多元交流机制，打造中国铁路标准国际“传播者”

聚焦服务国家“交通强国、铁路先行”和高铁“走出去”战略，以培养高铁企业“走出去”亟需的国际化人才为目标，各职业院校探索“中文+职业技能”发展模式，针对不同企业需求和培养对象，分类、分班、分导（师）、分层、分段、分岗培养，成套输出铁路教学标准、课程资源和教材，有效拓展跨境教育服务组织形式和教学实现形式，成为让中国高铁先进技术走向世界的重要始发站。

1. 盟院坊圈成型，国际交流合作逆势突破

陕西铁路工程职业技术学院牵头成立高铁建设国际人才教育联盟，中俄共建萨马拉交通学院，建成“鲁班工坊”，实现了国际合作办学新突破。选聘10名外籍教师，接收70名海外师生来校交流学习，选派86名师生赴海外研修，开展“中文+职业技能”教学，培养国际化铁路人才109名。合作国家（地区）由9个增加到17个，

开发的铁路线路工等10个专业教学标准和岗位培训标准被马来西亚等国家采用。在肯尼亚、卢旺达成立2个“鲁班工坊”，开发11个双语培训包，线上线下结合开展海外培训1.02万人·日。

2. 精准施策，打通中国职教标准海外落地渠道

郑州铁路职业技术学院深化中外多元交流机制，提升国际化办学水平。学校聚焦国家与区域发展战略，遵循“引进来、走出去、创标杆”的发展策略，不断提升国际化办学水平。积极推进海外“詹天佑学院”建设，与乌干达东非国际大学、泰国马汉科理工大学签约新建2所境外分校；成立了具有独立法人资格的中外合作办学机构，在校生突破500人；积极推进国际化中英俄多语种专业教学标准和课程标准建设，共开发国际化多语种专业建设标准11个，课程标准32个，教材25本，核心课程教学资源包8个，职业技能培训包2个，职业技能等级认证标准2个，4个专业完成国际化认证工作；选派4名骨干教师赴老挝执教，累计开展培训46 948人·日，学校培养的老挝籍学员担任“中老铁路”万象至昆明首发列车驾驶员；学校为“亚吉铁路”培养的34名埃塞俄比亚籍学员成为该国历史上首批持证上岗的电力机车驾驶员，相关事迹在央视脱贫攻坚政论专题片《摆脱贫困》中进行了深度报道。

3. 伴随轨道龙头企业走出国门，服务“一带一路”倡议

湖南铁道职业技术学院与中国铁建、中国中车、中国路桥工程等企业合作开展海外员工培训，完成了泰国兰实大学铁路系统工程专业本科生联合培养项目，培养来自泰国、尼日利亚等国家留学生100名；在马来西亚建成“一带一路”产业学院1个；输出培训包6个，为肯尼亚、老挝等国培训本土铁路员工27 600人·日；组织师生赴沙特麦加“轻轨运营维保项目”实习（图2-4）；与俄罗斯圣彼得堡国立交通大学合作开办专业3个，组建“高铁国际工匠班”2个，打造湖南铁道“火车头”国际职教品牌。

图2-4　师生赴沙特麦加“轻轨运营维保项目”实习

三、铁路高端装备制造业态未来发展趋势

（一）铁路高端装备制造业态的发展趋势

近年来，随着5G技术、人工智能、大数据、云计算、物联网等产业链上游技术的不断发展和升级，铁路装备制造业态面临着生产成本降低、生产定制化、产品附加值提高、生产效率和质量提高的发展需求。

铁路装备制造业态需要不断推进技术创新和管理创新，实现高质量、高效率、高可靠性的生产和服务，以适应市场需求和实现可持续发展。

1. 以“端－管－云”为代表的智能化和自动化生产将成为主流

以数字化、网络化、智能化为核心的智能制造推动智能传感技术、移动嵌入式系统、工业大数据分析等新兴技术与铁路传统制造行业快速融合发展，通过“端－管－云”等形式实现智能产品远程运维，进而实现生产过程的智能化和自动化，提高生产效率和产品质量。

2. “绿色制造技术”和环保理念将是铁路高端装备制造业态潮流

我国经济正处于高速增长期，必须强化全民的资源环境危机意识，必须发展循环经济以提高资源使用效率，必须发展清洁生产以降低生产过程中的污染处理成本，必须发展绿色消费以减少消费过程对生态环境的破坏，必须发展新能源以实现生产方式的彻底超越。因而，各行各业对于绿色化发展有着迫切的需求。为了适应铁路高端装备制造业领域的迫切需求，必须确立绿色化理念。绿色制造将通过革新传统的制造技术、设计理念和生产方式，实现资源能源的高效清洁利用和环境影响的最小化。制造过程的绿色化是从环境保护角度出发，在制造的各个阶段都要充分考虑环境保护。这里的环境不仅是自然环境，还包括社会环境和生产环境。

3. 铁路高端装备制造业态正朝“集成化、协同化”方向迈进

铁路装备制造业正从单个企业创新向跨领域多主体的协同创新转变。众所周知，铁路装备产品技术深度和宽度具有显著的关联性和集成性。随着科技进步，产业分工日益细化，产品复杂程度不断提升，铁路装备制造企业的产品被嵌入复杂的技术网络中，传统创新活动中由单个企业独立研发并主导新技术的机会大大减少，单个企业难以也无法覆盖全部创新活动。供应商、产品用户、产品标准及行业监管机构均参与装备产品的创新和系统集成过程。这就要求企业能够善于利用外部技术资源，与不同创新主体联合，实现创新资源的优化配置。网络化的众包、众创、众筹、线上到线下等新型创新方式在铁路装备制造业领域密集涌现，成为创新的主流模式。

4. 铁路高端装备制造业态“全球化”国家战略布局

先进轨道交通装备是我国制造强国建设的拳头产品，在一系列国家战略的推

动下，作为中国制造最高发展水平的铁路高端装备制造业迎来了前所未有的发展机遇和挑战。一方面，为推动中国制造业的转型升级，国家正在通过加大对铁路高端装备制造业的扶持力度和产业核心材料及技术的创新力度，为铁路高端装备制造业的进一步发展创造有利条件，以带动整个上下游产业链的转型升级。另一方面，为配合国家“一带一路”倡议，铁路高端装备制造业正在走出国门，积极支撑“一带一路”合作伙伴的经济与产业生态建设，同时实现跨地区、跨国家的全球业务布局。

（二）职业教育持续支撑铁路高端装备制造行业发展

1. 依托轨道交通装备制造与运用联盟，深化“三教”改革，强化校企合作，切实提高技术技能人才培养质量，为铁路高端装备制造业发展提供“生力军”

服务行业发展是职业教育的一项重要使命。作为人才培养的供给侧，深耕铁路高端装备制造主阵地，聚焦行业技术发展，培养有助于铁路高端装备制造业升级的高素质技术技能人才，是铁路高职院校的职责。“三教”改革是提高高素质技术技能人才培养质量的落脚点，为此，湖南铁道职业技术学院联合国内铁路院校、中国中车等制造企业，牵头成立“轨道交通装备制造与运用联盟”，致力于职业院校“三教”改革，以“厚基础、重复合、强素养”为人才培养目标导向，以培养企业所需的思想品德高尚、素质全面、德技并修、具备多元知识储备和交叉专业背景，掌握复合技术技能、复杂技术，能从事多工种、复合岗位以及复杂劳动，有技术技能迁移能力和工程实践能力的高素质复合型技术技能人才为己任。

2. 引进高层次人才，构建“产教+科教”相结合的科研创新平台，聚焦产业前沿，开展重大项目研究和“卡脖子”技术攻关，为铁路高端装备制造产业发展贡献智慧与力量

一方面，铁路职业院校近年来大力引进高层次人才，一大批国家、省、市级工程中心、重点实验室及“院士工作站”进入校园，搭建了良好的“科教”平台。平台以成果为核心，实施有组织、有计划的科技创新研究。围绕铁路高端装备制造业重大产业战略、企业核心技术需求，整合职业院校优势资源和能力，建立基于学科优势和技术优势的交叉学科、开放式、合作式科研平台。平台主要进行产品技术升级研究，开展重大项目研究和“卡脖子”技术攻关，多主体合作研究，从源头上提升科研成果质量，提升成果转化应用的针对性。另一方面，铁路职业院校依托良好的校企合作平台，进一步构建“产教”合作平台，聘请相关技术人员构建高质量的校企沟通平台，为职业院校研发方以及企业使用方构建良好的沟通渠道，从而为科研成果投入实际生产奠定一定的基础，进一步提高企业的科技实力，以成果落地和产业化为核心，以作品化、产品化、商品化科研成果转化为思路，形成“培育-孵

化-产业化”的科研成果转化推广应用模式。

主要执笔人：刘硕，湖南铁道职业技术学院；黄剑锋，湖南铁道职业技术学院；晋永荣，湖南铁道职业技术学院。

职业教育深度助力机器人产业创新发展

机器人被誉为“制造业皇冠顶端的明珠”，其研发、制造和应用水平是衡量一个国家科技创新和高端制造业水平的重要标志，世界各国均出台专项政策推动机器人产业创新发展。随着人工智能、云计算、大数据、物联网等新一代信息技术的发展与应用，机器人领域核心技术与智能化水平快速提升，为制造业企业智改数转、提质增效提供了全新动能。作为与产业发展结合最紧密的教育类型，职业教育汇聚优质资源，通过优化专业发展、完善职业技能培训、开展新职业建设、推进校企协同攻关、实施职业技能竞赛、搭建产教融合平台等举措，持续深化机器人领域技术技能人才培养，推进机器人领域新技术创新应用，共筑产教融合平台服务，全面构建职业教育助力机器人业态发展的良好生态。

一、机器人业态现状

（一）机器人业态定位

机器人是一种半自主或全自主工作的机器，集现代制造技术、新型材料技术和信息控制技术等为一体，是智能制造的代表性产品。

随着新技术的不断涌现，在数字化转型的巨大需求牵引下，机器人在智能制造、智能物流、智慧服务、智慧农业等领域的应用不断深入，推动着机器人产业持续蓬勃发展，越来越多的新型机器人典型应用被开发出来，逐步构建了以“双机器人”（工业机器人和服务机器人）为核心的机器人业态格局。

工业机器人是指在制造环境下应用的机器人。工业机器人主要用于生产线自动化和工艺流程的优化。实现多关节工业机器人的技术开发及批量生产，使国产工业机器人在焊接、搬运、喷涂、加工、装配、检测、清洁生产等方面实现规模化集成应用，是未来工业机器人的研究和发展重点。

服务机器人是指在非制造环境下应用的机器人。服务机器人根据应用环境的不同又分为应用于家庭或直接服务于人的家用/个人服务机器人和应用于特殊环境的专业服务机器人。

近年来，应用于家庭或直接服务于人的家用/个人服务机器人的应用场景和服务模式不断拓展，越来越多地被应用于社会服务领域，涌现出一批如下类型的服务机器人：家务、陪伴、智能家居控制等家庭服务机器人；餐厅服务、酒店服务、零售服务等商业服务机器人；手术、护理、健康监测等医疗服务机器人；银行柜员、自助查询、投资顾问等金融服务机器人等。

作为满足特定需求开发和制造的应用于特殊环境的专业服务机器人主要包括消防救援机器人、探险机器人、军事机器人、建筑施工机器人等。在实际应用中，其主要发挥的作用包括提高生产救援效率、降低人员伤亡等。近年来，应用于特殊环境的专业服务机器人在智能化、多功能化、大数据化、人机交互性等方面快速发展，自主感知环境、自主规划路径、自主执行任务、自主数据收集分析，以及基于手势识别、语音识别、面部识别的人机交互性等新技术得以充分展现。

（二）国内外机器人行业政策分析

机器人产业是各国政府高度重视并积极推动的产业之一。近年来多个国家制定了一系列政策积极推动机器人产业发展，加快机器人产业转型升级，提高机器人产业的核心竞争力。

在国内，2021年3月，《中华人民共和国国民经济和社会发展第十四个五年规划和2035年远景目标纲要》提出，进一步加强我国机器人产业的发展和应用，推动数字化转型和智能制造升级。2021年12月，工业和信息化部、国家发展和改革委员会、科学技术部等十五部门联合印发的《“十四五”机器人产业发展规划》提出，到2025年，机器人产业规模达到1.2万亿元人民币，成为中国新兴战略产业之一。主要举措包括：加强机器人核心技术研究和创新，推进机器人与人工智能、云计算、大数据等新一代信息技术深度融合，形成具有自主知识产权的机器人核心技术和标准体系；加快机器人等智能装备技术应用，推动数字化转型和智能制造升级，促进机器人在制造业、服务业、医疗健康等领域的广泛应用；加强机器人人才培养和引进，培育一批高水平机器人人才和团队，促进机器人产业的可持续发展；加强国际机器人产业合作，推动机器人技术的国际交流和创新，提高中国机器人产业在国际市场上的竞争力和影响力。

2023年1月，工业和信息化部、教育部等十七部门联合印发《“机器人+”应用行动实施方案》，提出要聚焦10大应用重点领域，突破100种以上机器人创新应用技术及解决方案，推广200个以上具有较高技术水平、创新应用模式和显著应用成效的机器人典型应用场景，打造一批“机器人+”应用标杆企业，建设一批应用体验中心和试验验证中心。同时推动各行业、各地方结合行业发展阶段和区域发展特色，开展“机器人+”应用创新实践。通过搭建国际国内交流平台，形成全面推进机器人应用的浓厚氛围。

国外主要国家和经济体对机器人产业的发展也十分重视，采取各类政策各种手段促进机器人产业的发展和应用，推动数字化转型和智能制造升级，提高制造业的全球竞争力。表3-1列出了国外主要国家和经济体针对机器人产业出台的主要政策。

表3-1　国外主要国家和经济体针对机器人产业出台的主要政策

主要国家和经济体	主要政策	主要内容
日本	《新机器人战略》	2020年发布的战略计划，将机器人与IT技术、大数据、人工智能等技术进行深度融合，推进机器人在制造业、服务业、医疗护理、公共建设等领域的融合创新
韩国	《智能机器人开发和普及促进法》	2008年发布，宣布每五年制定一期“机器人产业基本计划”，以系统化方式推动机器人产业育成政策
	《智能机器人基础计划》	2015年发布，旨在加强智能机器人技术的研发和应用，促进韩国机器人产业的发展和实现经济转型升级
美国	《国家机器人计划2.0》	2017年发布，目标是支持基础研究，加快美国在协作型机器人开发和实际应用方面的进程。该计划重点包括：提高机器人的智能化和自主性，推进机器人在制造业、农业、医疗、安全等领域的应用，促进机器人技术的标准化和规范化，推动机器人产业的国际化等。此外，美国政府还将通过各种资助和支持研究项目、人才培养和技术转移等方式推进机器人技术的发展和应用
欧盟	《地平线2020》	2014—2020年间推出的一项研究和创新计划，重点是支持机器人技术的研究和开发，促进机器人在各个行业的应用和推广。主要包括：资助机器人技术研究，资助欧洲各地的机器人研究项目，加强机器人核心技术的研发和创新；促进机器人产业发展，支持欧洲机器人企业和产业界的技术研发和创新，培育一批具有国际竞争力的机器人企业；推动机器人应用，资助机器人技术在制造业、服务业、医疗健康等领域的应用和推广，提高机器人产业的市场占有率和竞争力
德国	《数字化战略2025》	2020年发布，支持创建可在多个场景中应用的服务机器人

（三）国内外机器人市场分析

机器人作为数字经济时代最具标志性的工具，正在深刻改变着人类的生产和生活方式。在数字化转型的巨大需求牵引之下，全球机器人市场围绕技术研发和场景开发不断探索，在汽车制造、电子制造、仓储运输、医疗康复、应急救援等领域的应用不断深入拓展，推动机器人产业持续蓬勃发展。根据中国电子学会发布的《中国机器人产业发展报告（2022年）》，预计到2024年，全球机器人市场规模有望突破650亿美元。

近年来，我国机器人市场发展迅速。根据相关统计数据：2014年，中国工业机器人销量达到5.6万台，成为全球第一大工业机器人市场。养老助残、救灾救援、公共安全等多种服务机器人已经开始进入示范应用，清洁机器人、两轮自平衡车和模型无人机等家用服务机器人已经进入消费市场。预计到2025年，工业机器人销量将达到26万台，保有量达到180万台。

2022年，我国已基本建成以市场为导向、企业为主体、产学研用紧密结合的机器人产业体系。计划到2025年，形成更加完善的机器人产业体系，机器人研发、制造及系统集成能力达到世界先进水平。自主品牌工业机器人国内市场占有率达到70%，国产关键零部件国内市场占有率达到70%，产品主要技术指标达到国外同类水平；服务机器人实现大批量规模生产，在人民生活、社会服务和国防建设中开始普及应用，部分产品实现出口；新一代机器人样机研制成功，并实现一定规模的示范应用。

二、机器人新业态未来发展

（一）机器人新业态发展

机器人新业态的发展缘由主要归结于技术驱动、产业转型及人口变化等主要因素。

技术驱动方面，随着人工智能、云计算、大数据、物联网、5G 等为代表的新技术飞速发展并与产业端加速融合，推动着机器人的应用领域和范围持续拓展。在非标化应用、复杂场景、多干扰环境等诸多变量的叠加影响下不断呈现机器人的新业态，市场对机器人的需求不仅局限于本体作业的自动和易控，对其综合集成和智能化水平也提出新的更高要求。

产业转型方面，随着全球产业调整，以及数字化、智能化转型，机器人的应用场景将更加广泛，为满足严苛的生产环境和高质量的生产标准需要，在智能制造、智能物流、智慧服务、智慧农业等领域，机器人已经成为必不可少的产业工具。

人口变化方面，随着人口数量的不断增长和人口老龄化的日益加剧，一方面机器人可以代替人做更多的重复性、烦琐性的工作，另一方面随着听觉视觉语义理解、认知推理、自然语言理解、情感识别与人机交互等关键技术取得突破性进步，机器人可以为老年人提供更多的如老年照护、康复辅助等服务。

机器人新业态的发展趋势主要体现为更加智能化、灵活化和精准化。机器人通过图像识别、数据分析、智能决策等，逐步具备感知、分析、决策等能力，使机器人的智能化水平不断提升。机器人通过智能决策和精准执行等自主适应要素变化，识别人类意图，开展沟通交互，使机器人与人类或其他设备的协同交互更具灵活性。机器人与机器视觉、数字传感、人工智能、边缘计算等技术结合，通过接触或非接触方式实现产品质量数据的在线采集，进而自主决策质量的合规性，使产品检测更加精确化。

机器人新业态的创新方向主要包括机器人控制系统创新、机器人传感器技术创新、人工智能技术创新等。机器人应用场所和应用需求越来越复杂和苛刻，机器人控制系统的创新逐步朝着开放化方向发展，开放式的机器人控制系统强调可扩展性、可移植性、可剪裁性和互操作性。伴随着控制系统的不断创新，与之紧密相关的传感器技术也变得更加智能化、多模态、高精度且低功耗。智能传感器技术的创新使得机器人能够自动适应环境变化，并根据这些变化实时调整机器人行为。同时，以深度学习和神经网络为代表的人工智能技术与机器人技术相结合能够完成笔迹识别、面部识别、自动驾驶、自然语言处理等复杂任务。

（二）机器人在智能制造领域的应用发展趋势和创新方向

机器人在智能制造领域的应用发展趋势和创新主要包括：

（1）多机器人协作应用：随着机器人技术的不断进步和普及，多机器人协作将成为未来智能制造的趋势，多个机器人联合起来完成复杂的任务，以提高生产效率和产品质量。

（2）人－机器人协作应用：在智能制造领域，人－机器人协作会越来越普遍。相比于传统机器人，人－机器人协作可以更好地接受操作指令，智能感知环境并做出正确的反应，与人类形成更加自然、协调的工作关系。

（3）智能自适应控制：未来的机器人会具备更优化的智能自适应控制系统，能够在不同的工作环境和任务需求下，自动适应和调整自身的参数和策略，实现全自动化的智能制造。

（4）实时监测和预测分析：机器人可以通过不断收集和处理生产数据，进行实时监测和预测分析，帮助企业洞察生产过程中的问题和机会，并及时做出调整。

（5）人工智能技术应用：随着人工智能技术的发展，机器人具备更高的学习和决策能力，实现更加智能化的生产过程。例如，人工智能视觉可以提高机器人感知环境和目标物体的能力，以达到更加高效的识别和操控能力。

（三）机器人在智能物流领域的应用发展趋势和创新方向

机器人在智能物流领域的应用发展趋势和创新主要包括：

（1）自动化仓储架构：未来的智能仓储系统将不仅是早期自动化仓储系统的高级版本，还会结合更多的信息技术和物联网技术，打造更加全面的智能仓储系统。

（2）无人驾驶物流装备：未来物流行业将高度依赖自动化和智能化的无人驾驶物流装备，例如，通过使用自动搬运机器人、自动拣选机器人、自动装卸机器人等，以提高物流效率。

（3）智能化物流路线规划：通过机器人控制中心，在实时监测货物流转的同时，对物流线路进行优化与调整，降低物流成本。

（4）机器人集群协作：机器人集群协作可使不同类型的机器人共同完成某些复杂的物流任务，从而提高物流效率，降低生产成本。

（5）人工智能技术应用：未来机器人会具备越来越强的学习和决策能力，比如基于深度学习的图像识别技术、自然语言处理技术和智能决策技术，可以使机器人更加智能化、更加高效地完成物流任务。

（四）机器人在智慧服务领域的应用发展趋势和创新方向

机器人在教育、医疗、餐饮、旅游等智慧服务领域的应用发展趋势和创新主要包括：

（1）人机交互界面：未来机器人不仅能够完成一些简单的任务，还应该能够通过自然语言识别技术、图像识别技术和智能问答系统等与人类进行更加自然的交互。

（2）科学化的运营管理：未来机器人会具备更高的科学化和工业化运营管理水平，包括强大的云端技术支持，远程存储和数据分析能力等。

（3）自主化的服务逻辑：未来机器人将会逐渐实现自主化的服务逻辑，可以根据客户的需求自行调整相应的服务方式。

（4）知识图谱的建设：未来机器人需要通过知识图谱的建设，更好地了解人们的生活习惯和需求，进而提供更加个性化和贴心的服务。

（5）深度学习的应用：未来机器人会在深度学习、自然语言处理、情感分析等领域得到更好的应用，从而更加准确地解决为人类服务的问题。

（五）机器人在智慧农业领域的应用发展趋势和创新方向

机器人在耕种、灌溉、收割等智慧农业领域的应用发展趋势和创新主要包括：

（1）全自动化：未来农业机器人将具有全自动化的特性，可以完成更加复杂的任务，例如无人驾驶收割机和农业植保无人机。

（2）多功能化：农业机器人将具备多种功能，例如，可以代替人工完成除草、喷洒肥料、定位作物、检测病虫害等任务，从而满足不同的作业需求。

（3）数据分析：未来的机器人将采集到大量的数据，如农作物生长情况、病虫害信息等，并将这些数据上传至云端进行分析，通过数据算法优化农业生产过程。

（4）人工智能：未来的农业机器人将具有更强的人工智能技术，可以学习和适应不同环境下的变化，以根据实时数据做出决策。

（5）低成本化：未来机器人将更加便于批量生产，从而降低生产成本，使农业机器人得到更多的普及和应用。

三、职业教育深度助力机器人产业发展

（一）坚持对标技能人才培养需求，夯实产业发展人力资源支撑

1. 专业链对接产业链，适应机器人产业人才需求的专业建设持续优化

职业教育主动适应制造业转型升级和机器人产业高速发展对高素质技术技能人才的培养需求，持续调整优化机器人技术领域专业建设，呈现出鲜明的时代特性，有效引导、推动与机器人产业发展相匹配的人才培养。

近十年来，中职、高职、职教本科各层次职业教育均深入推进机器人技术相关专业建设，以《职业教育专业目录（2021年）》修订为契机，推进专业升级和数字化改造，实现了机器人相关专业“中高本一体化”设置（图3-1）。同时，机器人专业与装备制造领域的机械设计制造、机电设备及智能装备有关专业相衔接，共同形成了对接机器人产业链的职业教育专业链，为全面推进机器人专业体系建设、机器人产业高素质技术技能人才培养提供了重要支撑和保障。

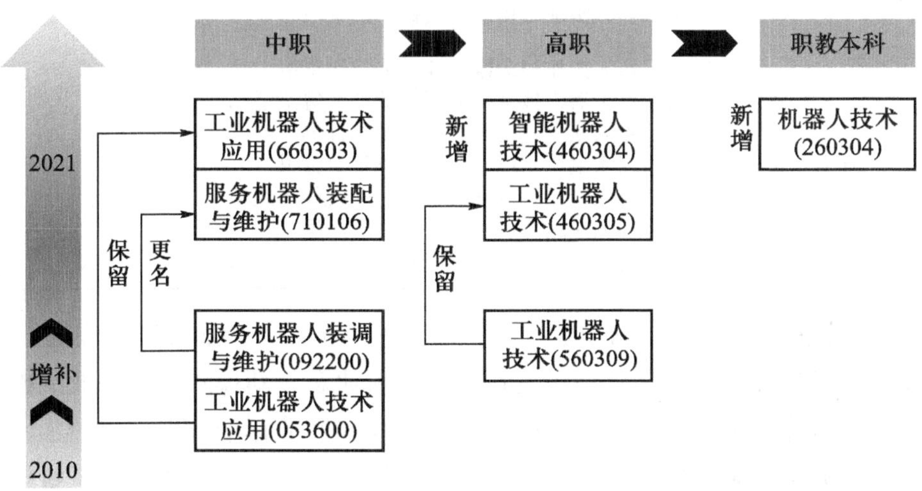

图3-1 职业教育机器人相关专业“中高本一体化”设置

机器人相关专业一经设立，便成为各院校的热门专业。以高职院校为例，截至

2023年，开设“智能机器人技术”专业的高职院校达到70所，开设“工业机器人技术”专业的高职院校达到806所。常州机电职业技术学院、安徽机电职业技术学院、青岛职业技术学院等开展“工业机器人技术”国家级高水平专业（群）建设，为机器人相关专业人才培养积累了宝贵的职教经验。

2. 服务产业急需、紧缺的职业技能培训成为产业人才供给的重要途径

服务技能型社会建设，职业教育是机器人产业技能人才培养的“主战场”，始终坚持教育与培训并重。面对机器人产业发展对劳动者职业技能素养不断提出更高要求，围绕产业新技术、新工艺、新规范和急需、紧缺职业岗位，广大职业院校作为职业教育人才培养的实施主体，与行业、企业深入合作，协同推进机器人专业技术领域“学历证书+若干职业技能等级证书”制度试点工作。

2019年以来，教育部先后发布4批近500项职业技能等级证书目录，逐渐形成了面向工业机器人、特种机器人、协作机器人、服务机器人、焊接机器人等多类型机器人相关工作岗位的职业技能等级证书（表3-2）。职业院校将职业技能等级证书制度试点工作与学校教育紧密结合、与当地机器人产业结构和人才需求紧密结合，注重培养学生机器人操作运维、应用编程、装调检测等关键技能，显著提高人才培养的灵活性、适应性和针对性。

表3-2　机器人相关工作岗位的职业技能等级证书

批次	职业技能等级证书
第二批（2019年）	工业机器人操作与运维职业技能等级证书 工业机器人应用编程职业技能等级证书
第三批（2020年）	工业机器人装调职业技能等级证书 工业机器人集成应用职业技能等级证书
第四批（2020年）	特种机器人操作与运维职业技能等级证书 智能协作机器人技术及应用职业技能等级证书 服务机器人应用开发职业技能等级证书 焊接机器人编程与维护职业技能等级证书 工业机器人产品质量安全检测职业技能等级证书 服务机器人实施与运维职业技能等级证书 商务流程自动化机器人应用职业技能等级证书

3. 突出职业能力导向，新职业推动人才培养与机器人产业发展高位衔接

机器人产业发展日新月异，产业新技术、新业态、新模式对新职业的推动作用日趋明显。随着国家积极推进各产业新职业设立和职业标准开发，机器人工程技术人员、服务机器人应用技术员、工业机器人系统运维员、工业机器人系统操作员等4个机器人专业技术领域新职业（表3-3）陆续发布，并作为新增数字职业被列入《中华人民共和国职业分类大典（2022年版）》。

机器人领域的新职业建设对开展相应职业技能培训和就业指导具有基础性、导向性作用，与专业建设、技能培训共同构建起产业人才培养培训体系。

表3-3　机器人专业技术领域新职业

序号	新职业名称	受教育程度	工作要求
1	机器人工程技术人员	大学专科学历（或高等职业学校毕业）	机器人结构设计与开发； 机器人控制设计与开发； 机器人系统设计与开发
2	服务机器人应用技术员	初中毕业（或相当文化程度）	机器人装调、部署； 机器人运维、集成、应用测试； 机器人设计规划、技术管理、培训指导
3	工业机器人系统运维员	高中毕业（或同等学力）	机器人机械系统检查与诊断、电气系统检查与诊断、运行维护与保养、数据采集与状态监测、故障处理、培训指导与管理
4	工业机器人系统操作员	高中毕业（或同等学力）	机器人机械系统装调、电气系统装调、系统操作与编程调试、系统规划与调整、技术管理、培训指导

注：各项标准的高级别涵盖低级别要求，本表仅列出工作要求要素。

（二）深入实施专业技术创新应用，打造产业转型升级核心动力

1. 校企协同技术攻关，“产学研用”融合助力机器人产业技术创新

在国家大力推进自主创新、持续强化具有自主知识产权的关键核心技术研发背景下，机器人作为战略性新兴产业，其发展同样面临基础研究不足与关键核心技术存在瓶颈等问题。通过“产学研用”深度融合，调动产教双方资源优势联合攻关是机器人产业技术创新的重要途径。

职业教育是机器人“产学研用”深度融合的重要力量，通常由企业发挥资金及市场优势、院校提供智力及人才支持，通过共建名师名匠研发工作室、协同开展技能竞赛与技术研发、共同服务中小微企业智改数转、联合实施重大科研攻关项目等方式，推进机器人技术成果转化、新产品研发和生产工艺改进，在学科交叉融合的原始创新基础上，通过技术内涵与应用模式创新，实现技术应用创新到产品工程实施的转化，服务企业转型升级。

“产学研用”一体化协同创新机制的建立，不仅推动了机器人产业技术研发与孵化，同时为产业“双师”队伍建设和高素质技能人才培养搭建了广阔的平台。

2. 实施职业技能竞赛，引领机器人产业新技术、新工艺、新装备推广应用

职业技能竞赛是产教融合的典型模式，是大力弘扬工匠精神、提升技能人才综合素质、实现产业技术推广应用的综合性平台。目前，在已经举办的世界技能大

赛、中华人民共和国职业技能大赛，以及全国职业院校技能大赛、全国行业职业技能竞赛、机械行业各类职业技能竞赛中，均设有面向机器人关键技术应用的相关赛项（表3–4），机器人关键技术同时作为基础性技术支撑智能制造大类中相关专业领域技能竞赛的实施和推广。

职业技能竞赛通过机器人产业一线生产场景和关键技术应用，将机器人编程、安装、调试、维护等基础技能作为考核要点，并融入工业互联网、人工智能、大数据、数字孪生等信息技术，引导产业技术研发与推广。职业院校师生以专家、裁判、教练或选手身份深度参与职业技能竞赛，通过以赛促教、以赛促学、以赛促训等方式为机器人产业发展储备了一大批高素质技术技能人才。

表3–4　面向机器人关键技术应用的相关赛项

序号	赛事名称	赛项名称
1	第47届世界技能大赛	移动机器人、机器人系统集成
2	中华人民共和国第二届职业技能大赛	机器人焊接技术、工业机器人系统操作、工业机器人系统运维、服务机器人应用技术
3	2023年全国职业院校技能大赛	机器人系统集成应用技术
4	第二届全国人工智能应用技术技能大赛	计算机程序设计员（工业机器人人工智能技术应用）、人工智能训练师（服务机器人人工智能技术应用）
5	全国服务型制造应用技术技能大赛	服务机器人应用技术员（机器人智能服务）
6	全国工业和信息化技术技能大赛	工业机器人技术应用
7	第二十届全国机械行业职业技能竞赛	工业机器人系统运维员
8	机械行业职业教育技能大赛	工业机器人系统应用编程技术、工业机器人装调与应用技术、工业机器人装调与系统运维技术、工业机器人与数控机床综合应用技术、5G+智能巡检机器人技术应用、智能机器人与数字驱动技术应用、服务机器人实施与运维技术

（三）多元共筑产教深度融合平台，构建服务产业发展良好生态

1. 搭建机械行指委平台，汇聚行业优质资源做优产教服务

在教育部的委托和指导下，全国机械职业教育教学指导委员会汇聚行业组织、重点院校、龙头企业和科研机构，组建智能制造专委会，发挥专家组织指导与服务职能，统筹推进机器人技术相关专业领域的教育教学改革、专业建设、课程开发、

师资队伍建设、实习实训基地建设、产学研合作、专业教学质量评价及专业教学研究与交流等工作，为机器人领域产教融合提供了支撑作用。

2. 搭建集团化办学平台，促进人才链、教育链、产业链有机衔接

集团化办学作为我国现代职业教育重要的多元主体办学模式，在推进人才链、教育链、产业链深度融合方面具有天然优势。以被列入全国示范性职业教育集团（联盟）培育单位的全国机械行业工业机器人与智能装备职业教育集团为代表，各级机器人领域职教集团（联盟）立足产业和区域实际，推动集团院校与机器人产业链各类型企业深度合作，在机器人产业与职业教育资源共享、优势互补、协同育人、合作发展等方面取得显著成效。

3. 搭建专业性服务平台，推动产教科多维度深入融合

国家级、省市级机器人领域高水平专业化产教融合实训基地、职业教育教师企业实践基地，以及校企共建的专业性实训基地、工程中心、技术技能服务平台、创新创业服务平台等，在相应专业领域作为产教科融合项目实施载体，服务推进机器人产业快速发展。

机器人产业作为国家战略性新兴产业，代表了新一轮科技革命背景下装备制造业的新发展方向，是实施关键核心技术攻坚和自主创新的重点领域，是引领经济发展和社会进步的重要力量。职业教育作为国民教育体系和人力资源开发的重要组成部分，兼具教育和经济双重属性，与机器人产业发展深度融合、密不可分。随着其自身适应性和服务能力的不断提升，职业教育以专业建设、职业技能培训、新职业开发、协同技术攻关、职业技能竞赛以及产教融合平台建设等为载体，提供了充分有力的人才、技术与平台支撑，为促进机器人产业高质量发展贡献了职教力量。

按照教育、科技、人才“三位一体”战略统筹部署，未来机器人产业与职业教育必然开展更加深入的产教互动，在推进产业科技进步、高技能人才培养、企业自主创新等领域深入合作，共同服务于制造强国、教育强国、人才强国战略。

主要执笔人：郑丽梅，机械工业教育发展中心；李峰，青岛职业技术学院；王丹，机械工业教育发展中心；林燕文，青葵智造（北京）科技有限公司；马骁，机械工业教育发展中心。

职业教育助力增材制造新业态高质量发展

增材制造（又称3D打印）作为新兴制造技术的代表，属于国家重点发展的战略性新兴产业，其通过创新材料、新工艺和新结构，将制造产业链、数字化设计链和互联网技术等产业组合，形成了新兴产业的组织形态。随着增材制造关键技术的不断突破，增材制造逐渐在航空航天、船舶、核工业、电力装备、轨道交通装备、汽车、家电、模具和铸造等领域推广应用，初步形成了增材制造新业态，并扩展到“3D打印+医疗”“3D打印+文化创意”“3D打印+创新教育”和“3D打印+互联网”等领域。增材制造技术新业态的应用场景逐渐扩大。

人才是推动增材制造产业发展的首要资源，高质量的增材制造产业化快速发展需要高素质技术技能人才支撑。职业教育作为人才金字塔的“基座”，紧密对接增材制造领域新业态发展要求，在人才培养、技术技能创新等方面为推进增材制造领域新业态发展提供了有力支撑。

一、增材制造的业态定位与产业布局

增材制造是以数字模型为基础，将材料逐层堆积制造出实体物品的新兴制造技术，对传统的工艺流程、生产线、工厂模式、产业链组合产生了深刻影响，体现了信息网络技术与先进材料技术、数字制造技术的紧密结合，是有代表性的制造业颠覆性技术。20世纪80年代，美国人查克·赫尔首次提出了增材制造概念，并研制出以光敏树脂为原料的光固化成型（SLA）工艺，又研发了第一台商用快速成型机。此后，选择性激光烧结（SLS）、分层实体制造（LOM）等多种成型工艺也相继研发成功。经过几十年的发展，增材制造技术取得了重大突破。

在应用领域方面，增材制造分为消费级增材制造和工业级增材制造。消费级增材制造主要应用于生产消费型、娱乐型产品以及对精度要求不高的产品；工业级增材制造主要应用于质量精度要求较高的航空航天、医疗器械、汽车、模具开发等领域。

在材料方面，增材制造分为金属材料的增材制造和非金属材料的增材制造。其中，金属材料主要包括钛合金、钴铬合金、不锈钢和铝合金材料等；非金属材料主要包括工程塑料、光敏树脂材料、陶瓷材料等。

在技术原理方面，增材制造分为熔融沉积成型（FDM）、光固化成型（SLA）、选择性激光烧结（SLS）、激光选区熔化（SLM）、激光近净成型（LENS）、电子束选区熔化（EBSM）、三维立体打印（3DP）、分层实体制造（LOM）、立体平版印刷、数字光处理、三维打印技术及细胞绘图打印等成型工艺。

（一）增材制造业态定位

我国高度重视增材制造产业及业态发展，将其作为中国制造强国建设的发展重点，力争抢占未来科技和产业制高点。工业和信息化部、发展改革委、财政部等部门在2015年、2017年和2020年分别印发了《国家增材制造产业发展推进计划（2015—2016年）》《增材制造产业发展行动计划（2017—2020年）》《增材制造标准领航行动计划（2020—2022年）》，通过政策引导，在相关产业共同努力下，我国增材制造关键技术取得不断突破，装备性能显著提升，应用领域日益拓展，生态体系初步形成，涌现出一批具有一定竞争力的骨干企业，形成了若干产业集聚区，增材制造产业实现快速发展。以增材制造技术为核心的新兴产业形态诞生并逐步成长，增材制造技术从单纯的先进制造技术，转变为基于加工新技术、生产新模式、商业新观念和教育新理念的新型产业生态，重塑了产品设计、生产流程和生产方式。

增材制造新业态作为制造行业的变革者、创新驱动的引领者、高附加值产业的驱动者、绿色制造的践行者和商业模式的改变者，具有数字化、智能化、高附加值和可持续发展的特点。与互联网技术、创新设计技术相结合，增材制造新业态为产业带来了新的市场机遇和价值创造。

1. 制造行业的变革者

增材制造技术作为一种直接制造方式，具有制造流程优化和效益优化的特征，改变了传统的制造方式和供应链模式，实现了快速、灵活、定制化的生产，从而在制造业中扮演着变革者的角色。图4-1所示为增材制造直接制造异形件。

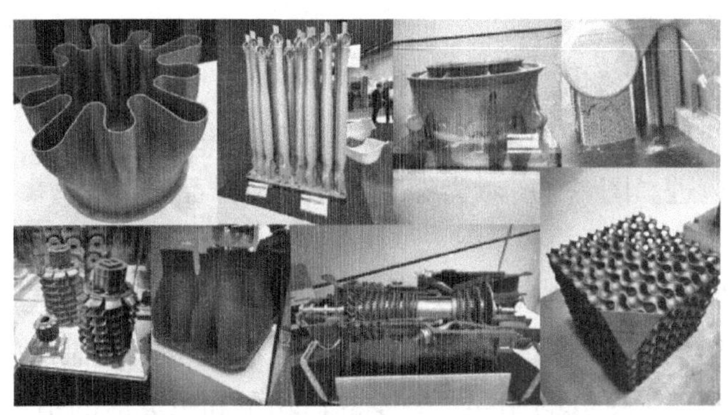

图4-1 增材制造直接制造异形件

2. 创新驱动的引领者

增材制造技术的不断发展和创新推动了产业的进步，打破了传统制造方法的限制，实现更加复杂、精细的产品制造，产品创新和设计优化的自由度更加广泛，推动了产业不断向前发展。图4-2所示为增材制造产品的创新设计。

(a) 摩托车机身拓扑优化设计

(b) 喷油嘴的一体化集成设计

图4-2　增材制造产品的创新设计

3. 高附加值产业的驱动者

增材制造技术具备个性化定制、快速生产、复杂结构制造等优势，随着需求细分的实现和定制化时代的到来，在高附加值产业中具有广泛的应用前景，为产业链上下游增添了新的价值。图4-3所示为个性化定制与高附加值增材制造产品。

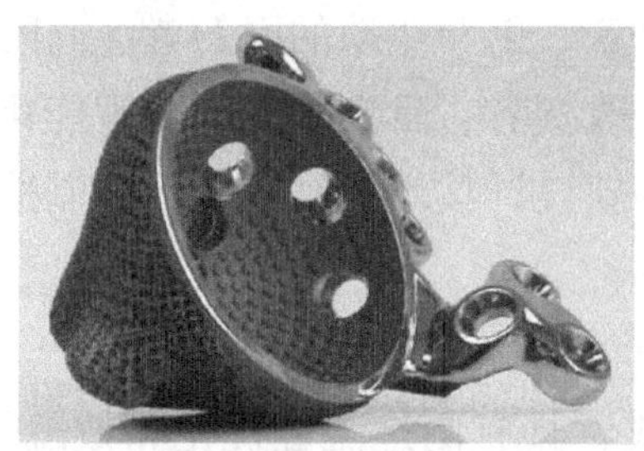

(a) 钛合金人工关节

(b) 电子产品散热器

图4-3　个性化定制与高附加值增材制造产品

4. 绿色制造的践行者

增材制造技术的数字化生产和材料的高效利用，有助于减少资源浪费和能源消耗。通过减少物料废弃和优化设计，可以实现环境友好型的生产方式，推动产业向绿色制造的方向迈进。图4-4所示为绿色增材制造产品。

5. 商业模式的改变者

增材制造数字化设计与制造，改变了传统的设计—批量制造—采购—销售的供应链模式，从传统集中式制造和销售，演变为个性化和集散制造的崭新模式，云端设计和云端制造实现了更低的库存、更少的运输量和更灵活的销售和售后模式。

(a) 砂型打印

(b) 建筑打印

图4-4 绿色增材制造产品

（二）增材制造产业布局

增材制造新业态利用增材制造技术数字化设计与制造的特点，改变了传统制造模式，带来了产品个性化、定制化生产、快速成型和复杂结构制造等优势，推动产业向数字化、智能化和可持续化方向发展，创造了全新的商业机会。同时，增材新业态也催生了相关的设备、材料、软件等产业链的发展，形成了一个完整的生态系统。

增材制造新业态在机械制造、航空航天、汽车、陶瓷、铸造砂芯、生物、医疗、食品、鞋服、建筑等领域展现出重要应用价值和广阔发展前景，形成了独特的增材制造应用形式，推动增材制造业态创新发展。

在航空航天领域中，增材制造“自由”的先进制造方式与拓扑优化等先进数字化设计相结合，衍生出“制造改变设计”的新思路，可实现面向功能的极端复杂产品的设计与制造。西安铂力特增材技术股份有限公司针对航空航天极端复杂的精密构件加工制造问题，解决了随形内流道、复杂薄壁、镂空减重、复杂内腔、多部件集成等复杂结构问题，每年可为航空航天领域提供复杂精密结构件8 000余件。

在模具领域中，增材制造技术直接打印模具，减少了制造周期和成本，实现了更快速的产品开发和生产。增材制造新业态对模具制造的意义主要体现在能够制造提高冷却效果和生产效率的随形冷却设计水道（图4–5），以及改变传统模具制造方式的创新性和灵活性。

在砂型铸造领域，增材制造技术为其生产带来了颠覆性的生产模式。增材制造技术可以直接将砂型打印出来，无需经过传统的模具制造过程，大大缩短了制造周期。增材制造新业态对砂型铸造领域的意义在于快速制造砂型、实现复杂结构和内部通道设计、减少材料浪费、提供定制化铸造产品和推动创新设计与工艺优化。图4–6所示为增材制造砂型铸造产品。

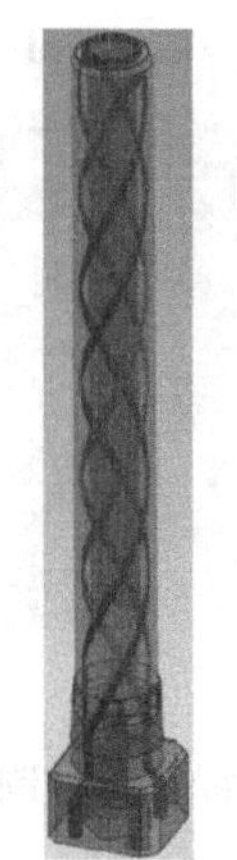

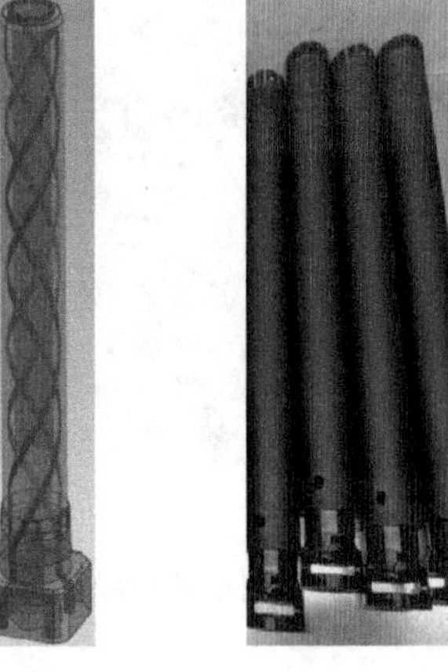

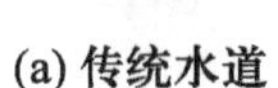

(a) 传统水道　　(b) 随形冷却水道　(c) 随形冷却水道模具

图4-5　随形冷却水道模具

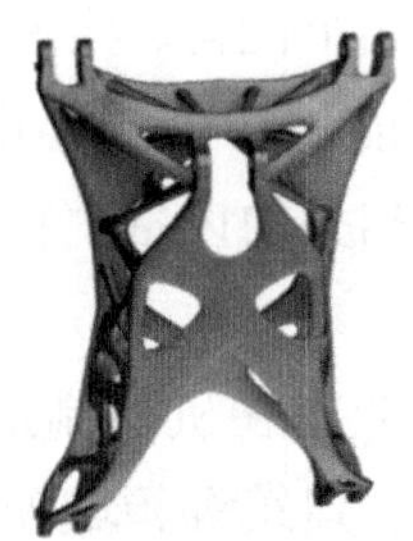

(a) 复杂砂型　　(b) 砂型铸造

图4-6　增材制造砂型铸造产品

在医疗领域，增材制造技术可以根据患者的个性化需求和医生的指导，定制医疗产品。增材制造新业态对医疗领域的意义在于推动个性化医疗、提升手术效果、改进医学教育和培训、促进医疗器械创新以及推动组织工程和生物打印的发展，为患者提供更好的医疗护理和治疗效果。

在艺术设计领域中，增材制造技术为艺术家提供了更大的创作自由度，通过自由创作和直接打印物体，实现更为复杂、独特的艺术品制作。增材制造技术的引入促进了艺术与科技的深度融合。艺术家可以借助增材制造技术的高级工具和数字化设计软件，创造出更富有科技感和未来感的艺术作品。图4-7所示为增材制造艺术设计产品。

在教育领域中，增材制造技术的引入促进了学生的创新能力培养，鼓励学生勇于尝试新的创意和解决方案，培养创造力、团队合作能力和问题解决能力。增材制造技术在教育中的应用推动了跨学科整合的发展。增材制造涉及设计、工程、材料科学、计算机编程等多个领域的知识和技能。

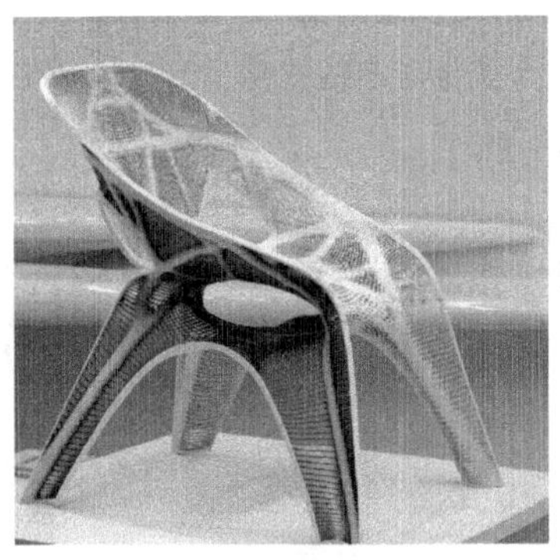

(a) 仿生椅

(b) 创意设计

图4-7　增材制造艺术设计产品

二、增材制造业态变迁

增材制造在20世纪80年代由美国人查克·赫尔提出，并研发了第一台商用快速成型机。此后，选择性激光烧结、分层实体制造等多种成型工艺也相继研发成功。2009年，熔融沉积成型（FDM）技术关键专利到期，增材制造进入快速发展阶段。2012年，全球首台3D生物打印机研制成功。

（一）增材制造产业规模

我国增材制造产业规模从2012年的不足10亿元扩大到2021年的265亿元，10年来增速超过20余倍，年复合增长率超过35%。根据中国工程科技2035发展战略研究，到2025年，中国增材制造产业直接产值（装备与服务）将达到500亿元，制造业扩散效益达到5 000亿元；增材制造技术显著影响产品的设计和日用品的制造模式，并成为航空航天等领域装备的重要制造手段。到2035年，我国增材制造产业直接产值（装备与服务）将达到1 000亿~5 000亿元，制造业扩散效益达到6 000亿~10 000亿元，形成完善的产业发展链。在优异材料研发、材料结构一体化制造、产品与装备大规模跨越性创新、医疗和生命科学方面，形成重大效益，成为制造业异军突起的重要领地。我国增材制造产业十年产值变化如图4-8所示。

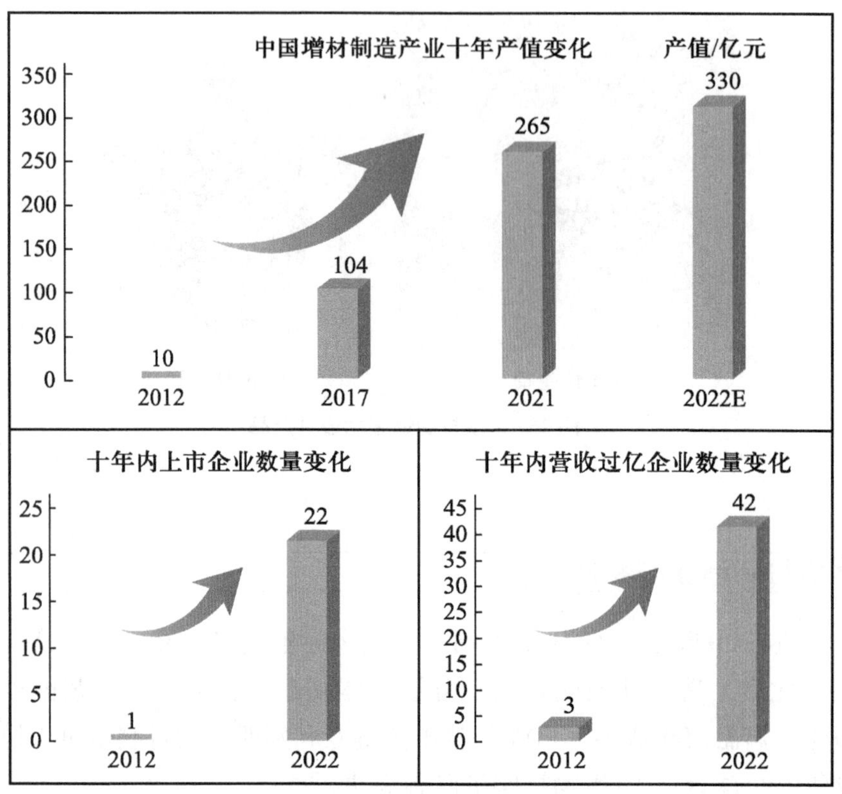

图4-8　我国增材制造产业十年产值变化

（二）增材制造技术发展

增材制造作为一项颠覆性的制造技术，需求与应用驱动着技术的不断升级，经过几十年的发展，增材制造技术已经从原型制造发展为直接制造、从单一的加工制造技术发展为规模化上中下游的产业链、从3D打印发展为随时间或外场可变的4D打印、从零部件制造发展到具有生命力的活体5D打印等。

增材制造技术的应用模式逐步从试验验证阶段走向大规模应用推广阶段。增材制造成型材料包括金属材料、非金属材料、复合材料、生物材料，成型工艺能量源包括激光、电子束、特殊波长光源、电弧以及以上能量源的组合，成型尺寸覆盖了从纳米（微纳米元器件）到10 m以上（大型航空结构件）的尺寸，为现代制造业的发展以及传统制造业的转型升级提供了巨大契机。增材制造以其强大的个性化制造能力充分满足未来社会大规模个性化定制的需求，以其对设计创新的强力支撑颠覆高端装备的传统设计和制造途径，形成前所未有的全新解决方案，使大量的产品概念发生革命性变化。增材制造技术发展路线如图4-9所示。

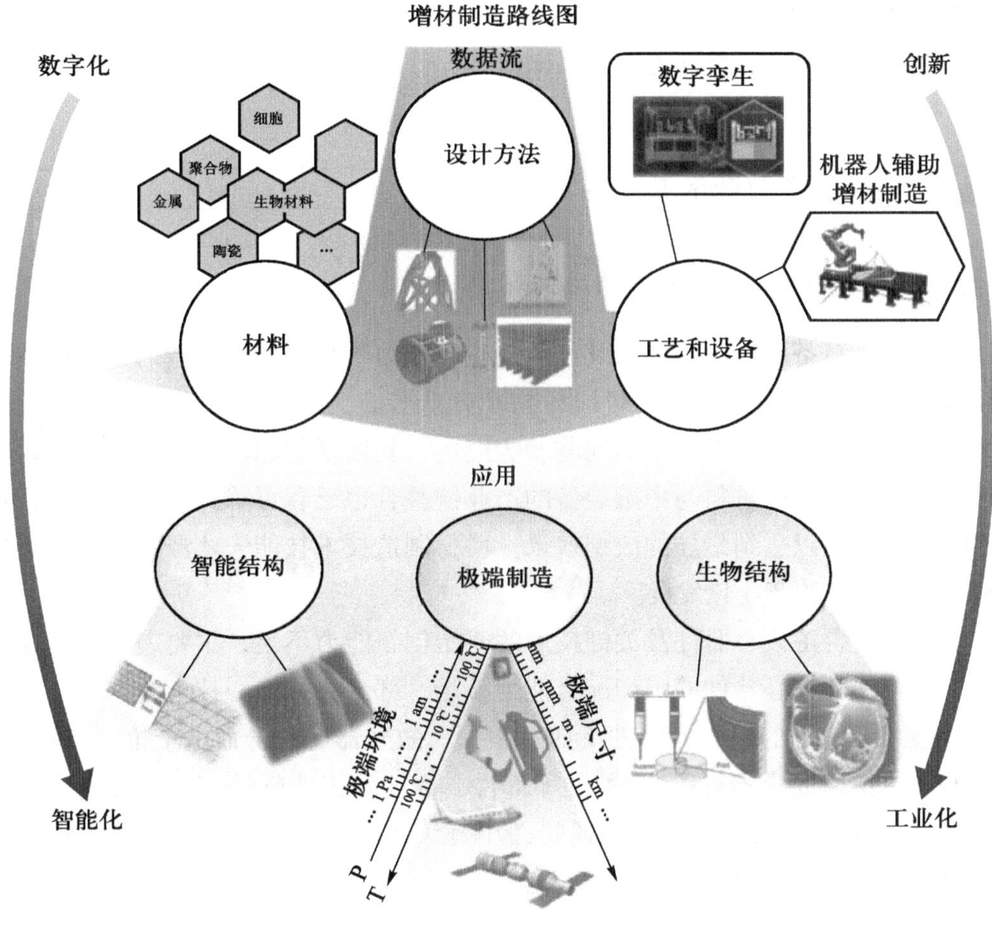

图4-9　增材制造技术发展路线

（三）增材制造业态场景

相对传统制造业庞大的业态场景，增材制造的应用场景仍有很大潜力待挖掘，未来随着增材制造在更多领域进行推广并在各行业领域内进一步深度普及，增材制造将获得更广阔的增量市场。

一是增材制造作为先进制造工艺之一，从初期的原型制造，成长为与减材制造、等材制造并列的三大工业领域制造工艺之一，并形成了增减材一体化等柔性制造手段。

二是增材制造从初期的产品开发工具转变为批量生产和个性化制造的手段。

三是增材制造从机械制造领域，扩展至医疗、文创、艺术、生物和日常生活领域，取得了具有众多亮点的研发及应用进展。

四是增材制造从无到有，建立了完善的增材制造产业生态体系，包括行业组织、标准体系、政策体系和人才培养体系。

三、增材制造业态未来发展

（一）增材制造装备发展面临的挑战

增材制造装备产业协同创新及产业链整合能力不强。增材制造的创新性技术仍滞留在高校院所，高等院校、科研机构和企业各自为战，技术和产品研发重复投入，信息、资源不能实现共享的问题较为突出。我国增材制造装备企业与材料企业缺乏合作，上游专用材料与中游装备的产业链整合也乏善可陈，导致装备与材料性能匹配错位，难以达到最佳的成型效果。增材制造技术技能人才严重不足，影响了增材制造新业态的产业化发展。

增材制造装备核心器件及关键技术的原始创新能力不足，主要表现为我国增材制造工业软件及核心器件的国产配套能力不足，部分关键核心技术受制于人。高端增材制造装备使用的核心元器件（如打印头、激光器、长寿命电子枪、扫描振镜、微滴喷头、精密光学器件等）、关键零部件、商业化工业软件较多依赖进口；部分激光器、扫描器件虽已完成自主研制，但配套应用规模较小，品质与可靠性有待提高。国产高端金属成型装备在专用工艺包开发与成型精度方面较世界先进水平仍有差距。

增材制造装备领域相关技术标准、专利布局及配套服务欠缺，我国尚未建立起涵盖设计、材料、工艺设备、产品性能、认证检测等完整的增材制造标准体系。行业标准建设以及专利布局滞后，很大程度上制约了增材制造技术成果的累积、固化和推广应用，未能架起技术和产业衔接的桥梁，不利于产业的快速发展以及我国增材制造产业国际竞争力的提升。服务方面，工业级设备在安装和调试设备以外的领域，缺乏高水平的技术支持。

（二）增材制造的发展趋势

1. 增材制造应用领域更广，并将重塑制造业面貌

当前，增材制造不断向制造业各领域的细分方向、社会生活、文娱体育、生物医疗、航空航天等深入发展。随着增材制造技术的不断发展，以及与数字化、互联网和传统制造业的结合，将会实现高效与协同制造。增材制造速度将会进一步提高，制造成本降低。这将有助于增材制造向制造业细分领域、生活领域等方面渗透。增材制造还能促进绿色和低碳制造技术。增材制造将优化材料利用率，减少废

弃物和污染物的排放，降低能源消耗和碳排放，实现制造过程的环境友好。对生产模式、生活方式甚至产业链价值结构产生深刻影响，提升制造数字化、智能化、绿色化水平，有效促进制造业转型升级，重塑产业面貌。

2. 增材制造核心技术、材料及设备协同发展，产业链发展更加完备

增材制造核心元器件、装备控制芯片以及软件是未来增材制造发展的关键核心技术。随着人工智能和物联网技术的发展，增材制造将会朝着智能化和自动化的方向发展。通过使用传感器和数据分析，实现生产过程的实时监控和优化，提高制造效率和质量。利用4D打印能够制造具有智能变形的结构体，将在军事领域、航空航天领域、医疗领域大放异彩。定制化制造也将成为增材制造领域的重要应用方向，例如医疗领域的人体器官模型、个性化的假肢等。增材制造材料研发与制备技术研究水平大幅提升，增材制造材料种类更多。在现有传统增材制造材料的基础上，将出现复合材料、生物材料、智能材料等新型增材制造材料，材料性能互补和功能协同也是未来高性能材料发展的重要方向之一。增材制造可加工零件呈现多尺度特点，可加工从微观尺寸（如微米级）到宏观大尺度（如米级）的构件。增材制造形成关键技术、重点装备、适用材料一体化协同发展的新模式。

3. 增材制造业态环境更加健康和规范有序

增材制造产业更注重标准化认证和知识产权保护。增材制造涉及多个领域和多个行业，需要完善的标准和认证体系，以确保增材制造产品的质量和安全。随着增材制造技术的广泛应用，相关的知识产权保护等法律问题日益凸显。未来增材制造产业需要更加关注知识产权保护等法律问题，以保障自身的合法权益。增材制造是全球性的技术和产业，未来增材制造业态需要加强国际合作和竞争，以促进技术的发展和产业的繁荣。同时也需要应对来自国际市场的竞争和挑战，提高自身的竞争力。

总之，增材制造业态需要不断探索和创新，以适应市场需求和技术发展趋势。在未来的发展中，需要注重技术创新、应用拓展、环境保护和可持续发展、智能化和自动化、个性化生产、数字化技术与增材制造技术的融合等方面。

四、职业教育助力新业态

增材制造给传统制造业带来变革性影响，形成了与航空航天、汽车、机械、医疗等领域融合发展的一系列新业态。产业发展快速，需要大量高素质技术技能人才支撑。广大职业院校深入贯彻党中央和国务院关于推动现代职业教育高质量发展的新要求，紧密对接增材制造新业态发展要求，坚持立德树人，优化类型定位，提升办学关键能力，推进育人方式、办学模式改革，切实增强职业教育适应性，为推进增材制造领域新业态发展提供有力的人才和技能支撑。

（一）构建服务增材制造新业态发展的职业教育专业体系

1. 开发增材制造新专业

职业教育主管部门根据增材制造新业态发展趋势和产业链分工，积极推进面向增材制造技术应用、增材制造装备生产的专业设置，促进职业院校培养增材制造新业态技术技能人才。2018年4月，人力资源和社会保障部颁布《全国技工院校专业目录（2018年修订）》，新增“3D打印技术应用”专业。2018年12月，教育部在新版《中等职业学校专业目录》新增“增材制造技术应用”专业。2021年3月，教育部印发《职业教育专业目录（2021年）》，新增设高职“增材制造技术”专业（专业代码460112）。高职“增材制造技术”和中职“增材制造技术应用”两个专业目录发布以后，在中高职院校得到广泛认可，专业设置数量和招生人数显著上升，较好缓解了增材制造领域技术技能人才的缺口问题。2023年增材制造技术专业布点37个，2019—2021年增材制造专业人才培养规模见表4-1。

表4-1　2019—2021年增材制造专业人才培养规模

专业代码	专业名称	2019年			2020年			2021年		
		校数	招生数	在校生数	校数	招生数	在校生数	校数	招生数	在校生数
660107	增材制造技术应用	13	676	714	54	2 304	3 028	98	3 811	6 979
460112	增材制造技术	0	0	0	0	0	0	9	465	1 173

根据中国增材制造产业联盟统计数据表明，增材制造产业现有技能型人才比例为39%（图4-10）。

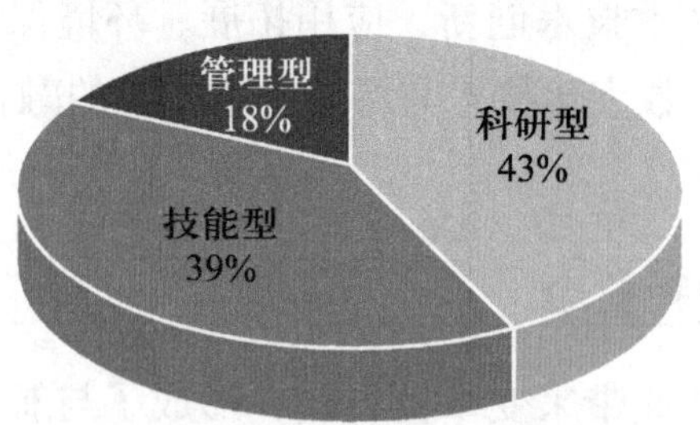

图4-10　增材制造产业人才结构

2. 推进专业转型升级

增材制造在制造业各细分领域的广泛应用，也促进了相关专业的升级和数字化改造。在专业课程体系中引入增材制造相关课程及实训环节，促进学生对于增材制造技术技能的掌握。具体情况见表4-2。

表4-2 职业教育相关专业增材制造类课程设置情况

序号	专业名称	层次	新开设增材制造类课程情况
1	金属热加工	中职	增材制造与快速成型
2	材料成型及控制技术	高职专科	增材制造技术
3	现代铸造技术	高职专科	增材制造技术及应用、增材制造与快速成型等实训
4	特种加工技术	高职专科	逆向工程及增材制造技术应用、增材制造实训
5	数字化设计与制造技术	高职专科	产品数字化设计与仿真
6	工业设计	高职本科	增材制造技术及应用、增材制造及应用实训
7	材料成型及控制工程	高职本科	增材制造与快速成型、增材制造等综合实训

3. 完善专业教学标准体系

2022年9月，教育部组织制定了《职业教育专业简介》，明确了高职“增材制造技术”和中职“增材制造技术应用”及相关专业的职业面向、培养目标定位、主要专业能力要求、主要专业课程与实习实训、职业类证书、接续专业等，为全国中高职增材类专业建设和人才培养提供科学指导。

（二）推动增材制造新业态技术技能人才供需匹配

1. 建立增材制造新业态人才供需匹配平台

机械职业教育教学指导委员会牵头开展了增材制造行业人才供需匹配分析谱系图研制课题研究，组织对华北、东北、华东、华中、华南、西南、西北七个区域81家增材制造企业进行了调研，覆盖了产业链上中下游的大、中、小、微等各类型企业。利用大数据技术对增材制造新业态的人才需求数据进行统计分析，梳理了行业人才需求和院校人才培养供给的匹配情况，对人才需求量和人才供给量进行预测，2022—2024年增材制造行业人才需求总量为16.35万人左右，其中，中职层次人才需求为1.45万人左右，高职专科层次人才需求6.3万人左右，高职本科层次人才需求8.6万人左右，人才需求结构呈现倒金字塔形；2022—2024年增材制造行业人才供给总量为3.6万人左右，其中，中职层次人才供给为1.9万人左右，高职专科层次人才供给1.3万人左右，高职本科层次人才供给0.4万人左右，人才供给呈现金字塔形。通过对比行业人才需求和院校人才培养供给的匹配情况、岗位群与专业群的结构层次、产业布局与专业布局，以及分析市场人才能力素质要求与院校人才培养规格的差异分析，为职业院校增材制造专业布局、设置和人才培养改进提供指导。

2.“岗课赛证”综合育人提高技术技能人才供给质量

一是将“增材制造设备操作员”等新职业岗位的能力要求，融入人才培养规格，依据增材制造设备安装、调试、维修和保养，以及生产操作和运行等真实情境的岗位典型工作任务开发课程。二是建立了校赛为基础、省赛为支点、行赛为补充、国赛为龙头的增材制造职业技能赛事体系，实现对增材制造类专业建设和人才培养的集中展示。其中，全国职业院校技能大赛“工业设计”赛项包括产品数据采集、逆向建模与创新设计、3D打印与装配验证等增材制造技能竞赛模块（图4-11）。图4-12为“一带一路”暨金砖国家技能发展与技术创新大赛——第四届3D打印造型技术赛项。

图4-11 全国职业院校技能大赛“工业设计”赛项

图4-12 “一带一路”暨金砖国家技能发展与技术创新大赛——第四届3D打印造型技术赛项

3. 开展了增材制造1+X证书试点工作

职业院校与北京赛育达科教有限责任公司、西安增材制造国家研究院有限公司联合开发了“增材制造模型设计”“增材制造设备操作与维护”职业技能等级标准，开展了对学习成果的评价和检验。实现“书证融通”，形成职业资格证书、职业技能等级证书、行业资格证书、培训证书等证书体系。2022年有61所院校报考，申报试点人数共计3 166人，其中初级1 372人，中级1 664人，高级130人。参与院校覆盖22个省（自治区、直辖市），其中，本科2所，高职40所，中职19所。

（三）提升增材制造新业态技术技能创新能力

职业院校充分发挥自身的人才和实验实训设备资源聚集优势，面向增材制造在航空航天、汽车、医疗等业态中的工艺应用、材料制备、软件开发等产业链环节，校企共建技术服务平台，开展应用科研开发、技术创新和成果转化。

1. 建设了一批科研创新平台

佛山职业技术学院联合增材制造国家创新中心、杭州先临三维科技有限公司、广州雷佳增材科技有限公司、湖南华曙高科技有限责任公司等行业龙头企业和15所中高职院校牵头成立中国职业技术教育学会增材制造技术研究院。安徽机电职业技术学院与安徽省春谷3D打印智能装备产业技术研究院共建国家级科技企业孵化器、省级3D打印特色小镇、安徽省新型研发机构、安徽省级金属增材制造创新中心。广东省微纳难熔金属粉末3D打印工程技术开发中心、广东省激光熔覆增减材复合制造工程技术开发中心、芜湖市金属基复合材料激光增材制造工程技术研究中心、天水市协同创新科技研究院等增材制造科研创新平台落户于职业院校。

2. 承担了一批科技创新课题

职业院校面向增材制造在航空、汽车、模具、医疗应用领域开展了新工艺、新材料、新装备的研究和成果转化。完成了“基于SLM技术的3D打印先进工艺及装备研发”“选区激光熔化制备ZL205A铝合金工艺及技术”“三维点云数据管理系统开发”等课题，获得政府和企业支持的研究经费600多万元，获批增材制造专利48项。

（四）搭建服务增材制造新业态校企合作平台

1. 建设全国性增材制造职业教育集团

由机械职业教育教学指导委员会组织全国137家增材制造企业、职业院校、科研院所共同成立了增材制造职业教育集团，汇聚增材产教资源，围绕增材制造新业态技术技能人才培养，牵头和参与制定了《增材制造技术》等专业教学标准、《增材制造模型设计》等职业技能标准，组织全国相关职业院校交流和研讨增材制造人才培养方案。面向增材制造新业态开展了“金属增材制造”“小型全功能激光烧结机生物质耗材和工艺研究”“工业CT在增材制造检测应用”等新技术培训。校企合作开发的增材制造教材见表4-3。

表4-3　校企合作开发的增材制造教材

教材名称	合作单位
《增材制造模型设计》	北京赛育达科教有限责任公司
《增材制造工艺》	北京三帝科技股份有限公司
《增材制造结构优化与工艺仿真》	澳汰尔工程软件（上海）有限公司
《3D打印机组装与调试》	易博三维有限公司
《增材制造模型设计（设计部分高级）》	北京赛育达科教有限责任公司
《3D打印应用技术与创新》	广州中望龙腾股份有限公司
《蓝合增材制造研究院—教育模块》	济南大学
《3D打印与创意实现》	山东特殊教育职业学院
《3D打印技术概论》	湖北嘉一三维高科股份有限公司
《增材制造产品设计基础》	杭州市萧山区第一中等职业学校
《三维扫描与逆向设计》	先临三维科技股份有限公司
《增材制造工艺设计》	西安铂力特增材技术股份有限公司
《增材制造（3D打印）技术实训》	先临三维科技股份有限公司
《增材制造技术基础》	上海肖生克教育科技有限公司

2. 促进增材制造新业态企业和职业院校深度合作

职业院校与增材制造新业态企业在人才培养、技术创新、社会服务、就业创业、文化传承等方面深度合作，形成校企命运共同体。浙江机电职业技术学院、江西制造职业技术学院、萧山区第一中等职业学校等院校和先临三维科技股份有限公司开展合作，共建先临三维逆向与创新设计工作室、大学生创新创业实践基地、校外合作基地、Worldskills三维打印与逆向工程技术培训中心。湖南工业职业技术学院和湖南顶立科技股份有限公司共同投入1 100万元，建设3D打印产业，开展人才联合培养，年转化科技成果5项，新增产值100万元以上。安徽机电职业技术学院与安徽省春谷3D打印智能装备产业园共同成立“春谷3D打印学院”，每年和园区组织人才订单培养，每年约为园区企业提供增材制造技术技能人才100人。

（五）助力增材制造新业态发展

职业院校发挥专业、人才集聚优势，将增材制造应用于创新教育，激励广大师生将创意转变为现实，拓展了增材制造新业态应用场景。广东佛山职业技术学院采用增材制造技术开发的脊柱侧弯矫形器实现成果转化。北京自动化工程学校建设文博数字化产业学院，在培养文博数字化人才和开发文博数字化体验产品方面形成了完备的培养体系和教学资源。

增材制造正在从专业化走向社会化，从产品开发的工具转变为批量生产制造的手段，在医疗、文化教育、汽车、航空航天、能源与军事领域得到广泛应用，培育了众多新的业态。职业教育为增材制造新业态快速发展提供了强有力的人才支撑和智力支持。

主要执笔人：潘露，安徽机电职业技术学院；王微，安徽机电职业技术学院；徐春林，安徽机电职业技术学院；王晖，佛山职业技术学院；张琛，先临三维科技股份有限公司。

职业教育助力微电子技术与器件制造业态高质量发展

随着科技的飞速发展，微电子技术与器件制造行业已经成为当今社会最重要的产业之一。这个行业的繁荣和发展不仅对国家的经济有着重要的影响，而且对国家的科技水平和国际竞争力也有着深远的影响。因此，如何提高微电子技术与器件制造行业的发展质量，已经成为一个重要的议题。职业教育作为培养技能型人才的重要途径，在微电子技术与器件制造行业中扮演着重要的角色。我们从行业发展演变、职业教育的作用地位、职业教育对行业业态发展的促进方式、行业业态未来发展趋势等多个角度探讨职业教育如何助力微电子技术与器件制造行业的高质量发展。

一、微电子技术与器件制造行业发展演变

自20世纪50年代以来，微电子技术与器件制造行业以惊人的速度发展。在70多年的时间里，该行业所涉及的技术不断变革，同时应用领域也不断拓展，逐步从计算机芯片向智能手机、平板电脑、互联网、物联网等各个领域迈进。在此期间，这个行业也遭遇了一些挑战和困难，如成本控制、设备管理和人才梯队等问题，不过该行业通过不断的创新和技术升级，成功地渡过了这些难关。

20世纪50年代，微电子技术和器件制造发展初期，主要应用于计算机芯片的制造。在当时，微电子技术主要采用的是氧化物层压法。20世纪80年代初，光刻技术被引入微电子制造中，从而大大提高了微电子器件的制造精度和质量，使其应用范围不断扩大。此外，20世纪80年代后期至90年代初，在静电吸附和永久静电方案的基础上，微电子器件的另一种制造方法——X射线光刻技术慢慢成熟，进一步提高了微电子器件的制造水平。

随着计算机和通信技术的迅猛发展，微电子技术和器件制造也迅速发展并向外扩展。20世纪90年代，微处理器、芯片和操作系统等诸多技术创新和产品的推广，使得计算机和通信领域产生了质的飞跃。同时，物联网和5G等技术也催生了这个行业的迅速发展，成为新的重点发展领域。

在2000年以前，我国的微电子行业大多依赖于国外设备的生产和制造。虽然尝试自行开发相关设备，但由于技术落后，自制设备仅限于低端技术的平台。进入2000—2008年的技术引进阶段，我国开始鼓励引进外资和外来设备，并积极学习国外先进半导体生产制造技术，以提高半导体相关产品的生产水平。在2009—2018年的技术创新阶段，我国半导体设备厂商快速发展并不断进行技术创新，以适应全球半导体及设备市场的波动性和与全球经济的景气度密切相关的情况。进入2019年至今的国产替代加速阶段，我国积极推动国产化技术创新，以适应5G、人工智能等领域的技术浪潮。中国作为全球最大的半导体消费市场，目前国产替代进入加速阶段。

在现代工业中，为了提高生产效率和产品的质量，微电子技术和器件制造行业也经历了一系列的创新和升级，使其在工业生产和物联网等领域的应用越来越普遍。在21世纪初期，微电子技术和器件制造进一步拓展到了智能手机和平板电脑这样的移动设备上，促进了可穿戴设备的兴起。此外，它还涉及了人工智能、数据中心、互联技术等领域，这些技术的出现使得微电子技术和器件制造行业在现代智能产业方面具有重要的影响和地位。

随着新兴技术如5G、人工智能、自动驾驶等的成熟和应用，微电子行业未来发展前景非常广阔。这些技术需要大量的微电子技术和设备的支持，这将为微电子行业带来更多的商机和发展空间。最新数据显示，全球微电子市场规模在2022年底达到了1.2万亿美元左右，预计到2025年将继续保持增长趋势；2022年全球半导体行业资本支出达到1 904亿美元，较2021年增长24%，预计到2023年将继续增长至2 104亿美元。这一数据表明了微电子行业的持续增长趋势和巨大的发展潜力。在中国，微电子行业在2021年增长达到了10.1%，市场规模约为3 200亿元人民币。与此同时，该行业的从业人数也呈现快速增长的态势。我国政府正在加快制定相关政策和推出扶持措施，以支持该行业的发展和创新。这些政策的推出将有助于减少行业发展的阻力，并提供一个更加稳定和可持续的发展环境。

二、微电子技术与器件制造行业职业教育的作用地位

从国家发展战略的角度来看，微电子技术与器件制造行业是国家产业转型升级、青年人才培养和创新驱动发展战略的重要支撑。首先，微电子技术与器件制造行业被纳入制造强国战略的重点领域之一，职业教育作为人才培养的重要途径，起到了不可替代的作用。其次，通过职业教育，可以提高人才素质和企业管理水平，推动产业技术创新与成果转化，促进行业的发展，提高国家的经济实力和竞争力。同样重要的是，微电子技术与器件制造职业教育也是青年人才培养计划的重要组成

部分，政府和企业都在关注和支持这一领域的职业教育，为青年人才提供更多的发展机会，为行业创新发展注入新鲜血液。最后，通过提供相关技能和知识，职业教育可以帮助学生更好地适应企业需求，并为创新提供更多的人才支持，是国家创新驱动发展战略的重要组成部分。我国半导体设备行业及相关重点政策见表5-1。

表5-1　我国半导体设备行业及相关重点政策

发布时间	发布部门	政策名称	重点内容
2022.6	工信部等	《工业能效提升行动计划》	支持制造企业加强绿色设计，提高网络设备等信息处理设备能效。推动低功耗芯片等产品和技术在移动通信网络中的应用。推动电源、空调等配套设施绿色化改造
2022.3	发改委等	《关于做好2022年享受税收优惠政策的集成电路企业或项目、软件企业清单制定工作有关要求的通知》	选择领域的销售（营业）收入占本企业集成电路设计销售（营业）收入的比例不低于50%
2021.12	国务院	《“十四五”数字经济发展规划》	在“数字技术创新突破工程”方面，提出要抢先布局前沿技术融合创新，推进前沿学科和交叉研究平台建设，重点布局下一代移动通信技术、量子信息、第三代半导体等新兴技术，推动信息、生物、材料、能源等领域技术融合和群体性突破
2021.12	中央网络安全和信息化委员会	《“十四五”国家信息化规划》	加快集成电路关键技术攻关，包括人工智能、量子信息、集成电路、空天信息、类脑计算、神经芯片、DNA存储、脑机接口、数字孪生、新型非易失性存储、硅基光电子、非硅基半导体等关键前沿领域的战略研究布局和技术融通创新
2021.3	财政部等	《关于支持集成电路产业和软件产业发展进口税收政策的通知》	通知明确了免征进口关税的几种情况，其中涉及半导体的主要有：集成电路线宽小于65纳米的逻辑电路、线宽小于0.25微米的特色工艺集成电路生产企业，进口国内不能生产或性能不能满足需求的自用生产性集成电路生产设备零配件
2020.8	国务院	《关于印发新时期促进集成电路产业和软件产业高质量发展若干政策的通知》	从财税、投融资、研究开发、进出口、人才、知识产权、市场应用、国际合作等方面切入，促进集成电路和软件产业发展。提出要聚焦高端芯片、集成电路装备和工艺技术、集成电路关键材料等关键核心技术研发

从微电子技术与器件制造行业发展的角度来看，职业教育在行业人才的培养、产品质量的提高、企业竞争力的提升等方面具有重要作用。

（一）职业教育可以培养学生的基础知识和技能

职业教育为学生提供基础、专业和实践知识的教育过程。在微电子技术与器件制造行业，职业教育可以帮助学生掌握组装、测试、封装、工艺等方面的知识和技能。此外，职业教育还可以提供与行业相关的硬件和软件开发技能，如EDA工具、自动化测试等。通过职业教育的培养，学生可以更快地适应工作，降低企业的人员培训成本和时间成本。

（二）职业教育可以培养学生的严谨性和规范性理念

微电子技术与器件制造行业需要高度的严谨性和规范性。职业教育可以在课程设置和教学过程中，培养相关的理念，如安全操作、规范操作、环境保护等，可以提高企业的生产效率和产品质量。在职业教育中渗透这些理念，可以同时培养学生的事业心和责任感，更好地为行业发展作出贡献。

（三）职业教育可以引导学生结合实际工作进行学习

在职业教育中，学生可以通过实习、实践和实验等多种形式，结合实际工作进行学习。这将使学生更好地了解工作岗位的实际需求，增加工作技能和职业素养水平。结合实际工作学习可以更好地发挥学习效果，同时也可以更好地为行业发展作出贡献。

（四）职业教育可以提高人才素质和竞争力

通过职业教育，行业人才可以进行更加全面和深入的学习，在技术和知识方面进行更深入的研究和开发，提高自身的素质和竞争力。这也能为企业提供更加专业的技术和管理人才，以满足行业的需求。同时，职业教育也可以让行业人才得到更加广泛的发展机会，提高行业的人才整体素质和核心竞争力。

三、职业教育促进微电子技术与器件制造业态发展

（一）“双高”对接“类型、高等”，有力支撑产业变革

职业教育在微电子技术与器件制造行业中扮演着重要的角色。据统计，截至2021年，全国共有138所高等职业院校和184所中等职业学校开设了微电子技术专

业，共有在校生23.3万人。其中，中等职业学校在校生数为9.3万人，高等职业院校在校生数为14万人。此外，全国共有17所高等职业院校和10所中等职业学校开设了器件制造专业，共有在校生2.9万人。其中，中等职业学校在校生数为1.1万人，高等职业院校在校生数为1.8万人。

近年来，职业教育在微电子技术与器件制造专业群建设方面取得了长足的进展。根据《高等职业学校微电子技术专业教学标准》，微电子技术专业群包括微电子技术、集成电路设计与集成系统、电子科学与技术三个专业。其中，微电子技术专业是群核心专业，集成电路设计与集成系统专业是群内重要专业之一，电子科学与技术专业是群内相关专业。截至2021年，全国共有45所高等职业院校开设了微电子技术专业群，占全国开设微电子技术专业高等职业院校总数的26.5%。

（二）以国家级教师教学创新团队建设为引领，打造服务微电子产业发展的智囊团

1. 国家级教师教学创新团队建设

职业教育的优秀教师和教学团队是推动微电子技术与器件制造业态发展的重要力量。以国家级教师教学创新团队为引领，打造服务微电子产业的智囊团，是实现职业教育创新和提升职业教育质量的有效途径之一。该团队注重教材研发与教学实践创新，为职业教育教师的素质提升提供重要支持，推动微电子技术与器件制造的教育教学质量和水平不断提升。

2. 打造服务微电子技术与器件制造产业发展的智囊团

该团队旨在为微电子产业发展提供全方位支持和服务，以提升产业竞争力为目标，发挥职业教育助推器的作用。通过教学创新实践、人才培养和产学研合作等方式，充分发掘职业教育资源的有效性，加大创新和应用，切实推动微电子技术与器件制造行业转型升级。

3. 教育与产业互动，为产业繁荣作贡献

教育教学与产业发展的有机结合是当前推进微电子技术与器件制造业态发展的重要抓手。通过建立教育与产业的合作伙伴关系，结合产业需求和学生培养，开展产教融合教学，通过课程设计、课题研究等方式，探索产业与教育教学的深度融合模式，为微电子产业的蓬勃发展和繁荣作出积极贡献。

4. 助推行业转型升级，为社会发展作贡献

职业教育是培养制造业高端人才的重要途径，也是推动微电子技术与器件制造行业转型升级的重要驱动力。通过加强产教融合、打造智囊团等方式，为特定产业提供沉淀式人才供应、全产业链人才培训和立足全球市场人才储备等方面的优质服务，推动微电子技术与器件制造行业的转型升级，为国家经济社会发展作出重要

贡献。

（三）产教融合、政行校企协同构建微电子产业技术技能服务平台

1. 产教融合是职业教育与产业深度融合的一种模式，可以有效提升产业人才供给的质量和效益

在微电子技术与器件制造行业中，产教融合可以通过以下几个方面来实现。

课程设置和教学内容的改革。职业教育机构可以通过与微电子企业的合作，了解行业最新技术和市场需求，及时调整课程设置和教学内容，使得人才培养更加贴近市场需求。例如，可以引入行业最新的技术和产品，开设相关课程，让学生能够接触到实际的工作场景和技能要求。

实习和实践基地的建设。职业教育机构可以与微电子企业合作，建立实习和实践基地，为学生提供实际操作和实习的机会。通过实习和实践，学生可以更好地了解行业的工作流程和技术要求，提升自己的实践能力和就业竞争力。

共同开发课程和教材。职业教育机构和微电子企业可以共同开发课程和教材，以适应行业的发展和变化。通过共同开发课程和教材，可以确保学生所学内容与实际工作场景相符，提高人才培养的质量和效益。

人员交流和师资培训。职业教育机构和微电子企业可以开展人员交流和师资培训，提高教师的实践能力和行业认知，从而更好地指导学生。同时，企业还可以邀请行业专家和资深从业人员来校授课，让学生能够接触到行业最新的技术和理念。

2. 政行校企协同构建产业技术技能服务平台

政行校企协同是指政府、行业、企业和学校之间的合作。在微电子技术与器件制造行业中，政行校企协同构建微电子产业技术技能服务平台，提升产业发展的质量和效益。

政府政策支持和行业指导。政府可以出台相关政策，支持微电子技术与器件制造行业的发展，并为职业教育机构提供一定的资金和资源支持。同时，行业协会等相关行业组织也可以为职业教育机构提供指导和支持，协助其更好地了解行业的发展趋势和技术要求。

企业参与和提供实践机会。企业可以与职业教育机构合作，提供实践机会和实习岗位，让学生能够在实际工作中提升技能和经验。同时，企业还可以将自身的技术和设备提供给职业教育机构使用，协助其提升教学水平和质量。

学校自我提升和服务社会。职业教育机构可以不断提升自身的教育水平和质量，培养更多的微电子技术与器件制造行业所需的人才。同时，还可以通过开展社会服务，为行业和企业提供技术支持和人才保障。例如，可以开展技术培训、技能鉴定、咨询服务等服务项目，提升行业和企业的竞争力和发展水平。

3. 合作交流是促进产业发展的重要途径，也是职业教育发挥作用的重要平台

在微电子技术与器件制造行业中，合作交流可以通过以下三个方面来实现。

参加行业会议和展览。职业教育机构可以参加行业会议和展览，与行业专家和从业人员交流，了解行业最新的技术和理念。同时，还可以展示自己的成果和优势，提高自己在行业中的影响力和认知度。

开展技术合作和项目合作。职业教育机构可以和微电子企业开展技术合作和项目合作，共同研发新技术和产品。通过技术合作和项目合作，可以提升学生的实践能力和创新能力，也可以促进产业的技术创新和发展。

建立信息共享平台。政府、行业、企业和职业教育机构可以建立信息共享平台，分享行业信息、人才需求信息、教育资源信息等，提高各方在行业中的响应速度和能力。

（四）区域整合、跨界协作，组建微电子类职教集团

微电子技术与器件制造业是一个高度关联、综合性非常强的行业。随着科技进步和市场竞争的不断升级，要想在这个行业中获得发展，就需要整合技术、资源、知识等方面的优势。多个省份纷纷成立了微电子技术与器件制造职业教育集团，依托教育、研究机构和企业等多种资源，共同推进行业和职业教育的深度融合，如湖南微电子职业教育集团、江苏微电子职业教育集团等。这些集团的成立为微电子技术与器件制造职业教育注入了新的动力。

此外，微电子技术与器件制造行业也需要进行跨界协作。通过跨学科的协作和交流，能够更好地吸收不同领域的专业优势和创新思维，从而促进行业更快、更好地发展。例如，杭州朗迅科技股份有限公司联合河北交通职业技术学院建立集成电路产业学院，服务石家庄市“十四五”新一代电子信息产业集群，针对智能芯片设计技术、数字信号处理技术、自动控制技术等领域展开合作交流，实现协同创新，探索产学研一体化的新模式。

为更好地整合职业教育资源，加强对职业教育质量的监管和提升，也有一些地方组建了微电子类职教集团。例如，2019年河南省商丘市成立了“中国（商丘）微电子类职教集团”，集团所属的10所学校将面向全国范围内的高中毕业生提供微电子技术与器件制造等职教专业，致力于把学子培养成为新型制造业的高素质人才。

针对微电子技术与器件制造业发展的需求，教育部也出台了相应的培养计划。全国职业教育促进微电子技术与器件制造业态发展计划，旨在推动中等职业教育、高等职业教育与制造业的深度融合，加快培养与市场需求相适应的专业人才。这个计划围绕专业群建设、服务质量提升、中高职衔接以及教师培训等方面展开工作，有效地推动了职业教育与微电子技术与器件制造行业的渗透和融合。

四、微电子技术与器件制造业态的未来发展趋势

（一）微电子技术与器件制造业态的发展趋势

随着信息技术和电子技术的不断发展，微电子技术与器件制造业已经成为现代工业的重要组成部分。未来，这一领域的发展将会更加迅速。

1. 微电子技术应用范围进一步扩大

随着人工智能、物联网、云计算等新技术的发展，微电子技术的应用范围将进一步扩大。例如，在智能家居领域，智能家电的普及需要大量的微电子器件来实现控制和管理；在智能交通领域，智能车辆需要各种传感器和控制器来感知环境和控制行驶。这些应用都需要微电子技术的支持，因此，未来的微电子技术将在更多的领域得到应用。

2. 集成电路制造技术进一步提高

集成电路是微电子技术的核心，其制造技术对整个行业的发展有着决定性的影响。目前，集成电路制造技术已经达到了很高的水平，但是仍然存在着一些问题，如制程的复杂度、能耗的增加等。未来的微电子技术将致力于解决这些问题，进一步提高集成电路的性能和可靠性。例如，采用新的材料和技术可以降低制程的复杂度，提高芯片的集成度和速度；同时，利用节能技术和环保材料可以降低能耗和污染。

3. 新型器件研发成为重点

除了集成电路之外，微电子技术还包括了很多其他的器件和系统，如传感器、MEMS器件、光电子器件等。这些器件在未来的发展中也将扮演着重要的角色。未来的微电子技术研究将集中在新型器件的研发上，如新型传感器的开发、MEMS系统的优化、新型光电器件的研究等。这些研究将为微电子技术的发展提供新的动力和方向。

4. 产业结构进一步优化

随着微电子技术的不断发展，产业结构也将进一步优化。传统的半导体产业将逐渐向高端化、智能化、绿色化方向转型。例如，在智能制造领域，微电子技术将用于制造自动化设备和机器人；在能源管理领域，微电子技术将用于智能家居和智能电网的建设。这种转型将促进产业结构的升级和发展。

5. 数字化制造成为新趋势

数字化制造是一种基于信息技术的先进制造模式，可以提高制造效率和质量，降低成本和资源消耗。微电子技术的数字化制造将成为未来的趋势。例如，在传感器制造方面，利用数字化制造技术可以实现高精度和高复杂度的制造工艺；在集成

电路制造方面，数字化制造可以实现自动化生产，降低制造成本，提高生产效率。

6. 智能化主导未来发展方向

未来的微电子技术将越来越智能化。例如，在智能家居领域，微电子技术将通过人工智能和大数据分析实现自动化控制和更加智能化的管理；在医疗卫生领域，微电子技术将用于实现智能诊断和治疗，提高医疗水平和效率；在机器人领域，微电子技术将用于实现更加智能的机器人控制和自主学习。

（二）职业教育在微电子技术和器件制造行业未来发展中的角色和责任

职业教育在微电子技术和器件制造行业未来发展中扮演着重要的角色，承担着更大的责任。

1. 提高人才培养质量

职业教育应注重培养适应未来产业发展需求的高素质技能人才。学校应加强与企业合作，开展实践教学和实习实训，提高学生的实践能力和创新能力。同时，学校也应注重培养学生的综合素质和职业素养，使学生具备良好的职业道德和社会责任感。此外，学校还应注重培养学生的跨学科综合能力，让学生具备更广阔的视野和更强的理解能力，以适应未来产业的发展需求。

2. 推动产学研合作

职业教育应积极参与产学研合作，与企业紧密合作，共同研发新技术、新产品和新工艺。这样不仅可以提高学校的科研水平和教学质量，还可以促进企业的技术创新和发展。同时，学校也应注重培养学生的创新能力和创业精神，鼓励学生参与创新创业活动，为未来的产业发展作出贡献。例如，可以开展技术转移和技术孵化等活动，将学校的科研成果转化为实际的生产力，推动产业升级和转型。

3. 加强国际交流与合作

随着全球化的发展，微电子技术和器件制造行业已成为全球性的竞争领域。职业教育应加强国际交流与合作，了解国际先进技术和管理经验，提高自身的竞争力和影响力。同时，学校也应积极招收留学生，为国际化发展提供人才支持。例如，可以开展国际学术交流和合作研究等活动，吸引国外优秀的学者和专家来校讲学或进行合作研究，提高学校的国际影响力和知名度。

4. 提高社会服务能力

职业教育不仅要培养人才，还要为社会服务。学校应积极参与地方经济发展和社会建设，为当地的产业升级和转型提供支持和服务。例如，可以开展技能培训和技术咨询等活动，帮助企业解决技术和人才问题，促进当地经济的发展。此外，学校还可以开展公益活动和社会服务等。

5. 开拓多元化市场和应用领域

微电子技术和器件制造行业的未来发展需要不断开拓多元化市场和应用领域，职业教育应关注市场和技术发展的最新动态，并根据市场需求和业务领域调整课程设置。例如，应加强对智能家居、智慧城市和可穿戴设备等新兴领域的教育培养，使学生具备多元化的技术和应用能力，为未来的产业发展做好准备。

6. 引导学生积极参与竞赛和实践活动

竞赛和实践活动是培养学生创新和实践能力的有效方式。职业教育应引导学生积极参与各种竞赛和实践活动，如技能大赛、科技创新竞赛、创业比赛等，提高学生的创新和实践能力，让学生更好地了解实际工作环境。

7. 加强行业相关教育与创新创业教育

未来微电子技术和器件制造行业的发展需要高素质的技能型人才，职业教育应加强行业相关教育和创新创业教育，并开设相关专业课程。例如，应加强对人工智能、大数据、云计算、区块链等技术的教育培养，培养学生的前沿技术和高端管理能力。同时，也应引导学生了解创新创业的概念和流程，提高学生的创业意识和创业能力。

主要执笔人：孙光明，河北交通职业技术学院；谢琴，河北交通职业技术学院；孙刚，南京信息职业技术学院；靳爱兵，北京瀚恒星火科技有限公司。

职业教育助力新能源汽车行业实用型人才培养的高质量发展

近年来，在国家政策的扶持下，新能源汽车产销量持续攀升，正加速带动多产业联动发展。动力蓄电池、驱动电机装机量节节攀升，生产规模稳步扩大，新产品不断涌现，技术水平不断提升，新能源汽车行业旺盛的市场需求也拉动了其用人需求，新能源汽车生产制造和维修服务一线的复合型技术技能人才需求持续增加。而承担着我国汽车产业技术技能人才培养重任的职业院校紧密对接产业链，通过重构新能源汽车技术专业群，打造高质量教师队伍，深化产教融合以构建校企命运共同体，提升教师团队社会服务能力等一系列举措，助力新能源汽车行业实用型人才培养的高质量发展。

一、国内新能源汽车市场

近年来，在国家政策的大力扶持下，我国新能源汽车行业已经步入高速发展阶段。产品研发、产能和市场成熟度不断提高，关键零部件配套能力也得到大幅提升，行业整体发展一派欣欣向荣。

（一）整车市场表现

我国新能源汽车近两年来高速发展，连续八年位居全球第一。据中国汽车工业协会（以下称中汽协）统计分析，在政策和市场双重作用下，截至2023年9月，我国新能源汽车产销分别完成631.8万辆和627.8万辆，同比分别增长33.7%和37.5%，市场占有率从2022年的25.6%增长到29.8%。其中，国内销量为545.3万辆，同比增长30.5%。从产品结构看，纯电动汽车产销分别为446.1万辆和446.8万辆，同比增长21.1%和24.9%，分别占新能源汽车产销总量的70.7%和71.2%。插电式混动汽车的产销分别为184.9万辆和180.7万辆，同比增长78.9%和83.0%，分别占新能源汽车产销总量的29.2%和28.7%。燃料电池汽车的产销分别为0.3万辆和0.3万辆，同比增长25.2%和37.3%，可见，相比2022年，2023年虽然插电式混动汽车的产销增长明显，但纯电动汽车还是新能源汽车中的主力军。

从2023年的新能源汽车产销情况看，1到9月份新能源汽车的产量分别为42.5、55.2、67.4、64、71.3、78.4、80.5、84.3和87.9万辆，新能源汽车的销量分别为40.8、52.5、65.3、63.6、71.7、80.6、78、84.6和90.4万辆，市场占有率分别为24.7%、26.6%、26.1%、29.5%、30.1%、30.7%、32.7%、32.8%和31.6%，可见，2023年新能源汽车的产销量和市场占有率呈稳步提升的趋势。

（数据来源：中汽协数据、中国工业报）

（二）动力电池方面

随着新能源汽车产销量的爆发式增长，动力电池市场也迎来了大幅增长。中汽协发布数据显示，2022年累计装机量261.8 GWh，同比增长84.3%，规模已处于世界领先地位。但在先进技术研发、产业链协同发展以及国际化发展方面，与其他先进国家相比还有不小差距。

整体上看，我国动力电池产业目前主要呈现以下四方面特征。

一是从外形上看，方形电池在国内市场地位依然稳固，2022年方形电池占据93.2%的市场份额。软包、圆柱形电池的市场呼声逐渐提高，但从销量份额上仍未见起色。

二是2022年全年电芯配套市场集中度依然较高，但去除比亚迪自身销量拉动影响，行业前5企业（排除比亚迪）份额相比去年下降了2.6%。腰部企业成为补充市场活力，激发企业创新的关键力量。宁德时代全年装机量突破120 GWh，中高端市场领先优势明显。

三是关键原材料、装备制造等产业链协同发展效应显著，整体实力显著增强。

四是企业研发能力偏弱，国际竞争力有待提高。

（三）驱动电机方面

近年来，我国驱动电机产业保持了产销规模的持续增长，新产品、新技术不断出现。整体来看，国内驱动电机产业主要有以下三个方面的特征。

1. 产业规模稳步扩大

既有比亚迪、上海电驱动、联合电子等为中大型新能源乘用车和商用车提供大功率驱动电机和电机控制器的企业，也有山东德阳、杭州杰能、永康斯科沃等为小型电动车提供小功率驱动电机及控制器的企业，驱动电机整体发展呈现多样化，行业发展热度持续升温。

2. 技术水平不断提升

2015版中国制造强国建设重点领域技术路线图中提到，驱动电机的发展目标为2025年和2030年乘用车20 s有效比功率分别达到4 kW/kg和5 kW/kg，商用车30 s有效比扭矩分别达到19 N·m/kg和20 N·m/kg以上。驱动电机的集成化、高效化、高功率密度将成为未来电机的技术制高点。总体而言，我国乘用车电机产品技术指标保持国际先进水平，商用车产品技术指标保持国际领先水平，电机控制器指标正在迅速接近国外同类产品水平。

3. 新产品不断涌现

在新能源乘用车驱动电机方面，为进一步提高电驱动系统的集成度，集成驱动电机、电机控制器和减速器的三合一电驱动总成、驱动电机与两挡变速器总成已开始应用。在商用车驱动电机方面，继承了多个电机控制器、DC/DC变换器、充电机、高压配电盒的电子电力集成控制器已成熟应用并不断小型化。

（四）充电基础设施

自国家能源局2015年下半年颁布电动汽车充电基础设施发展规划以来，我国公共充电基础设施建设步入了快车道。据中国电动汽车充电基础设施促进联盟统计，截至2023年1月底，我国已累计建成充电桩超521万个，构建了全世界规模最大的充电网络，已经可以支撑起新能源汽车的普及。

充电设施的商业模式主要表现为合作模式和盈利模式，各个运营商之间开始有了竞争的合作，相互之间共享站点资源、共同推进公共充电设施的发展。车企、车队与运营商在住宅、固定场所等专用领域的合作也逐渐步入正轨。绝大部分运营商采取了“电费+服务费+增值业务收费”的盈利模式，模式更加精细化和市场化。2023年5月，国家发展改革委、国家能源局联合印发《关于加快推进充电基础设施建设更好支持新能源汽车下乡和乡村振兴的实施意见》，为新能源汽车快速发展提供了有力保障。

二、国内新能源汽车产业变迁

（一）混合动力汽车

混合动力汽车是从传统汽车向纯电动汽车的过渡车型，因此，我国十分重视混合动力汽车的基础与工程应用研究。

“十五”期间我国将混合动力汽车研发列入“863计划”进行攻关。“十一五”期间我国通过实施“863计划”，初步建立了纯电动、混合动力和燃料电池汽车“三纵三横”的研发布局和技术体系。2010年，第一款量产的自主混合动力车型比亚迪F3DM上市，该车搭载了一台1.0 L 68马力发动机和一台50 kW/400 N·m的电动机，动力输出可达到3 L发动机的水准。2012年，上汽荣威550插电式重度混轿车上市。2013年，比亚迪秦量产版上市，其百公里加速达到5.9 s，最大功率达到217 kW，最大扭矩为440 N·m。

我国混合动力汽车的发展从“863计划”的实施开始进入技术研发阶段，随着北京奥运会与上海世博会的举办，部分小批量产品投放市场进行试验运行。由于国家政策向插电式混合动力及纯电动汽车倾斜，普通混合动力车型并没有过多的优惠，导致国内目前自主品牌的新能源汽车以插电式及纯电动为主。

（二）纯电动汽车

随着我国经济的迅猛发展和国力的极速崛起，纯电动汽车的研发、生产能力、市场规模和充电设施一跃成为世界领先。可将其发展历程划分为起步期和发展期。

1. 起步期（1950—2009年）

20世纪70年代，由中国科学院上海硅酸盐研究所牵头、湖南大学等单位参加，成功研制出钠-硫电池驱动的电动汽车并进行了上千千米的试车运行。2000年，科技部将电动汽车的产业化列为“十五”科技规划的重大专项和“863计划”12个重大专项之一。从2001年开始，国家投入10多亿元资金进行电动汽车和新型燃料电池的开发和技术攻关，建立了“三纵三横”的研发布局。2009年，财政部和科技部共同启动了“十城千辆”节能与新能源汽车规模化推广应用工程。在国家政策和社会资金的强力支持下，初步形成了完整的产业体系。

2. 发展期（2010年至今）

随着2010年三大指导政策的出台和成品油价税费改革方案以及《节能与新能源汽车示范推广财政补助资金管理暂行办法》等政策的落地，标志着我国纯电动汽车产业正式进入发展期。一批优秀的领军企业逐步引领市场，一批性价比较高的汽车产品逐步被市场认可，在国家政策的强力推动下，我国纯电动汽车产业已经追上了世界的脚步。2017年9月27日，工信部、财政部等五部门联合发布《乘用车企业平均燃料消耗量与新能源汽车积分并行管理办法》。

纵观我国纯电动汽车产业状况，总体表现出生产企业很多、明星企业稀少、产品种类繁多、优秀产品稀少，总量世界第一、单车型销量排位不高的情形。以比亚迪和北汽集团为代表的整车企业，在各类纯电动汽车产品中的市场占有率提升较快，比亚迪的纯电动公交车K9已进入欧美市场；宇通、比亚迪、中通等客车企业在纯电动公交领域也显现出产业聚集的势头。由此预测，“十四五”期间我国纯电动汽车产业将会实现质的飞跃。

（三）燃料电池汽车

我国燃料电池汽车的研发工作，起步较晚。从发展历程来看，可分为实验阶段和示范运行阶段。

1. 实验研究阶段（2008年之前）

2008年之前，属于燃料电池汽车技术研发阶段。国家“863计划”重大专项明确指出要支持燃料电池汽车的研发，并给予项目资金支持。由于燃料电池、动力电池和驱动电机等核心零部件都不成熟，所以主要是做一些实验研究及概念车。

1999年，清华大学“做”出了第一辆燃料电池观光车。2001年，上海通用泛亚技术中心以GL8公务商用车为原型，研发出一款“凤凰”燃料电池样车。“十五”期间，清华大学研制了可充电式氢能燃料电池城市客车，通过了3×10^4 km的道路考核试验，其燃料经济性能大大优于国际主流车型。2004年底，武汉理工大学与东风汽车公司联手，历时两年成功研发出以功率25 kW氢燃料电池为动力的“楚天一号”轿车。该车的燃料电池发动机在同济大学国家重点实验进行了全面测试，主要性能指标均达到设计要求。

2. 示范运行阶段（2008年至今）

自2008年以来，燃料电池汽车关键技术和整车生产能力快速提升，科技部及各地政府十分支持新能源汽车的示范推广，先后在北京奥运会、上海世博会、新加坡青奥会和美国加利福尼亚州等活动和区域进行了示范运行。我国燃料电池汽车进入研发与商业运营相结合的阶段。

“十二五”期间，我国重点针对燃料电池的可靠性、耐久性和成本等问题开展攻关，并实现整车的小批量生产和销售，为以后的大规模商业推广做准备。2016年以来，我国氢燃料电池汽车销量持续增长，据中汽协发布的数据表明，2021年销量达到1 586辆，2022年1—12月销量累计完成3 367辆，2023年1—6月燃料电池汽车（FCV）产销分别为2 495和2 410辆，同比增长38.4%和73.5%，根据《氢能产业中长期发展规划（2021—2035年）》，到2025年国内氢燃料电池车保有量达到5万辆。

三、“新四化”打造新能源汽车产业未来

我国汽车产业正加速实现电动化、智能化、网联化、共享化发展。其中，新能源汽车销量连续六年位居全球第一，成为全球汽车产业电动化转型的重要驱动力；智能网联汽车产业发展成效显著，产销渗透率超过20%，正从测试验证转向多场景示范应用新阶段，基本与全球先进水平处于“并跑”状态。

（一）电动化发展大势所趋

车辆电动化具有诸多发展优势，如减少移动污染源、降低污染治理难度，减少石油依赖、保证能源安全，更容易实现产业对接、互联互通，培养大数据智能网联等新的产业生态、实现产业升级等。

很多国家在2016年发布了禁售传统燃油车的时间表。值得一提的是，德国作为全球最有实力的燃油车生产国，在2016年11月提议要在2030年禁售传统燃油车，可见其决心，引起了全球业界的轰动。

国际汽车巨头及零部件公司集体快速转向新能源汽车。大众表示，2025年新能源汽车销量将达到200万~300万辆；宝马宣布，将在中国提供五个系列共9款新能源汽车，包括纯电动、插电式和混合动力汽车。在零部件方面，德尔福在2019年的5月3日宣布，全面分拆旗下的动力总成部分，专注于电子电气业务拓展，尤其是自动驾驶、智能技术等的研发。另外，全球最大的零部件公司博世，几乎在同一时间宣布将旗下用于燃油车的启动机、发动机业务出让。

资本市场和专家、学者看好自动驾驶和共享汽车。谷歌旗下的自动驾驶公司Waymo，估值最高时达到1 700亿美元，远超福特（市值440亿美元）和通用（市值500亿美元）。斯坦福大学经济学家托尼·希巴认为，到2025年所有新车都将是电动汽车，因为它的运行费用只有燃油车的1/10；下一代轿车将是装在轮子上的电脑。车辆电动化是大势所趋已无悬念，有人称之为“第三次工业革命”。

（二）智能化发展蓄势待发

在核心技术方面，我国汽车产业与国外相比，仍有较大差距。但是，在大数据、云计算和物联网等新技术领域已经走在世界前列。智能驾驶技术发展路线主要分为自主式与网联式两种。

自主式智能驾驶即为我们通常所说的“无人驾驶”，该种技术路线基于车载传感器、控制器、执行器、雷达等硬件装置，以深度学习、机器学习等人工智能技术为核心，使汽车具备复杂环境感知、智能决策、自主控制等功能；网联式智能驾驶即为我们通常所说的“车联网技术”（Vehicle to Everything，V2X），使汽车拥有更大范围的感知能力，发现潜在风险，优化路径规划。

目前，部分汽车已具备了初级网联化技术，实现了汽车与云端互联，通过空中下载技术（OTA）升级，汽车可自动及时地更新系统和辅助信息，并将用户的操作数据上传至云端。但更高级别的网联协同感知、决策和控制，以实现V2X的信息互联，涉及基础设施改建、车载网络升级（即车载以太网代替CAN总线结构）和通信技术标准的出台，目前尚处研发布局阶段。

（三）网联化拓展前景广阔

1. 汽车控制与诊断技术

汽车电子控制是机电一体化技术在汽车上的应用，理论基础是系统论，核心是微控器。新能源汽车促进了各种新技术、新产业的发展，尤其是电控和诊断技术。

我们不但要利用计算机精确控制新能源汽车的安全运行，还要建立能量管理系统、电机控制系统、电动助力转向系统等关键核心技术。

通过能量管理系统，我们可以对电池的状态进行有效的管理，使其达到一个最佳的荷电状态；还可以采集每一次系统的运行数据，并根据相关的信息监控诊断系统的运行状态，从而更好地对其充电方式进行调控，对剩余电量进行显示。能量管理系统在预测汽车剩余的行驶里程的同时，还能对车内温度和车灯亮度进行调节，对车辆放电和充电的状态进行实时播报，对电池进行系统的维护，从而更好地保障新能源汽车的正常运行。

电机驱动系统较为复杂，由多种控制器组成且需要相互协调才能使各项功能得到实现。目前，车用电机有三种：永磁同步电机、感应电机及开关磁阻电机。

电动助力转向系统需提高系统的稳定性，加强模糊控制、人工智能控制等控制策略的合理应用。为提高驾驶体验，应当进一步优化控制策略、确保汽车各系统协调运行，实现对驾驶状态的安全、准确控制。

2. 车载终端与信息服务

车联网是以车内网、际网和车载移动互联网为基础，按照约定的通信协议和数据交互标准，在车辆与车辆、车辆与互联网之间进行无线通信和信息交换，以实现智能交通管理控制、智能化车辆控制和智能动态信息服务的一体化网络，是物联网技术在智能交通系统领域的延伸。

车联网最初应用是以“车载信息服务”的形式。在自动驾驶阶段，车载终端还将集成车载计算平台作为车载终端计算处理单元。汽车智能化、交通智能化、智慧城市的发展趋势，将使更多车辆信息陆续开放并通过高速总线上传到车载信息终端，使之成为车辆的大脑，车载网络成为车辆的神经系统，由此实现信息采集、传递、计算、反馈、控制的功能。未来的车载终端将能更好地为智能驾驶、安全驾驶、故障预警和维修等保驾护航。

3. 网联驾驶与智慧交通

智能网联汽车（Intelligent Connected Vehicle，ICV）是可实现车与X（车、路、人、云端等）智能信息交换、共享，具备复杂环境感知、智能决策、协同控制等功能，可实现安全、高效、舒适、节能行驶，并最终可实现替代人来操作的新一代汽车。它本身具备自主环境感知能力，也是智能交通系统的核心组成部分。

智能网联汽车融合了自主驾驶与车联网，其技术架构较为复杂，涉及的关键技术包括环境感知技术、无线通信技术、智能互联技术、车载网络技术、先进驾驶辅助技术、信息融合技术、信息安全与隐私保护技术、人机界面技术、高精度地图与定位技术、异构网络融合关键技术、交通大数据处理与分析关键技术、交通云计算与云存储关键技术等。

（四）共享化发展引领未来

目前，汽车产业进入2.0时代，共享出行将是新能源汽车的下一个重要增长点。把握个人用户、出行用户接口，是未来市场的核心竞争力；打造新能源与智能化、网联化深度融合的极致体验，打造智慧、有生命的汽车，是未来产品的核心竞争力；构建价值共享一体化融合的产业平台的能力，是未来产业的核心竞争力。车辆共享化以高度成熟网联化、智能化为基础，减少了用车、养车、停车成本和人力成本，提高了汽车的使用率。基于智能互联和大数据的车辆共享化使得运力精确匹配到需求，交通拥堵问题得以缓解、行程更加顺畅。

总之，“新四化”为我们描绘了汽车产业发展的美好未来，其中，电动化是基础，智能化、网联化是纽带，共享化是未来出行的大方向。“四化融合”代表着汽车产业的未来和转型升级的方向，大产业将催生更多的新技术、新模式、新业态，谁把握了核心技术、谁主导了产业规则，谁就占领了产业的制高点。

四、职业院校支撑新能源汽车整车制造业态发展

职业院校主要承担着我国汽车产业技能人员培养的重任。随着新能源汽车的快速发展，自2015年来，教育部根据《普通高等学校高等职业教育（专科）专业设置管理办法》，紧扣国家经济社会发展涌现的新需求、新业态，每年进行一次专业增补。根据教育部《职业教育专业目录（2021年）》，目前新能源汽车制造类涵盖新能源汽车制造与检测、新能源汽车技术和新能源汽车工程技术中、高、本三个教育层次，均属于装配制造大类的汽车制造类。除此之外，根据调研结果分析，新能源汽车制造类专业技能人才的专业还分布在汽车电子技术应用、智能网联汽车技术、新能源汽车运用与维修等7个强相关专业和汽车制造与检测、汽车服务工程技术、汽车工程技术等10个中相关专业，分属于装备制造大类、交通运输大类、电子与信息大类三大专业类别（表6-1）。

表6-1　新能源汽车相关专业列表（举例）

教育层次	专业类	新专业代码及名称
中等职业教育	装备制造大类（汽车制造类）	660701 汽车制造与检测
		660702 新能源汽车制造与检测
		660703 汽车电子技术应用
	交通运输大类（道路运输类）	700205 汽车服务与营销
		700206 汽车运用与维修

续表

教育层次	专业类	新专业代码及名称
中等职业教育	交通运输大类（道路运输类）	700207汽车车身修复 700208汽车美容与装潢 700209新能源汽车运用与维修
高等职业教育专科	装备制造大类（汽车制造类）	460701汽车制造与试验技术 460702新能源汽车技术 460703汽车电子技术 460704智能网联汽车技术
	交通运输大类（道路运输类）	500210汽车技术服务与营销 500211汽车检测与维修技术 500212新能源汽车检测与维修技术
	电子与信息大类（电子信息类）	510107汽车智能技术
高等职业教育本科	装备制造大类（汽车制造类）	260701汽车工程技术 260702新能源汽车工程技术 260703智能网联汽车工程技术
	交通运输大类（道路运输类）	300203汽车服务工程技术

从高等职业教育专科拟招生专业设置备案结果数据检索分析，2022年，全国高等职业教育专科开设有新能源汽车类相关专业的学校共有3 084所，其中新能源汽车制造类有716所，开设有新能源汽车工程技术高职本科专业的学校有10所。2019年以来，全国开设新能源汽车制造类专业的高等职业院校以平均每年60余所的增速为新能源汽车产业培养人才，助力产业发展。

（一）国家职业教育发展布局，支撑新能源汽车整车业态发展

1. 对接产业链重构专业群，协同发展提升服务产业能力

2019年教育部启动第一轮“双高计划”建设项目，高职院校根据区域产业发展需求组建和优化专业群，使专业群发展与产业转型升级同步。根据教育部立项结果分析，全国共组建专业群248个，其中，含有新能源汽车制造类相关专业的专业群有4个，新能源汽车技术专业群3个。通过专业群建设，彰显“高、特、强”的建设特征，为全国职业院校新能源汽车制造类专业建设起到引领示范作用。

淄博职业学院新能源汽车技术专业群。学院坚持把立德树人贯穿专业群人才培养全过程。精准对接山东新旧动能转换重点发展的新能源汽车产业，推进产教深度融合、校企双主体育人，深化校企“双元协作、育训结合”人才培养模式改革。推进跨界融合、协作创新，打造“专家引领·名师主导·双师主体”的高水平结构化教师团队。建设基于国际认证标准的课程体系中国特色高水平高职学校和专业总体建设方案和开放共享、国际应用的课程教学资源。开展学分制改革，健全学分积累和转换机制，落实专业群内1+X证书制度，提升学生就业竞争力与发展潜力。通过智慧评测、素质拓展、科技竞赛，深化项目化、模块化教学改革，全面推进个性化培养。积极参与创建职业技术师范大学，培养新能源汽车技术专业高质量职教师资。优化专业群内部质量保证体系，健全多方共建、多方参与、多方投入的可持续发展保障机制。

湖北交通职业技术学院新能源汽车技术专业群。学院汽车专业自1953年建校以来，为汽车行业企业培养了一批批汽车维修技能人才。学院为了适应新能源汽车产业优化升级需要，对接汽车产业电动化、智能化、网联化、共享化发展新趋势，通过优化汽车专业结构，组建新能源汽车技术专业群，涵盖了汽车检测与维修技术、新能源汽车技术和新能源汽车检测与维修技术、智能网联汽车技术等多个专业；为了对接汽车新产业、新业态、新模式下岗位（群）的新要求，主动对接新能源汽车制造企业，通过校企合作共建产业学院，开设订单班、定向班，开展企中校联合教学，实施工学交替现代学徒制等多种形式与新能源汽车行业企业岗位精准对接；为了不断满足新能源汽车产业高质量发展对高素质技术技能人才的需求，通过校企共同修订人才方案、制定课程标准、编写教材、开发教学资源库等多种途径联合培养企业全产业链学生。截至目前，学校已与丰田、宝马、吉利、东风、比亚迪、特斯拉、理想、蔚来等汽车品牌深度开展产教融合校企合作，每年为新能源汽车制造企业输送近400名高素质技术技能型人才。

2. 修制订专业简介、专业标准，提高新能源汽车类专业技术技能人才培养适应性

职业教育紧密跟踪产业发展动态，适时调整职业教育专业目录、修（制）订新的专业标准。2021年3月教育部印发了新版专业目录，同年教育部发布了专业简介和专业教学标准的修制订工作，强化新能源汽车专业类专业人才培养面向新能源汽车整车及关键零部件制造、修理与维护等行业的整车制造人员、维修技术服务人员、工程技术人员等职业群工作的高素质技术技能人才的新定位，以“中高本一体化”设计思路，紧密对接新时代我国新能源汽车类相关产业发展。

3. 国家级职业教育教学创新团队示范引领教师队伍高质量发展

2019年8月，教育部等四部门印发的《深化新时代职业教育“双师型”教师队

伍建设改革实施方案》中明确，“分年度、分批次、分专业遴选建设360个国家级职业教育教师教学创新团队”“建立校企人员双向交流协作共同体”。根据立项结果分析，截至目前，已分两批立项建设了364个国家级职业教育教师教学创新团队，组建协作共同体53个，立项课题389项，覆盖30个省市自治区，对服务地方经济、推动产业发展起到了重要作用。

2022年湖南汽车工程职业学院作为牵头单位，组建了新能源与智能汽车专业领域协作共同体，成员单位有长春汽车工业高等专科学校等12个新能源汽车和智能汽车领域国家职业教育教学创新团队建设单位，旨在通过国家级团队建设的辐射带动作用，实现一批校级、市级、省级的教学创新团队建设，推进团队建设以及协作共同体发展。深圳职业技术学院通过柔性引进比亚迪技术负责人担任专业带头人，全面引领专业的内涵发展和建设，提升专业的整体应用研究水平。淄博职业学院紧密追踪汽车技术发展前沿，聚焦教师综合能力提升，积极探索“谱系化、国际化、信息化”三化融通，“初、中、高”能力三级递进，“新任教师、合格教师、骨干教师、专业带头人、领军人才”五阶培养的教学团队建设路径，打造了一支“学科交叉、跨界复合、国际水准”的高水平、结构化、创新型汽车专业教学团队。

4. 成立新能源汽车类专业教学指导委员会，助推职业教育高质量发展

在全国汽车行业教学指导委员会的指导下成立新能源汽车专业教学指导委员会，统筹新能源汽车制造与检测、新能源汽车运用与维修、新能源汽车技术、新能源汽车检测与维修技术、新能源汽车工程技术5个中职、高职专科、高职本科专业教育教学指导工作。通过指导新能源汽车类专业双师队伍建设，推动国家级、省级职业教育“双师型”教师培训基地建设，指导新能源汽车职业教育活页式、工作手册式新形态教材开发以及教法改革等适应新能源汽车产业转型升级。

（二）构建校企命运共同体、深化产教融合

产教融合，校企合作是培养高技能人才的一种行之有效的方式，通过把产业与教学密切结合，相互支持，相互促进，把学校办成集人才培养、科学研究、科技服务为一体的产业性经营实体，学校与企业浑然一体，全面提升人才培养质量。

1. 开展人才需求分析，精准服务产业发展

受教育部职业教育与成人教育司委托，开展项目《新能源汽车技术技能人才需求分析与职业院校专业设置报告》的研发工作。通过调研新能源汽车产业发展现状、人才需求规模、人才需求结构和人才素质要求，分析与预测新能源汽车产业的发展趋势，编制紧缺人才需求目录，提出支撑新能源汽车产业高质量发展人才队伍建设的政策建议。通过调研院校专业设置情况、人才培养模式和教育资源建设现状，找准企业需求与院校人才供给的“差距”，指导职业院校调整专业设置、创新

人才培养模式、加强教学资源建设、深化校企合作，提高职业院校人才培养质量、构建产教融合人才培养体系，精准服务新能源汽车产业发展。

2. 创新“产教融合、校企合作”人才培养模式

潍坊职业学院通过做好双元育人、育训并举、产学研融合的“三篇文章”服务“三个模式”提升、服务乡村振兴和新旧动能转换、高技能人才培养。湖南汽车工程职业学院通过深入推进校企合作、产教融合、开放办学等举措，实现了办学由重规模到重内涵、综合办学到特色办学、服务产业到提升引领产业的转型，办人民满意的现代职业教育；通过展订单式培养和现代学徒制试点，全面对接和深度融入汽车产业链，带动汽车专业群结构优化升级；聘请专家、院士担任兼职教授，建立了湖南省高职院校首家院士工作站，积极推动与湖南汽车产业发展相关研究，有效服务区域经济社会发展。

3. 推进1+X证书制度，深化产教融合

深入贯彻落实1+X职业技能等级证书制度。2019年1月，国务院印发《国家职业教育改革实施方案》指出：制订工作方案和具体管理办法，启动1+X证书制度试点工作。2020年3月，教育部、财政部等七部门联合颁发《关于建设长江教育创新带的实施意见》指出：积极稳妥推进职业教育1+X试点。新时代职业教育1+X证书制度的落地，将为经济社会的高质量发展注入新的发展动力。

职业院校为深入贯彻落实教育部1+X职业技能等级证书制度，各学校以社会需求为导向，以各地方政府出台的关于1+X证书制度实施意见为指导，嵌入专业认证思维，借鉴国外职业教育证书制度实施的经验，以人才培养方案的改革为切入点，以“三教”改革为重要依托，创新1+X证书制度的落实路径。

（三）提升能力，提高专业教师团队社会服务能力

以高水平教学能力、科研能力、培训能力和评价能力提升为目标，开展社会培训、科研服务等服务区域中小微企业发展。淄博职业学院依托技术应用研究中心、大师工作室实施科研协作，助力区域汽车产业转型升级。依托技术应用研究中心、大师工作室，特聘院士、全国技术能手、泰山领军人才等专家组建技术研发团队，联合合作企业、科研院所开展科技攻关，聚焦新能源汽车辅助研发设计、智能网联、三电等产业发展方向，开发企业实践创新项目，推进成果转移转化，助力区域新能源汽车行业转型升级。

主要执笔人：徐念峰，中国汽车工程学会；李龙敬，淄博职业学院；周伟伟，淄博职业学院。

面向先进制造业的医疗器械产业职业教育改革与实践

先进医疗设备及器械制造业是国家重点发展的战略性新兴产业。进入21世纪以来，我国医疗器械产业高速发展，特别是党的十八大以来，党和国家对医疗器械发展高度重视，在优化监督管理体制的同时鼓励企业创新。随着医疗器械市场的持续增长，以及高新技术在医疗器械领域的广泛应用，我国先进医疗设备及器械制造业的发展进入了一个新的阶段。产业升级对职业化、专业化人才的需求持续增加，全国医疗器械人才培养规模逐年提升。近年来，国家关于职业教育政策密集出台，医疗器械职业教育院校在不断的适应和跟进过程中，努力探索人才培养模式改革，以产教融合、校企合作为主要途径，促进师资队伍、实践条件和教学资源建设，成效显现。

一、发展先进医疗设备及器械的国家战略

先进医疗设备及器械是国之重器，高端医疗装备自主可控是关系到国家安全的国家战略。要加快补齐我国高端医疗装备短板，加快关键核心技术攻关，突破技术装备瓶颈，实现高端医疗装备自主可控。先进医疗设备及器械制造业是国家重点发展的战略性新兴产业。

《“十三五”国家战略性新兴产业发展规划》中明确了发展智能化移动化新型医疗设备以及开发高性能医疗设备与核心部件等目标。“十三五”期间，我国医疗装备产业实现快速发展，市场规模从2015年的4 800亿元增长到2020年的8 400亿元，年均复合增长率11.8%。制造体系基本健全，形成了22大类1 100多个品类的产品体系，覆盖了卫生健康各个环节；企业主体发展壮大，2020年规模以上企业2 300余家，实现主营业务收入4 100多亿元，形成了一批协作配套、特色鲜明的产业集群；产品技术水平快速提升，突破了超导磁体、电子加速器、射频/谱仪等一批关键技术，骨科手术机器人、第三代人工心脏、聚焦超声治疗系统等达到国际先进水平，成为全球重要的医疗装备生产基地。

先进医疗设备及器械制造业一直以来受到多项政策的鼓励与支持。中国制造强

国建设规划将高性能医疗设备作为重点发展十大领域之一，要组织实施包括高端诊疗设备在内的一批创新和产业化专项、重大工程，并明确到2025年，相关领域的自主知识产权高端装备市场占有率大幅提升。《“健康中国2030”规划纲要》提出需加强高端医疗器械等创新能力建设，加快医疗器械转型升级，提高具有自主知识产权的医学诊疗设备、医用材料的国际竞争力，并提出到2030年，实现医疗器械质量标准全面与国际接轨的目标。2021年12月，工信部联合国家卫生健康委员会、国家发展和改革委员会等十部门印发《“十四五”医疗装备产业发展规划》提出了2025年医疗装备产业发展的总体目标，力争到2025年，医疗装备产业基础高级化、产业链现代化水平明显提升，主流医疗装备基本实现有效供给，高端医疗装备产品性能和质量水平明显提升，初步形成对公共卫生和医疗健康需求的全面支撑能力。同月，国家药监局联合国家发改委等印发《“十四五”国家药品安全及促进高质量发展规划》，明确提出支持医疗器械等领域的创新发展，推动关键核心技术攻关，促推解决产业创新发展的“卡脖子”问题，提升产业整体水平。2022年3月，国家卫健委等十五部门印发《“十四五”健康老龄化规划》，提出加强医工协同发展，研发老年人医疗辅助、残障辅助、康复辅具等智能产品和可穿戴设备。2023年3月，中共中央办公厅、国务院办公厅印发《关于进一步完善医疗卫生服务体系的意见》强调，提高医疗卫生技术水平，加强临床医学、公共卫生和医药器械研发体系与能力建设，努力突破技术装备瓶颈，加快补齐高端医疗装备短板。

二、医疗器械产业初步形成创新高质量发展格局

我国医疗器械产业自新中国成立之初，便在不断摸索中逐步形成了一个独立的产业。进入21世纪以来，我国医疗器械产业高速发展，并朝着产品种类丰富、技术能力提升、面向多层次需求的成熟产业目标不断进步。党的十八大以来，党和国家对医疗器械发展高度重视，在优化监督管理体制的同时鼓励企业创新，我国先进医疗设备及器械制造业正朝着高端化、规范化、品牌化、国际化方向前进。

（一）技术创新稳步前行

科技部在2011年印发了《医疗器械科技产业“十二五”专项规划》，明确超导核磁、多排螺旋CT等重点产品的发展技术路线，以改变我国高端产品进口依赖以及自主创新能力较弱的情况，着力突破高端装备及核心部件国产化的瓶颈问题。原国家卫计委委托中国医学装备协会组织开展优秀国产设备的遴选工作，建立国产优秀医疗设备目录，共计超过1 000款国产医疗设备入选。

经过十余年的发展，先进医疗设备及器械“进口替代”工作取得长足进步。

2020年，国产CT设备占有率达到50%左右，国产核磁共振设备占有率达40%左右，国产伽玛刀占有率达90%以上，国产PET-CT、PET-MR占比快速上升，重离子放射治疗系统和质子系统已经实现国产化。当前，基本实现进口替代（国产占比超过50%）的细分领域包括：（1）植入性耗材中的心血管支架、心脏封堵器、人工脑膜、骨科植入物中的创伤类及脊柱类产品等；（2）大中型医疗设备中的监护仪、DR等；（3）体外诊断领域的生化诊断；（4）家用医疗器械中的制氧机、血压计等。

我国医疗器械高新技术企业数量保持高速增长，从2016年的777家增长至2020年的2 299家。依据2021年12月31日市值排名前20的国产医疗器械上市企业的年报公开披露信息，前20企业在2021年的研发投入金额总值约为90.7亿元，相比2020年的66.2亿元上升37.1%。我国先进医疗设备及器械制造业正走在一条从跟跑到领跑的道路上。据国家药监局年度医疗器械注册工作报告，从2014年至2022年，国家药品监督管理局共批准189个创新医疗器械，数量逐年上升，如图7-1所示。2022年，国家药监局批准了首个国产质子治疗系统等创新医疗器械55个，优先审批医疗器械77个，创新医疗器械获批数量与2021年相比增加57.1%。这些创新产品包含的核心技术都有我国的发明专利权或者发明专利申请，并已经国务院专利行政部门公开，产品主要工作原理/作用机制为国内首创，具有显著的临床应用价值。

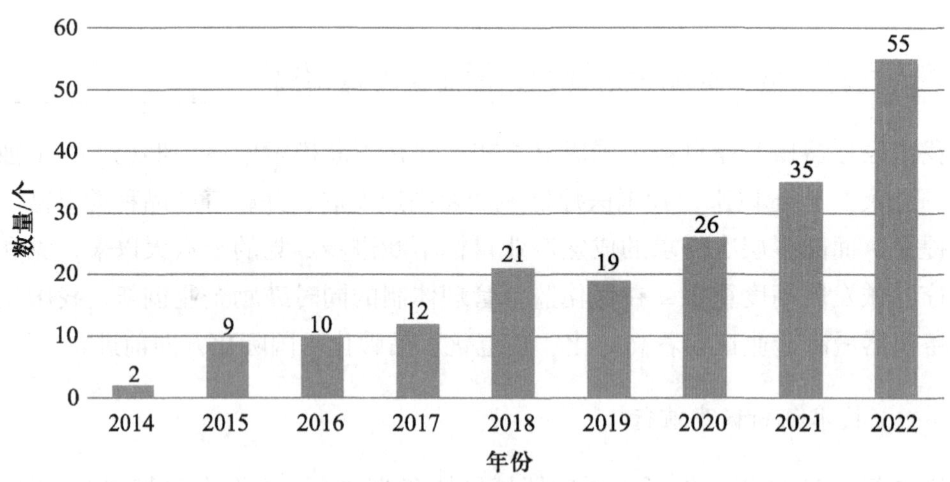

图7-1　2014—2022年获批创新医疗器械数量统计图

（二）法规体系不断完善

近年来，监管部门通过构建助推医疗器械产业高质量发展的法规框架，完善鼓励医疗器械创新发展的法规制度，不断满足新时代人民群众使用高质量医疗器械的需求。

2000年，国务院制定了《医疗器械监督管理条例》，并于2014年、2017年分别做了全面修订和部分修改。2020年12月，国务院第119次常务会议审议通过新修订的《医疗器械监督管理条例》，于2021年6月1日起施行。新修订的《医疗器械监督管理条例》认真贯彻“四个最严”要求，全面落实党中央、国务院关于医疗器械审评审批制度改革精神，总结改革经验，为鼓励医疗器械产业创新高质量发展提供了坚实的法治保障。同时，国务院药品监督管理部门共制定《医疗器械注册与备案管理办法》《医疗器械生产监督管理办法》等相关配套规章13部，形成了以法规为核心、相关配套规章为支撑的医疗器械产品全生命周期监督管理法规体系。此外，国家药监局先后发布《医疗器械附条件批准上市指导原则》《医疗器械注册自检管理规定》《免于临床评价医疗器械目录》等配套规范性文件，持续推进医疗器械注册技术审查指导原则制修订工作，发布医疗器械注册技术审查指导原则490余项。

通过法规、配套规章、配套规范性文件等的不断完善，针对创新和临床急需医疗器械设置了特别和优先审批程序，针对医疗器械注册人、备案人制度全面细化了实施要求，针对加快医疗器械上市步伐科学设置了灵活的审查要求，进一步落实了主体责任，优化了资源配置，释放了产业活力。

（三）标准建设全面提升

医疗器械标准是医疗器械研制、生产、经营、使用和监督管理共同遵守的技术规范，贯穿医疗器械全生命周期各环节。经过不断创新发展，我国医疗器械标准化工作经历了从起步探索、开放发展到全面提升的发展历程。医疗器械标准供给更加多元高效，标准体系日趋完善，标准技术水平和国际化程度明显提升，标准在保安全、促发展中的重要支撑作用更加凸显。

自“十二五”以来，国家药品监管部门持续实施医疗器械标准质量提高计划，每年组织制修订医疗器械标准100项左右，优先开展基础通用标准，高性能医疗器械、战略性新兴产业领域标准制修订；全面优化评估医疗器械强制性标准和推荐性标准集中复审，持续推动标准体系优化提升。近年来，医疗器械标准数量稳步提升，截至2022年底，医疗器械标准共1 919项，如图7-2所示。按标准规范对象统计，现行有效的医疗器械标准中基础标准326项，占比17%；管理标准49项，占比3%；方法标准461项，占比24%；产品标准1 083项，占比56%，基础标准的数量逐年增加。

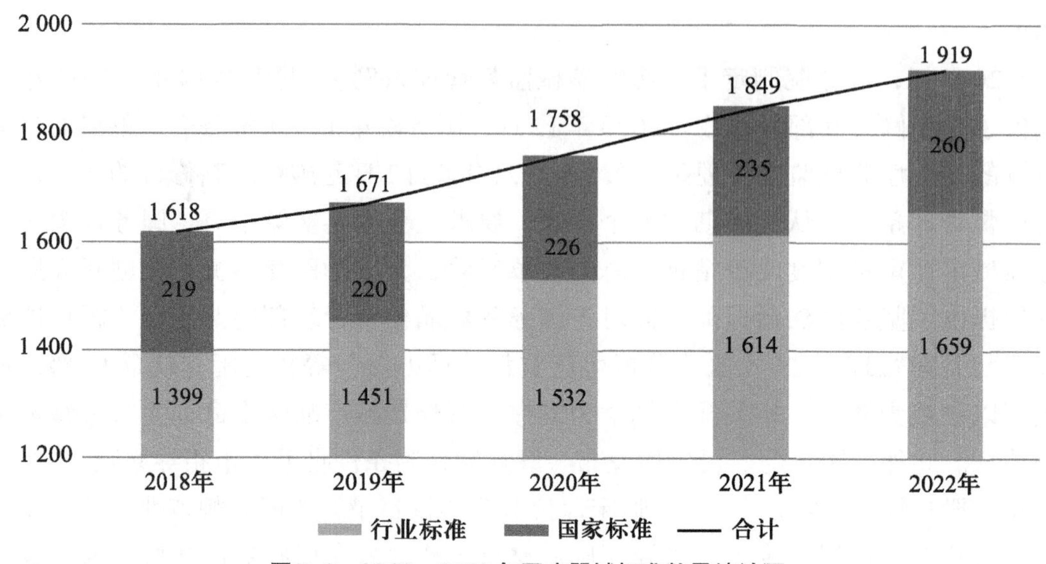

图7-2　2018—2022年医疗器械标准数量统计图

（四）产业生态持续优化

随着政策引导落地，法规、标准的不断完善，先进医疗设备及器械制造业的产业生态持续优化，总体向好。具体表现为产业聚集度逐步提升，上市企业数量及营收不断攀升，专业服务资源更加完备成熟，国际化发展全面提速。

我国医疗器械产业已初步形成珠三角、长三角和环渤海三大聚集区；近年来，三大区域器械生产企业和获批产品数量均持续保持高速增长。北京、上海、天津、广东、江苏、浙江、山东、河北等省市企业聚集度和产品数量位居全国前列。

“十三五”期间，医疗器械上市企业的数量快速增加，每年的增速保持在20%左右。同时，上市企业营收规模、增速及利润率稳步发展。2020年，上市公司的营收规模2 523.45亿元，较前一年增长49.71%，利润率达到26.17%，显示出强劲的增长势头。

“十三五”期间，医疗器械检验机构数量稳步增加，从2016年的152家增长至2020年的467家；医疗器械临床试验机构数量大幅增长，从2018年的185家增长至2022年的1 107家；动物实验机构数量也有所增长。

“十三五”期间，国产医疗器械产品获得美国食品药品监督管理局（FDA）认证的数量逐年增加，从2016年的1 405件增长至2020年的2 384件。医疗器械进出口总额从2017年的4 412.76亿元增长到2020年的11 555.00亿元，复合增长率为37.83%。

近年来，随着法规标准体系的不断完善和产业生态的持续优化，我国先进医疗设备及器械制造业快速发展，生产企业数量突破3万家，产品年备案/首次注册数量接近5万件，产业规模突破1万亿元，年均复合增长率超过10%，高于我国制造业总体增长水平，创新医疗器械获批数量逐年增加，产业集聚度不断提高，国际竞争力持续提升，产业创新高质量发展格局初步成形。

三、医疗器械产业未来发展

随着医疗器械市场的持续增长，以及高新技术在医疗器械领域的广泛应用，我国先进医疗设备及器械制造业的发展进入了一个新的阶段。

（一）医疗器械市场前景广阔

一是人口老龄化推动医疗器械需求增加。依据国家统计局公布数据，2000年我国65岁及以上人口达到8 821万人，占总人口数的7%，标志着我国开始进入老龄化社会。我国65岁及以上人口于2021年达到2亿人，占总人口数的14.2%，人口老龄化程度持续加深。根据中国疾病预防控制中心的调查数据，我国60岁以上老年人群中患一种及以上慢性病的比例为75.8%。庞大的慢性病群体给社会带来沉重的负担，释放对作为诊疗疾病基础的医疗器械的需求。

二是消费结构优化提出对医疗器械更高要求。随着居民经济水平的提高以及卫生健康教育事业的发展，中国居民消费结构持续优化。根据国家统计局公布数据，2021年中国人均医疗保健消费支出人民币2 115元，较2020年增长14.8%，占人均消费支出的比重为8.8%，增速高于全国居民人均消费支出1.2%。消费结构的优化进一步提高了社会对医疗机构设施配置及医疗器械产品的要求。

三是医疗卫生机构数量及诊疗人次数量增长，推动医疗器械需求提升。2017年以来我国各类医疗卫生机构数量快速增长。根据国家统计局公布数据，2021年全国医疗卫生机构总数已达1 030 935个。各类医疗卫生机构数量持续增长，其中医院数量增长迅速，年复合增长率高达4.2%。2017年至2021年的医疗卫生机构总诊疗人次整体呈现上升趋势。

四是行业集中度显著提升。在高值耗材、诊疗设备等领域，单靠内生性增长是不够的，医疗器械企业利用产业基金、上市融资等多种方式加快发展，实现规模化经营，将是未来产业发展的重要趋势。随着医疗器械行业整合加剧，以研发投入塑造产品竞争力的企业有望脱颖而出，具备规模优势、品牌优势与产品竞争力的医疗器械企业将实现市场份额的稳步提升。

（二）医疗器械技术水平持续提升

一是相关政策鼓励国产医疗器械积极创新。国务院、国家卫健委、国家发改委等多个中央机构多次发布支持性政策，要求在采购需求管理中，优先采购符合要求的国产设备，同时鼓励医疗机构按照功能定位、医疗技术发展水平等合理配备适宜档次医疗设备，实施国产医疗设备发展应用试点，推动医疗机构配置国产实用型设备。为积极响应国家号召，北京市、四川省、贵州省、山西省、河北省、西藏自治区等多个省（自治区、直辖市）也出台相应政策鼓励国产医疗器械的采购与配置，助力优质国产医疗器械实现快速市场准入，助力国产医疗器械发展。另外，集采政策持续更新，长期角度，推动了医疗器械企业优化生产及供应链条，聚焦创新带动企业营收增长。

二是多技术、多学科交叉融合发展。例如，计算机断层扫描（CT）、磁共振成像（MRI）、发射型计算机断层成像（ECT）、正电子发射体层成像（PET）、手术机器人、血管造影机、全自动生化分析仪、多参数多功能床边监护系统等，都是综合性技术交叉型产品。以此为基础，部分高端国产医疗器械已经具备进口替代的资质，例如，微创医疗领域的乐普医疗、威高股份和微创医疗等。

三是自动化、智能化程度不断提高。随着计算机和人工智能技术的发展，医疗器械不断朝着自动化与智能化的方向发展，自动功能代替人工操作，机器学习辅助甚至代替人工诊断，例如，临床检验工作已摆脱烦琐的手工操作，而被全自动生化分析仪、血细胞分析系统等大型检验设备所替代。新兴的影像组学技术，通过机器学习的方法，已经可以实现对病变部位的准确定位和诊断。手术机器人、手术导航等可以实现微创、精准地介入、检测与外科治疗。以深度学习为代表的新一代人工智能技术将赋能医疗器械领域。在辅助决策、医学数据处理、健康管理等方面崭露头角。自2020年起，采用深度学习技术的医疗器械产品陆续获批上市，基于新一代人工智能技术的医疗器械正加速进入临床应用，包括智能辅助诊断产品、智能辅助康复治疗产品、智能监护与生命支持产品、智能康复理疗产品等。

四是可穿戴医疗设备持续涌现。随着老龄化人口数量的逐年增长以及慢性病患者数量的不断增加，可穿戴医疗设备的发展前景广阔。2022年，我国可穿戴医疗设备市场规模在250亿元左右。以运动/睡眠监测设备、可穿戴式血压计、可穿戴式血糖仪、可穿戴式心电仪为代表的医疗设备可以实现实时监测和提供医疗大数据。可穿戴医疗设备主要技术有传感器技术、医疗芯片技术、通信技术、电源管理技术、显示技术等，随着科技不断进步，可穿戴医疗设备行业相关技术水平不断提升。未来设备将与大数据、云计算、物联网计算结合，扩大应用领域，也将从“一个系统=一个结果”向“一个系统=几个结果”模式转变，实现高可靠性的可穿戴技术与机器人技术结合，产品类型呈现整合和细分协调发展的趋势。

四、医疗器械职业教育实践探索

随着医疗器械产业的快速发展，全国的医疗器械人才培养院校逐渐增多，办学规模逐年提升，办学成效不断显现，成为行业技术技能型人才供给不可或缺的策源地。

（一）专业目录优化调整和教学标准修（制）订

在2020年启动的新一轮职业教育专业目录调整的调研中显示，国家专业目录制订与适时新增，以及专业设置管理办法的实施起到了较好的指导作用。各院校在国家颁布的医疗器械类各专业教学标准的指导下，结合区域医疗器械行业特色开展医疗器械类专业人才培养，为地方产业发展培养技术技能人才。同时，也提出了存在的一些问题：一是医疗器械相关专业较少，没有很好对应实际行业产业多样性细分类别，整体专业设置滞后于产业发展的要求；二是专业名称存在含义模糊、不清晰的问题，且部分专业存在较多的交叉，不易区分；三是医疗器械行业的信息化、智能化变革，人工智能、机器人等高新技术的不断应用，对从业人员在信息化素养、知识结构、创新能力、国际化视野和法规意识等多方面提出了更高要求，在某些岗位的人才需求中，亟需本科层次的培养与之匹配。

在2021年新颁布的职业教育专业目录中，医疗器械类高职专科专业根据行业发展需求及全国各院校的办学情况调研做了相关调整，其中，“医疗设备应用技术”专业更名为“智能医疗装备技术”专业，“精密医疗器械技术”专业更名为“医用电子仪器技术”专业，新增“医用材料与应用”专业，同时也首次设立了高职本科专业，形成从中职、高职专科到高职本科的一体化职业教育专业体系（表7–1）。从高职专科专业的更名和高职本科“医疗器械工程技术”专业的设置，充分体现了顺应先进制造业人才需求的医疗器械职业教育改革方向。

表7–1　医疗器械类职业教育专业目录

教育层次	食品药品与粮食大类（药品与医疗器械类）新专业代码及名称	
中等职业教育	690206	医疗设备安装与维护
	690207	医疗器械维修与营销
高等职业教育专科	490210	智能医疗装备技术
	490211	医用电子仪器技术
	490212	医用材料与应用
	490213	医疗器械维护与管理
	490214	医疗器械经营与服务
	490215	康复工程技术
高等职业教育本科	290203	医疗器械工程技术

2021年启动了新版职业教育专业的简介和教学标准的修（制）订工作。由全国药品行指委医疗器械类专业委员会牵头组织9个医疗器械类专业的工作，分别由全国9个院校领衔开展了广泛深入的行业企业调研、学校调研、毕业生调研和研究机

构调研，为专业简介和教学标准的修（制）订提供了全面、客观的依据。

2021年共完成了9个专业简介和5个高职专科专业教学标准的修（制）订，2023年又启动了“医疗器械维护与管理”专业的修（制）订工作。专业简介和标准的制订为全国医疗器械职业教育的专业设置、招生就业和专业建设明确了方向，提供了依据和准则。

（二）医疗器械职业教育的改革实践

通过对全国医疗器械类专业办学院校的持续跟踪调研，近年来，医疗器械职业教育无论是专业种类、办学层次和招生规模，都在稳步扩大和提升。专业招生人数如图7-3所示（来源：48所院校汇总数据）。

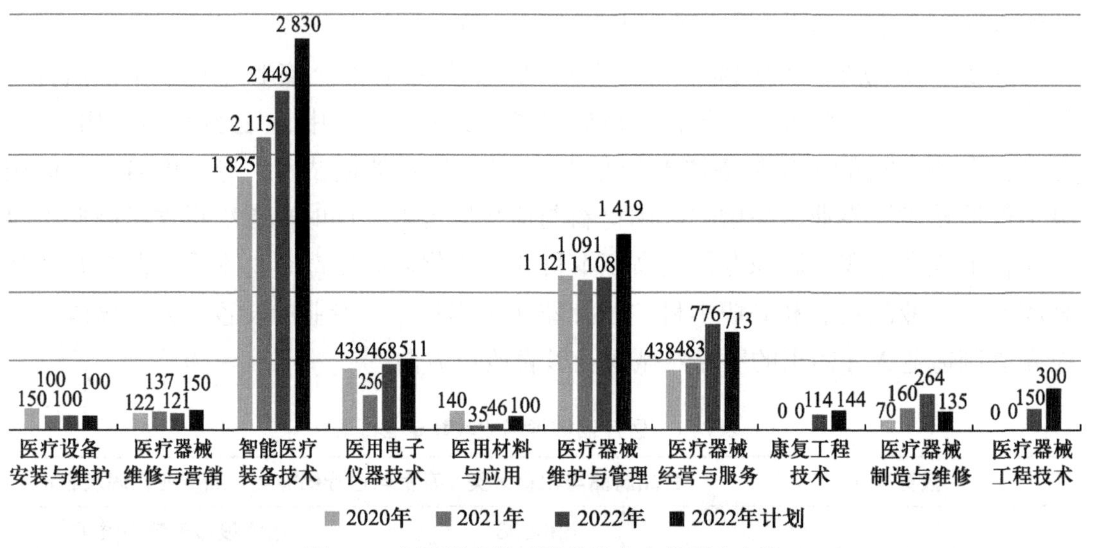

图7-3　全国医疗器械职业教育专业招生人数

随着产业不断升级和对人才培养要求的不断提升，以及国家关于职业教育一系列政策的出台，医疗器械职业教育院校在适应和跟进过程中，努力探索人才培养模式改革，以产教融合、校企合作为主要途径，促进师资队伍、实践条件和教学资源建设，通过一系列紧贴地区医疗器械产业特点、具有鲜明办学特色的改革和建设举措，形成了一批典型案例。

案例一：山东药品食品职业学院与中国500强企业威高集团有限公司开展深入紧密的校企合作，共同打造“威高学院”，开设面向血透临床护理、血透工程师和医疗器械智能制造方向的3个专业，在校生近300人，已毕业82人，部分学生已成为企业的骨干。企业捐赠价值238万元的仪器设备共建校内医疗器械实训室，每年投入近50万元设立“威高奖助学金”。校企双方共建“双元主体，德技并修、三师共育，四维评价”的学徒制合作育人模式，创新实践“校企、理实、德技、虚实、书证、知行”六维度有机融合的人才培养模式，取得校企资源共享、相互促进、共同发展的育人成效。

案例二：浙江药科职业大学是全国第一所药械类本科层次职业学校，全国药监系统唯一一所本科院校。学校医疗器械类专业与浙江省医疗器械检验研究院、省药品认证检查中心、省医药经济发展中心、省医疗器械审评中心等单位开展全方位合作，特别是在共建共享人才资源库、人才培训基地和科研基地等方面成果显著。学院定期选派骨干教师赴省、市市场监管系统挂职锻炼；大力培养教师成为医疗器械检查员，在服务保障行业用械安全的同时，积累了大量医疗器械监督管理的实践经验；骨干教师通过访问工程师项目、下企业顶岗锻炼、博士后进站等方式深入企业、医疗机构，合作开展产品研发、科学研究、技术/政策咨询等。同时，向行业企业提供人才培训、技能鉴定等多种服务，近年来，为宁波市市场监管系统培训89人，为省内近2 000名医疗器械从业人员进行职业技能培训，为医疗器械公司员工的学历提升专门定制成人教育班，累计达2 000余人。

案例三：上海健康医学院在医疗器械职业教育领域具有60多年的传承与积淀，为我国医疗器械行业培养了数以万计的技术技能型人才，被誉为医疗器械工程师的“黄埔军校”。新发展阶段，学校与药监部门、行业协会、研究机构、用人单位多方联动，通过产教融合、平台赋能，进一步拓宽了培养路径和空间。学校与上海医疗器械行业协会合作领衔申报获批上海市智慧医疗高技能人才培养基地，成为国内首个以医疗健康和医学装备为主要培养内容的基地；与知名医疗器械企业紧密合作，设计形成了一整套以超声、CT、MRI等高性能医疗器械为载体的专项职业能力培训的实践教学方案和考证鉴定试题库，被多家知名企业采纳作为员工培训方案。同时，学校与西门子、迈瑞、史赛克、尼普洛、百度等知名企业共建“CT、数字X线机、超声实训室”“手术与急救工程技术实验室”“血液透析工程技术实验室”“百度飞桨人工智能联合创新实训室”等校内实践基地，提升实践教学能级和水平。学校还获批了国家医疗器械质量监督检验中心（分部）、国家药监局首批重点实验室——医学麻醉设备重点实验室、上海市穿戴式医疗技术与器械工程研究中心、上海市智能医疗器械与主动健康协同创新中心、上海市5G+智慧医疗创新实验室等，通过导师制带教、项目制承载，学生得以在众多科研平台上培育科研素养，打磨创新能力，从而适应行业快速发展对人才的高标准。近三年，毕业生就业率均超过99%，专业对口率95%，80%毕业生到医疗器械头部企业就业。学生获专项职业能力证书率达到97.5%。学校作为国家及地方各级药监局、上海申康医院发展中心的培训基地，牵头起草全国职业化专业化医疗器械检查员培训大纲，主编《医疗器械专业技术知识》培训教材；完成血液净化规范化培训12批530人次，全国医疗器械技术及监管培训6批917人次。近三年，开展了10期专项职业能力培训与考证，298名企业在职技师考取专项职业能力证书。由此，形成了行业技术技能型人才共育共培，高技能人才培养基地共建共享的崭新格局。

主要执笔人：徐小萍，上海健康医学院；赵祥欣，浙江药科职业大学；李晓欧，上海健康医学院；王学亮，山东药品食品职业学院。

生物药品制造业的业态长足发展赋能职教人才储备

作为21世纪"朝阳产业"，生物医药在中国乃至全世界均被视为国民经济重点发展产业以及新的经济增长点。据预测，2023年产业市场规模将达到5 720亿元，在工业经济中的占比不断攀升。生物产业技术发展日新月异，行业法规与时俱进，业态定位、业态变迁正发生深刻变化，对专业和职业人才培养提出了更高、更系统、更紧迫的需求。国家陆续出台系列相关政策和制度设计，依托职业教育助推产业快速发展和业态品质高质量提升，创新并践行了三大举措：围绕产业发展，科学设置相关专业；精准对接产业需求，助力培养技术技能人才；深入推进产教融合、医教协同"双元"育人，助力职业教育快速发展，充分发挥教育资源优势，加速医药融合高质量发展，推动行业持续繁荣。

一、生物医药产业业态定位

（一）行业定位

医药制造产业是《国民经济行业分类》（GB/T 4754—2017）中的第二产业，也是国民经济高技术产业（制造业）6大类中的一类，在我国国民经济行业中占据重要地位。随着中国进入新时代，国家经济周期步入高质量发展的轨道，伴随着人民群众健康观念的提升以及人口老龄化进程的加快，整个社会对高质量的大健康产业和卫生服务供给的需求越来越高，生物医药产业已成为支撑医药卫生事业和健康服务业高速、稳定和高质量发展的重要基础。2010年10月，国务院发布《关于加快培育和发展战略性新兴产业的决定》，指出生物医药产业作为战略性新兴产业已经在我国占据重要支撑地位。

（二）政策支持

国家"十二五"规划将生物医药产业列为战略性新兴产业，国家以及地方各级政府纷纷响应国家号召，制定多项支持产业发展的扶持政策和鼓励优惠政策，加速发展生物医药产业。国家层面的战略布局使生物医药产业政策的发布在2012年达到了高峰期，从2015年开始，国家进一步发布了多项针对药品立项、研发、审批和生产上市等环节的改革举措，营造了注重创新药研发、提升仿制药质量的行业发展氛围，形成了基于政策层面的共振效应。2012年至今，国务院、科技部等发布的大量与生物医药发展相关的国家政策性文件，包括《国家中长期生物技术人才发展规划（2010—2020年）》《卫生事业发展“十二五”规划》《国务院办公厅关于促进医药产业健康发展的指导意见》《医药工业发展规划指南》《“十三五”生物技术创新专项规划》《国务院办公厅关于加快医学教育创新发展的指导意见》《关于加快中医药特色发展的若干政策措施》《“健康中国2030”规划纲要》等，从顶层设计、政策指引，到制度创新，最后落地到指南、意见、措施等实施层面的支持，形成了国家和社会层面系统性大力支持生物医药产业的政策链和服务链，有力助推了整个产业的快速发展和业态品质的高质量提升。

（三）人才需求

1. 人才需求布局

生物制药是目前世界医药领域创新性最强、市场份额占比增长最快的产业，一直备受各国政府和企业的重视。技术服务和产业化服务作为一种能形成差异化而带来竞争优势的生产要素，对增强企业核心竞争力、促进产业转型升级、提高经济增长质量、培育专业化人才队伍、加快战略性新兴产业发展产生重要影响。生物医药产业作为关系国计民生的新兴战略性产业，培养新药物研发、转化和流通的生物制药人才目前仍然是我国医药行业从仿制向创新转型的必然要求。在战略性新兴支柱产业引领下，应充分利用社会资源，培养为大健康产业，尤其是生物制药和生物制品产业创新和精准服务的复合型应用人才。这些人才既包括从事生物药品和生物制品的产品设计、产品研发、工艺探索、质量优化的研究型和设计型人才，也包括落地于工程实施、技术革新、工艺改进、质量管理的一线技术人员，更包括产品生产、质量保障、质量监控、设备维护、物料管理等专业定位准、技能强、素质高的一线职业技能型人才，学历涵盖从中职、高职，到职教本科，再到专业硕士甚至博士学位的职教体系所培养的各层次人才，需要从中国的高等教育、职业教育和生物医药行业的继续教育等各个领域多元化培养，构建起支撑我国生物制药和生物制品高质量发展的人才培养体系。

2. 人才支撑问题

在国内生物制药蓬勃发展的背景下，产业业态的进一步推进和创新发展过程中仍然存在一些人才供给的隐忧，体现在：一是国内相关专业领域的领军人才数量较少。目前，我国部分从事生物制药的企业虽已具备领军人才培养的自主意识，并积极参与部分高校的人才建设计划，但在部分中小型生物制药企业的管理人员中，对于领军人才的培养意识薄弱，在人才引入制度方面也缺乏应对机制，导致企业创新能力严重不足。要解决此类问题，企业不仅要制定针对生物制药人才培养的战略方案，也需会同政府部门协同制定外部人才引入方案，真正从环境、政策、制度角度实现源源不断的人才补给，推动企业走上自主创新之路。二是生物制药职业技能型人才严重缺乏。生物制药领域从产品研发的角度属于高技术和高科技领域，从产品制造的角度属于严格监管的规范性控制领域，比如，生产制造需要GMP规范，产品营销需要GSP规范，新药研发需要GLP规范，新药临床研究需要GCP规范，等等。背后所需支撑均为大量技术技能型的人才，也是急迫需求高素质劳动者的重点领域，与之对应的是相关技术技能型人才培养标准、所需资源和人才成长体制机制的改革和创新。

3. 生物制药和生物制品职业岗位群变化分析

我国生物制药高职高专人才供需状况。生物工程/生物制药岗位招聘需求呈现增长趋势，与2017年相比，2018年的增长率为19.27%（图8-1），每年新增专业技术岗位数超过1万。对于具有大专学历和1～3年经验的人才需求最多（图8-2）。近3年，50%的企业需要20人以上的大专毕业的生物制药技术人员，他们主要来自生物制药技术、药物制剂技术、药品生物技术等专业，未来的需求量仍呈上升趋势。近两年，我国高职生物制药技术专业的招生规模上升，网络统计显示：近40家高职院校的招生计划由2018年的约2 700人上升至2019年的约3 400人，招生规模仍不能满足实际需求。

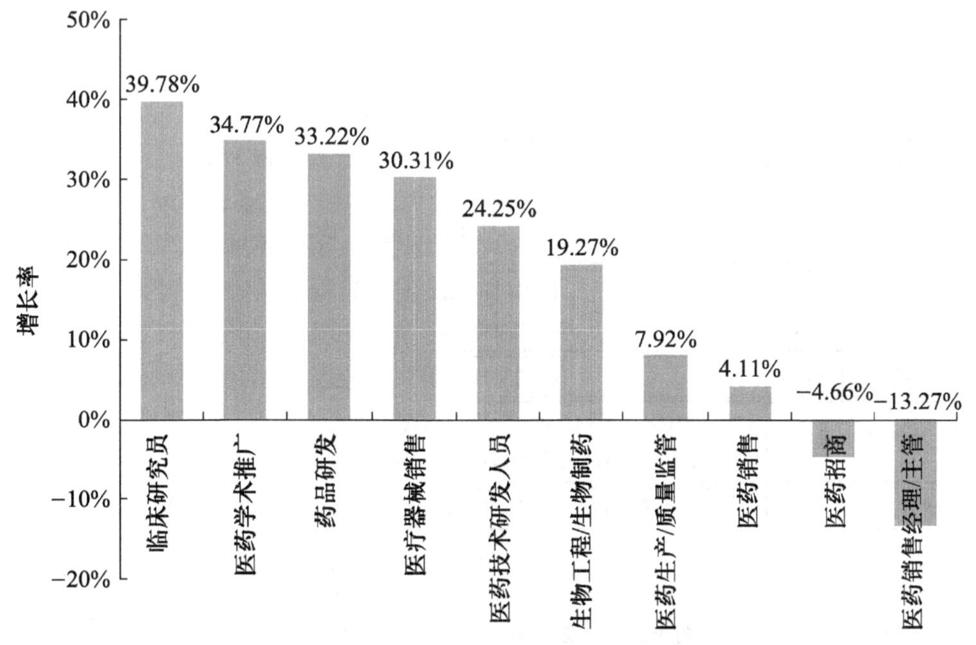

图8-1　2018年我国生物制药行业岗位招聘情况

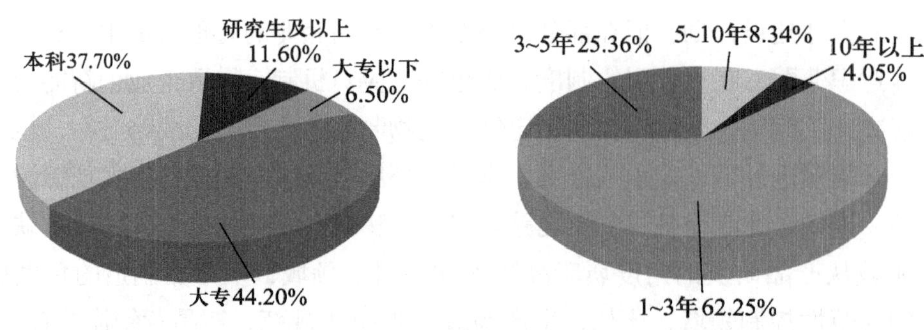

图8-2　2018年生物制药行业职位招聘学历（左）和经验（右）需求

（数据来源：教育部高职生物制药技术专业教学标准调研报告）

我国生物制药职业岗位群类别及需求。生物制药职业岗位群跟随产业的升级而发生变化，现为微生物发酵制药和细胞培养制药所面对的职业岗位群，涉及生物细胞培养、微生物发酵、生物药物分离纯化、生物药物制剂制备、生物药物质量控制、制药设备养护和研发助理岗位/实验员岗位（群），需求较大的前5位岗位是微生物检验、理化检验、分离纯化、提取和微生物发酵（图8-3，百分比为所需岗位的企业数占总调研企业数比例）。值得注意的是，研发助理岗位/实验员岗位也有相当的需求量。依据《中华人民共和国职业分类大典（2022年版）》，该职业类别应为生物药品制造人员6-12-05（GBM 61205）。结合实践专家访谈、药典的检测需求和深入讨论分析，结果表明：该职业的岗位以原料药生产和质量控制岗位为主，包括生物细胞培养、菌种培育、微生物发酵、提取、分离纯化、理化检验和生物检定（微生物检验和生物学检验）。生物药物制剂制备、制药设备养护和研发助理可作为拓展岗位。

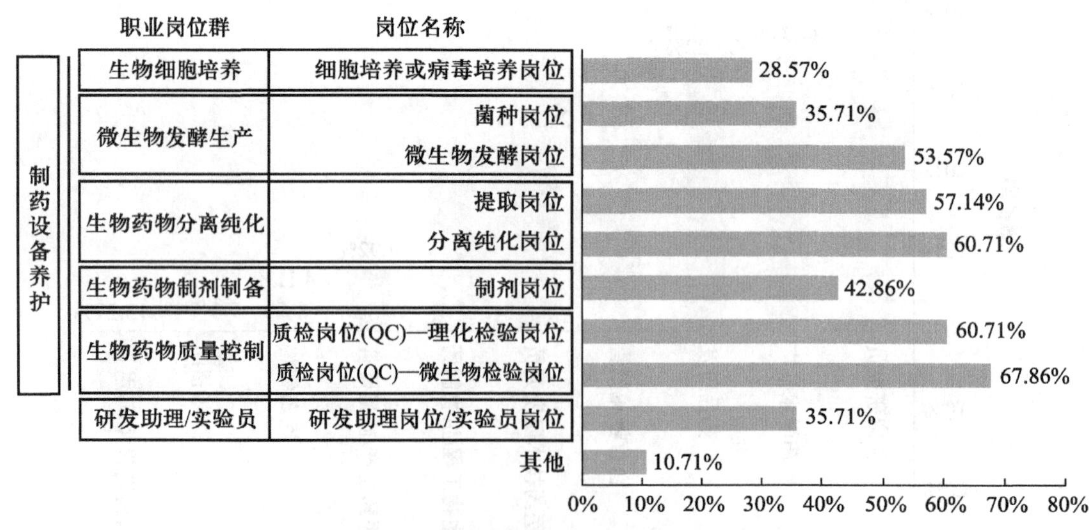

图8-3　生物制药职业岗位群及需求情况

（数据来源：教育部高职生物制药技术专业教学标准调研报告）

（四）我国医药工业现状

我国医药工业目前正处于产业持续快速增长阶段，医药工业占工业经济比重不断提高的阶段，制药企业数量较多，但亏损企业数量逐年增加，行业集中度较低、具有核心竞争力的企业数量较少。目前正逐步向创新型和研发型转型，本土研发正在迅速发展，新药的研发成功率处于上升趋势，跟传统化学药和中药新药的研发相比具有明显的优势和显著突破态势。生物制药企业开始扩大在海外开展的临床试验研究，国内制药行业的整体已经逐渐缩小了与世界先进水平的差距，制药行业生产力水平和技术含量处于稳步提升阶段。

在医药工业产业中，生物制药行业属于异军突起的领域。全球行业规模保持稳定增长趋势（图8-4），正由高技术产业向高技术支柱产业发展。各国家和地区将其作为新的经济增长点，制定各种政策扶持，加大资金投入，如美国的“生物技术产业激励政策”、欧盟科技发展第六框架计划（简称FP6）将45%的研究开发经费用于生物技术及相关领域等。全球的生物制药进入快速发展期，到2023年底全球市场规模有望达到2 160亿美元（图8-5）。目前，全球发展的主要领域是抗肿瘤类药品，新方向是基于新靶点、新机制和突破性技术的创新药，肿瘤免疫治疗、细胞治疗等新技术转化步伐加快。

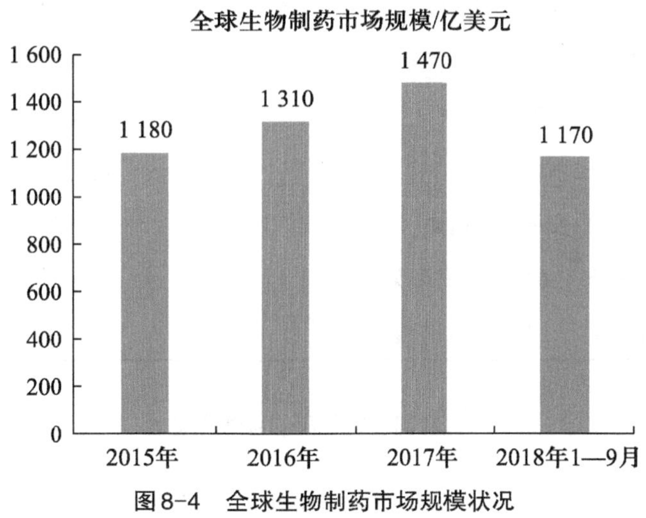

图8-4　全球生物制药市场规模状况

十几年的厚积薄发，我国生物制药向支柱化产业的发展趋势明显，产业进入转型升级的关键阶段。自2009年以来，我国先后出台了多个国家级规划纲要，各省（自治区、直辖市）也制定出相应的发展规划政策，均将生物医药列为重点发展领域（表8-1）。在政策的推动下，我国生物制药的产业规模提升，保持中高速平稳增长，产业化、市场化和集约化趋势明显。生物医药的市场规模在2018年9月达到2 795亿元，预计2023年达到5 720亿元（图8-6、图8-7）。生物制药生产企业全国共有400家以上。

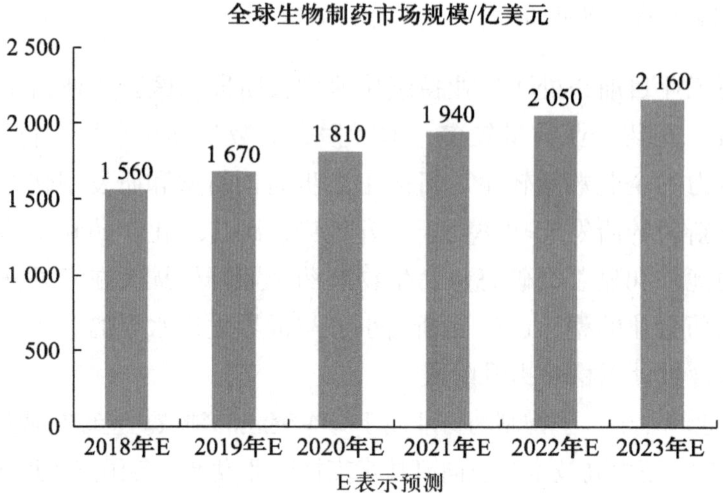

图8-5　全球生物制药产业趋势预测

表8-1　生物制药相关的国家级规划纲要

发布时间	名称	发文单位
2009.6	促进生物产业加快发展的若干政策	国务院
2012.7	“十二五”国家战略性新兴产业发展规划	国务院
2012.1	医药工业“十二五”发展规划	工业和信息化部
2012.12	生物产业发展规划	国务院
2015.5	中国制造强国建设	国务院
2016.10	医药工业发展规划指南	工业和信息化部等六部门
2017.1	“十三五”生物产业发展规划	国家发展和改革委员会
2017.4	“十三五”生物技术创新专项规划	科学技术部

图8-6　我国生物制药市场规模状况

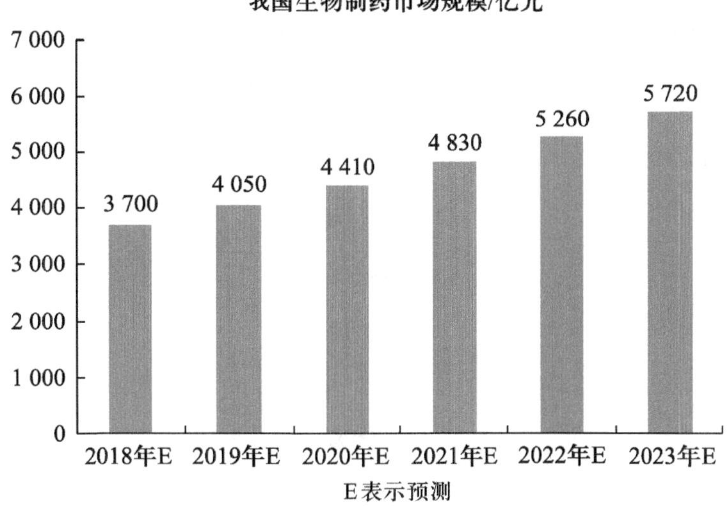

图8-7 我国生物制药产业趋势预测

二、生物医药产业的业态变迁

（一）医药制造业整体情况

近年来，我国经济结构调整不断取得新进展，积极推进供给侧结构性改革，加快经济结构调整转型，主动扩大对外开放，产业结构不断优化，需求结构持续改善，着力推动高质量发展，优化重塑区域发展格局，持续调整收入分配结构，明显增强发展的协调性和可持续性。目前第二产业加快转型升级，由高速增长向高质量发展转变，第二产业的新生力量已经转变成高技术制造业，2020年医药制造业增加值占制造业增加值比重为3.8%，比2012年提高1.1个百分点。根据国家统计局2022年全年及2023年1—3月份医药制造业增加值分月同比增速与累计增速数据查询分析，我国医药制造业2022年度到2023年度增速呈现整体下降趋势，2022年1—2月规模以上工业增加值增长12.9%，呈现最大增幅，第二季度医药制造业呈现持续下降趋势，从第三季度开始，医药制造业整体呈现上升后逐渐趋于平缓趋势，到2022年12月份，规模以上工业增加值增长-3.4%，2023年1—3月开始呈现下降趋势，总体呈现放缓模式，具体见表8-2至表8-3、图8-8。

表8-2 2022年医药制造业增加值分月同比增速与累计增速统计表

月份	分月同比增长	累计增速
1—2月	12.9%	0

续表

月份	分月同比增长	累计增速
3月	10.1%	11.8%
4月	–3.8%	7.6%
5月	–12.3%	3.1%
6月	–8.5%	0.9%
7月	–10.3%	–2.4%
8月	–13.1%	–3.8%
9月	–7.5%	–4.3%
10月	1.6%	–3.8%
11月	–3.2%	–3.7%
12月	–1.4%	–3.4%

（数据来源：国家统计局）

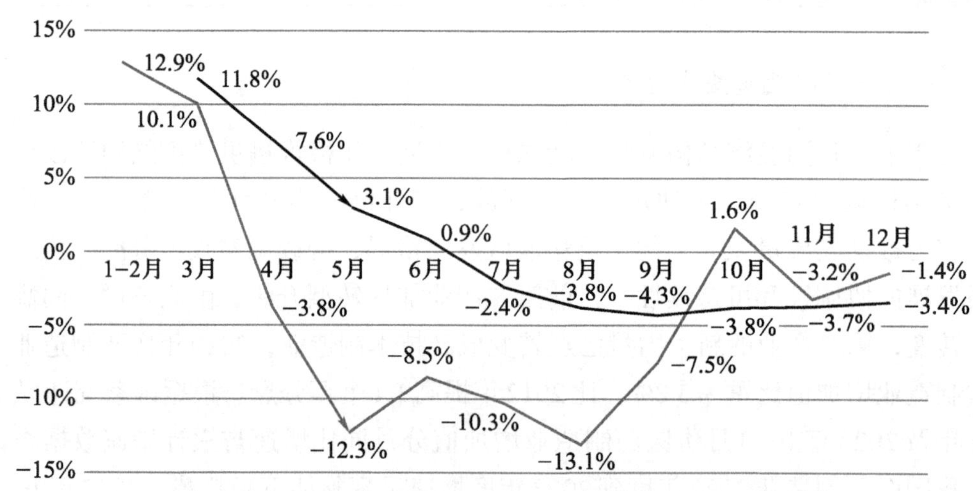

图8-8　2022年医药制造业增加值分月同比增速与累计增速

表8-3　2023年医药制造业增加值分月同比增速与累计增速统计表

月份	分月同比增长	累计增速
1—2月	–3.1%	0
3月	–8.3%	–5.1%

（数据来源：国家统计局）

医药制造业整体情况呈现上升的趋势。在《中国食品报》刊登的《我国经济结构调整取得新进展》中提到：2013—2021年，第二产业增加值年均增长6.0%；规模以上高技术制造业和装备制造业增加值年均增速分别达到11.7% 和9.2%，明显高于制造业增加值年均6.4% 的增速。

（二）医药工业占工业经济比重不断增加

医药工业一直以来都是发展最快的行业之一，2020年医药工业主要经济指标呈现同比锐减后的快速回暖，其中，实现主营业务收入27 960.3亿元，同比增长7.0%，增速较上年同期下降1.0个百分点；实现利润总额4 122.9亿元，同比增长19.3%，增速较上年同期增加12.3个百分点，呈锐减后快速反弹态势；医药制造业增加值增速平稳回升，固定资产投资快速反弹，增长28.4%。在利润水平方面，近几年两票制全面覆盖，用药结构变化，特别是抗肿瘤药等领域高价值新药大量上市，促使行业盈利水平不断提升。值得注意的是，2018年、2019年主营业务收入出现明显下降，但利润总额保持稳定，主要原因是国家集采的普及化，使销售费用及市场推广费用得到明显遏制。同时，药品产业呈现出新产品上市增多、化学原料药向精细型原料药发展、进出口进入强周期等利好特征，均使我国药品产业保持持续快速增长的态势（表8-4至表8-6，图8-9至图8-11，来源：2017—2020年《医药工业经济运行报告》）。伴随人口增长和老龄化加剧导致全民健康支出增加，国家也在医疗卫生方面加大了建设力度，如扩容医保目录和提高医保支付水平等。

表8-4　2017—2020年我国医药工业主营业务收入及利润总额情况

年份	主营业务收入 / 亿元	利润额 / 亿元	主营业务收入增长率	利润增长率
2017年	29 826	3 519.7	12.2%	16.6%
2018年	25 840	3 364.5	12.7%	10.9%
2019年	26 147.4	3 457	8.0%	7.0%
2020年	27 960.3	4 122.9	7.0%	19.3%

（数据来源：国家统计局）

表8-5　2017—2019年医药工业中生物药品制造主营业务收入完成情况

年份	主营业务收入 / 亿元	同比增速	比重
2017年	3 311	11.8%	11.1%
2018年	2 443	11.4%	9.5%
2019年	2 479.2	10.3%	9.5%

（数据来源：国家统计局）

表8-6　2017—2019年医药工业中生物药品制造利润总额和利润率完成情况

年份	利润总额/亿元	同比增速	利润率
2017年	499	26.8%	15.1%
2018年	445.4	13%	18.2%
2019年	485.4	14%	19.6%

（数据来源：国家统计局）

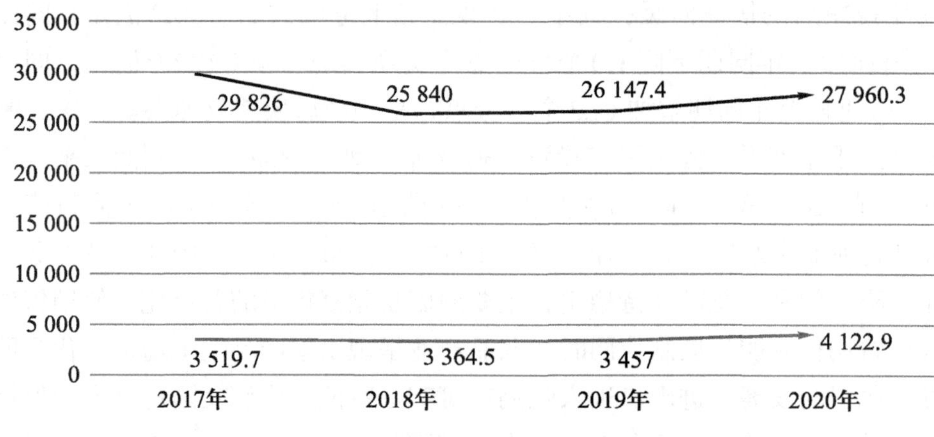

图8-9　2017—2020年医药工业主营业务收入与利润情况

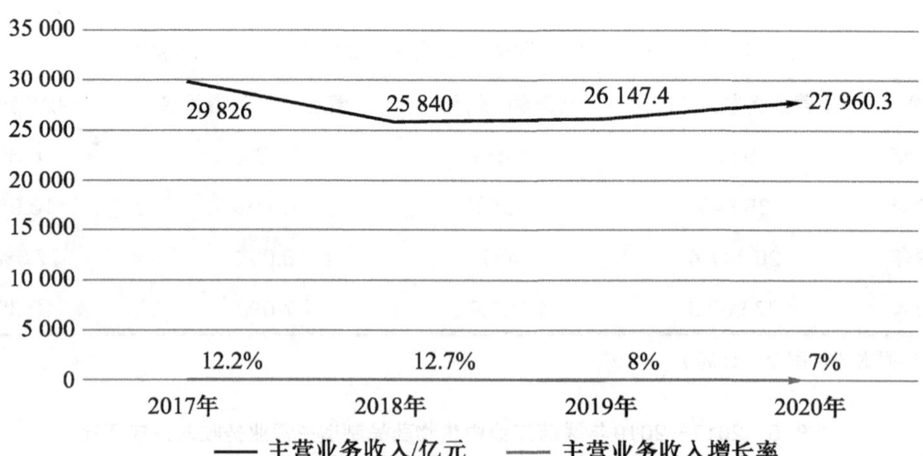

图8-10　2017—2020年医药工业主营业务收入与增长情况

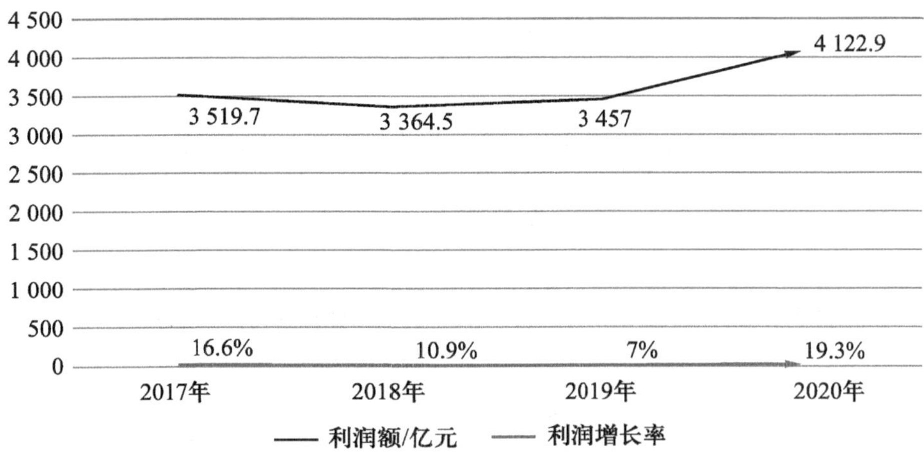

图8-11　2017—2020年医药工业利润额与利润增长情况

三、生物制药和生物制品产业业态的未来发展

根据国家统计局和国家知识产权局《2021年全国专利密集型产业增加值数据公告》显示，从增长速度看，医药医疗产业增速受国内外防疫产品需求等因素的综合影响，增速持续加快，同比增长40.9%，比上年提高30.8个百分点；我国生物药品行业还处于发展初期，但是随着国家对生物医药领域的投入力度和政策支持力度不断加大，2022年市场规模超过5 000亿元，到2025年预计将达8 000亿元，因此，生物药品行业虽然起步较晚但市场前景异常广阔。

随着经济转型加速和国家高质量发展战略系列政策的落地，生物制药产业已由传统的发酵药物时代转入现代生物技术药物时代。中国制造强国建设要求发展针对重大疾病的生物技术药物新产品，如抗体药物、全新结构蛋白及多肽药物、新型疫苗等。从国家级规划纲要来看，生物制药重点发展领域包括抗体药物、重组蛋白质药物、疫苗、核酸药物和细胞治疗产品及产业化技术。从企业产品类型来看，其主要是从事化学药品、抗生素以及生化制品或生物制品的生产，占主导地位的是抗生素类药物和生物制品类，其次是多肽和蛋白质类药物、酶和辅酶类药物、核酸类药物和细胞生长因子类药物，各类型比例相当（图8-12）。在2016年市场销售中，排在前4位的为诊断试剂、血液制品、疫苗和单克隆抗体（图8-13）。综上，当前，生物制药领域主要是微生物发酵制药和细胞（动物）培养制药，前者包括传统发酵药物（如抗生素）、工程菌药物和疫苗等，后者包括疫苗、抗体等。

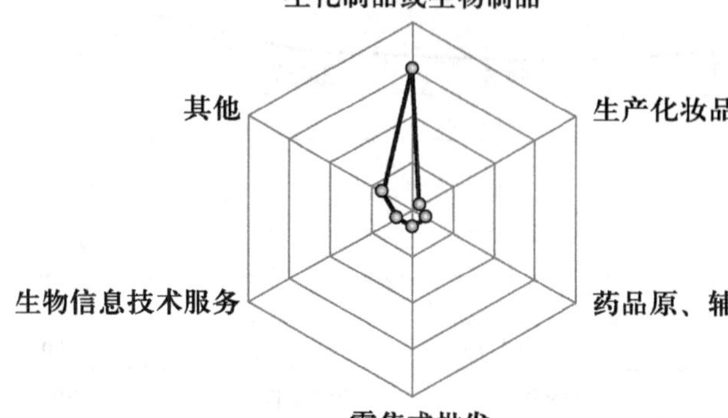

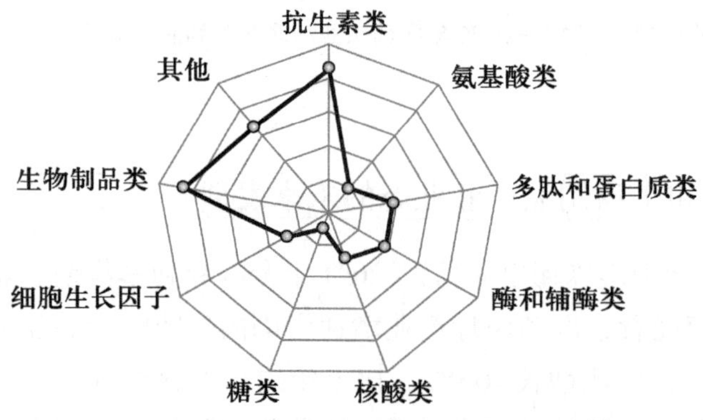

图8-12　我国生物制药企业产品类型

（数据来源：教育部高职生物制药技术专业教学标准调研报告）

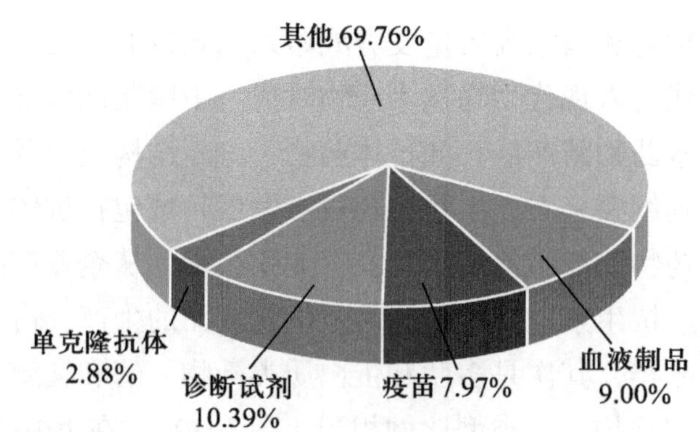

图8-13　2016年生物医药细分领域占比分析

（数据来源：教育部高职生物制药技术专业教学标准调研报告）

四、职业教育支撑生物医药产业发展

中共中央办公厅、国务院办公厅印发的《关于深化现代职业教育体系建设改革的意见》中战略任务之一是积极打造行业产教融合共同体。提出优先选择新一代信息技术产业、生物医药及高性能医疗器械等重点行业和重点领域，支持龙头企业和高水平高等学校、职业学校牵头，组建学校、科研机构、上下游企业等共同参与的跨区域产教融合共同体。职业教育为支撑生物药品制造业的业态发展的贡献主要在专业设置、人才培养及深入推进产教融合、医教协同办学模式改革等环节。

（一）围绕大健康产业发展，科学设置生物药品制造业相关专业

根据《职业教育专业目录（2021年）》，中等职业教育生物技术类开设的专业有生物产品检验检测（670101）、生物化工技术应用（670102），药品与医疗器械类开设的专业有制药技术应用（690201）、生物制药工艺（690202）、生物药物检验（690203）共5个与生物药品制造业有关的专业；高等职业教育专科生物技术类开设的专业有药品生物技术（470102）、绿色生物制造技术（470106），药品与医疗器械类开设的专业有生物制药技术（490202）共3个与生物药品制造业有关的专业；高等职业教育本科药品与医疗器械类开设的专业有制药工程技术（290201），由此可见，生物药品制造业在职业教育体系建设中已经实现专业中高本贯通，2019—2023年高职高专开设生物药品制造业相关专业情况分析中（图8-14），药品生物技术专业呈现稳定发展趋势，全国开设平均值在62家院校，绿色生物制造技术伴随着生物药品制造业的蓬勃发展，从2021年开始开设，目前呈现增长趋势。

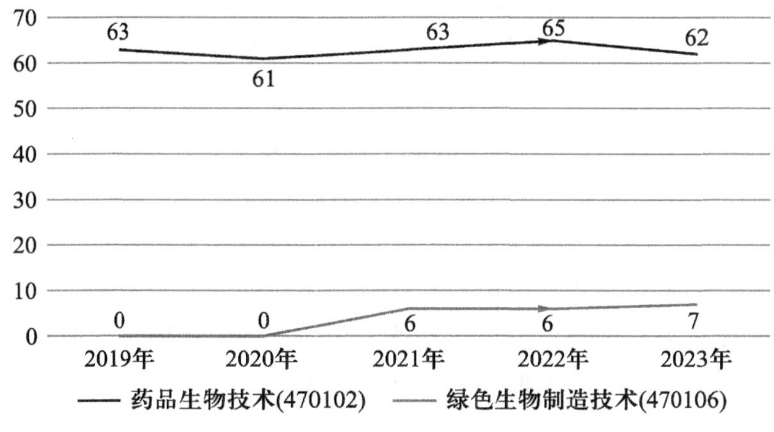

图8-14　2019—2023年高职高专开设生物药品制造业相关专业情况

（二）对接产业需求，培养高素质技术技能人才

职业教育对接生物药品制造业岗位，紧紧围绕立德树人根本任务，以提高人才培养质量为核心，不断完善校企“双元”育人模式，深化教育教学改革，实现人工智能背景下专业、课程和“教与学”方式的全面转型，强化质量保障体系，为社会

积极培养高素质技术技能人才。职业教育极其重视健康服务产业相关的专业人才培养。从政府到学校各层面都把专业人才培养作为推进医药融合高质量发展的关键环节，充分发挥教育资源优势，由政府监督和统筹，系统科学持续性给予行业和学校政策、经费支持，实现双向良性循环，加速健康服务产业的高质量发展，同时又提升高职学校的人才培养质量，支撑生物制药和生物制品行业产业升级发展。

（三）深入推进产教融合、医教协同办学模式改革

一是加大政、校、院（企）合作的支撑平台建设力度，逐步破解双主体育人制度、政策困境。二是紧密依托区域医药卫生紧缺型人才培养及产业转型升级，完善产教融合的专业体系。三是双元育人、多层对接，优化人才培养方案，提升实践教学质量。以医教协同、产教融合“双元”育人为主体，对接行业、企业人才需求，对接职业标准、对接岗位需求、对接工作任务，优化人才培养方案、课程体系及课程内容，将岗位需求融入教学目标；将职业资格标准与医院（企业）工作流程融入课程内容、工作任务融入教学项目，重构基于工作任务培养为目标的校内外实践教学项目及标准，加大实践技术技能考核的标准化、规范化、客观化，完善第三方考核评价指标，加大医院、企业第三方考核力度；与医院、企业共同开发综合实践能力培养的课程，开展教材建设。积极引进企业优质培训课程，完善人才培养方案和课程体系；鼓励结合专业岗位工作任务，开展学生实践技能比赛，提升学生实践能力，组织专兼职教师教学能力比赛，提升教师实践教学能力。

生物制药专业的设置、发展和行业管理归属于全国药品职业教育教学指导委员会，从2015年的“四合一”（生物制药技术与其他3个制药专业合并为药品生产技术专业），到2018年的“五加一”（恢复4个制药类专业，并集中为药品生产类的6个专业），再到2021年职业教育专业目录中增设对接生物制药技术的制药工程技术专业职教本科专业，均显示出国家职业教育专业设置和调整，以及国家双高相关专业群的建设等受到生物制药和生物制品行业产业发展的深刻影响，并为生物制药行业的长远发展和突破性创新提供强大支撑。我们有理由相信，职业教育的发展必将助力中国迎来一个生物医药产业大发展的繁荣格局。

主要执笔人：丁立，广东食品药品职业学院；陈建雯，红河卫生职业学院；段迪，广东轻工职业技术学院。

装配式建筑业态职教人才培养助力建筑业转型升级

近30年来，随着建筑业转型升级速度的加快，发展装配式建筑已上升为国家战略。然而，在装配式建筑快速发展的进程中，存在着人才短缺、技术壁垒高等问题，成为制约其发展的瓶颈。随着装配式建筑新业态发展，及其在建筑业转型升级中的作用和面临的人才挑战，针对人才供给与产业发展之间的协同关系，职业教育主动适应经济社会发展和建筑业产业变革需要，多项改革举措陆续实施，特别是响应产教融合需求的1+X证书制度——装配式建筑构件制作与安装职业技能等级证书标准的制订与试点运行，为推动新产业、新业态高质量发展，助力建筑业转型升级人才培养作出了重要贡献。

一、装配式建筑引领工程建造新模式

工程建造业是我国经济发展的重要支柱产业，具有经济范畴广泛、产业链条长等特点。一直以来工程建造业的发展受到了诸多的制约，如建筑工人短缺、工期长、质量难以保证等问题，迫切需要通过创新推动其转型升级。装配式建筑这一新型业态得以应运而生。

装配式建筑是一种用工业化的生产方式来建造的建筑，实现了建筑从传统的“建造”转变为“制造”，从而达到高效率完成建筑建造的目的。在工厂化生产过程中，通过部品部件化、标准化的方法，实现工业化生产、拼装式施工，相较于传统的现场施工，有更高的效率、更好的质量保障，也有助于降低建筑成本。其核心在于工厂化生产，拥有标准化、模块化等特点，可快速形成各种建筑形态的模块化建筑体系。装配式建筑的开发和推广，有助于加速建筑行业的现代化进程，形成工程建造新模式，有着广泛的应用和发展前景。

立足新发展阶段，完整、准确、全面贯彻新发展理念，构建装配式建筑标准化设计和生产体系，扩大标准化构件和部品部件使用规模，推动生产和施工智能化升级，提高装配式建筑综合效益，将引领工程建造新模式。

（一）装配式建筑的概念

装配式建筑是结构系统、外围护系统、设备与管线系统、内装系统的主要部分采用预制部品部件集成的建筑。装配式建筑是在工厂生产车间对房屋结构进行预制，并在现场装配而成的建筑模式。相比于传统建造方式，它具有工期短、安装快、抗震性高、隐蔽工程少、环保、节能、智能化程度高等特点。当前，随着我国城市化进程不断加快，建筑从单纯的居住需求向多元化发展，这对于建筑模式的改变提出了新的要求。装配式建筑的出现正好满足了这一需求，构成了建筑业发展的新趋势。

（二）装配式建筑的技术优势

装配式建筑建造过程具有“五化一体”的特点，即标准化设计、工厂化生产、装配化施工、信息化管理和一体化装修，如图9-1所示。与传统建筑模式相比，装配式建筑大大减少了人工作业和现场湿法作业，且融合了大量数字化技术，符合建筑业产业现代化、智能化、绿色化的发展方向，是一种可实现绿色环保、提升建筑品质并加速工业化转型的工程建造新模式。

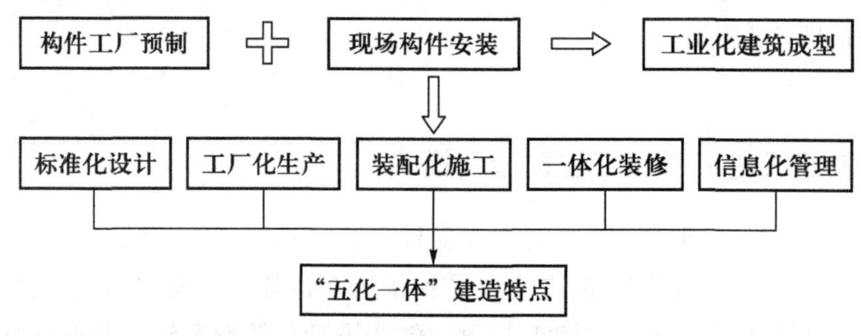

图9-1　装配式建筑“五化一体”建造特点

相较于传统建筑，装配式建筑在建筑品质、施工工期、节能环保等方面都具有较大的优势，装配式建筑相比常规建筑有着显著的优势，使得建筑行业实现了从传统人力生产向资本+人工智能的生产生态的转化。其劳动生产率提高、节约资源、人员减少的能力，加快建筑业的数字化转型。工厂生产出来的预制构件直接在工地装配而成的建筑其施工的优势主要体现在以下方面。

1. 施工质量高

传统建造方式对人工的依赖性较高，品质监控难度大，而工业化生产的材质和装配式的建造方式更容易形成一套规范化系统，装配式建筑的每一个构件都是在工厂中进行预制的，可以通过自动化生产线控制制造的精度，保证了每个构件的质量和精准度。因此，在组装时可以更加精准，构件间的连接和密封效果更好，从而提高了整个建筑的结构、保温、防水等方面的性能，使整个建筑的质量得到了保证。

此外，在广泛应用数字化技术和建筑信息模型时，可以极大地提高效率和准确度，降低施工难度，提高建筑质量。

2. 施工速度快

在施工的环节中，节省时间是今后建筑施工的发展方向和要求。装配式建筑的各个构件在工厂中预制完成，避免了现场的现浇施工，减少了现场施工多方面因素的影响。此外，装配式建筑工程时间可控，多采用管控与规制相结合的建模思路，并配合建筑信息化技术，可以精确预测施工时间，快速高效地进行装配，同时，还可以节约大量的劳动力和现场管理成本，提升了生产效率和施工质量。

3. 环保节能

装配式建筑工程的建筑材料主要由大量的预制构件组成，工厂化的生产模式有效减少了施工现场所产生的噪声、粉尘等污染，而且各个构件的尺寸精度更高，能够有效减少建筑垃圾的产生，素有“无废”之称。另外，装配式建筑采用优质的建筑隔热材料和新型环保建筑墙体，具有很好的保温性能，减少了供暖和空调成本，大大节省了能源，因此，在节能环保方面有广泛应用前景。

4. 经济效益好

现阶段尽管由于产业配套不完善等问题，装配式建筑的构件成本高于传统建筑，但由于建造速度快、品质提升等，在人工成本不断增长的背景下，其建造成本的下降空间远高于传统建筑，进而施工总成本可节省10%，加之后期运维费用降低，节约的资金可以传递到客户身上或用于提高交付效率。因此，从建筑全生命周期角度看，装配式建筑在未来将具有更大的成本优势。

（三）装配式建筑的发展历程

20世纪50年代，我国借鉴了苏联和东欧各国的经验，在国内推行装配式建筑，以混凝土结构为主的装配式建筑得到快速发展。到了80年代，由于抗震性能差，防水、隔音性能差等问题，装配式建筑发展进入低谷期。进入21世纪，在提升品质要求与“环保趋严+劳动力紧缺”的背景下，装配式建筑迎来发展新契机。2013年以来，中央及地方政府持续出台相关政策大力推广装配式建筑，加之装配式技术日趋成熟，形成了如装配式框架结构、装配式剪力墙结构等多种形式的建筑技术，我国装配式建筑行业迎来快速发展新阶段（表9-1）。

表9-1 我国装配式建筑发展历程

发展阶段	主要历程
起步阶段 （20世纪50年代）	借鉴苏联和东欧各国的经验，国内确立了“标准化生产、标准化设计和机械化施工”的建筑工业化思路，装配式建筑工业化模式逐渐形成

续表

发展阶段	主要历程
发展阶段（20世纪60—80年代）	多种装配式建筑体系得到快速发展，预应力混凝土圆孔板、预应力空心板等快速推广，80年代末全国形成数万家预制混凝土构件厂，年产量2 500万平方米
低谷阶段（20世纪80年代—21世纪初）	由于抗震性能差，防水、隔音性能差等问题的出现，装配式建筑发展进入低谷期；农村劳动力进城就业，加之现浇混凝土机械化的出现等因素致使现浇式建筑模式大规模发展
提升阶段（2008—2013年）	随着我国人口的老龄化，现场从业人员来源受限，劳动力成本持续攀升；建筑技术的进步为装配式建筑发展奠定基础；环保政策趋严，装配式建筑发展迎来新契机
快速发展阶段（2013年至今）	中央及地方政府持续出台相关政策大力推广装配式建筑；装配式技术日趋成熟，形成了如装配式框架结构、装配式剪力墙结构等多种形式的建筑技术，我国装配式建筑步入快速发展期

二、装配式建筑技能人才需求

（一）政策支持，大力推动装配式建筑发展

2015年国家统计局发布的房地产开发企业新开工和竣工房屋面积分别为15.4亿平方米和10.0亿平方米，参考房地产市场的发展趋势，以及2025年装配式建筑占新建建筑面积的30%的发展目标（《国务院办公厅关于大力发展装配式建筑的指导意见》），预估2025年装配式建筑面积及混凝土方量见表9–2。

表9–2　装配式建筑面积及混凝土方量预测

时间	新开工建筑面积 /m^2	装配式比例	预制率	装配式建筑面积 /m^2	混凝土方量 /m^3
2025年	7.5亿	30%	30%	2.25亿	0.9亿

注：① 按照预测新开工建筑面积2020年基本达到峰值，之后呈下降趋势；② 每平方米建筑面积的混凝土方量以0.4 m^3计算。

（二）行业发展，急需新型装配式建筑技能人才

通过对从事装配式建筑者的调研，受访者均认为装配式建筑中生产、安装与连接环节工艺流程均与传统现浇工艺差异较大，根据目前装配式建筑行业人员的工作效率估算，深化设计人员：2万平方米/（人 · 年）；构件加工人员：200立方米/（人 · 年）；施工人员：以8人的施工班组为计算单位，2万平方米/（班组 · 年）；2025年装配式人才需求量估算见表9–3。

表 9-3　装配式建筑技能人才需求量

（单位：万人）

时间	深化设计岗位	构件加工岗位	构件安装岗位	合计
2025年	1.13	13.5	9.0	23.63

（三）技术变革强化对行业技能人才的复合型要求

技术变革是推动建筑业转型升级的重要因素，而装配式建筑作为新兴的建筑模式，正在受到越来越多的关注。装配式建筑以工厂化生产、现场搭建的方式，不仅能够大幅缩短建设周期、减少浪费，还有助于提高建筑质量与安全性。然而，随着装配式建筑的普及，复合型技能人才的缺口也愈发凸显。

近年来，我国装配式建筑的快速发展，助推了对拥有相关专业知识、工艺技能、管理能力等多种技能的复合型技能人才的需求热度。但是，原有的职业教育缺陷，以及技能人员如工人、技术员和管理人员等短缺，无法满足高速发展的新业态要求。因此，我们必须重视培养新一代的装配式建筑复合型技能人才。

为解决这些问题，应该加强职业教育的改革，引入前沿的知识和技能，提高现有技能人员的水平，为新业态装配式建筑培养大量合格的从业人员。近年来，在行业主管部门的指导下，通过对建筑业特别是装配式建筑领域技能人才需求的调研，形成了针对技术变革下装配式建筑复合型技能人才岗位结构（图 9-2），通过加强培养、引进人才，建立健全完整的人才培养体系，促进传统的建筑工人向建筑产业化技术工人转型。

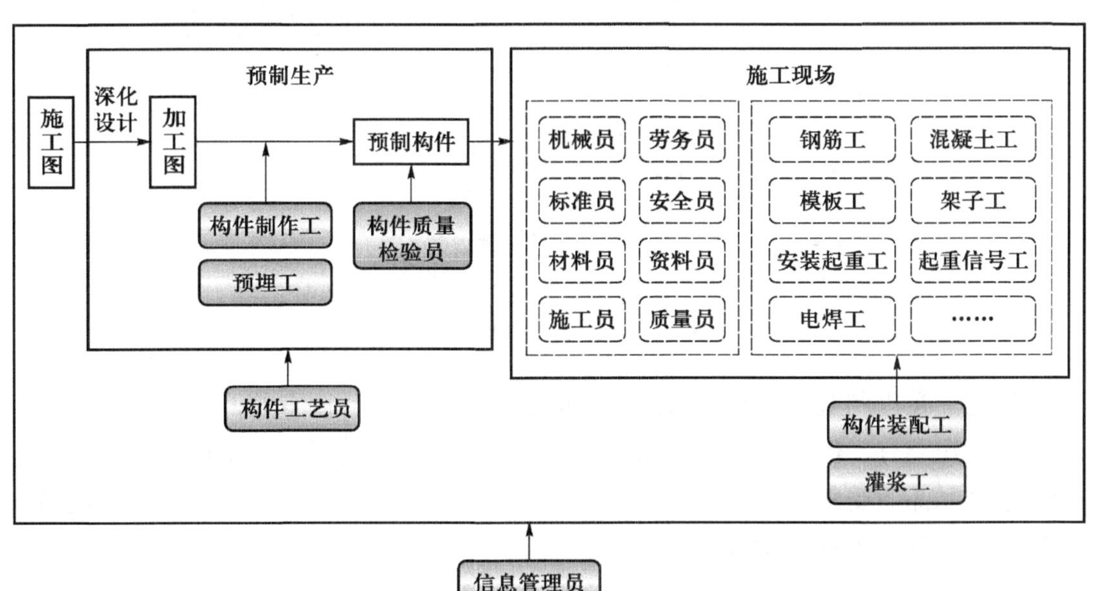

图 9-2　装配式建筑复合型技能人才岗位结构

三、建筑业技能人才培养模式转型

适应建筑产业的发展需求，必须高度重视人力资源的开发和管理。对装配式建筑而言，要发展壮大，形成市场规模，也必须高度重视人才供给的结构性优化。根据我国建筑业人力资源发展的具体情况，就装配式建筑技能人才管理提出以下建议。

（一）建造方式变革

1. 流程改变

装配式建筑建造过程把“设计—现场施工”模式转变为“设计—工厂制造—现场安装”模式，但事实上，部分过程特别是定制化的大型工程项目机电系统的设备部分采用的就是“设计—制造—安装”模式，另外钢结构也基本上实现了“设计—制造—安装”模式，然而，我国装配式建筑的效果不够理想，有经济的原因，也有技术和管理的原因。

总体上来看，结合设计—采购—施工总承包（EPC）项目，目前装配式建筑采用的实施方法有设计主导和施工主导两种。在以设计为主导的装配式建筑典型流程中，设计过程没有充分考虑制造和安装的需求，在进入实际制造和安装环节时，遇到问题，就需要修改设计，导致工厂和安装现场的停工，同时，如果这种情况影响到需要调整已经生产或安装好的部分，问题会更严重，工程质量也会受到影响。具体实施流程如图9–3所示。

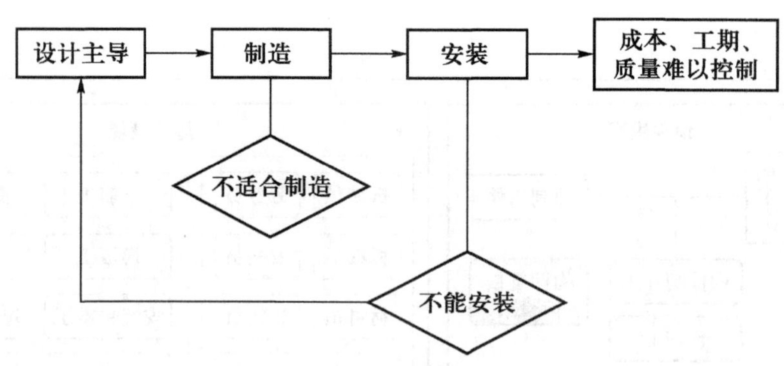

图9–3　设计主导具体实施流程

反之，在以制造或安装作为主导的情况下，对工期、成本的控制能力会比设计主导的情况要好，但由此带来的问题可能比设计主导的情况还要糟糕，那就是可能会导致产品品质受限、形式呆板等，其结果是业主宁愿选择传统的“设计—现场施工”方案。具体实施流程如图9–4所示。

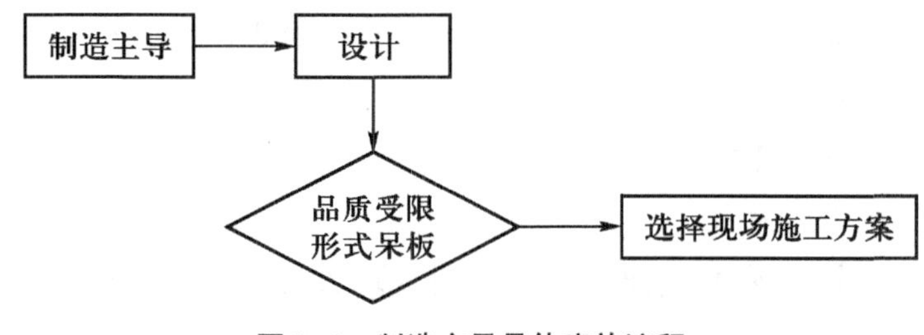

图9-4 制造主导具体实施流程

要真正解决上述问题，装配式建筑就必须协调好设计、制造、安装之间的关系。在设计阶段充分考虑制造和安装的需求，从而在保障产品品质的前提下控制好工期、造价，建筑设计应向并行性和精细化转型，构件与部件部品管理向信息化、智能化转型。

2. 建造方式转型

“建筑、结构、机电、装修一体化”是装配式建筑的技术目标要求。装配式建筑是由建筑、结构、机电、装修四个子系统组成的，它们各自既是一个完整独立存在的子系统，又共同构成一个更大的系统，即建筑工程项目。装配式建筑按照建筑集成、结构支撑、机电配套、装修一体的协同思路，统一空间基准规则、标准化模数协调规则、标准化接口规则，实现以建筑系统为基础，与结构系统、机电系统和装修系统的一体化装配。每个系统各自集成、系统之间协同集成，最终形成完整的装配建筑。

“设计、制造、装配一体化”也是工业化生产的要求。基于项目“品质优、工期快、成本低、人工少”的整体效益目标，从全产业链统筹考虑，装配式建筑要求设计产品的加工环节和装配环节加强标准化设计，通过优化设计产品，使设计产品利于工厂机械化、规模化生产，利于现场高效精益装配。

“技术、管理、市场一体化”是行业发展的要求。推进装配式建筑的发展，除了需要成熟完善的技术体系，还必须有与之相适应的市场机制，建立与技术体系、市场机制相适应的管理模式，营造良好产业生态。

（二）装配式建筑人才的职业技能

1. 设计能力

装配式建筑报批流程与传统项目报批流程一致，但各阶段增加装配式设计内容，对于增加的装配式设计内容及设计人员技能要求应在各阶段的设计文件中得以体现。

2. 生产组织与协调能力

装配式建筑增加了构件或部品的工厂生产环节，使建筑业的现场全面扩展到生产现场，因此，企业经营和生产技术与管理技能成为职业技能培训的内容。

3. 施工组织与管理能力

装配式建筑的施工过程区别于传统的施工工艺，不仅施工难度和精准度提高，而且对施工人员综合管理能力要求更高。

与传统施工比较，装配式建筑增加了对现场人员在加工、制作、修复、整理等技能的要求。目前，大多数中小型混凝土预制构件均采用预制方式在工厂加工制作，然后运至现场进行吊装，最后对接口处和部分楼板进行混凝土的浇筑。虽仍不可避免湿作业，但整个施工过程依然是以吊装为核心开展的。因此，涉及现场加工和制作的作业明显变少，而吊装和运输过程中混凝土预制构件常出现的外观缺陷及构件变形却是施工中应处理的重要问题。

对于常见的外观缺陷，涉及结构安全使用功能的应予以报废，非结构性缺陷则可根据现场实际情况按一般混凝土缺陷的处置办法修复使用。

预制构件的变形则影响现场的吊装，应会同施工人员分析实际情况，采用专用机具矫正或返修，对于涉及结构安全使用功能的过大变形构件则应予以报废。

（三）职业教育专业建设和人才培养模式转型

随着装配式建筑的快速发展，行业对人才的需求逐渐增加。同时，这种新型的建筑模式对劳动密集型建筑行业人才的能力提出了更高的要求。因此，通过提高教育质量，培养高素质的建筑人才，既是未来装配式建筑发展的重要保障，也是助推其发展的宝贵资源。为了更好地满足装配式建筑的人才需求，应当加强职业教育的改革和对人才的培育，完善建筑行业教学体系，为学生提供丰富多样的实践机会，促进学生技能和素质的综合性发展，让学生成为知识多元、技能多样的复合型人才。

1. 职业教育与建筑业转型升级互动

职业教育是针对市场需要而发展的一种教育类型，它为行业提供了丰富的人才资源，许多职业教育学院也在不断调整自身的发展方向，逐渐向着“应用型”“实践型”的课程体系转变，这正好契合了装配式建筑业的需求。装配式建筑需要大量熟练的操作工人、设计师、建筑工程师以及技术管理人员等多样化的人才，而职业教育的优势恰好在于“专业性”强并能切实针对建筑企业培养人才，使得学生毕业后就可直接参与相关产业工作，为建设业输送优质人才。

2. 依托职业教育培养建筑业高素质技术技能人才

随着装配式建筑的不断发展，这种新型的建筑模式对劳动密集型建筑行业人才的能力提出了更高的要求。搭建高质量职业教育平台，着力培养跨领域人才。学生既要注重理论知识的学习和掌握，同时也要注重实践课程的安排以及创新能力的培养，在不断拓宽领域的同时能够提升跨域“硬核能力”。因此，教育机构也需要加强对学生的职业指导，及时与装配式建筑行业沟通合作，更具体地对学生进行专业指导，引导他们在专业领域上不断实现技术技能的突破。

3. 紧跟行业发展，助推职业教育的新形态

装配式建筑行业的发展离不开职业教育的支持，两者需要紧密结合，共同推进行业的强盛。传统的教育模式面临着许多挑战，从而促进了教育方向的不断转变，改变已有的专业结构，促进教育随着时代潮流的变化而不断进阶与升级。采用新兴技术，进行线上教育，整合教材，加强教师队伍建设，升级教育资源，推动职业教育的现代化转变，有助于更快地放大教育的效应，产生更多的社会贡献。

四、深度践行产教融合发展，助力建筑产业转型升级

2019年教育部、国家发展改革委、财政部、市场监管总局联合印发了《关于在院校实施“学历证书+若干职业技能等级证书”制度试点方案》(以下简称《试点方案》)，部署启动“学历证书+若干职业技能等级证书”(简称1+X证书)制度试点工作。把学历证书与职业技能等级证书结合起来，探索实施1+X证书制度，是《国家职业教育改革实施方案》的重要改革部署，也是职业教育制度设计的重大创新。试点工作按照高质量发展的要求，坚持以学生为中心，深化复合型技术技能人才培养培训模式和评价模式改革，提高人才培养质量，畅通技术技能人才成长通道，拓展就业创业本领。其中，构件制作与安装职业技能等级证书标准的开发重点就是围绕建筑业转型升级需要、行业人才需求及学生就业能力提升，助力装配式建筑人才培养。

（一）产教融合同构装配式建筑职业标准体系

装配式建筑构件制作与安装职业技能等级标准的开发联合了行业、企业、院校等相关各方参与，提高了标准含金量和权威性。依据装配式建筑领域职业岗位或职业岗位群工作任务，客观、准确地确定了标准的范围、等级及职业技能要求，反映建筑业、企业最新技术技能发展水平，体现建筑业发展新技术、新工艺、新规范、新要求，同时适应不同地域之间存在的差异，符合职业教育教学规律，满足院校教学实际需求，内容具体，可度量、可检验、可操作。包括：职业技能、工作领域、工作任务、职业技能等级，标准设置初级、中级、高级三个级别，依次递进，针对职业教育人才培养分别衔接中等职业教育、高等职业教育和职业教育本科三个层次，在三年的试点工作过程中受到了各方面的好评，在装配式建筑技能人才培养中发挥了重要的导向作用。

（二）书证融通推动建筑业生产力日新月异迅猛发展

在1+X证书制度试点的背景下，各职业院校积极探索学历证书和职业技能等级证书互通衔接，推进职业教育以行业企业需求为导向开展人才培养，促进专业教学标准与职业技能标准有机融合，课程评价方式与职业技能鉴定方式相互融通，将课程和学生培养规格标准化建设作为职业教育发展的质量保证。

以行业专家为主导，根据1+X装配式建筑构件制作与安装职业技能等级证书所对应行业领域的岗位职责和能力要求，梳理出技能等级证书所包含的技能、能力、知识、职业素养等内容，以证书对应行业岗位的工作任务为标准，将证书的全部内容组合形成一系列相互之间不重复、不交叉的能力单元，开发职业资格证书的全部能力单元。通过重构课程体系，使技能等级证书内容全部嵌入专业课程体系中，实现专业课程标准和职业标准的对接，学校人才培养与行业企业需求的对接。深入推进书证融通，提高了装配式建筑人才适应性，形成了对建筑业科技发展新趋势、生产一线关键岗位和就业市场的有效对接。

（三）证书评价助力新时代建筑产业工人队伍建设

职业教育1+X装配式建筑构件制作与安装职业技能等级证书制度在全日制职业教育阶段试点的同时，也面向企业从业人员开展职业技能培训，完善了职业技能培训体系。在行业主管部门暂时没有制定建筑工人职业技能标准和评价规范的情况下，1+X装配式建筑构件制作与安装职业技能等级证书填补了职业（工种）技能标准缺口，并且通过强化技能培训的主体作用，有效发挥了职业院校“教培一体”的资源优势。通过鼓励建立培训基地、校企合作、购买社会培训服务等多种形式，解决在校生、建筑工人理论与实操脱节的问题，实现技能培训、实操训练、考核评价与现场施工有机结合。结合国家学分银行推行终身职业技能培训制度，进一步加强建筑工人岗前培训和技能提升培训。同时，鼓励在技能劳动者供需缺口较大、产业集中度较高的地区建设公共实训基地，企业和院校共建产教融合实训基地，增加高技能人才供给以及对行业转型升级的人力资源支撑能力。

主要执笔人：胡晓光，中国建设教育协会；温欣，住房和城乡建设部人力资源开发中心；付文静，四川建筑职业技术学院。

行业职业教育提质增效支撑有色金属材料强国建设

随着全球经济形势的变化和技术进步的加速，先进有色金属材料制造业正在经历着快速的业态变迁和创新。通过介绍业态的定义和范围，分析当前的行业现状和未来的发展趋势，探讨技术创新和市场变化对该行业的影响，以及行业发展面临的机遇和挑战；提出该行业未来的发展趋势和方向，市场规模和增长潜力，以及未来竞争格局和战略选择；总结出职业教育对先进有色金属材料制造业发展的重要贡献，包括对业态人才培养的支持，对业态技能提升的促进，以及对业态技术创新的推动。

一、先进有色金属材料制造业态定位

（一）先进有色金属材料制造的定义

《新材料产业发展指南》将新材料定义为“新出现的具有优异性能或特殊功能的材料，或是传统材料改进后性能明显提高或产生新功能的材料”。以产业链划分，新材料产业链上游包括钢铁材料、有色金属材料、化工材料等基础材料；中游为新材料制造，主要包括先进基础材料、关键战略材料和前沿新材料三大类；下游为应用领域，包括电子信息、新能源汽车、航空航天等行业。其中，先进基础材料主要指具有优异性能、量大面广且一材多用的新材料，包括钢铁、有色金属、石化等基础材料中的高端材料，如先进有色金属材料等。

根据《战略性新兴产业分类（2018）》，新材料产业目录包括先进钢铁材料、先进有色金属材料、先进石化化工新材料、先进无机非金属材料、高性能纤维及制品和复合材料、前沿新材料和新材料相关服务等七大子类。其中，先进有色金属材料产业包括铝及铝合金制造、铜及铜合金制造、钛及钛合金制造、镁及镁合金制造、稀有金属材料制造、贵金属材料制造、稀土新材料制造、硬质合金及制品制造和其他有色金属材料制造九个子类。

先进有色金属材料制造是一种以铜、铝、镁、钛、锆等有色金属为基础，通过精密加工和制造工艺，生产出具有高性能、高强度、高韧性、高温耐受、防腐性等特点的金属材料产品和零部件的产业。该产业主要包括有色金属材料的研发、生产、加工和销售等环节，其主要产品包括精密铜合金、镁合金、铝合金、钛合金、锆合金等高端材料以及各种精密零部件和设备。

（二）先进有色金属材料产业现状

先进有色金属材料产业的发展需要依托上游的资源禀赋。有色金属作为国民经济发展的重要基础原材料，已经成为全球制造业中一个重要组成部分。我国是有色金属第一大生产国，产量连年居世界首位，有色金属行业实力不断壮大，国际地位显著提升。一批有色金属产业链上下游紧密结合的集群崛起，推动了产业的聚集发展。

2012—2021年，我国有色金属工业增加值年均增速7.39%，十种有色金属产量保持平稳增长。2022年，我国十种常用有色金属产量达6 774.3万吨，同比增长4.3%。2021年，我国铜、铝、铅、锌冶炼产品产量分别占全球总量的42%、56%、41%和45%。2021年规模以上有色金属工业企业（含黄金企业）年末资产总额突破5万亿元，达到5.10万亿元。

其中，先进有色金属材料产业取得长足发展，产业规模和装备水平居世界前列，技术创新成果显著，关键技术和高端产品不断突破，产业应用及市场需求稳步增加。自主研发突破的一系列重大关键技术，为国家重大工程需求提供保障；新型高强韧铸造铝合金、高强耐热镁合金大规格挤压型材/锻件等高端产品达到国际先进水平，部分产品在国际市场有较好的认可度，市场份额稳定，实现了产业的国际化发展；高强钛合金、中强高韧钛合金等产品实现大规格批量化生产，实现了产业的高端化发展。

二、先进有色金属材料制造业态变迁

（一）先进有色金属材料制造的历史演变

先进有色金属材料制造是一门现代工程技术，其发展历史可以追溯到20世纪初。当时金属材料的应用范围仅限于建筑、家具、器具等日常生活用品，先进应用领域对于金属材料的需求并不大。随着科学技术的不断发展，先进有色金属材料制造开始逐渐崭露头角。20世纪50年代，航空、航天、国防等领域对于高性能、高强度、高温抗氧化、高耐腐蚀等性能要求的金属材料需求越来越大，推动了先进有色金属材料的发展。同时，随着汽车、电子、医疗等行业的快速发展，对先进有色金属材料的需求也越来越高。目前，先进有色金属材料制造行业已经成为全球范围内的重要产业之一，为全球经济发展提供了重要支撑和保障。

（二）先进有色金属材料制造的业态发展

随着技术的不断进步和市场的不断变化，有色金属行业也在不断变革和创新，以适应新时代的需求。先进有色金属材料产业创新能力显著提高、应用水平不断提升。

1. 技术变革促进研发应用

技术创新对业态的影响日益重要。在新一轮产业变革中，以人工智能、量子计算为代表的先进信息技术，以固态锂电池、氢燃料电池为代表的新能源技术等，其发展都离不开新材料的研发。近年来，有色金属行业在材料、工艺、设备等方面取得许多突破，不断推出新产品、新技术，如先进材料合金化技术、数字化生产线技术等。这些技术的引入和应用，大大提高了产品的质量和生产效率，同时也增强了行业的竞争力。全球先进有色金属材料制造技术也在不断发展和创新。新材料、新工艺、新技术应用不断拓展着先进有色金属材料制造的应用范围和市场空间，如金属粉末注射成型技术、金属有机骨架材料等，这些新技术为先进有色金属材料的研发、制造和加工提供了更多的可能性。

2. 政策驱动推动行业发展

节能减排政策对车用新材料产生重大影响。在车体轻量化材料应用方面，高强度镁合金、铝合金、钛合金等新材料性能持续提升。铝材料绿色性能不断获得市场认可，成为落实“双碳”目标的重要材料。据统计，汽车质量降低一半，燃料消耗也会随之降低近一半。特斯拉、蔚来、比亚迪、北汽新能源等车企纷纷加码轻量化布局。铝合金材料凭借轻质、高强、可回收等优势，成为主流轻量化材料。汽车轻量化的飞速发展促使铝行业强链、补链、延链。

3. 市场变化牵引业态变迁

随着全球化和信息化的发展，围绕国民经济、社会发展以及民生保障的重大需求，先进有色金属材料应用领域逐步拓宽。我国有色金属行业不再局限于国内市场，而是开始面向全球市场发展。从2014年到2023年，受新能源汽车锂电池用铜箔需求增长和电子信息产业用铜箔等方面的加速拉动，我国电解铜箔产量已经从29万吨增长到46.6万吨，增幅达60.7%，年均增速5.4%。全球新能源汽车产业的快速发展，使汽车动力电池铝箔产品也成了铝箔“家族”中发展最快的产品之一。我国建成汽车电池铝箔项目约20个，生产能力约400 kt/a；在建的项目约15个，总生产能力达1 000 kt/a，可以满足全球新能源汽车工业的需求。不同行业对于先进有色金属材料的需求也在不断变化，如航空航天、医疗等行业对于材料性能和质量的要求越来越高，这就要求先进有色金属材料制造企业不断调整产品结构和生产技术，以适应市场需求的变化，保持竞争优势。

（三）先进有色金属材料制造的机遇和挑战

1. 市场需求发展机遇

随着经济全球化和产业转型升级，先进有色金属材料应用领域不断扩大。例如，电子、新能源等领域对于高性能、高精度的先进有色金属材料需求不断增长。同时，国家政策对于推动先进制造业的发展也提供了重要支持。有色金属行业是我国实现“双碳”目标的重点领域，在“双碳”目标下，我国有色金属行业面临多个机遇。与“双碳”相关的新能源电池及交通工具轻量化等对有色金属的需求不断增加。我国战略性新兴产业快速发展，使稀土新材料在多领域应用快速增长，国内稀土市场更加活跃，稀土产品在电动汽车、绿色照明、液晶显示、风力发电等领域的需求进一步扩大，稀土永磁产品消费量持续增长。

2. 技术创新发展机遇

随着科技的不断进步，有色金属行业正面临着新一轮技术革命。例如，数字化制造、人工智能、材料基因组学等新技术的应用，将大大提高制造效率、产品质量和生产安全性。行业企业生产制造的高精尖铝材广泛用于“长征”系列火箭、“神舟”系列飞船、“嫦娥”系列卫星、“天宫”系列目标飞行器、国产民用大飞机等众多国家重点项目，多项技术填补了国内空白，高端制造水平大幅提升，为国家战略产业发展提供了强大助力。在航空航天领域，轻质铝合金、钛合金等材料的更新换代驱动了航空飞行器在高速飞行、高可靠性、低成本、高效率和设计空间最大化等方面的转型升级，是航空业发展和进步的基础。锂电铜箔技术的快速发展，满足了我国新能源领域对产品质量的要求。

有色金属行业也面临着一些挑战。例如，环保、节能等方面的压力不断增大，企业需要不断提高绿色生产能力，以符合环保要求。同时，人才短缺、制造成本增加等问题也制约着行业的发展。这需要有色金属行业不断创新和提高自身竞争力，以应对市场的变化和需求的增长。同时，政策的支持和人才的培养也是行业发展的重要保障。

三、先进有色金属材料制造业态未来发展

（一）发展趋势和方向

进入21世纪，新材料产业在全球的战略地位更加突出，新材料应用领域不断拓

展，产业规模持续增大，产业竞争更趋激烈。有色金属行业需要把握未来发展的机遇，加强技术创新和品牌建设，提高核心竞争力，推动行业的可持续发展。

1. 数字化

随着信息技术的发展，数字化制造将成为未来制造业的主流。先进有色金属材料制造企业将更加注重数字化制造技术的应用。依托5G 建设优势，凭借大带宽、广连接、低时延的特性，不断升级的信息化技术将向少人化、无人化方向转型发展，进一步提升生产效率和安全水平。

2. 绿色化

生态环境保护是全球共识。有色金属行业是工业领域碳排放重点行业，将在“绿色制造”领域更下功夫，采用清洁生产技术，提高能源利用率，减少环境污染。重点围绕低碳创新技术，例如，铝电解槽余热回收、铜铅锌等火法冶炼中低位余热利用、钛冶炼颠覆性技术等，开展研究实施共性技术、前沿技术和低碳技术示范。

3. 高性能化

随着各领域对先进有色金属材料需求的不断增加，行业将更加注重材料的高性能化特点，加大高温合金、高强度合金、航空轻合金材料、超高纯稀土金属及化合物、高导电合金等领域的研究和发展支持力度。

4. 国际化

随着全球化进程的推进，有色金属行业将更加注重国际化发展，加强技术创新和品牌建设，与“一带一路”共建国家共同谋划双边矿业领域合作蓝图，构筑互利共赢的全球产业链供应链利益共同体。加强与矿产资源国深度合作，及时了解和掌握这些资源国的政策动态及发展方向，鼓励产业资本与金融资本融合，实现“抱团出海”，提高境外资源开发利用的综合能力。

（二）未来市场规模和增长潜力

未来有色金属行业市场规模将继续扩大，增长潜力将得到进一步释放。企业需要加强技术创新和品牌建设，拓展应用领域，抓住政策和市场机遇，提高核心竞争力，推动行业健康发展。

1. 行业市场规模将继续扩大

随着各行业对先进有色金属材料的需求不断增加，行业市场规模将进一步扩大。根据市场调研机构的预测，未来几年，先进有色金属材料产业市场规模将以每年5% 以上的速度增长。

2. 应用领域将进一步扩大

先进有色金属材料在航空航天、汽车、电子、船舶、建筑等领域的应用将进一步扩大。例如，高温合金、钛合金等材料在航空航天领域的应用前景广阔，而高强度合金、高导电合金等材料在汽车、电子等领域的应用也有望得到进一步推广。

3. 国家政策将推动行业发展

政策推动也是先进有色金属材料行业发展的重要因素。例如，随着我国新能源汽车产业的快速发展，政府将加大对先进有色金属材料研发的支持力度，进一步推动行业的发展。

4. 技术创新将带来新的增长点

随着技术不断创新和应用，行业将不断涌现新的增长点。例如，新型金属材料、功能性材料等领域的研究和应用将成为未来的重要增长点。

（三）未来竞争格局和战略选择

未来有色金属行业的竞争将更加激烈，行业企业需要采取合适的战略，加强技术创新、品牌建设、合作共赢等方面的能力，提高核心竞争力，保持竞争优势，以适应未来市场的发展和变化。

1. 行业集中度将进一步提高

随着行业市场规模的扩大，行业集中度将进一步提高。行业龙头企业兼并重组、产业链建设速度加快。在龙头企业带动下探索建链、延链、强链、补链的产业集群建设模式，持续优化产业布局，建立防范产能过剩的长效机制。有色金属产业集群集聚效应加快形成，产业链补链、延链、强链效应凸显。

2. 技术创新将成为企业竞争的重要因素

随着技术的不断进步，企业需要加强技术创新，不断推出新产品和解决方案，提高产品的附加值和竞争力。同时，企业需要不断提高产品质量和服务水平，增强品牌影响力。

3. 产教融合将成为新的发展趋势

在激烈的市场竞争中，企业与院校需要加强合作，共同推动行业发展。例如，企业可以在技术研发、生产、人才梯队建设等领域与院校进行合作，实现资源共享和优势互补，提高整体竞争力。

四、职业教育助力先进有色金属材料制造业发展

（一）职业教育对先进有色金属材料制造业人才培养的贡献

新业态的发展离不开人才的支持。职业教育在有色金属行业人才培养上发挥着至关重要的作用，为行业提供了充足的人才储备和人才保障，为业态的快速发展奠定了坚实的基础。

1. 人才需求分析

院校通过与行业、企业深度合作，深入了解业态发展需求和人才需求，为行业提供相关人才培养方案和课程设置，从源头上解决行业人才匹配度问题。

2. 教育体系建设

院校在业态人才培养过程中，建立了全面、系统、专业化的教育体系，包括完善课程设置、改进教学方法、建设实训基地等，不断提升教育质量和人才培养效果。

3. 人才培养实践

院校在人才培养过程中，充分注重实践教学，建立了完善的实习实训基地，为院校提供与行业企业深度融合的机会，加强对学生实践能力和实际操作技能的培养。

4. 人才储备支撑

院校在培养学生的同时，建立了订单班、学徒制、现场工程师等全方位人才储备机制，帮助企业建立起健全的人才储备系统，提供人才储备的服务，进一步加强了行业与职业教育的紧密联系。

（二）职业教育对先进有色金属材料制造业发展的支持

1. 深化教育改革，服务产业高质量发展

有色金属行业围绕我国推进碳达峰、碳中和的战略部署，聚焦有色金属行业节能降碳，主动对接行业硅材料、锂电池等低碳转型重点产业领域，调整人才培养方案，扩大招生规模，实施多种形式的定向培养。指导院校开设了储能材料工程技术、材料化冶金技术高职本科专业；鼓励院校利用行业远程教育培训网开展职工培训和职业技能等级证书培训；积极推进有色金属行业专业教材建设、能源动力与材料大类教师企业实践项目标准研制，探索有色金属相关专业课程思政教学研究，等等。

2. 促进产教融合，助力行业提质增效

聚焦有色金属行业创新高地建设，构建有色金属行业新发展格局，打造了产教协同创新体系。支持行业央企、地方大型企业办好职业院校，申报国家级、省市级产教融合型企业，推动校企共建共管产业学院，实施“双元”育人，将新技术、新规范、新工艺融入教学全过程，推进了人才培养、科技创新与产业发展深度融合；落实对口支援任务，组建新疆职业教育集团，推动有色金属企业与新疆工业职业技术学院开展校企合作。引导企业深度参与专业规划、课程设置、教材开发、教学实施等工作，指导校企开展技术研发、行业职工培训、社会服务；建立产教融合、校企双向赋能的高质量人才培养机制，为行业发展培养创新型人才，提高企业生产效率，降低企业运营成本。

3. 开创教随产出，服务国际产能合作

以高标准、可持续、惠民生为目标，充分发挥职业教育“走出去”服务民生、潜移默化的作用。在中国有色矿业集团公司和试点院校的大力支持下，中国—赞比亚职业技术学院成功建立，这是我国职业院校在海外独立创办的第一所开展学历教育的高等职业学院。有色金属工业人才中心与山东省教育厅联合山东省47所职业院校与10家中央企业、地方特大型企业在8个国家建立了海外职业技术学院（校区）。组织撰写了《有色金属行业职业教育走出去规划》，开展理论研究，为形成可复制可推广的校企协同“走出去”模式提供了典型经验与理论支撑，助力有色金属企业在海外行稳致远。

4. 加速业态创新，激发科教融汇新动能

随着先进有色金属材料制造业的不断发展，技术创新已成为业态发展的重要驱动力。职业教育作为培养技术人才的重要渠道，在技术创新方面发挥了重要作用。一方面，院校根据业态技术创新的需要，开设和设计相关的专业和课程，培养具备创新能力和实践经验的技术人才，为业态技术创新提供了源源不断的人才支持；另一方面，院校与企业合作，开展技术研发和创新项目，将理论与实践相结合，促进业态技术的创新和应用，提高产业竞争力，对推动先进有色金属材料制造业技术创新起到了至关重要的作用。

先进有色金属材料制造业是一个具有广阔前景的行业，它与我国制造业的发展密不可分。同时，职业教育不断提升人才培养质量，推动技能和技术创新发展，为该行业长期稳定、快速发展奠定了坚实的基础。

先进有色金属材料制造业应积极拓展市场，加强技术创新，提高企业核心竞争力。此外，应支持职业院校与企业加强合作，促进院校为企业培养更多优秀人才，推动行业的健康稳定发展。职业院校应根据市场需求和企业实际情况，不断优化和完善教育内容，注重实践能力培养，为行业发展注入源源不断的人才力量。同时，政府应积极制定相关政策，支持先进有色金属材料制造业的发展，为行业发展提供更加稳定和可靠的政策保障。

主要执笔人：宋凯，有色金属工业人才中心；邓盼盼，乐山职业技术学院、有色金属工业人才中心；陈昱玲，有色金属工业人才中心；龚亚妮，中国有色矿业集团有限公司；石森，中国铝业股份有限公司。

职业教育赋能风力发电业态高质量发展

随着经济的快速发展，我国把发展风电产业作为改善电源结构的重要任务之一，在内蒙古、辽宁、甘肃、新疆、河北和江苏等风能资源丰富的地区开展风电基地的规划和建设工作。按照“3060”碳达峰、碳中和目标，我国风电累计装机容量有望在2035年达到8亿千瓦，2060年达到30亿千瓦。对比现装机容量与“3060”的目标装机容量数据可以得出，未来风电领域将迎来高速发展。全球风能理事会（GWEC）2022年发布数据显示，随着全球风能行业的发展，未来五年的新增风电装机将带来330万个工作机会，主要分布于整机制造、风电建设与安装、风电运维三个岗位。2023年6月，国家发展改革委、教育部等八部门联合印发《职业教育产教融合赋能提升行动实施方案（2023—2025）》，统筹解决人才培养和产业发展“两张皮”问题，推动职业教育真正做到“学科跟着产业走、专业围着需求转”。在风电生产实践中，专业的运维人才短缺已成为风电后市场阶段的一大痛点，亟须职业教育能够对接区域产业发展，在风电设备整机与零部件制造、风电设备安装与调试、风电场建设与管理，第三方服务类企业的设计、装配、运维、检修等职业群培养高素质技术技能人才。

一、风力发电业态变迁

在全球低碳经济与能源革命的大趋势下，国际社会对能源安全、生态环境、异常气候等领域日益重视。减少化石能源燃烧，加快开发和利用可再生能源已成为各国的普遍共识和一致行动。2015年，全球可再生能源发电新增装机容量首次超过常规能源发电新增装机容量，全球电力系统建设发生了结构性转变。

风能作为环境友好的可再生能源，应用领域日益扩大，带动风力发电在全球范围内实现大规模的开发应用。截至2021年末，全球已有100多个国家开始发展风电产业，其中，美国、丹麦、荷兰、英国、德国、瑞典、加拿大等国家均在风力发电的研究与应用方面进行了大量的投入。根据国际可再生能源署（IRENA）统计，2017年全球陆上风电平准化度电成本（LCOE）已经明显低于化石能源，陆上风电平均成本逐渐接近水电。随着技术进步，风电项目的度电成本仍在进一步降低，风力发电将成为未来最经济的绿色电力之一。

（一）我国风力发电行业发展演变

中国气象科学研究院数据显示，我国陆地上可开发利用的风能约2.53亿千瓦，海上可开发利用的风能约7.5亿千瓦。虽然我国风能资源丰富，但大规模开发历史却不长，始于20世纪50年代后期，当时主要用于解决海岛及偏远地区供电难的问题，属非并网小型风电机组建设。20世纪70年代末期，我国开始研究并网风电，主要通过引入国外风电机组建设示范风电场。1986年5月，我国首个示范性风电场——马兰风力发电场在山东荣成建成并网发电，总装机容量为165千瓦。2006年《中华人民共和国可再生能源法》实施后，我国开始了风电领域的大规模开发，连续4年装机容量翻番，截至2010年年底我国成为全球风电装机容量最大的国家。

从第一个风电场建成至今，我国风电产业发展大致可以分6个阶段。

1. 早期示范期（1986—1993年）

主要利用国外赠款及贷款，建设小型示范风电场，政府的扶持主要在资金方面，如投资风电场项目及支持风电机组研制。

2. 产业化探索期（1994—2003年）

首次建立了强制性收购、还本付息电价和成本分摊制度，由于投资者利益得到保障，贷款建设风电场逐渐增多。

3. 产业化发展期（2004—2007年）

主要通过实施风电特许权招标确定风电场投资商、开发商和上网电价，通过施行《中华人民共和国可再生能源法》及其细则，建立了稳定的费用分摊制度，扩大了风电开发规模并提高了本土设备制造能力。

4. 大规模发展期（2008—2010年）

随着风电相关的政策和法律法规进一步完善，风电整机制造能力大幅提升。在此期间，国家提出要建设8个千万千瓦级风电基地，启动建设海上风电示范项目，是前所未有的高速发展期。在快速发展的同时，也出现了电网建设滞后、国产风电机组质量难以保障、风电设备产能过剩等问题。

5. 产业调整期（2011—2013年）

经过几年的高速发展，我国风电行业问题开始凸显，一是行业不良竞争加剧，设备制造产能过剩，越来越多的企业出现亏损；二是我国“三北地区”（华北、东北、西北）风力资源丰富，装机容量大，但地区消纳能力有限，外送通道不足，导致弃风现象严重；三是风电机组质量无法有效保障，不少企业退出风电行业，市场逐渐意识到风电设备制造不能简单追求“低价优势”，应重视产品质量，提高服务能力。

6. 稳步增长期（2014年至今）

经过前期的探索与调整，风电产业过热的现象得到一定的缓解，发展模式开始从“重规模、重速度”向“重效益、重质量”转变。“十三五”期间，我国风电产业逐步实行配额制与绿色证书政策，并发布了国家五年风电发展的方向和基本目标，明确了风电发展规模将进入持续稳定的发展模式。

从累计装机量来看，截至2021年年末，我国陆上风电累计装机容量320 GW，占全球陆上总装机量达40%，海上风电累计装机容量25.35 GW，占全球海上总装机量达48%；从新增装机来看，2021年我国风电新增装机容量55.92 GW，其中，陆上风电新增装机41.44 GW，海上风电新增装机14.48 GW。无论是累计装机容量还是新增装机容量，我国都已成为全球规模最大、增长最快的风电市场。

（二）风力发电职业教育的作用地位

风力发电是绿色能源的代表，在我国碳达峰、碳中和的目标形势下，风电作为重要的非化石能源发电方式，发展潜力很大。近年来，不管是从国家出台的能源政策，还是风电产业相关数据，都可以清晰地看到，随着风电产业的快速发展，我国对专业技术人才，尤其是从事风力发电运行与维护的技术人才提出了新的要求。但现阶段从事风电的技术骨干大多数是从其他行业转来的，普遍缺少风电的专业培训和技术储备，同时具备创新能力、国际交往能力的复合型风力发电人才和优秀的风电工程师更为短缺。

1. 风力发电职业教育的意义

2009年12月26日第十一届全国人民代表大会常务委员会第十二次会议审议通过了《中华人民共和国可再生能源法修正案》，第三章第十二条规定：国务院教育行政部门应当将可再生能源知识和技术纳入普通教育、职业教育课程。2019年1月24日国务院印发了《国家职业教育改革实施方案》，职业教育的重要性凸显，提高到了“没有职业教育现代化就没有教育现代化”的地位。因此，面向风力发电产业，培养具有良好职业道德和爱岗敬业精神，掌握风力发电设备运行操作、检修与维护等核心能力，能够从事风电场运行、风电场机电设备维护检修、风力发电机安装调试等工作的技术技能人才，对于解决风力发电技术人才短缺问题，保障我国风电产业平稳快速发展具有十分重要的意义。

2. 风力发电职业教育的必要性和可行性

风力发电作为交叉学科，涉及动力、机械、电气、电力电子、自动化等学科，国内电力类职业院校中基本都设有相关专业，比如，发电厂及电力系统、供用电技术、应用电子技术、电力系统自动化技术、高电压技术、电厂设备运行与维护、火电厂集控运行、生产过程自动化技术、供热通风与空调工程、计算机网络技术和软件工程等，这些专业基本上涵盖了风力发电专业涉及的知识点。另外，当前迅猛发展的风电产业创造了大量的就业机会，电力类的职业院校在人才培养、校企合作中都有着得天独厚的优势，相关的硬件设备及师资也都具备一定规模，开设风力发电专业顺应了我国风力发电发展的需要。因此，在电力类职业院校开设风力发电专业是可行的，也是必要的。

二、职业教育促进风力发电业态发展

教育部2021年印发的《职业教育专业目录（2021年）》中，风力发电类专业共有3个，分别为：风力发电设备运行与维护（中职），风力发电工程技术（高职），新能源发电工程技术（本科）。

（一）政策支持职业教育促进风力发电业态发展

2021年10月12日，中共中央办公厅、国务院办公厅印发《关于推动现代职业教育高质量发展的意见》指出："优化职业教育供给结构。围绕国家重大战略，紧密对接产业升级和技术变革趋势，优先发展先进制造、新能源、新材料、现代农业、现代信息技术、生物技术、人工智能等产业需要的一批新兴专业""鼓励学校开设更多紧缺的、符合市场需求的专业，形成紧密对接产业链、创新链的专业体系"。

2022年10月26日，教育部印发《绿色低碳发展国民教育体系建设实施方案》指出，引导职业院校增设相关专业，到2025年，全国绿色低碳领域相关专业布点数不少于600个，发布专业教学标准，支持职业院校根据需要在低碳建筑、光伏、水电、风电、环保、碳排放统计核算、计量监测等相关专业领域加大投入，充实师资力量，推动生态文明与职业规范相结合，职业资格与职业认证绿色标准相结合，完善课程体系和实践实训条件，规划建设100种左右有关课程教材，适度扩大技术技能人才培养规模。

2022年5月27日，内蒙古自治区教育厅印发的《内蒙古自治区职业教育专业建设改革实施方案（2022—2025年）》提到，加强紧缺专业设置引导。统筹利用中央和自治区职业教育专项资金，结合专业建设项目和调整需求，实现差异化激励，支持发展现代煤化工、生物制药、稀土、有色金属、风电装备、光伏装备、奶业、肉羊、肉牛、马铃薯、羊绒和新能源等产业相关专业，引导院校做优做强专业群。

（二）职业教育人才培养定位对接风力发电人才需求

1. 我国风力发电运维市场格局

目前，风电运维市场的运营主体主要包括：风电场开发商、整机制造商和第三方运维公司三种类型，市场格局如图 11-1 所示。

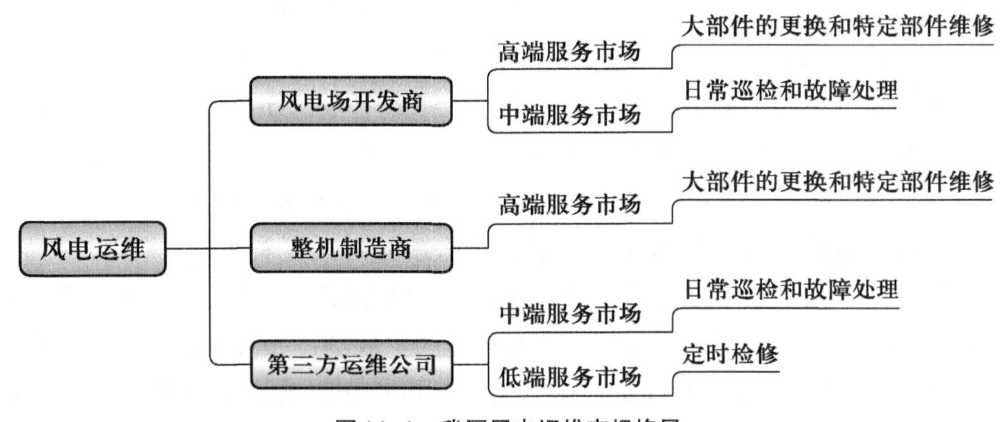

图 11-1　我国风电运维市场格局

风电场开发商自主运维。风电场开发商一般以国有企业为主。在我国风电市场中，国有企业占据着接近70%市场份额，作为风电场开发商，企业发现在实际运营过程中，风电机组维护质量与风电机组能否安全稳定运行紧密相连，进而影响经济效益。在资源、资金巨大优势的加持下，越来越多的风电场开发商开始积极转变思维方式，通过成立自己独立运营的运维公司或研究院等，进行风电运维培训业务，建设自己的运维团队，开展运维工作。

整机制造商运维。主要是风电行业的领军企业，这些企业也是进入风电运维的“先行者”。由于拥有了时间优势，再加上对自有品牌风机产品的了解，这些企业运维服务水平提升显著，取得了先行享受市场红利和运维经验积累的先天优势。

第三方运维公司运维。第三方运维公司一般以民营企业为主。风电运维利润的不断变大，也促进了风电产业链中配套产业的发展。在行业的带动和运维利润的刺激下，越来越多的第三方运维公司成立。这类企业一般都通过与多个整机商、零部件厂商建立伙伴关系开展合作，资源整合、对市场的快速反应和较低的运维成本是第三方运维企业的优势。

2. 我国风力发电行业人才需求

当前，我国风电行业处于高速发展时期，运维市场面临着诸多问题，如进入门槛低、资质不健全、人员培训不到位、技术水平参差不齐、安全意识薄弱等，为风电后市场的持续健康发展埋下了隐患。

从风力发电运维从业者角度来讲，由于行业技术标准不完善，导致院校在进行人才培养时，培养标准难以统一。进入工作岗位后，考核标准和现场管理的不规范，导致经验丰富、认真负责的现场服务技术人员严重匮乏，加上部分风电企业对风电场运维的重视程度不够，进一步导致技术水平高的技术人员大量流失。很多企业人力资源部负责人表示，能够胜任风力发电运维的技术技能型人才十分紧缺，企业很难招到适合的人才，“招进来了，也留不住”的情况十分常见。此外，从业者的职业素质参差不齐，集中表现为自主学习、终身学习、分析问题和解决问题等方面的能力有待提升，从业者更多关注当下的工作任务，而忽视未来职业发展可能面对的问题，较少能为未来智能化发展带来的职业冲击进行职业准备。

综合以上分析，我国风力发电运维行业前景可期，未来一段时期内，高、中、低端运维服务市场分层是必然的趋势。站在企业的角度，风力发电运维面临不同的挑战，应当分析自身的优势和劣势，选好自己的主战场，一方面，加强与开设风力发电类专业的职业院校开展校企合作，通过深度校企融合，共同制定人才培养方案，开展课程建设，培养高规格的风力发电运维人才；另一方面，加强和竞争伙伴的合作，实现共赢。站在职业院校的角度，应结合行业需求开展调研，建设校企合作机制，提高人才培养规格和质量，严把出口关，向企业输送合格的风力发电运维人才。

3. 职业院校风力发电技术人才培养定位

当前，我国风电技术人才培养的两种途径主要是院校培养和职业培训。从人才的培养目标、培养规格和市场岗位的实际需求等角度分析，职业教育应该成为风电运维人才培养的中坚力量。

职业院校开设风力发电类专业情况。根据教育部2021年颁布的《职业教育专业目录（2021年）》，高等职业院校和风力发电相关的专业设置为“风力发电工程技术（430302）”，专业归类上隶属于“新能源发电工程类（4303）”，由旧专业“风力发电工程技术（530301）”和“风电系统运行与维护（530302）”合并而成。

开设“风力发电工程技术”专业的职业院校主要有20所：广东水利电力职业技术学院、宣化科技职业学院、九江职业技术学院、辽宁工程职业学院、南通理工学院、乌鲁木齐职业大学、酒泉职业技术学院、西安电力高等专科学校、包头轻工职业技术学院、天津中德应用技术大学、锡林郭勒职业学院、内蒙古机电职业技术学院、天津轻工职业技术学院、吉林电子信息职业技术学院、哈尔滨职业技术学院、湖北水利水电职业技术学院、湖南理工职业技术学院、江西新能源科技职业学院、朔州职业技术学院、甘肃机电职业技术学院。

开设“风电系统运行与维护”专业的职业院校主要有7所：张家口职业技术学院、乌兰察布职业学院、湖南理工职业技术学院、阿拉善职业技术学院、云南能源职业技术学院、松原职业技术学院、湖南电气职业技术学院。

职业院校风力发电类专业人才培养定位。教育部颁布的“风力发电工程技术”专业关于人才培养目标的表述为：本专业培养德智体美全面发展，具有良好职业道德和人文素养，掌握电气、测控、机械基本知识，具备风电工程技术应用与研发能力，从事风电场开发与设计、运行与维护、安装与检修、调试与技术管理等工作的高素质技术技能人才。“风电系统运行与维护”专业关于人才培养目标的表述为：本专业培养德智体美全面发展，具有良好职业道德和人文素养，掌握电气、机械制造基本知识，具备风力发电机组安装与调试、电气配线与电气检修、风电场运行管理、风电机组设备维护与典型故障诊断排除能力，从事风力发电机组检修与维护、风电场运行与维护等工作的高素质技术技能人才。

不同地区具有代表性的职业院校对于培养目标表述如下：

湖南理工职业技术学院“风力发电工程技术”专业人才培养目标为：本专业立足“长株潭”城市群，面向湖南、辐射全国，培养德智体美全面发展，具有良好综合素质，基本专业理论知识和实践应用能力，为风电及相关企业、事业单位、政府部门培养适应行业生产、服务和管理需求，从事风电整机的安装调试、风电场选址规划、风电站运维、风电投资管理、质量管理、风电零部件生产技术工作的高素质应用型技能人才。

福建电力职业技术学院“风力发电工程技术”专业人才培养方案（2021级）中的培养目标为：本专业培养理想信念坚定，德智体美劳全面发展，具有一定的科学文化水平，良好的人文素养、职业道德和创新意识，精益求精的工匠精神，较强的就业能力和可持续发展能力，掌握本专业知识和技术技能，面向新能源发电装备、风力发电、风电运维行业企业的装备制造、设备应用、生产管理与运行维护技术领域，能够从事风力发电机组的现场安装与调试，风力发电设备的运行、检修、维护和风电场管理工作的高素质技术技能人才。

湖南电气职业技术学院“风力发电工程技术”专业人才培养方案（2022 级）中的培养目标为：本专业培养理想信念坚定，德智体美劳全面发展，具有一定的科学文化水平，良好的人文素养、职业道德和创新意识，精益求精的工匠精神，较强的就业能力和可持续发展能力，掌握本专业知识和技术技能，面向新能源发电装备、风力发电、风电运维行业企业的装备制造、设备应用、生产管理与运行维护技术领域，能够从事风力发电机组的现场安装与调试，风力发电设备的运行、检修、维护和风电场管理工作的高素质技术技能人才。

湖南理工职业技术学院“风力发电工程技术”专业人才培养方案（2022级）中的培养目标为：本专业培养理想信念坚定，德智体美劳全面发展，具有一定的科学文化水平、良好的人文素养、职业道德和创新意识、精益求精的工匠精神、较强的就业能力和可持续发展的能力，掌握风力发电工程技术专业所需的机械装配、电气安装与调试、风电场建设与维护等知识和技术技能，面向风力发电等行业的风电机组制造工、风力发电运维值班员、变配电运行值班员、输电、配电、变电设备值班人员的职业群，能够从事厂内机组装配调试、风电场安装与调试、风电设备制造、风电场运行管理等工作的高素质技术技能人才，工作3~5年后能够胜任风电投资与建设岗位。

综上，职业院校应该是风力发电运维人才培养的主阵地，职业院校培养的风力发电运维人才应是德智体美劳全面发展，具有良好职业道德和人文素养，适应风力发电运维一线岗位需要，从事风电场风电系统运行维护与检修等职业岗位群的高素质技术技能人才。

三、风力发电业态未来发展趋势

（一）风力发电业态发展趋势

1.“碳达峰、碳中和”政策助推风电行业高速发展

低碳环保是未来发展的主旋律，风电行业是从能源供给侧实现低碳环保的重点发展领域。2022年1月29日，国家发展改革委和国家能源局印发的《“十四五”现代能源体系规划》提出，“十四五”时期是为力争在2030年前实现碳达峰、2060年前实现碳中和打好基础的关键时期，必须协同推进能源低碳转型与供给保障，加快能源系统调整以适应新能源大规模发展，推动形成绿色发展方式和生活方式。预计到2030年，我国单位国内生产总值二氧化碳排放将比2005年下降65%以上，非化石能源占一次能源消费比重将达到25%，风电、太阳能发电总装机容量将达到12亿kW。

2. 风电单机容量呈现大型化

单机容量大的风机具备更优的经济性，是未来风电行业发展的必然趋势。大兆瓦、高可靠性、高经济效益的风电项目整体解决方案在市场上的认可度高，具备大兆瓦机型产品能力的整机厂商在未来将更具市场竞争力。风电技术进步是单机容量大型化的基础，单机容量大型化将有效提高风能资源利用效率，提升风电项目投资开发运营的整体经济性，提高土地/海域利用效率，降低度电成本，提高投资回报，利于大规模项目开发，而风电度电成本又是平价上网政策稳步推进的重要基础，平价上网政策也将加速促进风电降本和大兆瓦机型的开发。在全球市场范围内，陆上风电领域，随着平价大基地项目、分散式风电项目的需求增加，对机组的风资源利用率要求提高，陆上风机功率已经逐步由2 MW、3 MW时代迈入4 MW时代。海上风电领域大兆瓦机型发展更加迅速。

3. 风力发电行业呈现数字化

风电行业已逐步开始从提供风机产品向提供风电服务转型，而风电数字化是风电精细化服务的必由之路。《“十四五”现代能源体系规划》指出：加快信息技术和

能源产业融合发展，推动能源产业数字化升级，加强新一代信息技术、人工智能、云计算、区块链、物联网、大数据等新技术在能源领域的推广应用。风电行业与数字技术融合已经成为行业发展的主流模式之一。产业转型使得数据逐渐从生产经营的副产品转变为参与生产经营的关键要素，逐步成为企业的战略性资源和关键生产力。通过风电机组传感、工业物联网、大数据等数字化建设，实现集数据采集、传输、分析于一体的智能工厂和智慧风场，改变原有的传统发电行业经验驱动的决策管理模式，依托多维度数据分析工具与智能算法，实现从产品研发、工艺仿真、生产运行、设备监控、风场服务的数字孪生，最终建立全过程数字驱动的虚拟企业，实现多场景智能优化决策，打造新型风电数字生态，未来将有很大的发展空间。

4. 政策驱动竞价配置与平价上网

风电是可再生能源中应用最为成熟的形式之一。加速发展并实现风能替代、推动能源消费结构优化，既是整个能源产业与社会经济的发展需要，也是风电产业自身的发展目标，其中重要的一环就是平价上网。风电行业发展初期，政策支持与电价补贴有效地促进了我国风电产业投入的提高、产量的提升、技术的进步、成本的下降，为最终实现平价上网奠定了一定的发展基础，这也是行业发展的必经阶段。近年来，推动竞价配置、推进平价上网成为主流政策导向与预期，促使市场出现在调价时间节点前集中对风电场进行建设的抢装潮现象。

5. 度电成本降低为平价上网与可持续发展提供保障

一方面，随着技术的不断进步，风电单机容量大型化发展，使得风电机组成本逐步降低，为初始投资成本下降提供空间；另一方面，发电利用小时数上升和弃风率下降使得风电上网电量逐年上升，使得风电度电成本逐步下降。根据预测，我国陆上风电度电成本将从2018年0.41元/kWh下降至2023年0.33元/kWh，下降幅度为20%；海上风电度电成本将从2018年0.5元/kWh下降至2023年0.41元/kWh，下降幅度为18%。度电成本的降低使得风电场运营企业在补贴退出后仍能保证一定的盈利空间，为风电平价上网与可持续发展提供保障。

6. 政策驱动全国“弃风限电”情况改善

中国风能资源与用电负荷呈逆向分布态势。“三北”地区风能资源丰富，但却普遍远离用电负荷较高的东部、中部等地区，导致风电并网消纳往往存在问题，存在“弃风限电”的现象。自2016年起，国家能源局每年定期发布风电投资监测预警信息，指导省级及以下地方政府能源主管部门和企业根据市场条件合理推进风电项目开发投资建设，对弃风率过高的省份风电项目提出限制。上述措施在引导全国风电开发布局优化方面发挥了重要作用，为改善“弃风限电”问题创造了有利条件。

（二）职业教育持续支撑风力发电行业发展

2019年1月24日，国务院印发《国家职业教育改革实施方案》；2021年10月12日，中共中央办公厅、国务院办公厅印发《关于推动现代职业教育高质量发展的意见》。

1. 职业教育支撑行业发展的地位和作用凸显

随着我国进入新的发展阶段，职业教育重要的地位和作用越来越凸显。《国家职业教育改革实施方案》指出，没有职业教育现代化就没有教育现代化。经过5~10年时间，职业教育要基本完成由政府举办为主向政府统筹管理、社会多元办学的格局转变，由追求规模扩张向提高质量转变，由参照普通教育办学模式向企业社会参与、专业特色鲜明的类型教育转变，大幅提升新时代职业教育现代化水平，为促进经济社会发展和提高国家竞争力提供优质人才资源支撑。

2. 职业院校试行“学历证+技能证”制度，缓解人才培养结构性矛盾

如何破解一系列长期制约职业教育体制机制发展难题，《国家职业教育改革实施方案》提出，从2019年开始，将启动实施特色高水平高职院校和专业建设计划和“学历证书+职业技能等级证书”制度（1+X证书制度）改革等两项行动，深化产教融合、校企合作，推动办学模式由参照普通教育向类型教育转变。值得关注的是，《国家职业教育改革实施方案》和《关于推动现代职业教育高质量发展的意见》都提到，建立“职教高考”制度，完善“文化素质+职业技能”的考试招生办法，提高生源质量，为学生接受高等职业教育提供多种入学方式和学习方式。《国家职业教育改革实施方案》指出，深化复合型技术技能人才培养培训模式改革，借鉴国际职业教育培训普遍做法，制订工作方案和具体管理办法，启动1+X证书制度试点工作。试点工作要进一步发挥好学历证书作用，夯实学生可持续发展基础，鼓励职业院校学生在获得学历证书的同时，积极取得多类职业技能等级证书，拓展就业创业本领，缓解结构性就业矛盾。

3. 校企合作，推进“专业链、产业链、创新链”对接

针对产教融合过程中普遍存在的“学校热、企业冷”情况，《国家职业教育改革实施方案》明确，职业院校应当根据自身特点和人才培养需要，主动与具备条件的企业在人才培养、技术创新、就业创业、社会服务、文化传承等方面开展合作。《关于推动现代职业教育高质量发展的意见》从三个方面提出完善产教融合办学体制的举措：一是优化职业教育供给结构，推动形成紧密对接产业链、创新链的专业体系，推进部省共建职业教育创新发展高地，持续深化职业教育东西部协作，启动实施技能型社会职业教育体系建设地方试点。二是构建政府统筹管理、行业企业积极举办、社会力量深度参与的多元办学格局。健全国有资产评估、产权流转、权益

分配、干部人事管理等制度，鼓励各类企业依法参与举办职业教育，鼓励职业学校与社会资本合作共建职业教育基础设施、实训基地。三是协同推进产教深度融合。各级政府要将产教融合列入经济社会发展规划。建设一批产教融合试点城市，打造一批引领产教融合的标杆行业，培育一批行业领先的产教融合型企业。

4. 职业教育适应风力发电新业态培养专业技术人才

随着我国风电行业发展，行业对专业人才的需求也日趋增加。目前，国内相关人员培训和人力储备机制尚不完善，专业技术人才的短缺成为制约国内风电企业持续发展的因素之一。风力发电设备产品的多学科特点决定其对于诸多学科领域均有专业人才需求，尤其是多学科、复合型人才更是市场上稀缺的资源。

教育部印发《绿色低碳发展国民教育体系建设实施方案》要求将绿色低碳发展融入教育教学，尤其要加强绿色低碳相关专业学科建设；要求高校初步构建起碳达峰碳中和相关学科专业体系，科技创新能力和创新人才培养水平明显提升。因此，职业院校一方面要对风电运维人才的培养策略进行深入剖析，突破其职业能力培养的瓶颈问题，推动其专业化职业化发展；另一方面，要加强职业院校的内涵建设，厚植发展基础，提高人才培养的针对性和有效性，满足行业需求，提高风力发电人才培养质量，缓解技能人才结构性短缺矛盾，推动风力发电产业健康可持续发展。

主要执笔人：马仕海，沈阳工程学院；李宝德，国网朝阳供电公司；刘鹏，国网抚顺供电公司。

光伏发电行业发展促进光伏发电业态与职业教育高质量发展

我国的光伏产业起步相对较晚，发展中还存在一些问题有待解决，行业具有一定的发展空间。从光伏行业萌芽探索、快速发展、危机调整、发展转型以及良性发展五个阶段的变迁发展入手，阐述光伏发电在职业教育中的作用地位。着重从专业群人才培养面临新挑战，专业群与产业的对应性，发挥“结构化”教学团队优势，实施教师分工协作的模块化教学，提升光伏专业教师团队的社会服务水平等多个方面对职业教育如何促进光伏发电业态发展进行了重点描述，并以国内高水平光伏专业院校的先进做法为例进行说明。同时，阐述未来光伏发电业态发展趋势，并对适应未来新业态、新模式发展需要的人才培养提出了要求，旨在实现职业教育与光伏业态发展相互融合、相互促进。

一、光伏发电业态变迁

（一）光伏发电行业发展演变

随着全球能源短缺、环境污染等问题日益严重，可再生能源的应用受到了各国的普遍关注。太阳能资源丰富，具有安全可靠、无噪声、低污染等优点，被认为是最具发展潜力的可再生能源。而利用太阳能的最佳方式就是光伏转换，因此，光伏产业也受到世界各国重视，近些年发展极为迅速。归纳起来，我国光伏产业发展经历以下五个阶段。

1. 萌芽探索阶段（1958—2003年）

从1958年我国研制出首块硅单晶，到2002年是我国光伏发电产业的萌芽阶段，我国主要靠引进国外的技术、设备以及生产线，进行太阳能电池、组件的生产。我国政府开始把研究光伏发电等可再生能源技术列入国家科技攻关计划。20世纪90年代以后，我国陆续从国外引进了数条太阳能电池生产线。国家首先在政策层面制定了对西部农村地区的光伏能源的开发和利用计划，并于2002年落实这一计划。该地区的光伏能源首先是运用到日常用电和工业用电方面，然后该能源的运用领域不断地扩张。但这一时期，我国的光伏产业处于起步阶段，产业不完整，进展较缓慢。

2. 快速发展阶段（2004—2007年）

自2004年起，欧洲国家在政策上加大了对光伏产业的支持，例如，德国在2004年出台了新的《可再生能源法》，提高对光伏发电的补贴力度，进而刺激了国民对光能的需求。这一时期，我国具有较好的经济发展基础，相对于国外，我国具有劳动力和资源方面的优势，因此，国外的需求也带动了我国光伏市场的快速发展。

其他国家提供相关的技术和设备，并进行资本的投入，我国负责生产制造，很快我国就成为当时世界上光伏设备产量最高的国家。但是，由于企业生产大部分集中在产业链中游的电池和组件生产上，主要靠引进国外的技术、设备以及生产线，资金投入较少、劳动密集型产业属性强烈、产品技术含量低，光伏产业呈现“两头在外”的发展布局，即我国缺少多晶硅等光伏产业的必备原材料，因此，主要通过进口满足需求。且我国的市场需求不足，生产的产品也主要通过出口获利。

3. 危机调整阶段（2008—2010年）

2008年，全球金融危机爆发，欧洲各国政府对光伏产业发展的支持力度减弱，国际市场对光伏产品需求量急剧下滑，我国以出口为导向的光伏制造业遭到重挫。我国光伏产业缺乏上游技术和下游需求，产品绝大多数销往国外。因此，当国外多晶硅价格快速下跌时，国内由于生产技术落后，光伏上游制造商缺乏价格优势，金融危机的爆发也冲击了资金流向光伏产业的信心，因此导致很多光伏企业因融资困难而难以正常经营，给光伏产业的发展带来了挑战。

为了帮助企业顺利地渡过金融危机，我国政府及时出台了各种支持政策，将光伏产业列为国家重要战略行业，同时还为光伏产业提供资金上的帮助。在政府的政策支持下，我国光伏产业逐步走出困境，渡过难关，并朝着更好的方向发展。2009年，我国第一个大型光伏并网发电站建设正式启动，光伏装机容量开始快速攀升。

同时，由于国外光伏政策的补贴下调，欧洲各国为抢在补贴下调前完成光伏投资项目，欧洲市场出现了抢装热潮，全球市场在这一阶段开始回暖，我国光伏产业出口再次迎来利好。

4. 发展转型阶段（2011—2017年）

2011年西方国家爆发了欧债危机，对光伏行业的补贴逐渐退坡，光伏市场也随之迅速收缩，光伏产品供大于求，出现了产能过剩的现象。这一危机也给我国光伏产业带来了致命打击，企业有大量的太阳能电池及相关组件的库存，造成了产品的严重积压，为了减轻企业的库存压力，同时收回已投资金，很多企业不得不低价甩卖产品，使得光伏产业遭受了重大的损失。与此同时，欧盟的“双反”调查也使得我国企业无法继续通过成本优势获利，导致了一大批依赖出口获利的企业走向倒闭，自此，我国光伏产业开始步入了内部整合时期。从2013年的下半年开始，国家又加大了对光伏产业的扶持力度，光伏企业经营状况得到好转，该行业又进入快速发展期。我国光伏产业在国家政策提供的价格优势下大大地提高了在市场上的竞争力，国内的光伏装机需求旺盛，光伏产品获利水平明显提升。2015年，我国光伏装机总量达到世界第一位，光伏产业国内市场份额日益增加。随着日本、韩国等亚洲国家对光伏产业的日益重视，我国光伏产品的出口结构向亚洲倾斜。这一阶段，我国光伏产业结构发生了深刻改变，从高度依赖出口转变为出口和内销并行，从高度依赖出口欧美国家逐步转变为多元化的出口格局。

5. 良性发展阶段（2018年至今）

2018年5月底，光伏行业新政出台，要求加快光伏发电补贴退坡，降低补贴强度。新政的出台意味着随着光伏产业成本的下降，我国光伏补贴电价逐步下调，政府财政补贴逐步退出光伏产业。截至2021年7月底，分布式光伏补贴电价取消，实行平价上网，新建光伏电站上网电价按当地燃煤发电基准价执行。目前，我国光伏产业装机容量和并网发电量都恢复稳定增长，政府财政补贴退坡政策适应产业发展规律，有助于光伏产业朝着更加健康稳定的方向前进。

（二）光伏发电职业教育的作用地位

光伏发电属于国家大力支持的战略性新兴产业，光伏发电作为新能源发电的重要组成部分，是目前国家大力发展的发电模式，是推动我国能源变革，实现碳中和目标的重要举措，因此，受到国家产业政策的重点支持和地方政府的高度重视。2022年，国家始终贯彻支持可再生能源发展的大方向。一方面，通过指导装机规模和制定行业标准等方式，引导国内光伏发电行业朝着健康有序、科学创新的方向发展；另一方面，通过财政补贴、政策优惠等途径扶持光伏发电行业的成长与发展。中国光伏发电职业教育的产教融合、课程开发、师资培训、标准建设等模式也将逐渐成为引领“一带一路”乃至世界相关领域的先行者。

二、光伏发电业态发展

光伏发电技术与应用专业前身为新能源应用技术专业，设立于2011年，最新一版专业目录更改为光伏工程技术专业。为满足经济社会对光伏专业技术技能人才的需求，目前，越来越多的职业院校开设光伏工程技术专业。经过调研发现，绝大多数开设该专业的学校的专业培养方向侧重于光伏电站的规划、设计、建设、施工以及运维。随着新材料、新技术的变革与升级，“互联网+”以及储能技术的不断成熟化，新型电力系统逐步融入光伏工程技术专业中，全国光伏职业教育积极调整专业设置方向，对接我国光伏产业发展，培养光伏专业人才。

（一）“双高”对接“类型、高等”，有力支撑产业变革历史性交汇

1. 国家战略布局为专业群发展提供强劲动力，专业群人才培养面临新挑战

党的十九大报告提出，壮大节能环保产业、清洁生产产业、清洁能源产业。国家《能源发展战略行动计划（2014—2020年）》明确提出，坚持“节约、清洁、安全”的战略方针，加快构建清洁、高效、安全、可持续的现代能源体系。例如，山东省新旧动能转换重大工程确立了“5+5”的十强产业，努力把“新能源新材料产业”做成万亿级以上体量、全国一流乃至世界有影响的产业集群。重大国家和区域产业发展战略为专业群建设发展提供了强劲动力。

随着光伏产业转型升级进程的加快，光伏产业智能制造水平提升，互联网、大数据、人工智能等产业与光伏产业深度融合，高职百万扩招、农民工及退伍军人等社会人员培训等举措都对专业群人才培养模式和培养质量提出了新的挑战。

据不完全统计，截至2022年，全国高职院校有省级光伏专业群建设项目10余个，省级高职院校和中职学校高水平（或特色）相关专业群（专业）建设项目100多个，在中国特色专业群建设方面起到示范引领作用。其中，典型案例有德州职业技术学院光伏工程技术高水平专业群。

德州职业技术学院：山东省高水平光伏工程技术专业群。对接“互联网+”智能光伏发电产业，成立新能源产业学院，校企深度融合，构建校企命运共同体；创新“一核双线、三层对接、四位一体”的人才培养模式，推行现代学徒制，协作推进1+X证书制度试点工作；构建“基础层共享、核心层分立、X个职业技能课程可选”的专业群课程体系，打造光伏发电国家级高水平结构化教师教学创新团队，实施教师分工协作的模块化教学；建成国家级、省级精品资源共享课程和职业教育在线精品课程，建成具有鲜明光伏发电产业特色的国家级专业群教学资源库，实现信息化资源“云”覆盖；校企合作开发“符合技术模块特点、适合多导师教学、可模块化组合”的新形态教材；建成服务山东、辐射周边、引领全国的“开放型、共享型”光伏发电产教融合实践教学基地；引进和培养一批国际一流的产业领军人物和绝技绝艺技术技能大师，打造多元协同技术技能创新服务平台；建设鲁班工坊，加快推进国际合作与交流，通过输出教育教学标准及资源服务“一带一路”合作伙伴，引进国际优质教学资源；建成引领改革、支撑发展、省内领先、国内知名的“地方离不开、业内都认可、国际可交流”的特色高水平专业群。

2. 调整专业目录，修订专业标准，实现专业群与产业的精准对应

对接智能光伏产业发展行动规划。光伏产业是基于半导体技术和新能源需求而兴起的朝阳产业，是未来全球先进产业竞争的制高点。《智能光伏产业发展行动计划（2018—2020年）》明确提出以推进供给侧结构性改革为主线，以构建智能光伏产业生态体系为目标，坚持市场主导、政府引导、坚持创新驱动、产用融合，坚持协同施策、分步推进，加快提升光伏产业智能制造水平，推动互联网、大数据、人工智能等与光伏产业深度融合，促进我国光伏产业迈向全球价值链中高端。

光伏产业的转型升级亟需大量熟练操作智能化光伏设备和从事光伏智能化系统设计的高素质技术技能型人才。围绕智能光伏电站建设、运维、数据采集、系统集成、智能电站规划设计、“互联网+”等技术领域，亟须依托专业群联合企业的生产制造、技术研发人员，共同培养服务高端光伏产业的高素质技术技能人才，全面落实国家产业发展政策。

聚焦智能光伏产业链下游。硅料、铸锭、切片、电池片、电池组件、应用系统等6个环节构成了光伏产业生命全周期产业链（图12-1）。专业群人才培养定位对接光伏产业链下游，人才培养规格对应岗位需求，专业课程对应技术领域，训练项目对应工作内容，校企共同构建人才培养体系，提升专业群服务产业的精准度。

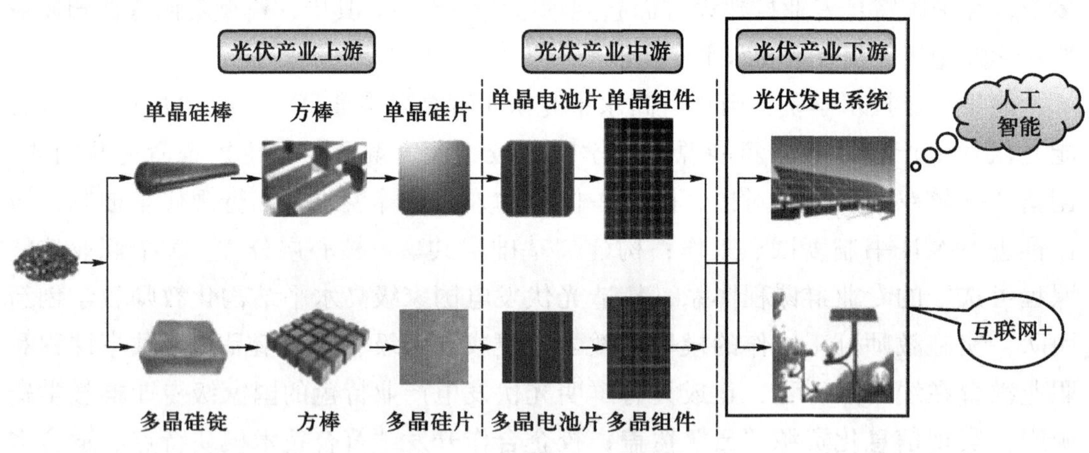

图12-1 光伏产业生命全周期产业链

精准对接“互联网+”智能光伏电站建设及运维岗位群。基于“互联网+”智能光伏电站建设及运维全过程，针对设计规范、电气工艺、信息化改造、智能化管控等技术链，构建与之对应的知识技能结构。对接电站规划设计、系统集成、安装运维、智能组网、技术服务等岗位，形成专业群与岗位群的对应关系（图12-2）。

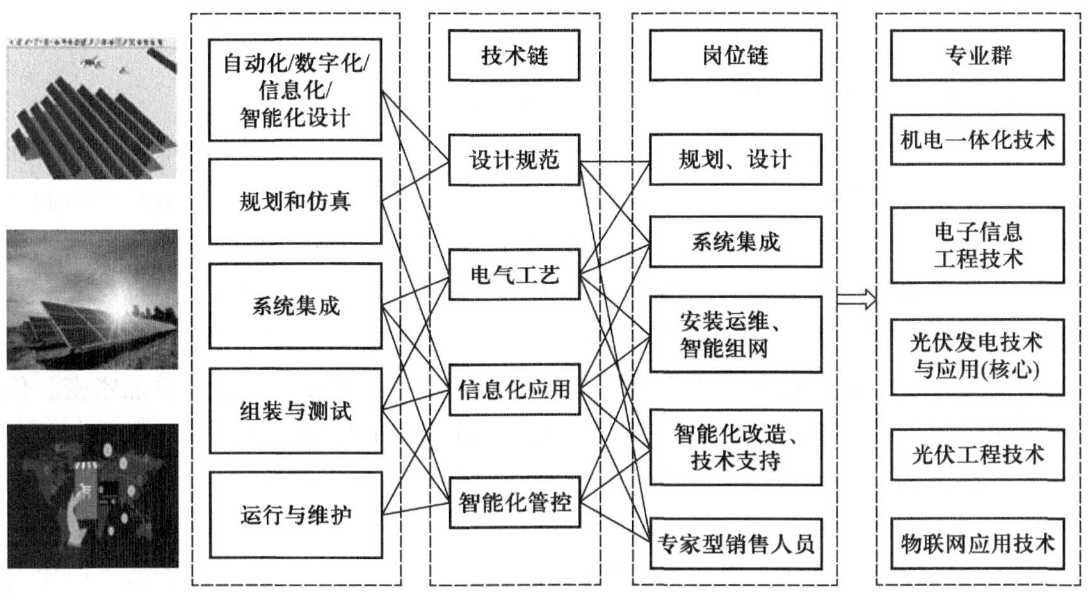

图12-2 专业群与岗位群的对应关系

（二）以优秀教师教学创新团队建设为引领，打造服务光伏产业发展的智囊团

1. 发挥“结构化”教学团队优势，实施教师分工协作的模块化教学

课程模块在吸纳国内外光伏发电技术标准和教学标准基础上，将技能标准、工作规范、职业道德、企业文化、交流与合作等融入教学模块，各模块对应相应的学分，使学生由课程学习转变为课程模块学习，由获取学习成绩转变为获取学分。学分银行具有学分的存储功能，在“零存整取”中，学生可在弹性学制下进行学分存储，修满学分后可获取相应证书。在产业学院内，通过专职教师、企业导师、技能大师，分层培养不同岗位、不同阶段所需的职业能力，通过模块课程间灵活合理的搭配，实现专业、产业、学科融合，全面对接产业链岗位能力需求，分工培养学生的基础人文素质、基础从业能力、专门职业能力、高端职业能力。在全国能源与材料职业教育教学指导委员会指导下，教师团队充分协作，在提升国内外光伏专业人才培养质量、专业教学团队能力的同时，引领全国职教光伏专业领域教学模式改革。

2. 练内功，强能力，提升光伏专业教师团队社会服务水平

以高水平教学能力、科研能力、培训能力和评价能力提升为目标，全面提升教师社会服务能力，是全国职教战线新能源类专业教学团队建设的首要任务。政行校企协同开展“互联网+”智能电站研究，着力培养和调动有创新资源和创新活力的教师积极性，打造服务光伏产业发展的智囊团。

（三）产教融合，政行校企协同构建光伏产业技术技能服务平台

1. 深化产教融合，组建“新能源”产业学院

以德州职业技术学院为例，该校携手山东省电力协会、国际太阳能光伏发电龙头企业、国内太阳能知名企业、电子通信系统领军企业共同组建具有混合所有制性质的新能源产业学院。新能源产业学院的性质是多元构成和投入的办学和生产单位。在产业学院治理结构下，实现行业引领、学院主导、权责对等、运行顺畅。新能源产业学院既是办学单位，又是新能源产业的组成部分，依托社会多元主体办学，构建合作命运共同体。产业学院的建设目标是使产教和校企合作更加紧密、信息更加畅通、权责更加清晰、运行更加合理、管理更加科学，通过强力推进产教融合和校企合作，使产业学院为增强山东省新能源产业和企业核心竞争力提供有力支撑。

产业学院内专业群人才培养体系与新能源产业链对接融合，按照企业需要实行人才培养模式改革与创新，大力推行现代学徒制，按照国际标准构建专业群课程体系，进行教师教学、教法和教材的改革，建立1+X证书体系，培养新能源产业需要的高端技术技能人才。同时，产业学院和协同发展创新中心互为支撑、密切配合，使产教融合和校企合作内外相通、点面结合。在山东省新能源产教对接联盟基础上，率先发起成立新能源行业协会、企业、院校组成的“山东省新能源现代职业教育集团”。职教集团的成立标志着产教融合、校企合作的拓展和延伸，搭建了更加宽阔的跨区域产教融合校企合作平台，进一步提升了专业群为国家重大发展战略服务的能力，如图12-3所示。

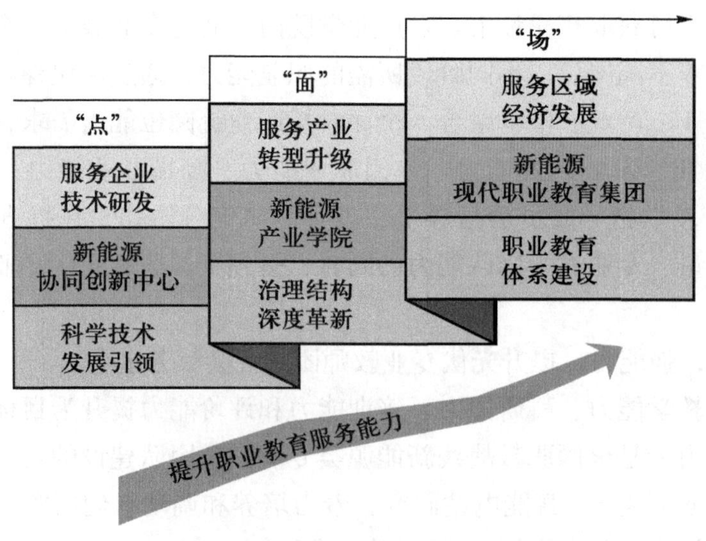

图12-3 职教集团、产业学院、协同创新中心的关系

2. 强化应用研发，打造多元协同创新服务平台

以山东理工职业学院为例，校企共建光伏发电技术转化应用、光伏发电检测与维护服务、智能微电网技术应用研发3个新能源研发服务中心，深入进行研发中心组建模式和运行机制研究与实践，为当地光伏发电企业和中资企业培养高端技术技能人才，努力拓宽国际交流与合作渠道，打造中国优质职业教育资源与优势光伏发电产业协同服务的国际交流与合作平台；构建大学生创新创业平台，服务山东省光伏发电产业能力显著增强，高端技术技能型人才培养质量显著提高。

3. 政校企协同共育产业高端人才，打造学校品牌

南京工业职业技术大学在新能源类专业人才培养过程中，坚持产教融合，政校企协同，共育产业高端人才，在实践中探索出一条新路。从打造高水平的光伏师资队伍入手，通过与南京康尼科技实业有限公司等企业合作，深入实施教师长短期培训、暑期实践、企业长期挂职和“引企入校”等项目，提升专业教师的理论水平和实践能力，实现“产学研一体化”，打造“政校企”合作模式，充分整合政府、院校、企业三方的资源。政校企协同共育产业高端人才，打造学校品牌。

（四）区域整合、跨界协作，太阳能行业职教集团服务企业发展

1. 成立太阳能行业职教集团，进行区域资源整合

在相关地方政府、院校的支持下，先后组建山东省太阳能行业职业教育集团，通过建立政、行、校、企等多元新型合作关系，整合光伏产业“行业+领先企业”等各种优质资源，主动服务地方经济建设发展、服务新业态、新模式健康发展，带动扩大就业、服务乡村振兴等国家战略，实施产教融合、校企合作、工学结合、知行合一的人才培养模式，有效提升技术技能人才培养质量和服务经济社会发展的能力。

2. 搭建科技研发成果孵化与转让平台

德州职业技术学院分别与中广核、中电联、济南云控电力有限公司等企业共建光伏产业学院、光伏工程研发中心、新型电力技术应用研发中心。光伏产业学院与国内企业合作，共同开发光伏专业人才培养方案、课程标准，合作共建一体化实训室等。光伏工程研发中心通过与国际一流、行业领军企业合作，以研究晶硅电池、薄膜电池生产装备、钙钛矿等材料、光伏发电技术等相关技术项目为重点，共同推进光伏技术应用项目研发。新型电力技术应用研发中心与企业共同推进电力系统项目研究，以国家前沿、紧缺技术研发为重点，突破电力可靠运行、电力系统自动调配等技术难点，研发中心与国内电力、能源管控企业共建智能微电网控制技术研发基地，将能源管控技术、储能控制技术应用于实际项目，诊断电网状态，防止供电中断，改善电能质量，实现新能源微电网的可靠、安全、经济、高效、环境友好和使用安全的目标。

三、光伏发电业态未来发展趋势

（一）光伏发电业态的发展趋势

1. 中国光伏装机量快速增长，已成为全球最大光伏市场

2011年以来，在光伏发电成本下降驱动以及标杆电价正式推出等一系列政策支持下，中国已逐步成为全球重要的太阳能光伏市场之一。2013年新增装机容量10.95 GW，首次超越德国成为全球第一大新增装机市场，而在此之后，我国基本保持了持续高速增长的趋势，截至2022年底，累计装机量约392.6 GW，连续多年新增装机量、累计装机量位居全球第一。随着中国光伏市场的不断扩大，我国相关产品的出口规模也在迅速增加，2022年度光伏产品出口总额超512亿美元，同比增长超80%，海外市场在我国光伏产业持续发展的过程中起到重要的推动作用。

2. 产业规模持续扩大，成为全球核心研发制造基地

在全球光伏市场蓬勃发展的推动下，我国光伏产业持续健康发展，产业规模稳步增长，技术水平不断突破创新，已逐步成为全产业链发展创新、研发制造基地，光伏产业已成为我国为数不多的可以同步参与国际竞争的、保持国际先进水平的产业之一。

在产品出口上，根据国家能源局公布的数据，2022年我国光伏产品出口总额超512亿美元，同比增长超80%。从量上看，光伏组件出口约153.6 GW，硅片出口约36.3 GW，电池片出口约23.8 GW，分别同比增长55.8%、60.8%和130.7%。

在技术研发上，我国的产业化技术水平始终引领全球，多家行业领先企业与光伏领域的世界著名高校和研究院所开展合作研发。2014年起，我国企业与研究机构多次刷新晶硅电池实验室效率。2021年我国企业/研究机构11次打破晶硅电池实验室效率纪录。目前，我国N型隧穿氧化层钝化接触（TOPCon）、异质结（HJT）、P型单晶TOPCon的实验室最高转换效率已经分别达到25.7%、26.30%和25.19%。同时TOPCon和HJT等一批高效晶硅电池工艺技术产业化加速，国际竞争力显著提升。

在产品成本上，我国部分领军企业不断降低光伏产业链对应的产品成本，逼近或超越平价上网水平，为全球能源转型作出巨大贡献。

3. 我国光伏产业进入依靠提质增效、摆脱补贴的新阶段

近年来，我国光伏产业快速发展，国家相关部门根据光伏行业发展阶段、投资成本、区域差别、补贴程度及税收政策等因素适时调整光伏发电上网电价，并对不同国内运营项目实施不同的售电电价政策，以适应不断变化的市场需求，提高资源合理配置水平。

2013年8月，国家发改委出台光伏上网电价，为了促进光伏行业市场化竞争、

升级转型，国家开始持续推行新能源标杆电价“退坡机制”。此外，有关部门通过持续性、多层次的政策文件，促进光伏发电技术进步和产业升级。

2018年5月31日，国家发改委、财政部、国家能源局联合发布了《关于2018年光伏发电有关事项的通知》（简称“531新政”），从优化新增建设规模、加快补贴退坡及降低补贴强度、加大市场化配置力度等方面对光伏政策进行调整和规范，旨在激发企业发展内生动力，促使企业通过降本增效提高发展质量，推动行业技术升级，降低发电成本，减少补贴依赖，从而加速“平价上网”目标的实现。在此背景下，我国光伏产业投资成本持续降低，光伏发电成本不断逼近甚至突破煤电成本。

（二）职业教育持续支撑光伏行业发展

1. 适应光伏电站智能化发展人才需求

区块链、大数据、人工智能等新技术在光伏电站中的应用越来越广泛，不仅技术自身在快速发展，应用技术实现的业务流程也在不断创新变革。技术的应用改变着企业的业务流程，决策、管理等各业务模块也在逐步智能化，光伏企业智能化趋势越来越明显，智能化发展已经成为光伏企业未来发展方向。职业教育人才培养如何应对企业业务和管理的智能化需求，是人才培养必须关注的关键点。

2. 适应新业态新模式发展人才需求

光伏产业新业态、新模式的不断涌现，催生出新职业和新工种。光伏电站智能运维蓬勃发展，储能、新型电力系统日趋完善。光伏产业的新业态、新模式不断催生出新的职业，涌现光伏电站智能运维员、电站无人机巡检员等新的工种。“互联网+”对光伏行业的影响越来越明显，随着传统企业的数字化转型、新兴业态的不断涌现，光伏产业业态具有越来越明显的跨界性和创新性特点，企业对人才的需求也随着业务的变化呈现相应的特点。光伏发电职业教育的人才培养需要关注这些变化，及时把握和适应市场需求调整人才培养方向。

主要执笔人：陈圣林，德州职业技术学院。

基于生态文明建设的环境监测业态技术人才培养

环境监测是环境质量评价和环境污染治理的先导工作，也是推进生态文明建设的重要支撑。随着国家对环境污染问题重视程度的不断提高，为了能够更加精准有效地实现污染预防、质量评价与环境治理，环境监测技术在近些年也得到了飞速的发展。环境监测技术人员通过先进的设备、科学的手段，开展实时的环境监控，对污染物的来源、种类及分布进行分析研究，能够准确、及时、全面地确定污染源和污染途径，并且能够合理预测污染物变化情况，不仅可以为后续的环境污染治理提供指导，逐步解决现有的环境问题，还可以预防潜在的环境污染，改善人类居住环境，最终实现可持续发展。为促进环境监测事业的持续发展，全面提高环境监测从业人员的专业素质，培养大量的高素质高技能环境监测技术人才显得尤为迫切。

一、环境监测行业发展历程及现状

1. 环境监测的概念

环境监测是指环境监测机构运用化学、物理、生物、遥感、计算机等现代科技手段，通过调查、布点、采样和实验获得各种专业标志数据，再对数据信息进行深层次分析，进而评价环境质量状况、污染排放现状及变化趋势的科学活动。环境监测是环境科学的一个分支学科，随着全球面临日益严重的环境污染、生态破坏的挑战而发展起来。

2. 国外环境监测行业发展历程

工业发达国家环境监测发展主要经历了三个阶段：20世纪50年代，主要针对污染事故和环境问题调查进行的被动性监测；20世纪70年代，基于空气、水、土壤环境质量和污染源排放的常规性、主动性监测；20世纪80年代，主要以连续自动监测和大区域环境质量监测为特点。由于手工监测不能完全满足及时监视环境质量现状和预测变化趋势的要求，发达国家相继建立了连续自动监测系统，并使用了卫星遥感等辅助手段，用有线或无线方式传输数据，可在短时间内观察到空气、水体污染的浓度变化，预测预报未来环境趋势。

3. 国内环境监测行业发展历程及现状

我国环境监测起步较发达国家晚。20世纪70年代，随着“三废”管理工作的开展而逐渐起步，“六五”和“七五”期间得到较大发展，“七五”末期到“八五”期间日趋成熟，初步形成了以环境质量为核心的监测网络。20世纪末，我国逐步开展了地表水和城市环境空气自动监测及污染源在线监测。我国环境监测工作虽然较发达国家起步晚，但发展较快，国家对环境监测行业的扶持政策不断加码。为提高生态环境监测现代化水平，生态环境部2022年印发了《“十四五”生态环境监测规划》，规划提出“以监测先行、监测灵敏、监测准确为导向，以更高标准保证监测数据‘真、准、全、快、新’为根基，以健全科学独立权威高效的生态环境监测体系为主线，巩固环境质量监测、强化污染源监测、拓展生态质量监测，全面推进生态环境监测从数量规模型向质量效能型跨越，提高生态环境监测现代化水平，为生态环境持续改善和生态文明建设实现新进步奠定坚实基础”。

目前，我国已初步实现了组织机构网络化、监测分析技术体系化和监测能力标准化，如空气环境监测、水质监测、污染源监测等为主体的国家环境监测网络，形成了我国环境监测的基本框架。环境监测行业迎来新的发展契机，同时，环境监测设备制造行业及第三方检测机构的重要性也逐渐受到行业认可，环境监测行业市场规模逐渐上升。

根据中研普华研究院的相关报告显示，随着环境监测行业的发展，我国环境监测技术也取得了较大的进步，环境监测仪器生产形成了一定的规模，企业数量也随之不断增长，2019—2021年，环境监测专用仪器仪表制造企业数量依次为134家、169家和215家。数据显示，目前我国现存“环境监测”相关企业共25.5万家。2020年是近十年注册量的高峰期，全年共注册7.2万家企业，同比增长100.3%；2022年上半年共注册5.0万家，同比增长72.4%。

目前，我国已经建立了县、市、省、国家四级环境监测网络系统，共有行业和专业的监测站近5 000个，其中，60%为行业监测站，40%为环保系统监测站。同时，我国还建立了110个左右的酸雨监测站、大约130个水质监测站以及100个空气质量监测站。从事环境监测工作的人数高达57万。从这些数据来看，我国环境监测工作发展比较迅速，尤其在长三角、珠三角地区，环境监测岗位数量日益增加，但也存在各地环境监测能力及监测技术人员专业素质参差不齐的问题。因此，为促进环境监测事业的持续发展，全面提高环境监测从业人员的专业素质，培养大量的高素质高技能环境监测技术人才显得尤为迫切。

二、环境监测职业教育的作用地位

近年来，人们的环保意识逐渐增强，对于环境保护工作普遍给予了高度关注，与之密切相关的环境监测数据需准确、真实、有效，才能在环境保护工作中起到参考作用，方可大幅推进生态文明建设步伐。因此，加强环境监测职业教育及人才培养是推动实现减污降碳协同增效的基础支撑，是提高生态环境治理现代化水平的重要举措。

环境监测职业教育紧扣推动生态环境监测高质量发展的主题，紧抓培养高素质生态环境监测技术人员的目标，紧守生态环境监测数据“真、准、全”的底线；为了增强环境保护的实效性，充分认识到环境监测的实施价值和工作要点，以先进思想和技术手段为支撑，不断地通过校企合作、产教融合、课程开发、技能大赛、人员培训等模式服务于环境监测技术人才培养，为环境监测工作的开展奠定坚实的基础。

三、职业教育促进环境监测业态发展

为满足社会对环境监测技术技能人才的需求，越来越多的职业院校开设环境监测专业。根据教育部《职业教育专业目录（2021年）》中高职专科专业划分，专业名称为环境监测技术，专业代码为420801。截至2023年，全国高等职业教育专科设置环境监测技术专业的共计107所院校，参考“金平果”2022年环境监测技术高职专业排行榜，其中，广东环境保护工程职业学院、长沙环境保护职业技术学院、广东轻工职业技术学院、江西环境工程职业学院、南京科技职业学院等20所高职院校被评为四星及以上等级。全国环境监测职业教育战线为我国环境监测发展和环境监测专业人才的培养作出了应有的贡献。长期以来，各院校紧紧围绕服务国家生态文明建设战略发展目标，坚持以高水平教学能力、科研能力、培训能力和服务能力提升为中心任务，着力培养高素质复合型环境监测技术技能人才，助力生态文明、服务环境管理，取得显著成效。职业教育是培养大国工匠、能工巧匠的“摇篮”，环境监测职业教育不仅专注于专业人才培养体系建设，提高环境监测类人才培养质量，还为服务区域经济社会发展作出应有贡献。

1. 构建精准对接产业链的环境监测技术专业群，培养高素质技术技能人才

环境监测技术专业群深入了解行业需求，精准对接环境监测产业链，在中国特色专业群建设方面起到示范引领作用。例如，广东环境保护工程职业学院充分发挥专业优势，积极引领推动行业健康发展，40多年来，环境监测技术专业一方面携手省环境监测协会、省生态环境监测站、各地市生态环境监测站，以及环境监测第

三方检测机构，搭建产教融合育人平台，建立校级校外实践基地50多个；另一方面，精准掌握行业需求，创新校企合作模式，创设现代学徒制招生试点、订单班等载体，深化产教融合，与企业合作开展学生检测技能竞赛、设备拆装竞赛，为锻炼学生的专业技术能力提供有力保障。目前已成为教育部骨干专业、广东省重点专业、省一类品牌专业、省高水平专业群牵头专业，是学校“十四五”期间重点建设的主干专业，在2021年和2022年“金平果”中国高职专业竞争力排行榜中，连续两年位列全国同类专业第一。在新时代推进生态文明建设时期，本专业对接广东省战略性新兴产业集群中的“安全应急与环保产业集群”，为粤港澳大湾区各地市生态环境监测中心、第三方检测机构、企业及相关行业输送逾6 000名复合型高技术技能人才，形成了独特的影响力和强大的辐射力。该校还设有水环境智能监测与治理专业，属广东省重点专业、广东省一类品牌专业、广东省高水平专业群建设专业以及教育部1+X职业技能等级证书试点专业。该专业自2010年建校起开始招生，全国首次在环境智能监测领域开展专业方向办学，专业发展实力雄厚，为生态环境、水利、水务行业培养了大批专业技术技能型人才，培养的学生倍受相关行业领域欢迎。该校持续打造专业核心竞争优势，丰富了环境监测技术专业群高水平建设和稳定发展的理论内涵。

辽宁生态工程职业学院按照环境污染保护技术体系的监测、评价、治理、修复、审核、规划等产业链，以“四横四纵”建设模式进行专业群组建。通过四个专业建设的发展带动和专业之间的关联、促进，形成合力，以提高整个专业群的教学水平和学生的技能水平，实现服务辽宁省生态文明建设的目标。

2. 产教融合，政行校企协同构建服务环境监测技术产业平台

长沙环境保护职业技术学院坚持“实践融于教学，技术服务社会”的办学理念，与行业企业合作办学，开展“订单式培养”，长株潭、珠三角、长三角区域几百家大中型环保企业与学院开展校企合作，每年提供岗位6 000多个，学院每年近3 000名毕业生供不应求。为优先获得人才支持，永清环保集团、湖南湘牛环保实业有限公司、深圳吉隆集团、比亚迪汽车、武汉天虹仪表有限责任公司等数十家上市公司、大型企业与学院建立了良好的合作办学关系，新生入学即签订就业协议。学院毕业生以“能吃苦、上手快、下得去、留得住”的良好信誉受到用人单位的欢迎，用人单位满意率在95%以上，就业率连续三年都在95%以上。近年来，该学院先后荣获“全国环境教育示范学校”“全国五四红旗团委”“湖南省普通高校毕业生就业工作一把手工程优秀单位”等荣誉100多项，享有“中国环保行业的黄埔军校”等美誉。

该学院拥有环境监测与分析测试等多项技术服务资质，每年承接各类技术服务项目1 000多项，这既是教师对外技术服务和实践的舞台，也是学生了解企业、开

展就业创业的平台。自党的十八大以来，长沙环境保护职业技术学院立足新的起点，一如既往认真贯彻落实科学发展观，进一步发挥服务“两型社会”建设的优势，全面加强内涵建设、全力提升核心竞争力、全心打造环保高职品牌，为社会培养了大量高素质技能型环保人才。

3. 落实立德树人根本任务，实现“专业育人”与“思政育人”有机融合

围绕立德树人根本任务，全国高职院校积极推进思政育人改革，尝试实践育人项目化，充分发挥课堂教学主渠道在学校思想政治工作中的作用，结合环境监测专业特色打造思政教育精品课程或示范课程，课程设计中应突出强调专业课程教学的育人导向。在发挥专业课程特色的同时，使“专业育人”和“思政育人”有机结合、同向同行，形成协同效应。打造专业特色文体活动，结合“4·22世界地球日”“6·5世界环境日”等开展以环保为主题的系列活动，丰富学生的课余文化生活，提高学生的环保素养，实现全员育人、全程育人、全方位育人新格局。

四、环境监测技术人员职业教育培养路径

1. 环境监测技术专业人才培养目标对接产业需求

环境监测技术专业群是在生态文明建设背景下，适应国家碳达峰、碳中和“3060”目标的发展趋势，着眼当前国家生态环境产业建设发展需要，面向环境监测、咨询服务、工程治理、生态修复的发展要求进行专业布局。依据区域对人才培养的需求，每年有针对性地修订高职院校的人才培养方案，提高人才培养质量，服务“工业强市、产业兴市”战略，助力生态环境保护事业发展。

环境监测技术专业的人才培养目标定位：具有一定的科学文化水平、良好的人文素养、职业道德和创新意识、精益求精的工匠精神，适应社会发展和经济建设需要，掌握有机化学、无机化学、分析化学、环境微生物、环境工程制图、环境生态学等基本知识，具备水环境监测、空气环境监测、生物监测、固体废物与土壤监测、物理监测、环境污染控制等专业技能，熟悉环境相关法规、监测设备和环保设备运行与管理业务，能够从事环境监测方案设计、环境样品采集与分析、环境监测报告编制、自动在线监测设备运营与管理及污染控制技术服务等工作的高素质技术技能人才。

2. 环境监测技术专业群建设推进人才培养步伐

环境监测技术专业群的构建结构是以环保治理产业链条需求为组群逻辑。其关联度为：（1）行业背景一致，均是围绕生态文明建设，以环境污染治理为对接的产业链，各专业的发展能够高度融合；（2）学科基础相近，均是服务环保治理的工程专业；（3）岗位群相通，专业毕业生的就业单位均是工程背景下的监测、评估、设

计、建设、运行、施工单位。

此外，群内专业建立了多维度资源共享，具体表现在：（1）师资共享，专业群目前拥有的专任教师基本都同时承担过两个以上专业的课程教学任务，均具备在课程教学过程中将专业群知识融会贯通，向学生展示完整产业链条发展现状及前景的能力；（2）课程共享，紧密结合当下环境保护治理需求，实现了专业基础课程模块、工程技术课程模块、信息化系统课程模块的课程共享，同时互相交叉开设拓展课程，鼓励感兴趣的学生拓展学习；（3）实训基地共享，共用基础化学实验室、微生物实验室、工程实训基地等多个校内、校外的实训基地和教科研场地，同时在实训基地建设过程中不断完善，满足社会行业产业发展需要。

3. 深化课程改革，提高环境监测技术人才职业能力

为进一步服务生态文明建设国家战略，推进职业教育与环境监测行业深度融合，按照《国家职业教育改革实施方案》的要求，调整课程授课内容，实现与岗位需求相连接。课程学习是人才培养的根基所在，如环境监测是一门以实验为主的课程，通过课程的学习，学生能够掌握监测方案设计、布点、样品采集与保存、样品检测、数据处理与分析等过程，培养学生科研的思维方式，提高其分析与解决问题的实际能力。此外，高职院校还需要把培养学生动手实践能力放在突出位置，加强对学生的技术培育，构建科学基础与人文素养深度融合、创新精神与实践能力协同发展的人才培养机制，为适应环保相关岗位需求打下坚实的基础。

4. 加强硬件设施建设，培养新时代环境监测技术专业人才

高职院校应持续加强实验、实训仪器设备投入。由于依靠传统环境监测实验内容，学生的专业素质和实操能力都无法满足监测就业市场和企业对实操型岗位人才的需求，行业、企业迫切需要学校培养职业针对性和实用性更强的技能型人才。目前，很多环境污染物质可以依靠先进的环境监测设备进行检测，但大多数高职院校并没有配套的实验实训设备，学校应加大对实验实训室的建设，真正让学生及时了解、接触行业发展前沿技术，体验科技对于环保事业发展的重要性，同时提高学生的就业竞争力。

5. 深化政行校企合作，共同培养高素质环境监测技术技能人才

高职院校应进一步加强与政府部门、行业、企业的合作，一方面，校企联动在专业建设、人才培养、社会服务、技术研发等方面多渠道开展合作，努力在学徒培养、订单培养学生、共享实习设备、培训教师技能、培养双师队伍、共研科技项目、共育转化成果等方面探索新方法，全面提升人才培养质量；另一方面，学校积极组织人员支持或参加属地举办的线上线下等多种形式的业务技术培训，倡导学习专业理论、钻研业务技术的风气，带动和督促技术人员不断学习、提升监测能力，进一步打造专业化、高水平的监测人员队伍，为区域经济社会发展培养更多具有工

匠精神的高素质技术技能人才、能工巧匠和大国工匠。

6. 环境监测专业建设对标先进，补短板、促提升

广东环境保护工程职业学院、长沙环境保护职业技术学院等在环境监测专业群建设方面发挥了积极的示范作用，以此为典范，我们应以此为标杆，找差距、补短板、强弱项，积极进行实地考察和学习交流，为全面提升高职院校中环境监测技术专业的建设水平夯实基础。

对标专业发展应做到几方面：

一是进一步深化校企合作，深入行业、企业进行调研，跟踪行业、企业对环保人才的需求，完善“专业+设施+岗位”的人才培养模式，积极推进与各校外实训基地及各国内环保企业各项合作，包括共同制订专业发展规划、人才培养方案、教学计划、合作建设课程、共建校内外实习实训基地、互派人员授课及培训、共设实习实训与就业岗位群等。

二是强化实践教学方法，以真实的职业环境和业务工作为载体，开展项目教学，将知识、技能和职业态度有效融合；此外，在现有实训室建设的基础上，按照专业实践操作要求，更新仿真实训教学软件，补充校内实践教学所需设备和材料，完善校内实训室的教学功能。

三是建设“双师型”专业教师队伍，提升社会服务能力，充分发挥“双师型”教师的科研优势，为企业、工厂或社会人员进行理论培训、咨询和技术指导，有利于学校与企业的深度合作和区域环境保护工作开展；通过为企业提供技术服务，也有助于将企业工程知识融入教学中，使学生学与用实现零距离对接，培养真正的高质量人才。

主要执笔人：李珊珊，沈阳工程学院；董颖男，沈阳工程学院；唐美玲，沈阳工程学院。

职业教育助力建筑行业绿色低碳转型发展

我国二氧化碳排放力争于2030年前达到峰值，努力争取2060年前实现碳中和。建筑领域是能源消耗、碳排放的重点领域，抓好建筑领域绿色低碳发展是实现2030年前碳达峰目标和形成绿色低碳生产生活方式的重点工作。为全面贯彻党的二十大报告中关于“积极稳妥推进碳达峰碳中和”的决策部署，积极推动“建筑绿色低碳化”，促进建筑节能、绿色建筑和绿色建造推广，加快城乡建设绿色低碳转型发展和产业升级，培育城市与建筑绿色低碳转型的新经济，对推动城乡建设领域绿色低碳高质量发展具有重要意义。

一、建筑绿色低碳化业态定位

（一）落实党中央、国务院绿色低碳决策部署

2021年9月，《中共中央 国务院关于完整准确全面贯彻新发展理念做好碳达峰碳中和工作的意见》和《国务院关于印发2030年前碳达峰行动方案的通知》等文件提出了“提升城乡建设绿色低碳发展质量”的顶层要求，明确了建筑领域碳达峰的目标和方向。根据文件要求，我国建筑领域节能降碳涵盖推进城乡建设绿色低碳转型、加快提升建筑能效水平、加快优化建筑用能结构、推进农村建设和用能低碳转型等四项重点任务。2022年6月，住房和城乡建设部、国家发展改革委印发了《城乡建设领域碳达峰实施方案》，就建设绿色低碳城市、打造绿色低碳县城和乡村两个维度，提出了以绿色低碳发展为引领，推进城市更新行动和乡村建设行动，加快转变城乡建设方式，提升绿色低碳发展质量，不断满足人民群众对美好生活的需要。

根据住房和城乡建设部印发的《“十四五”建筑节能与绿色建筑发展规划》要求，到2025年，城镇新建建筑全面建成绿色建筑，完成既有建筑节能改造面积3.5亿平方米以上，建设超低能耗、近零能耗建筑0.5亿平方米以上，装配式建筑占当年城镇新建建筑的比例达到30%。全国住房和城乡建设工作会议提出，要稳妥推进

城乡建设领域碳达峰碳中和，推动建筑产业转型升级，同时明确了城乡建设领域2030年实现碳达峰目标和重点任务，要求推动新建居住建筑和公共建筑降低能耗、减少碳排放。

（二）履行全球应对气候变化大国责任的重要力量

建筑领域碳排放总量大，根据《2021年全球建筑建造业现状报告》，2020年全球建筑行业终端能源消费量占全球总量的36%，与能源相关二氧化碳排放量的占比为37%，其中，住宅直接碳排放6%，住宅间接碳排放11%，建筑施工过程中的碳排放占10%。中国是全球的碳排放总量最大的国家之一，建筑行业又是中国能源消耗的重点领域。近年来，城乡建设主管部门出台了一系列政策措施，逐步提高了建筑节能设计标准，促进建筑业主和建设单位应用节能技术和绿色建筑材料，试点推动近零能耗建筑、低碳建筑，持续提高能源效率和降低温室气体排放。我国建筑节能降碳取得了显著成效。我国建筑行业已经成为全球最大的绿色建筑市场之一，对全球应对气候变化具有重要的贡献。

我国建筑行业实践积累了丰富的经验和成果，探索形成了可借鉴、可推广的中国方案。成熟的建筑节能降碳技术包括绿色建筑设计、绿色低碳建筑材料、低碳节能建筑设备、智能控制系统等。如节能建筑材料包括节能保温材料、太阳能电池板、低碳水泥等，这些材料在海外的绿色建筑项目中得到了广泛应用。我国的地源热泵技术已经在欧洲和北美等地得到了广泛应用，这些设备可以有效地提高建筑的能源效率，降低碳排放。因此，我国建筑节能技术和解决方案为全球碳减排作出了重要贡献。随着我国建筑行业创新发展，中国经验将继续为全球建筑行业可持续发展贡献力量。

（三）应对城乡建筑领域绿色低碳发展的挑战

1. 城乡建设领域能耗与碳排放长期处于刚性增长阶段

一是城镇化进程带来的建筑碳排放增长。同发达国家相比，我国还处于发展中阶段，随着城市化进程加快和经济持续发展，建筑碳排放还存在较强的增长动力。根据我国第七次全国人口普查数据显示，我国2020年人口为14亿，城镇化率为64%。根据中国建筑节能协会发布的《中国建筑能耗与碳排放研究报告2022》数据显示，全国建筑与建造碳排放总量为50.8亿吨CO_2，占全国碳排放的比重为50.9%，其中，建材生产阶段占28.2%；建筑施工阶段占1.0%；建筑运行阶段占21.7%（图14-1）。预计到2030年，我国人口仍为14亿左右，城镇化率达到70%，计算可知城镇化率增长6%；结合统计年鉴得出的城镇建筑与农村建筑总能耗，测算可知，到2030年，由城镇化增长带来建筑总能耗增加量将达3 200万吨标准煤。

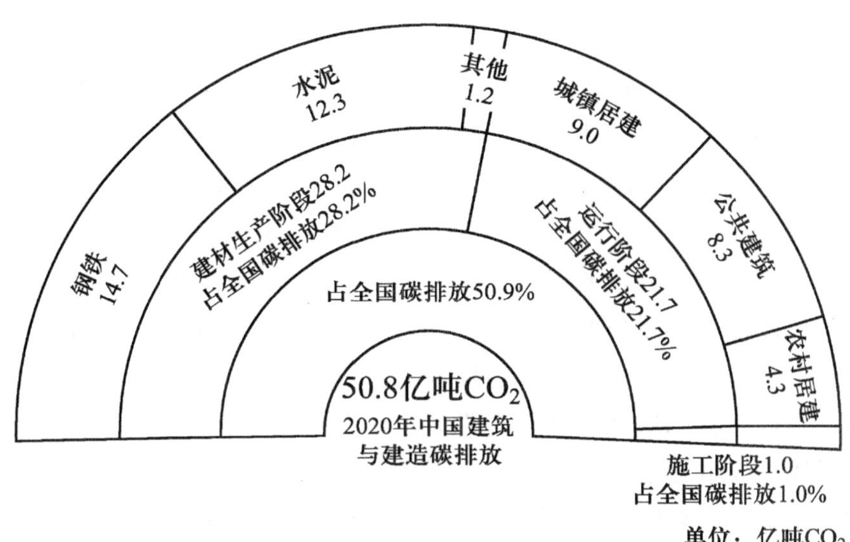

图14-1　2020年全国建筑与建造碳排放

（数据来源：根据《中国建筑能耗与碳排放研究报告2022》整理所得）

二是舒适度、健康性要求提高带来的能耗增长。首先，民众对室内空气质量的要求增高。随着人们生活水平的提高和经济条件的改善，人们对室内环境舒适度的要求也随之增高。传统的空调设备等已不能满足人们对空气质量和舒适度的要求，更多的消费者开始安装空气净化器、新风系统提升空气质量。这也是建筑单位面积能耗增加的一项根本原因。其次，夏热冬冷地区采暖需求不断增加。近年来，夏热冬冷地区的冬季采暖需求愈发强烈，根据调查发现，有77.78%的调查者认为有必要在夏热冬冷地区实施集中采暖。同时，农村地区的采暖需求增加。农村地区采暖正逐步从“以分散取暖为主，主要使用小煤炉、土暖气、火炕等取暖”的“低舒适度、低健康性”取暖模式向“采用集中供暖，使用天然气、电能、生物质能等清洁方式取暖”的“高舒适度、安全可靠”取暖模式转变。

2. 庞大的既有建筑存量的碳锁定效应

建筑物经过设计、建造、运行和拆除，其生产建材阶段、施工阶段、运行阶段和拆除阶段的碳排放量才是一个完整的核算周期。建筑物设计建成后，碳排放量近似恒定，一旦成型，碳排放即被锁定其中。如果要实现碳减排，必须对建筑进行改造。要降低既有建筑的碳排放峰值，就需要进行规模化的节能降碳改造。当前，我国既有建筑节能改造多以单栋建筑为单位实施节能改造，不同气候区、不同经济发展条件、不同建筑类型的改造需求也存在差异，只有当既有建筑节能改造达到一定规模，整体的节能降碳效果才会凸显。从资源量上看，过去由燃煤作为主要供暖方式的地区，由于当建筑的供热系统建成之后，系统所包含的输配管网、技术设施和建筑构造等难以同步进行改造，这也意味着改变供暖方式的燃料来源是十分困难的。

3. 推动建筑绿色低碳转型，需要产业和产品的迭代升级

我国已经探索建筑节能减排技术数十年，如，建材生产使用替代燃料、发展低碳水泥、氢能炼钢等；装配式建筑的施工技术能够减少施工现场材料浪费和能源消耗，提高工作效率。但是，建筑节能降碳仍面临技术应用不充分、成本相对较高等问题。面向城乡建设领域低碳化的新技术，特别是碳中和技术路径，从研发、试用到市场推广需要经历漫长的验证过程，建筑物的特殊性也需要综合考虑新技术对于建筑安全、强度、耐久性等方面的影响，且新技术成本较高，也会影响其广泛推广和使用。目前，我国房地产已经逐渐进入存量时代，挖掘低成本无成本的节能潜力，对相对较高成本的建筑节能降碳带来较大的增量成本压力。

4. 建筑总量大、类型多、市场主体多，协作协调难度大

全国建筑除了总量大，本身还具有一定的复杂性。一是建筑类型多种多样。民用建筑按照功能可分为居住建筑和公共建筑，其中，居住建筑按照组合方式可分为独户住宅和多户住宅，按照层数可分为低层、中高层和高层住宅；公共建筑根据其功能分类则更为复杂，包括了国家机关办公建筑、商业建筑、服务业建筑、教育建筑、卫生建筑等多种类型。再考虑到气候区、社会经济发展的差异，使得建筑节能降碳工作的复杂性进一步提升。二是建筑全生命期涉及的市场主体呈现多元化。包括建设单位、开发单位、规划设计、使用单位、施工单位、建材供应商、运行管理单位等不同市场主体。三是协作协调难度较大。在我国当前居住模式下，建筑的多类型及多利益相关主体对于建筑节能低碳发展会产生一定阻力。例如，在建筑节能改造过程中，公众对于建筑节能的认知存在差异，要使不同利益主体之间的节能改造意愿协调一致存在较大难度，既有建筑使用者对节能改造或投入的收益预期不高，节能改造意愿不强。

（四）推动建筑绿色低碳化，助力城乡建设领域节能降碳

在建筑领域全面贯彻碳达峰碳中和战略部署，推动经济绿色低碳转型和产业升级，以建筑绿色低碳发展为目标，推动建筑绿色低碳化，培育城乡绿色低碳转型的创新经济体系，助力城乡建设领域节能降碳，需要关注以下几个方面。

一是通过落实新型建筑工业化，绿色施工数字化，推广应用绿色低碳建材和绿色智能建造，推进装配式建筑和智能建造水平；二是加强低碳技术研发推广，推动超低能耗建筑和低碳建筑规模化发展；三是运用测评、调适、运维、改造等技术，提升既有建筑能效水平；四是深化可再生能源建筑应用，完善建筑领域低碳、零碳及负碳技术装备的发展；五是优化建筑用能和产能的产销关系，打造低碳发展、清洁高效的绿色经济体系。

二、建筑绿色低碳化业态变迁

建筑行业作为国家支柱产业，经历了我国由“建造大国”向“建造强国”的持续迈进：支柱地位不断巩固，行业结构持续优化，发展质量稳步提升，产业“绿色”“低碳”占比不断提高。

（一）建筑业支柱地位不断巩固

1. 生产规模持续增加

建筑业保持稳固的国民经济支柱产业的地位，增加值占国内生产总值的比重始终保持在7% 左右，行业规模处于跨越式增长阶段。2021年全国建筑业企业总产值29.3万亿元，比2012年增长1.14倍，2013—2021年全国建筑业企业总产值年均增长8.8%，建筑业增加值年均增长5.9%，各类型建筑业企业数量年均增长6.1%。

2. 行业结构不断优化

建筑业产业集中度不断提高，特、一级建筑企业市场占有率持续提升。2021年全国建筑业产值比重达到68.0%，特、一级建筑业企业数量占全部建筑业企业数量比重为12.1%，分别比2012年增长5.6% 和0.9%。其中，土木工程建筑业等重要基础设施建设行业产值8.4万亿元，房屋建筑业产值17.9万亿元，建筑安装业产值1.5万亿元，建筑装饰装修和其他建筑业产值1.4万亿元，分别比2012年增长141%、106%、90.1%和99.6%。2021年《财富》世界500强排行榜中，工程与建筑行业有10家中国企业上榜，比2012年增加4家（表14-1）。

表14-1　2021年《财富》世界500强工程与建筑行业（中国企业）

排名	上年排名	公司名称（中英文）	营收 / 百万美元
13	18	中国建筑集团有限公司 CHINA STATE CONSTRUCTION ENGINEERING	234 425.0
3	50	中国铁路工程集团有限公司 CHINA RAILWAY ENGINEERING GROUP	141 383.6
42	54	中国铁道建筑集团有限公司 CHINA RAILWAY CONSTRUCTION	131 992.3
61	78	中国交通建设集团有限公司 CHINA COMMUNICATIONS CONSTRUCTION	106 867.7
107	157	中国电力建设集团有限公司 POWER CHINA	78 486.5
149	75	太平洋建设集团有限公司 PACIFIC CONSTRUCTION GROUP	64 037.7

续表

排名	上年排名	公司名称（中英文）	营收/百万美元
301	353	中国能源建设集团 CHINA ENERGY ENGINEERING GROUP	39 439.0
363	423	上海建工集团股份有限公司 SHANGHAI CONSTRUCTION GROUP	33 525.6
430	477	中国通用技术(集团)控股有限责任公司 CHINA GENERAL TECHNOLOGY	28 379.3
460	—	广州市建筑集团有限公司 GUANGZHOU MUNICIPAL CONSTRUCTION	26 682.4

3. 区域布局持续改善

建筑业全国各区域间发展趋于均衡，中西部地区持续增长、占比增加且具有显著后发优势，东部地区有所增长。其中，中西部地区建筑业总产值占全国比重分别为24.7%和21.6%，与2012年相比，东部地区总产值增长103%，中部地区增长167%，西部地区增长160%。

（二）建筑业吸纳就业作用持续凸显

1. 建筑业是吸纳全国就业人数的头部领域

统计资料显示，2021年，全社会建筑业企业用工人数达8 180万人，在国民经济行业门类中位居第二，仅低于制造业成为吸纳就业的重要领域。其中，具有总承包和专业承包资质的建筑业企业平均用工人数6 194万人，比2012年增长33.8%，2013—2021年年均增长3.3%。

2. 建筑业不断为社会提供新增技术就业岗位

建筑业专业人才队伍不断壮大，执业资格人员数量逐年增加。2021年末，全国建筑业企业工程技术人员达到682万人，比2012年末增加75万人；全国注册一级建造师超过74万人，比2012年增加30多万人。

3. 建筑业吸纳城乡剩余劳动力缓解社会就业压力

2021年建筑业按建筑业总产值计算的劳动生产率达到47.3万元/人，比2012年提高17.7万元/人，提高59.6%；建筑业农民工年末从业人员占全国农民工总量的19.0%，从事建筑业农民工月均收入5 141元，年增长9.4%。

（三）建筑业呈现绿色低碳发展和转型趋势

1. 建筑业质量效益明显提升

工程设计、建造水平、工程质量安全形势、科技创新水平以及劳动者技能水平等显著提升；城市信息模型（CIM）、建筑信息模型（BIM）、大数据、智能化、移动通信、云计算、物联网等信息技术集成应用能力不断提升；装配式建筑、低能耗低碳建筑、建筑产业互联网等一批新产品、新业态、新模式初步形成。根据《“十四五”建筑节能与绿色建筑发展规划》，截至2020年底，全国累计建成绿色建筑面积超66亿平方米，累计建成节能建筑面积超过238亿平方米，节能建筑占城镇民用建筑面积比例超过63%；全国城镇完成既有居住建筑节能改造面积超过15亿平方米。根据住房和城乡建设部相关人员在中共中央宣传部“中国这十年”系列主题新闻发布会上的讲话，全国新建装配式建筑面积达到7.4亿平方米，占新建建筑比例的24.5%。

2. 绿色低碳新业态、新经济发展趋势显著

建筑产业“绿色低碳”占比持续提升。全国新建建筑中已广泛使用绿色技术。全国新建绿色建筑面积已从2012年的400万平方米，增长到2021年的20多亿平方米。2021年城镇当年新建绿色建筑面积占比达到84%，获得绿色建筑标识项目累计数量达到2.5万。2 134个绿色建材产品获得了认证标识，带动了相关产业的协同发展，也使建筑产业链拉长变宽。全国既有建筑通过提高建筑节能标准、节能改造，不断优化建筑用能结构。我国北方地区的居住建筑节能标准已从2012年的50%提高至75%。我国建筑太阳能光热应用面积达到50.66亿平方米，太阳能光伏装机容量达到1.82万MW，浅层地热能应用建筑面积约4.67亿平方米，城镇建筑可再生能源替代率达到6%。部分省市推动绿色低碳新业态、新经济实现加速发展已形成特色，如，内蒙古自治区符合条件的装配式建筑示范项目，若企业利用固废生产建筑材料、部品部件则按规定享受有关税费优惠政策；在广东省，建设、购买、运行绿色建筑或者对既有民用建筑进行绿色化改造的，可享受容积率奖励、绿色金融服务等。

三、建筑绿色低碳化业态未来发展

“双碳”目标下，我国将继续实施积极应对气候变化国家战略，落实碳达峰碳中和“1+N”政策体系，加快推动重点领域绿色低碳转型，大力推进减污降碳协同增效。建筑行业以建筑绿色低碳发展为目标，在建筑领域全面贯彻碳达峰碳中和战略部署，促进绿色低碳产业发展的新业态。

（一）打造低碳发展、清洁高效的绿色经济体系

一是城镇新建建筑全面执行绿色建筑标准，建成一批人民群众体验感、获得感明显的高质量建筑；二是提高政府投资公益性建筑、大型公共建筑以及重点功能区内新建建筑中高星级绿色建筑建设比例；三是引导改扩建建筑、既有建筑按照绿色

建筑标准进行改造；四是推进农村地区农宅绿色低碳农房建设和改造；五是引导地方制定绿色金融、容积率奖励、优先评奖等政策，支持绿色低碳建筑发展。

（二）规模化发展超低能耗、近零能耗建筑和低碳建筑

根据《中国建筑能耗与碳排放研究报告2022》预测，2030年我国城乡建筑面积达到860亿平方米。相比于2020年，新增建筑面积117亿平方米，城镇公共建筑和居住建筑新增面积约120亿平方米。基于情景模拟分析，实现建筑领域2030年前碳排放达峰，需要满足在2030年新建建筑中5%建筑为超低能耗建筑和1%为近零能耗建筑。具体目标是：一是到2030年，建设超低能耗建筑6亿平方米以上，建设近零能耗建筑面积1.2亿平方米以上；二是在京津冀及周边地区、长三角等有条件的地区全面重点推广超低能耗建筑；三是鼓励政府投资公益性建筑、大型公共建筑、重点功能区内新建建筑执行超低能耗建筑、近零能耗建筑标准；四是引导地方制定绿色金融、容积率奖励、优先评奖等政策，支持超低能耗、近零能耗建筑规模化发展。

（三）推进城乡建设领域既有建筑能效提升

运用测评、调适、运维、改造等技术，提升既有建筑能效水平。根据测算，在2000年以前执行相对节能标准低于50%的居住建筑面积约58亿平方米，除去已经拆除和进行节能改造的居住建筑，仍有近20亿平方米高能耗的居住建筑亟须节能改造。在2005年以前执行相对节能标准低于50%的公共建筑面积约为50亿平方米，除去已经拆除和进行节能改造的公共建筑，仍有近30亿平方米高能耗的公共建筑亟须节能改造。推进城镇既有建筑节能改造势在必行。一是北方地区既有居住建筑节能改造，针对热源、热网、末端建筑协同改造；二是结合老旧小区改造、小区公共环境整治、多层加装电梯、小区市政基础设施改造等统筹推进居住建筑节能改造；三是结合农村危房改造，同步推进农宅绿色低碳改造；四是启动实施第二批公共建筑能效提升重点城市建设，建立节能低碳技术体系；五是结合北方清洁取暖城市试点，推动北方地区城市和农村既有建筑节能改造，实践节约优先、降本增效的技术路径，形成政府满意、企业接受、群众可承受的清洁取暖工作模式；六是探索多元化融资支持政策及融资模式，推广合同能源管理、用电需求侧管理等市场机制，推进既有建筑节能改造。

（四）深化可再生能源建筑应用，优化建筑用能和产能产销关系

根据《中国建筑能耗与碳排放研究报告2022》，2020年城乡建筑领域能源结构中，煤炭类占比约16%，油类占比约13.6%，天然气类占比约16%，电力占比约49.4%，可再生能源占比约5%（图14-2）。

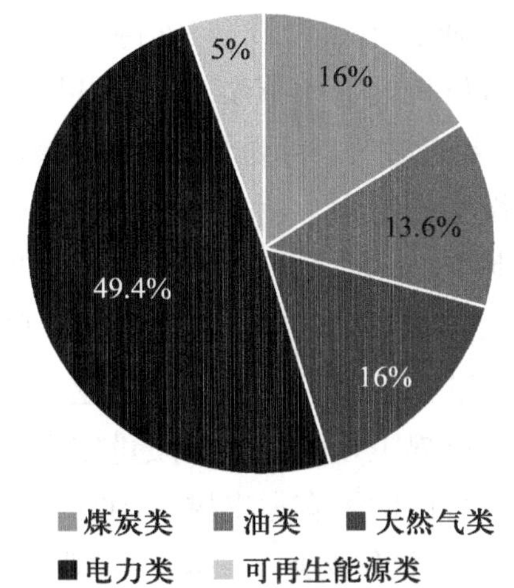

图14-2　2020年城乡建筑领域能源结构

实现城乡建筑领域2030年前碳排放达峰，2030年可再生能源占比至少达到10%，应采取如下措施：一是推进新建建筑太阳能光伏一体化设计、施工、安装，鼓励政府投资公益性建筑加强太阳能光伏应用；二是在城市酒店、学校和医院等有稳定热水需求的公共建筑中积极推广太阳能光热技术；三是在农村地区积极推广被动式太阳能房等适宜技术，合理发展生物质能供暖；四是在寒冷地区、夏热冬冷地区积极推广空气热能热泵技术应用，在严寒地区开展超低温空气源热泵技术及产品应用；五是对地表水资源丰富的长江流域等地区，积极发展地表水和地下水源热泵。

（五）推广应用绿色低碳建材和绿色智能建造

一是加大绿色建材产品和关键技术研发投入，推广高强钢筋、高性能混凝土、高性能砌体、结构保温一体化墙板等，鼓励发展性能优良的预制构件和部件；二是在政府投资工程中率先采用绿色建材，显著提高城镇新建建筑中绿色建材应用比例；三是优化选材提升建筑健康性能，开展面向提升建筑使用功能的绿色建材产品集成选材技术研究，推广新型功能环保建材产品与配套应用技术；四是大力发展装配式建筑，推广钢结构住宅，推广智能建造，培育一批智能建造产业基地，打造一批建筑产业互联网平台，形成一系列建筑机器人标志性产品。

四、职业教育支撑建筑行业绿色低碳发展

在全面建设社会主义现代化国家新征程中，职业教育前途广阔，大有可为。中共中央办公厅 国务院办公厅印发的《关于深化现代职业教育体系建设改革的意见》

明确提出优先选择“重点行业和重点领域”“支持龙头企业和高水平高等学校、职业学校牵头，组建学校、科研机构、上下游企业等共同参与的跨区域产教融合共同体”“向行业企业员工开展岗前培训、岗位培训和继续教育”。教育部印发的《绿色低碳发展国民教育体系建设实施方案》明确“把绿色低碳发展理念全面融入国民教育体系各个层次和各个领域”，培养人才要“践行绿色低碳理念、适应绿色低碳社会、引领绿色低碳发展”“发挥好教育系统人才培养、科学研究、社会服务、文化传承的功能，为实现碳达峰碳中和目标作出教育行业的特有贡献”。通过提质培优、产教深度融合，我国已建成世界上规模最大、质量较高的职业教育体系，为促进经济社会发展和提高国家竞争力提供了有力支撑。2021年，新版职业教育专业目录发布，共设立19个专业大类、97个专业类、1 349个专业，更新幅度超过60%。

建筑行业中一线从业人员70%以上经过不同阶段和程度的职业教育。建筑节能减排咨询师、装配式建筑施工员、建筑信息模型技术员、建筑和市政设计工程技术人员、中央空调运行操作员、太阳能利用工等一批新职业，将为新阶段建筑行业高质量发展和“双碳”目标实现提供有力人才和技术技能保障。

（一）增加受教育人口总量，建立科学教育结构

职业教育为建筑行业增加受教育人口、建立科学的教育结构作出了显著贡献。我国建成的世界上规模最大的职业教育体系，年均向社会输送1 000万毕业生，年培训量达1.5亿人次。有数据显示，2020年建筑行业新增就业人员中，高职毕业生占比11.4%，高于本科毕业生占比的9.0%，是毕业生吸纳就业人数的第二大行业。中、高等职业教育分别占据普通高中阶段教育和普通高等教育规模“半壁江山”。全国中等职业学校1.01万所，招生数、在校生数分别占高中阶段教育招生总数、在校生总数的41.70%、39.46%；高职院校1 423所，招生数、在校生数分别占高等教育阶段招生总数、在校生总数的52.86%、42.25%。

（二）健全职业教育专业，助力传统产业转型升级

职业教育专业覆盖所有产业门类，在现代制造业、战略性新兴产业和现代服务业等领域，新增一线就业人口中70%以上来自于职业院校。根据《职业教育专业目录（2021年）》，全国土木、建筑等建筑业相关专业共涵盖7个专业类、70个专科目录内专业。近年来，职业教育重点加强了智能制造、装配式建筑和绿色建筑、精准服务业等重要职业和关键岗位技术技能人才培养，为我国装配式建筑、建筑机器人、建筑产业互联网等一批新产品、新业态、新模式提供了必要人力资源支撑。

2022年人力资源和社会保障部发布《中华人民共和国职业分类大典》（2022年修订），正式将“建筑节能减排咨询师”作为国家新职业纳入其中。受人力资源和

社会保障部职业能力建设司、中国就业培训技术指导中心委托，中国建筑节能协会作为牵头单位，组织科研及机构、高等院校、职业院校等相关单位和专家，牵头编写了《建筑节能减排咨询师国家职业技能标准》，为后续从业人员的培训、考试及职业能力评价等人才建设工作奠定了坚实的基础。

（三）提升职业人员专业化水平，提高中等收入群体比重

建筑业行业对从业者专业能力要求较高，入门门槛高，《2021年中国大学生就业报告（就业蓝皮书）》和《2021年中国高职生就业报告（就业蓝皮书）》的统计数显示，建筑行业对本科教育和职业教育的专业相关度分别为84%和80%。通过职业教育，学生就业持续走高、走好。高职毕业生就业率超过90%，中职毕业生就业率在95%以上。职业教育毕业生初次就业率超过普通本科高校。全国技能劳动者占当年就业人口的比例从12.8% 提高到18.4%。2020年职业教育毕业生毕业半年后平均月收入达4 295元、年均收入为51 540元，毕业半年后年收入显著高于城乡居民人均可支配收入平均水平。高职生毕业3年后工资实现成倍增长，显著跑赢城镇居民收入的增幅。职业教育发挥就业导向、能力导向、市场导向优势，通过提高劳动者素质、技能和就业能力，提高收入，持续服务扩大中等收入群体比重。

（四）深化产业链、供应链产教科融合，加速人才创新驱动

职业教育可灵活聚焦重点产业链、供应链，布局专业链、人才链，为建设价值链高质量基层端和中高端、助力产业升级培养专业人才。

通过对接科技发展趋势与市场需求，以城市为节点、行业为支点、企业为重点、学校为落脚点，服务和支撑区域主导产业、支柱产业和战略性新兴产业，深化产教科融合、校企协同育人，助力建筑业创新驱动和科技引领。围绕重要产品和关键核心技术，发挥职业教育科技成果转化中试车间优势，践行工匠精神和匠心文化，为新技术产业化、规模化应用培养工匠人才。

（五）扩大行业职业技能培训，满足多层次行业转型人才需求

国务院印发的《关于深化现代职业教育体系建设改革的意见》对现代职业教育中职业技术培训和资格考试培训提出明确要求，主要包括：“面向新业态、新职业、新岗位，广泛开展技术技能培训，服务全民终身学习和技能型社会建设”“支持行业企业开展技术技能人才培养培训，推行终身职业技能培训制度和在岗继续教育制度”；针对资格考试培训，提出要“健全以职业资格评价、职业技能等级认定和专项职业能力考核等为主要内容的技能人才评价机制”。随着建筑行业绿色低碳化转型力度的加大和增加值贡献的提升，相关产业新业态的就业吸纳能力增强，部分传

统产业业态将随之转移或退出，释放出来的劳动力亟须通过进一步的技术和技能培训进入行业新业态。依托职业教育开展委托培养、订单培养和学徒制培养，面向行业企业员工开展岗前培训、岗位培训和继续教育，为行业提供稳定的人力资源，并支撑高素质技术技能人才培养，服务建筑行业企业技术改造、工艺改进、产品升级。

（六）适应国际市场需求，促进建筑节能减排专业人才国际输出

随着全球气候变化和能源危机日益严重，建筑节能减排已成为全球关注的焦点。建筑节能减排专业人才的培养对于降低能耗、减缓气候变化具有重要意义。国内许多高等院校、职业院校纷纷开设建筑节能减排相关专业和课程，培养了大量高素质、具备国际竞争力的节能减排人才。同时也要积极开展国际合作与交流，与世界各国分享经验、共享资源。例如，我国与德国、丹麦等国家在建筑节能减排领域开展了多种形式的合作与交流，包括人才培训、技术研究和项目实施等。为适应国际市场需求，我国建筑节能减排专业人才培养应不断创新教育模式。一方面，可借鉴国际先进的教育理念和方法，完善课程设置，加强实践教学，培养具有国际竞争力的建筑节能减排专业人才；另一方面，可通过开展多元化的国际合作与交流，促进中外教师互访、学生互换等，拓宽学生的国际视野，提高人才的国际化水平。此外，加强与“一带一路”海外院校交流合作，以“丝路学堂”“丝路工匠”及“技能+语言+文化”等品牌项目为载体，通过多样化的渠道与方式，持续向海外输出建筑节能减排方面职业技能标准和示范课程，推动“一带一路”合作伙伴在建筑节能减排等领域的职业人才的交流与合作，打造具有中国特色职业技能人才标签。

主要执笔人：程鸿，住房和城乡建设部人力资源开发中心；吴景山，中国建筑节能协会；王海霞，中国建筑节能协会。

职业教育赋能电子商务业态高质量发展

电子商务的高速发展产生了大量人才需求，直接带动信息技术、相关服务及支撑行业从业人数近7 000万人就业创业。同时，云计算、区块链、人工智能等技术快速发展，并在电子商务行业广泛应用，引发了劳动方式的变革。电子商务行业内部专业化分工越来越细，对从业人员的专业技能要求越来越高。目前，我国已经初步建立了职业教育中高本一体化的电子商务人才培养体系，培养了大量符合行业发展实际和适应未来数字经济发展需求的电子商务技术技能人才。

一、电子商务业态变迁

（一）电子商务行业发展演变

20世纪90年代中期，随着互联网的快速发展，作为生产性服务业及新商业模式的代表，电子商务的出现改变了经济领域的方方面面，催生了令人目不暇接的新业态。从市场交易、企业经营到政府职能、文化教育、法律制度，乃至生活方式、思维理念等都因电子商务的快速发展而产生深刻变化。可以说，电子商务把人们真正带入信息化、数字化时代。归纳起来，我国电子商务发展经历以下四个阶段。

1. 萌芽引入阶段（1991—1999年）

1991年，我国正式引入电子商务（Electronic Data Interchange，EDI）的概念，这是我国最早的电子商务，称为EDI电子商务。1994年我国正式接入国际互联网（Internet）之后，Internet电子商务取代EDI电子商务，逐渐成为我国电子商务的主要形式。1997年，我国最早的两家电子商务公司——中国商品交易中心和中国化工网分别上线，两家公司都从事B2B业务。此后两年第二批B2B网站陆续上线，其中包括中国制造网和阿里巴巴。早期的电子商务零售网站典型代表有8848、携程网、易趣网、当当网等。

2. 波动培育阶段（2000—2009年）

截至2000年，我国做电子商务的网站有上千家，但随着国际互联网泡沫破灭，这些网站大部分没有盈利能力。“非典”期间，电子商务的优势得到充分展现，诞生了在中国电子商务发展史上比较重要的两家网络零售公司，即京东和淘宝。2004—2007年，物流、支付、信用、政策法规等电子商务支撑环境获得实质性改善，电子商务再次繁荣，取得一系列突破性进展。阿里巴巴、中国化工网和携程网分别上市。

3. 激烈竞争阶段（2010—2014年）

2011—2014年电子商务交易额继续高速增长，其中网络购物市场依然火爆。每年的11月11日成为人们期待的网络购物节，苏宁易购、京东、国美等电商巨头发起“史上最大规模”的电商价格战。我国电子商务经历迄今为止竞争最为激烈的时期，竞争范围之广、参与企业之多、投入资本之巨、大战之密集、影响之深远在我国商业史上都是罕见的。2014年年底，我国电子商务已经全面超越欧盟、日本等经济体，在部分领域已经比肩美国。

4. 稳定发展阶段（2015年至今）

2015年被人们称为合并年，滴滴与快的、赶集网与58同城、美团和大众点评等合并，以规避不良竞争。这一系列合并事件标志着我国电子商务发展进入一个崭新阶段。

中国互联网信息中心（CNNIC）数据显示，截至2021年12月，中国网络购物用户规模达8.42亿，较2020年12月增长5 968万。国家统计局数据显示，2021年，全国电子商务交易额达到42.3万亿元，同比增长19.6%，网上零售总额达13.09万亿元，同比增长14.1%；实物商品网上零售额10.8万亿元，增长12.0%，占社会消费品零售总额的比重为24.5%。商务大数据监测显示，全国农村网络零售额达2.05万亿元，同比增长11.3%。海关统计调查显示，跨境电子商务进出口总额达1.92万亿元，同比增长18.6%。直播带货、社区团购等新业态快速发展，电子商务与实体经济的加速融合带动更多人员加入电子商务行业中来。据电子商务交易技术国家工程实验室、中央财经大学中国互联网经济研究院测算，2021年，中国电子商务从业人数达6 727.8万人，同比增长11.8%。其中，电子商务直接吸纳就业和创业人数达4 126.32万人，带动信息技术、相关服务及支撑行业从业人数2 601.48万人。

（二）电子商务职业教育的作用地位

电子商务是国家的战略性新兴产业，是我国数字经济发展中发展规模最大、增长速度最快、覆盖范围最广、创业创新最为活跃的重要组成部分，成为引领全球重组要素资源、重塑经济结构的领域。

电子商务职业教育是服务数字经济发展、贸易强国建设、乡村振兴战略等国家重大战略，支撑批发零售、商务服务、软件和信息技术服务、跨境贸易、农产品交易电子商务物流等商贸流通产业，面向现代服务业以及现代服务业同其他产业融合领域、生产性服务业专业化和价值链高端发展等产业门类的电子商务应用与服务相关领域，为互联网营销、直播营销、商务数据分析应用、全媒体电子商务运营、跨境电子商务、农村电子商务等领域提供有力的人才和技能支撑。我国电子商务职业教育的产教融合、课程开发、师资培训、标准建设等模式逐渐成为引领“一带一路”乃至世界相关领域的先行者。

二、职业教育促进电子商务业态发展

从1999年教育部设立电子商务专业目录起，为满足经济社会对电子商务专业技术技能人才的需求，越来越多的职业院校开设电子商务专业，随着电子商务产业高速发展，不断有新的电子商务类专业进入专业目录。截至2022年，职业教育专业目录电子商务类专业共有中职5个专业、高职专科6个专业、职业本科3个专业。全国高等职业教育专业设置备案结果数据显示，2022年，全国高等职业教育专科电子商务类专业共计2 352个，其中，电子商务专业1 546个，跨境电子商务专业372个，移动商务专业72个，网络营销与直播电商专业221个，农村电子商务专业37个，商务数据分析与应用专业104个。根据全国电子商务职业教育教学指导委员会测算，全国近99%的高职院校开设电子商务类专业，目前，电子商务专业在校生已达35万人，位居各专业第一位。全国电子商务职业教育战线为我国电子商务发展和电子商务专业人才的培养作出了应有的贡献。

（一）“双高”对接“类型、高等”，有力支撑产业变革与发展

1. 重构对接产业链的电子商务专业群，提供高质量人才支撑和高水平技术服务

党的二十大提出“促进数字经济和实体经济深度融合，打造具有国际竞争力的数字产业集群”。为中华民族伟大复兴培养社会主义建设者和接班人，是新时代党和国家赋予职业教育的新使命，也是电子商务职业教育高质量发展的重大机遇。由此，重点面向新一轮科技革命和产业变革，重构高水平电子商务专业群是实现对我国新旧增长动能全面转换所迫切需要培养更多高素质、创新型技术技能人才的重要支撑。截至2022年，全国高职院校有国家级电子商务专业群建设项目8个，据不完全统计，省级高职院校和中职学校高水平（或特色）电子商务相关专业群（专业）建设项目130多个，在中国特色专业群建设方面起到示范引领作用。其中，典型案例有江苏经贸职业技术学院和广东科学技术职业学院电子商务专业群。

江苏经贸职业技术学院中国特色高水平电子商务专业群。该电子商务专业群面向现代商贸流通业培养生产运营及管理一线关键岗位的高素质技术技能人才，提

供更优质的人才支撑和更高水平的技术服务。其提出“构建模式、形成生态”的高职电子商务专业建设与发展新理念，以“适应产业快速发展的人才培养模式创新”“专兼结构合理的教学团队职教综合能力提升”“跟进产业新技术的实践教学与实训基地建设”这三个专业建设根本问题作为着力点和突破点，在创新性提出“动态能力集”人才培养模式的基础上，形成课程体系与实训基地同步建设、科研带动教师能力提升的模式。对应形成三个良性循环生态，聚合成高位引领型生态位，打造专业核心竞争优势，丰富了专业群高水平建设和稳定发展理论。

广东科学技术职业学院电子商务专业群。该电子商务专业群坚持服务广东先进制造、服务乡村振兴等国家战略和区域经济社会发展要求，坚持以学生发展为中心、专业建设为核心、产教融合为主线，通过携手领军企业，搭建产教、专创融合育人双平台、创新校企合作模式，通过创设项目班、订单班、创业班等载体，深化产教融合，服务龙头企业电商爆发式增长，引领中小企业数字化转型格局，服务粤港澳大湾区电商发展取得实效。一方面，精准对接粤港澳大湾区智能家电、家纺家居、打印耗材等九大制造业细分行业，携手领军企业，成立数字商谷产教综合体，创新“人才共育、成本共担、过程共管、利益共享”的校企协同育人机制。另一方面，紧扣“产业数字化、数字产业化”，瞄准粤港澳大湾区现代服务业数字化转型升级，面向“广东先进制造”，面向澳门多元发展、面向服务国家乡村振兴战略，创新三种菜单式校企合作模式。

2. 调整专业目录修订专业标准，提高现代商贸技术技能人才培养适应性

紧密跟踪产业发展动态，适时调整职业教育专业目录、修（制）订新的专业标准。增加高职专科“跨境电子商务”“农村电子商务”“网络营销与直播电商”，高职本科“跨境电子商务”“全媒体电商运营”等新专业，同时修（制）订电子商务专业类中高本14个专业的教学标准。强化电子商务人才培养面向现代服务业企业、商贸流通业企业、生产制造业企业的新定位，以“中高本一体化”设计思路，形成零距离对接我国相关产业发展特别是数字化转型对电子商务类人才需求的新标准。以电子商务专业教学标准为例，形成中高本主要面向的企业类别和岗位群设置，见表15-1。

在前期卓有成效的大规模调研工作的基础上，经过来自行业企业、院校、教研机构等专家团队的论证分析，修（制）订新版电子商务类专业教学标准。形成针对当前行业企业的产业链、创新链与岗位群相对应的中高本职业院校人才链的新要求与新课程，如图15-1所示。

表 15-1　面向行业企业的岗位群

面向行业企业类别	岗位群		
	中职	高职专科	职业本科
现代服务业企业（包括电商平台、旅游、金融等）	1. 运营类：新媒体运营助理、数据化运营助理 2. 销售类：直播销售员 3. 营销类：网络营销推广专员、新媒体营销专员 4. 设计类：电商美工 5. 客服类：电商客服专员、客服机器人训练师	1. 运营类：新媒体运营主管、数据运营主管、用户运营主管、产品运营主管、活动运营主管、渠道运营主管、O2O 运营、OTA 运营、行业产品运营 2. 销售类：销售主管、商务拓展（BD）主管、O2O 销售 3. 营销类：营销策划专员、营销推广主管、新媒体营销主管 4. 设计类：创意设计师、视觉营销设计师 5. 采购类：采销主管、供应链管理主管 6. 产品类：产品开发（含规划、设计）主管、定制化产品开发主管 7. 客服类：客服主管、客服机器人训练师	1. 运营类：新媒体运营经理、数据运营经理、用户运营经理、产品运营经理、活动运营经理、渠道运营经理、O2O、OTA 运营经理、行业产品运营经理 2. 销售类：销售经理、大客户代表 3. 营销类：营销策划主管（包括品牌、公关）、营销推广经理（包括品牌、公关、整合营销）、新媒体营销经理 4. 设计类：体验设计师 5. 采购类：采销经理、供应链管理经理 6. 产品类：产品开发经理、定制化产品开发经理 7. 客服类：客服经理
商贸流通业企业（贸易类、零售业、供应链、物流业）	1. 运营类：新媒体运营助理、数据化运营助理、社交运营专员、店铺 O2O 运营助理 2. 销售类：直播销售员、直播助理 3. 营销类：网络营销专员、推广专员、新媒体营销专员 4. 设计类：电商美工 5. 客服类：电商客服专员、客服机器人训练师 6. 采购类：选品助理	1. 运营类：新媒体运营主管、数据运营主管、用户运营主管、产品运营主管、活动运营主管、渠道运营主管、店铺 O2O 运营专员 2. 销售类：渠道/分销主管、团购主管、海外推广专员、APP 推广专员、直播销售专员、商务拓展主管 3. 营销类：市场主管、推广主管、品牌营销与策划主管、内容策划与制作、新媒体营销主管、信息流营销主管 4. 设计类：视觉设计师 5. 采购类：供应链管理主管、选品师、买手（互联网采购、供应商开发） 6. 产品类：定制化产品开发主管、产品开发主管 7. 客服类：客服主管、客服机器人训练师、客户主管	1. 运营类：新媒体运营经理、数据运营经理、用户运营经理、产品运营经理、活动运营经理、渠道运营经理、O2O、OTA 运营经理 2. 销售类：团购经理、国内贸易人员、跨境贸易人员 3. 营销类：市场经理、推广经理、品牌策划经理、新媒体营销经理 4. 设计类：体验设计师 5. 采购类：供应链管理经理、品类运营经理 6. 产品类：产品开发经理 7. 客服类：客服经理、客户经理

续表

面向行业企业类别	岗位群		
	中职	高职专科	职业本科
生产制造业（农产品加工、工业品加工）	1. 运营类：新媒体运营助理、数据化运营助理、社交运营专员、O2O运营助理 2. 销售类：直播销售员、O2O销售专员 3. 营销类：网络营销推广专员、新媒体营销专员 4. 设计类：美工 5. 客服类：电商客服专员、客服机器人训练师	1. 运营类：新媒体运营主管、渠道运营主管、O2O运营专员、数字化项目主管、C2M项目运营 2. 销售类：O2O销售主管、渠道/分销主管、直播销售专员、商务拓展主管 3. 营销类：全媒体营销主管、市场主管、网络推广主管、品牌营销与策划主管 4. 设计类：视觉设计师 5. 采购类：供应链管理主管、网络采购主管 6. 产品类：电商产品开发专员、定制化产品开发主管 7. 客服类：客服主管、客户主管	1. 运营类：新媒体运营经理、渠道运营经理、O2O运营经理、数字化项目经理、C2M项目经理 2. 销售类：O2O销售经理、渠道/分销经理、直播销售经理、商务拓展经理 3. 营销类：全媒体营销师、市场经理、网络推广经理、品牌营销与策划经理 4. 设计类：体验设计师 5. 采购类：供应链管理经理、网络采购经理 6. 产品类：产品开发经理 7. 客服类：客服经理、客户经理

注：来自电子商务职业教育教学指导委员会。

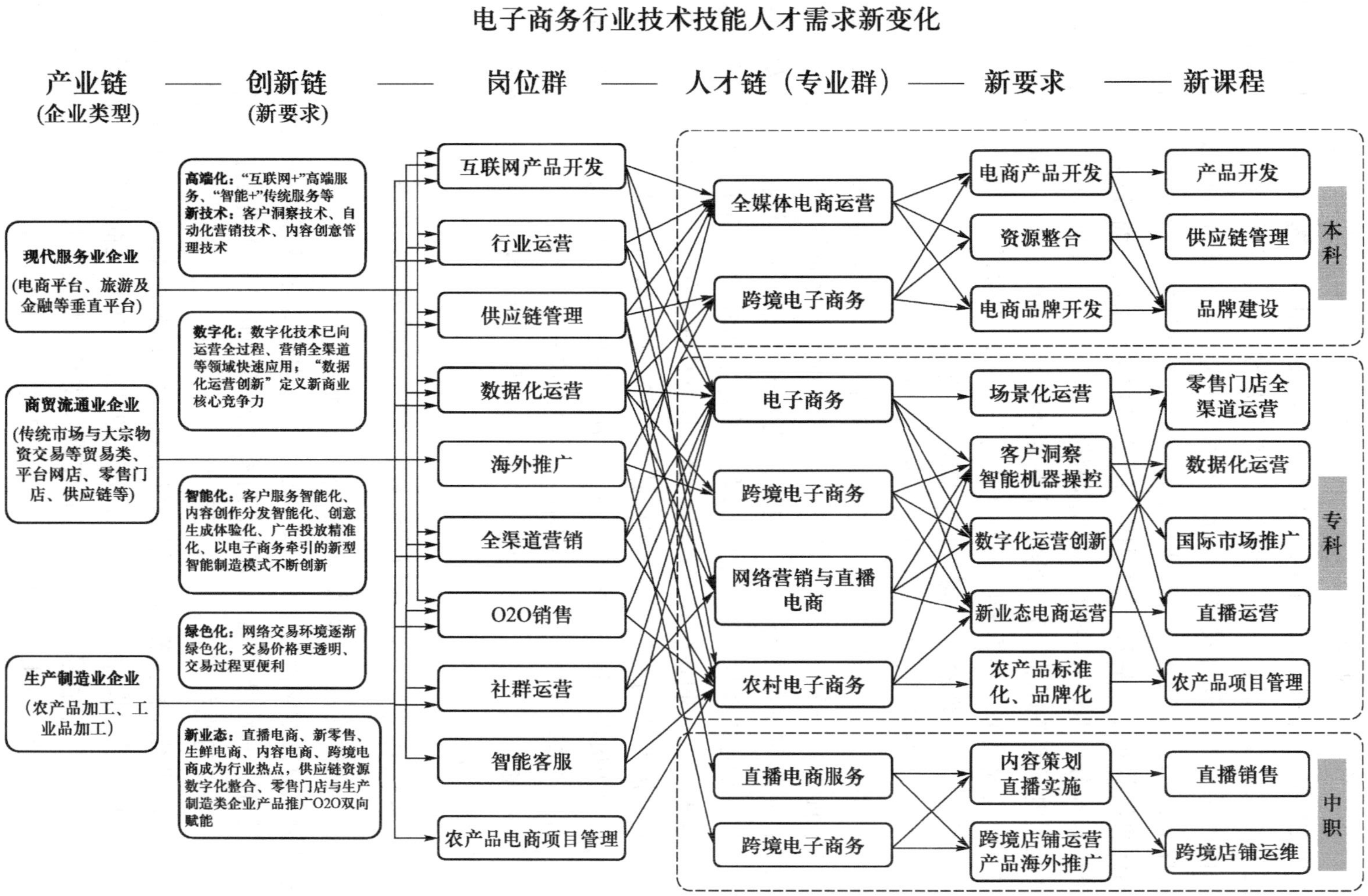

图 15-1　课程设置分析

注：来自电子商务职业教育教学指导委员会。

（二）以国家级教师教学创新团队建设为引领，打造服务电商产业发展的智囊团

1. 国家级电子商务专业教师教学创新团队协作共同体引领教学模式改革

截至2022年，全国共有24个电子商务类专业教学团队入选国家级职业教育教师教学创新团队建设项目。为完善校际协同工作机制，充分发挥国家级创新团队立项院校协作共同体的示范引领和辐射带动作用，在全国电子商务职业教育教学指导委员会指导下，2020年浙江经贸职业技术学院牵头组建国家级电子商务专业教师教学创新团队协作共同体（后称“共同体”），成员包括9家电子商务国家教学创新团队建设单位和部分行业领军企业。共同体遵循“区域协作、优势互补、开放共享”理念，在全国电子商务职业教育教学指导委员会指导下开展工作。共同体在促进高质量发展方面成效显著，在提升国内外电子商务人才培养质量、专业教学团队能力的同时，也引领着全国职教电子商务专业领域教学模式改革。

2. 练“内功”，强能力，提升电子商务类专业教师团队社会服务水平

以高水平教学能力、科研能力、培训能力和评价能力提升为目标，全面提升教师社会服务的能力，是全国职教战线电子商务类专业教学团队建设的首要任务。广西经贸职业技术学院围绕服务国家乡村振兴战略规划及实施乡村振兴战略发展目标，以电子商务专业教学团队获批国家级职业教育教师教学创新团队建设立项为契机，协同广西电子商务职业教育行指委，助力提升广西供销合作联社行业引领力，政行企校协同开展互联网+广西本土电商技术研究，着力培养和调动有创新资源和创新活力的教师积极性，进一步凝练专业“农旅”特色和东盟优势，倾力打造专业建议高峰。通过“农旅”电商人才培养模式实践，培养“知农、爱农、助农”高素质复合型技术技能电商人才，实施电商助农惠农工程，助力乡村振兴、服务东盟经济，取得显著成效。

（三）产教融合，政行校企协同构建电子商务产业技术技能服务高平台

1. 校企研协同攻关，打造智慧商业技术技能新平台

江苏经贸职业技术学院电子商务专业群，针对电商专业显著的前沿性、交叉性与复合性等特征，紧跟智慧商业技术前沿教学改革，联合江苏物联网研究发展中心、北京凌阳爱普等高技术企业，依托重点专业、重点实训基地和技术研发中心、院士工作站等，建设高精尖教师团队发展创新平台。以教服双岗要求为引导，企业技术骨干、教师、学生按比例组建团队并进行攻关，率先攻克商品信息溯源场景化等10项技术，成功申报省高校科学技术研究成果技术发明奖，充分体现校企合作搭平台、科研反哺教学、成果融进课堂的理念。江苏经贸职业技术学院主持建设全国电子商务协同创新中心等4个技术平台，校企共建电子商务专业国家级教师教学创

新团队和基于物联网的智慧商业技术应用分析及仿真验证省级科技创新团队。科研及成果转化效果明显，国家专利授权79项，其中“智慧商城”技术获2016年省高校科学技术研究成果技术发明奖等，研发成果应用到全国111所本专科院校，为合作企业产生经济效益3 389万元。

2.“校+企”打造精准匹配供需链，夯实助力复工复产基础

2018年9月，浙江商业职业技术学院与义乌市政府充分发挥职业教育资源优势和产业优势，依托电子商务专业群和义乌陆港电商小镇，建立紧密的战略合作伙伴关系，成立浙江电子商务学院。学院坚持践行“多元合作、多方联动、校+X混合协同”人才培养创新模式，以义乌电商行业的岗位需求为导向，不定期举办产教融合双选会，主动吸引企业入驻基地，动态预测真实岗位需求、追踪人才结构变迁，打造校企精准匹配的人才供需链。

3. 政校企协同共育产业高端人才，服务地方品牌出海

南京工业职业技术大学在职业本科人才培养过程中，坚持产教融合，政校企协同，共育产业高端人才。从打造高水平的跨境电商师资队伍入手，通过与阿里巴巴、亚马逊等一批跨境电商平台及企业的合作，深入实施教师长短期培训、暑期实践、企业长期挂职和“引企入校”等项目，提升了专业教师的跨境电商理论水平和实践能力，培养了一批精通跨境电商业务理论和实操技术的高水平教师队伍，探索出一条政校企协同培养高端技术技能人才的新路。学校还与沙集镇政府合作成立“跨境电商产业研究院”，实现“产学研一体化”，打造“政校企”合作模式，充分整合政府、院校、企业三方的资源。通过近两年的努力，逐步形成沙集家具特色跨境产业集群，助力沙集产业转型升级，实现“品牌出海”。

4. 创建特色产业学院和协同创新中心，促进区域产业高质量发展

山东电子职业技术学院深化产教融合，加强校企合作，与行业协会、企业服务中心、专精特新企业联合创建“专精特新产业学院”。专精特新产业学院建设紧扣产业发展趋势，为企业发展提供包括企业人力资源研究、人力资源培训等内容的服务。借助大数据技术，政行校企四主体合作打造支撑区域重点产业及专精特新企业发展的新型高端研究能力，分析专业集群对区域特色产业的发展影响度，形成产业的行业、产业发展报告，并对重点商圈分析形成商业综合体分析报告。同时，坚持“需求导向、深度融合、创新引领”的原则，政校行企深度融合、协同创新，以市场为导向，依托学院优势专业电子商务（群）建设具有职教特色的协同创新中心。

（四）区域整合、跨界协作，电商类职教集团服务企业发展

1. 成立电商类职教集团，整合区域资源

全国电商行指委积极贯彻落实《国家职业教育改革实施方案》，服务多元办学

格局建设、服务职业教育体系建设和服务职业院校内涵建设，在地方政府和相关院校的支持下，先后组建全国跨境电子商务综合试验区职业教育集团、全国商务数据开发与应用职业教育集团、全国直播电商职业教育集团、全国农产品电商职业教育集团及全国数字经济与现代农业流通产教联盟5个全国性职教集团（联盟）。通过建立政行校企等多元新型合作关系，整合电子商务产业“行业+领先企业”等各种优质资源，主动服务国家综合试验区建设和区域国际化发展、服务国家数字经济发展战略和数字中国建设能力、服务新业态新模式健康发展激活消费市场带动扩大就业、服务乡村振兴等国家战略，实施产教融合、校企合作、工学结合、知行合一的人才培养模式，有效提升技术技能人才培养质量和服务经济社会发展的能力。

2. 构建集团化运行机制，引领数字经济与现代农业流通产业发展

全国数字经济与现代农业流通产教联盟形成“两专委（数字经济专业委员会、现代农业流通专业委员会）—学院（数字工匠学院）—中心（数字经济—农业流通研究中心）”的组织架构，成为全国唯一的数字经济和现代农业流通领域产教融合综合性联盟。构建资源高效流转交互机制，推动资源共建共享；创新“四位一体”协同育人机制，打造人才供给共同体；发挥产教融合区位优势，赋能区域经济社会发展；创新基于多边协同的产教融合基地共建模式，为职教联盟资源共享平台建设提供实践路径和经验。

3. 组建省级电子商务职业教育集团，打造电子商务职业教育新高地

山东电子职业技术学院电子商务专业群深化产教融合，加强校企合作，牵头组建山东省电子商务职业教育集团。以满足产业发展对电子商务类人才需求为目标，整合职教集团优质资源，政行校企联合搭建服务区域产业转型升级，助力产业高质量发展，推动教育链、人才链、产业链与创新链有效衔接的职教平台，形成集专业人才培养、社会服务、技术支持、创业孵化、职业鉴定和技能竞赛等功能于一体的育人环境。充分发挥职教集团群体优势和组合效应，提升专业发展活力和服务区域产业的能力，展现出学院服务地方经济建设的责任担当。职教集团被评为高等职业教育创新发展行动计划的骨干职教集团。

三、电子商务业态未来发展趋势

（一）新技术应用持续提升电子商务发展质量

1. 云计算设施夯实电子商务基础

以云计算为核心的新型数字基础设施是支撑未来经济社会转型的基础，也是电商平台发展必须要夯实的重要公共基础服务设施。2012年云计算技术首次在“双

十一”活动中应用，到2021年全部业务迁上公共云，历经多次大考，实现技术多级跳跃。随着电子商务业务量的不断提升，也刷新对各家电商平台技术能力的挑战，云计算已然成为电商企业的“定海神针”。在未来的电子商务中，云计算将会成为一种随时、随地并根据需要而提供的服务，通过云计算技术大幅提升资源利用效率和交付效率，降低电商平台交易系统成本，提高研发运维效率，解决平台商家的系统稳定和安全问题。

2. 区块链技术提升电子商务效能

电商运用区块链技术进行产品溯源，始于2018年的“双十一”。电商企业通过区块链技术与业务场景应用的有效结合实现产品溯源，将不断提升商品安全性、信息透明性和查询便捷性，保证信息全链条闭环互通互认和数字化运行，极大提升电商购物体验。

3. 机器人技术助力生产效率增速

随着机器人技术的快速发展，其在解决劳动力不足、提高生产率、改进电子商务服务质量和降低生产成本等方面发挥着越来越显著的作用。机器人技术在电子商务智能化运营中将越来越多地被采用，成为电子商务发展的重要助力。

4. 无人配送和智能终端技术降低电子商务成本

由于电商末端配送存在种类多、批量少、频次高，配送节点多，交通路况复杂等特征，导致城市末端配送物流成本高。随着智能化的不断发展，无人配送与智能终端建设的价值和公众认知得到放大，政策层面予以更多重视。目前，无人配送和智能终端建设尚处于产品化和商业化初期，随着产业链、技术和解决方案的不断成熟，将为电商的“最后一公里”提供更加优质、快捷、低成本的解决方案。

5. 智能语音技术助推智慧服务

自然语言处理、语音识别等人工智能相关技术不断更新迭代，推动智能客服在电商领域的应用升级。应对大量的重复问题，传统人工客服的人力成本较高，而智能客服可基于大量的数据形成标准化的智能客服产品，在降低成本的同时为用户提供更及时以及智能化的服务。此外，运用文本、语言分析技术的智能客服具备数据的收集和分析能力，随着技术的不断成熟，智能客服可以根据用户的反应构建用户画像，提供更为个性化的回复以及产品推荐。

6. AI虚拟主播创造数字人模式

随着人工智能、虚拟现实、5G技术的发展，以及虚拟数字人的兴起，虚拟数字人的上中下游产业链日趋完善、智能驱动的虚拟主播广泛地应用在视频平台的网购直播中。对于消费者，AI虚拟主播不间断、无须休息的直播，与消费者一对一互动，以及更加智能化的产品识别与问题解答，能为其提供专业、高质量的直播购物体验。对于电商企业，虚拟主播以及直播场景可以根据公司的品牌形象和品牌文化进行定制，并作为平台的数字资产而长期存在，消费者对虚拟主播的认可和满意则能促进企业品牌价值的积累。AI虚拟主播作为融媒体技术的重要应用，将越来越多地成为电商企业深度参与和竞争的重要领域。

（二）新模式创新不断拓展电子商务发展空间

1. 直播电商回归守正创新

近三年来，直播电商新模式在快速发展的同时逐步回归理性，监管法规接连出台促使直播电商回归守正创新的主题。对违规商品专项治理，使得直播消费市场得到不断净化，直播电商的重心由扩大销量转向品牌推广，品牌自播和店播开始成为主流，使得直播生态更加多元、健康、去中心化。同时，直播逛博览会、直播自驾游、直播购房、直播教育、直播商业航天等不断扩展直播电商的价值边界，促进直播电商的商品和服务不断丰富。

2. 兴趣电商和信任电商等各类创新加速涌现

从精准匹配个性需求到引导和挖掘新的潜在需求，从人找货到以人为中心的消费场景创新，消费多样化、个性化、小众化发展趋势显著，消费者之间社交互动消费需求明显增强。同时，引导数字化供应链与智能制造潜力得到释放，加快实现以消费者需求为核心的产业变革。

3. 多元协同创新不断丰富电子商务发展生态

电商企业从依靠抢市场、抢用户、抢流量的粗放发展模式，逐渐走向行业融合、产业协同、区域联动的创新模式，电子商务的发展生态将得到不断优化。在行业融合方面，电子商务将在数字文旅、在线体育、互联网医疗等便捷化线上服务方面创新供给。在产业协同方面，电商企业将带动制造业、农业、其他服务业的更新升级，推动产业链上下游、中小企业间的融通创新。在区域联动方面，电商行业也将以区域协同发展为目标，积极服务区域重大战略，促进京津冀、长三角、粤港澳大湾区等区域间电子商务基础设施、服务资源、项目资金一体化建设，支持欠发达地区激发自有资源优势，加强与电子商务较发达地区产销动态衔接，构建优势互补、深度协同的电子商务区域发展生态。

四、职业教育持续支撑电子商务行业发展

（一）适应电子商务智能化发展的人才需求

区块链、大数据、人工智能等新技术在电商企业中的应用越来越广泛，不仅技术自身在快速发展，应用技术实现的业务流程也在不断创新变革。技术的应用在改

变着企业的业务流程，商务决策、订单管理、客户管理等各业务模块也在逐步智能化，电商企业智能化趋势越来越明显，智能化发展已经成为电商企业未来发展方向。职业教育人才培养如何应对企业业务和管理的智能化需求，是人才培养必须关注的关键点。

（二）适应新业态新模式发展的人才需求

电子商务新业态、新模式的不断涌现，催生出新职业和新工种。农村电商、跨境电商蓬勃发展，社交电商、直播电商、生鲜电商产业链日趋完善。电子商务的新业态、新模式不断催生出新的职业，涌现出直播销售员、社群管理员、农产品选品员等新的工种。新媒体对电子商务的影响越来越明显，各行业企业通过新媒体对现有业务进行推广，开发基于新媒体的新业务，利用新媒体手段开展创新创业，因此，新媒体、内容创作、社群方向的人才需求快速增加。随着传统企业的数字化转型、新兴业态的不断涌现，电子商务业态具有越来越明显的跨界性和创新性特点，企业对人才的需求也随着业务的变化呈现出相应的特点，特别是对创新型电商人才的需求在不断增强。电子商务职业教育的人才培养必须时刻关注这些变化，及时把握和适应市场需求调整自己的人才培养方向。

主要执笔人：陆春阳，全国电子商务职业教育教学指导委员会；王春燕，北京教育科学研究院；鲍新中，北京联合大学；吴洪贵，全国电子商务职业教育教学指导委员会；赵严，全国电子商务职业教育教学指导委员会。

职业教育助力无人机行业高质量发展

职业教育是推动行业建设发展的重要力量，对助力经济社会发展、增进人民福祉具有重要意义。下面以无人机行业发展与职业教育院校无人机应用技术专业发展为例，充分调研国内无人机应用技术专业建设较为先进的院校和典型案例，深度分析职业教育助力无人机行业发展的进程。

一、无人机行业变迁

（一）无人机行业的发展演变

20世纪20年代，随着无线电技术和机器人技术的发展，无人机技术得以出现。无人机作为一种新型的空中设备已应用于军事领域。无人机技术是一种利用无线电遥控设备，通过自备的程序控制无人机完成无载人的空中飞行，利用不同类型的机载设备在飞行过程中完成特定的飞行任务的技术。

与有人机相比，无人机更适合完成具有危险性的任务。按应用领域分类，无人机可分为军用和民用两大类。军用类无人机主要分为侦察机和靶机；民用类无人机为无人机+行业应用，主要应用领域有空中摄影、农业植保、快递运输、抢险救灾、地理测绘等。目前，各个国家都在积极地致力于扩展无人机的行业应用、发展无人机的技术。我国无人机技术的发展大概经历以下三个阶段。

1. 萌芽起步阶段（1950—1989年）

我国无人机技术发展历史可以追溯到20世纪50年代。当时，我国的军事科技水平还相对落后，无人机技术水平处在萌芽阶段。我国研制的无人机最早主要应用于军事侦察。1958年，科研人员研制生产了军事无人机“柳叶飞机”，该飞机是一种相对简单的飞翼式无人机，主要用于侦察。

20世纪80年代，随着我国计算机和通信技术的迅猛发展，我国无人机研制水平得到了大幅度提升。1985年，“远程无人机”成功研制，该无人机可以实现对200公里范围内的目标进行侦察和远程控制，我国无人机水平进入了一个新的阶段。

2. 发展培育阶段（1990—2010年）

20世纪90年代，我国无人机技术迅猛发展。1999年，我国成功研制出“翼龙-1”无人机，该无人机可以携带多种传感器和武器装备。随着“翼龙-1”无人机的成功研制和使用，我国加大了在无人机技术研发方面的投入，成功研制出一系列新型无人机，包括“翼龙-2”“彩虹”“猎鹰”等多款无人机。

2006年，深圳市大疆创新科技有限公司（以下简称大疆公司）成立，该公司是一家无人飞行器控制系统及无人机解决方案的研发和生产商。在全球商用无人机企业中名列前茅，市场占有率约为70%。仅短短的几年时间，大疆公司产品的客户遍布全球100多个国家，大疆公司成为全球无人机行业领先的研发制造商，促进我国民用无人机发展进入一个新时代。

3. 现代多元化发展阶段（2011年至今）

21世纪10年代后期，无人机技术一直在不断地发展，并开始向多元化方向发展和转型。2014年，“全球创新1 000强”中，我国无人机企业研发总支出高达299.6亿美元，相比前一年增长46%。2016—2022年，我国无人机行业的专利申请及授权情况整体向好发展，数量增势明显。

2015年，大疆公司成功研制并推出“大疆MG-1”农业植保机，正式进入农业无人机领域。截至2016年，大疆公司在全球提交专利申请超过1 500件，获得专利授权400多件。大疆公司无人机发展成为我国民用无人机领域中的领头羊和技术标杆。

2018年，我国成功研制出了应用于军事领域的“彩虹-7”无人机。该机型是一种全球鹰级高空长航时无人机，可以在极高的高空飞行，可以完成多种战略性任务。在此之后，我国无人机在军事领域的发展更加迅猛，研制出了具备高度智能化和自主化的无人机，机型包括“翼龙-11”“翼龙-18”等。

总体来说，我国的无人机技术在过去的几十年里取得了重大进展，实现了从最早的简单侦察无人机到现代化、多元化的高科技无人机系统的发展，无人机的应用已经从军事领域延伸到军民一体发展的大环境中，无人机技术在成为我国军事现代化重要组成部分的同时，民用无人机技术发展也十分迅猛。未来，我国无人机技术的发展将继续向着高端化、智能化、自主化和多元化的方向发展，为我国军事领域和民用领域的发展提供更强有力的支撑。

科技作为第一生产力，一直以来都是各个国家和企业关注的焦点。人工智能技术带动了无人机技术的跨越式发展，随着市场的逐渐成熟，无人机在农业、测绘、物流运输、交通执法等多领域深入应用，实用价值不断提升，应用场景也呈现多元化拓展。无人机的研发、生产、制造和应用加速走向繁荣，潜在市场逐步得到释放。同时，为保证无人机行业市场的安全及有序运行，各个国家和地区不断出台并完善无人机行业相关的政策，推动无人机行业积极健康发展，不断创造更好的社会及经济效益，对提升国家综合治理能力发挥着重要作用。

（二）无人机专业在职业教育中的地位

随着无人机技术高度智能化、信息化、小型化、多元化的发展，无人机技术在各个领域的高速发展已经逐渐呈现区域稳定和成熟态势。当下，无人机技术在农业、能源、国土资源、环保、公共安全、救援、商业、新闻娱乐等领域的发展迅猛，2017年12月，随着工业和信息化部《关于促进和规范民用无人机制造业发展的指导意见》的印发，民用无人机产业持续快速发展。

无人机是跨学科、尖端技术和智能化等相融合的产物，其技术领域融合了“通信技术”“航空技术”“人工智能”和“装备制造”等多个专业领域。在中国制造强国建设规划中，“智能化”与“互联网”并列成为推进信息化与工业化深度融合的关键词，“机器人”“人工智能”和“航空装备”被列为需要突破发展的制造业重点领域。为紧跟这一国家战略，自2017年2月以来，教育部提出“新工科”概念并积极推进其建设。“新工科”对应的是以互联网和人工智能为核心的新兴产业，包括大数据、云计算、区块链、虚拟现实、智能科学与技术等相关新型、新生和新兴工科专业。在世界格局发生重大变化的当下，大力发展“新工科”产业，培养适应新业态、新技术、新模式的高素质人才显得更为重要。无人机作为高度智能化的科技产品，正是新型工科、新生工科和新兴工科三结合的典型应用。因此，大力发展无人机技术不仅是新时代发展的需要，更是国家战略的需要。

二、职业教育促进无人机新业态发展

2010年，教育部组织开展了《中等职业学校专业目录》修订工作，研究确定增补46个新专业，其中包括无人机操控与维护专业。2011年，西安航空职业技术学院首开无人机应用技术专业。2015年，《普通高等学校高等职业教育（专科）专业目录》调整，低空无人机操控技术专业和无人机应用技术专业合并为无人机应用技术专业。2021年，教育部印发《职业教育专业目录（2021年）》，包括4个无人机相关专业，其中，中等职业教育专业1个：无人机操控与维护，高等职业教育专科专业2个：无人机应用技术、无人机测绘技术，高等职业教育本科专业1个：无人机系统应用技术。根据全国职业院校专业设置管理与公共信息服务平台备案数据显示，2023年，开设无人机测绘技术专业的院校有48所，开设无人机应用技术专业的院校有421所，相比2022年两个专业共增加39所院校，同比增长9.01%。无人机相关专业人才培养已实现中职、高职、职教本科的贯通培养，将更好地助力无人机行业发展。

（一）“双高计划”建设有力支撑新业态发展

职业教育专业群建设是高职院校对自身办学定位和专业建设的重要选择。扎实开展专业群建设工作，能够优化高职院校专业结构、打造品牌专业、凸显专业特色，通过一流专业群的建设形成学校办学优势与特色。中国制造强国建设规划和《关于促进和规范民用无人机制造业发展的指导意见》中提出：加快推进以智能制造为核心的工业4.0战略。作为智能制造与通用航空融合发展的无人机行业发展处于重要战略机遇期，将需要一大批掌握无人机安装、调试、检修、操控、编程与开发的高素质、高技能复合型创新人才。在此背景下，原有人才培养方案已经不能满足专业群人才培养的要求，为适应时代的新变化、新要求，相关高职院校进行了高水平无人机应用技术专业群人才培养的改革和优化。专业群人才培养方案精准对接无人机产业链岗位群和区域经济发展，在产教融合、人才培养、岗课赛证、教学资源和创新平台等方面进行了改革与实践，以提升专业群人才培养质量，加快无人机行业高素质技术技能人才的培养。

2019年12月，教育部、财政部公布《中国特色高水平高职学校和专业建设计划建设单位名单》，其中，西安航空职业技术学院无人机应用技术被评为高水平学校建设单位（C档），天津现代职业技术学院被评为高水平专业群建设单位（A档），在我国特色专业群建设方面起到示范引领作用。

1. 高水平建设学校无人机应用技术专业群的示范引领作用

西安航空职业技术学院将西安德润航空科技有限公司引入学校，建设“校中厂”，形成了“引企入校+企业培训”模式。与成都纵横自动化技术股份有限公司、北京翔仪恒昌科技有限公司等企业开展订单式和现代学徒制人才培养模式。与西安爱生技术集团公司、深圳市大疆创新科技有限公司、中航工业贵州飞机有限公司、京东集团、极飞科技有限公司、四川纵横无人机技术有限公司、杭州牧星科技有限公司等企业建立长期稳定的合作，共同培养无人机应用技术专业人才。与成都纵横自动化技术股份有限公司、西安德润航空科技有限公司、西安天翼智控教育科技有限公司开展民用无人机驾驶员执照培训。

该校无人机应用技术专业是国家创新发展行动计划生产性实训基地、协同创新中心建设专业、中国特色高水平高职学校无人机应用技术专业群重点建设专业、空军定向士官培养专业、全国首家开设专业、1+X职业资格等级证书试点专业。该校拥有国家级无人机生产性实训基地、陕西省大学生校外创新创业教育实践基地。依托校内实训基地设备和师资条件，开展无人机应用技术专业带头人领军能力研修国培项目、民航西北空中交通管理局培训中心学员培训，在人才培养和专业群建设方面发挥辐射引领作用；开展中美未来职业之星联合研习营学员培训、老挝巴巴萨技术学院经世学堂——无人机项目，拓展国际研学交流。

2. 高水平专业群建设的服务功能

天津现代职业技术学院首开全国低空无人机操控技术专业（现为“无人机应用技术”专业）、主持国家无人机应用技术专业教学资源库建设项目、构建国家职业教育示范性虚拟仿真实训基地。近些年来，天津现代职业技术学院经不断改革探索，围绕产教融合、校企合作、人才培养等建设任务，积极对接区域市场“顶流”项目，培养高素质高技能人才，致力打造无人机领域“人才硅谷”。该校立足“无人机+”行业新发展，行企校一体化构建全产业链专业育人体系，联合行业领军企业，精准对接无人机产业链及合作企业的用人需求，创新布局无人机专业育人体系，分级分类培养会装、会飞、能应用、能创新“两会两能”的全产业链高质量复合型技术技能人才。除了服务无人机全产业链技术技能人才培养，该校还积极对接行业企业在科技成果转化、新技术试验试制、工艺技术和方法研究、产品检验检测等共性技术需求，主动融入高端产业生产、技术、管理、服务和创新体系。

（二）以专业教学资源库建设为抓手，提升无人机专业人才培养质量

根据智慧职教专业教学资源库项目的数据统计，目前，上线有国家级教学资源库1项，省级教学资源库4项，院级教学资源库1项。专业教学资源库建设与应用，促进了专业教学模式和教学方法的改革，整体提升了我国职业教育无人机应用技术专业人才培养质量，在服务地方经济社会高质量发展，提升专业的社会服务能力等方面发挥了积极作用。通过无人机应用技术专业教学资源库的建设与共享应用，有效满足了全国高职院校同类专业的共性需求，提高了专业教学水平，为学生自主学习提供了优质、丰富、多样化资源和个性化服务，从而带动全国高职院校专业教学模式和教学方法改革，整体提升职业教育人才培养质量和社会服务能力。

国家级无人机应用技术专业教学资源库于2019年11月获教育部批准立项，该项目由天津现代职业技术学院、陕西国防工业职业技术学院、山东水利职业学院联合主持，全国13所院校和19家行业企事业单位共同参与建设。经过校企合作、院校协同，项目完成了“六大中心，两大模块、两大园地”的10个子模块的建设任务，建设了17门标准化课程。该项目自立项以来，建设团队主动对接行业需求，深入行业企业进行调研，将国家、行业、企业对专业人才的需要作为项目建设的出发点，建设过程始终坚持专业与产业对接，着眼于无人机行业的转型升级，为国家战略性新兴产业的发展、为中国制造强国的实现培养高素质技术技能人才。通过5年的持续建设，该项目充分落实了辅教辅学的功能目标，促进优质资源的跨区域、跨院校共享，推动优质教育资源的东西部地区共享和专业教育教学改革，实现提升人才质量、助力企业员工培训，提供自主学习、促进职业发展的服务目标。同时，该项目的拓展模块注重“新

技术、新工艺、新材料”的推广，为提高产业技术水平搭建了交流研讨平台，有效促进了产教对接，为无人机行业提供人才培养、信息和技术等方面的支撑。

（三）打造专业教师教学创新团队

昆明冶金高等专科学校无人机应用技术专业教学团队是依托云南省省级教学团队——测绘工程技术专业教学团队发展起来的教学创新团队。以无人机应用技术专业建设为平台，基于服务云南省数字化发展，以深化新一代信息技术同重点产业发展和打造世界一流“三张牌”融合应用为目标，以服务云南省新型城镇化建设技术集成与创新、岗位技能交叉与融合为主线，通过与中国特色高水平专业测绘工程技术专业群共享优质教学资源、共享就业与创业资源，创新人才培养模式，面向低空无人机操控、无人机组装与维护、无人机航测数据处理等岗位需求，培养测绘地理信息、“五网”基础设施建设、城市建设、乡村建设领域所需的复合型、创新型、国际化的高素质技术技能人才。2021年，该校获批教育部“第二批国家级职业教育教师教学创新团队立项建设单位和培育建设单位”。该校培育教学名师、专业带头人、骨干教师，建设名师工作室和技能大师工作室，引进行业企业领军人才兼职任教，完善教师职业发展及评价体系，对接区域产业，引领教育教学模式和人才培养模式创新，开展“三教”改革，在“双师型”教师培养培训基地建设、产教融合、协同创新以及1+X证书制度等方面起到示范引领作用。

（四）产教深度融合、校企全面合作、产学研用协同

浙江国际海运职业技术学院与省内外多家行业领先无人机及相关智能机电企业合作，与行业龙头企业——深圳市大疆创新科技有限公司、北京优云智翔航空科技有限公司合作开展教育部1+X 无人机证书试点。以省内优秀典型无人机相关高新技术企业——舟山慈航智能科技有限公司、杭州若联科技有限公司为重点合作企业，校企共研人才培养方案，产教融合共培“双师双能型”创新教学团队，校企共建校内外实训基地、无人机产学研协同创新中心、无人机产教融合协同创新中心，紧密对接地方经济发展和数字产业升级转型，实现专业快速发展和高质量创新人才培养，助力“四个舟山”“重要窗口”海岛风景线和浙江省共同富裕示范区建设。

学校与合作企业成立校企合作专业建设委员会，服务国家战略，围绕中国（浙江）自贸试验区舟山片区建设，服务现代航空和智慧海洋建设，以当地经济发展和产业结构升级人才需要为出发点，结合院校现有资源优势，对接新规范、新技术及相关创新创业竞赛要求，把立德树人根本任务融入教育的各环节，共同开发“岗课赛证”融合、“三全育人”及“五育并举”的人才培养方案，形成“育训结合、德技并修、产学研用”协同创新的人才培养模式。

（五）服务区域经济，提升社会服务能力水平

河北机电职业技术学院无人机应用技术专业建设有“河北省科普示范基地——无人机智能应用科普基地”“邢台市无人机应用技术创新中心”“邢台市智能制造科普基地”，致力于培养高素质技术技能型人才，服务区域经济，助力无人机产业发展。该校“翌飞无人机青少年科普教育”被评选为河北省“终身学习品牌项目”；该校参与制定《建设行业无人机系统驾驶员培训要求》团体标准；对接1+X证书标准、国家职业标准、行业企业标准，校企深度合作，同步开展技术服务与学生实践教学工作，共同推进专业人才培养与实训基地建设工作。

2020年，该校与河北省高新技术企业邢台翔睿航空科技有限公司共同申报建设河北机电职业技术学院无人机应用技术研发中心；2022年与河北省地质矿产勘查开发局第九地质大队签订《产学研合作协议》，共同申报立项建设邢台市无人机应用技术创新中心，聘请企业专家担任课程教学教师并开展企业实践指导工作。该校无人机专业技术团队不断提升为区域经济服务的能力以及科研能力，教师担任河北省科技特派员，指导企业技术研发工作，每年派出专业教师开展企业实践，以研发中心为平台，联合企业在无人机植保、无人机测绘及电力巡检、青少年无人机科普教育领域开展技术服务。校企联合申报各级各类科研项目，立足于服务区域经济，开展技术开发及应用研究。

为了更好地展现高校服务地方的责任与担当，该校充分利用无人机应用技术专业研发中心，依托“省—市”两级平台，申请河北省科学技术协会十大代表调研课题，积极整合优质科学教育资源，组织动员教育、科技等各方面力量，在减轻义务教育阶段学生作业负担和校外培训负担的同时，进一步丰富和提升青少年科技教育内容质量和水平，多渠道、多形式地为中小学生提供高质量的科普服务，有效支持学校开展课外科普活动，培养学生的科学兴趣、创新意识和创新能力，提升青少年科学素养，促进青少年全面健康发展，助推“双减”政策落地见效。

三、无人机行业未来发展趋势

（一）无人机行业的发展趋势

1. 新技术应用持续促进无人机行业的发展

随着无线充电、视觉避障、手势控制、5G通信、集成芯片等关键技术的不断突破，无人机的性能将实现大幅提升，随身携带、简易操作、长续航能力、自主反应将成为无人机的主要特点。5G通信的发展将改进无人机的连接速度；集无线通信、

传感器集成和空间定位等功能于一体的高性能芯片，能够使无人机获得和个人计算机相同的处理能力。另外，人工智能、虚拟现实等前沿技术与无人机技术的融合趋势日益显著，将促进消费体验逐步提升。将虚拟现实技术（Virtual Reality，简称VR）应用在无人机上，用户只要转动头部便能改变镜头角度，再配合遥控器控制无人机，便可在第一时间将无人机拍到的画面实时展示在用户眼前，能为用户提供虚拟现实视角下新的操作体验。

VR技术。VR技术可以模拟真实的飞行环境，可以设置各种天气、风力、飞行高度等条件，让飞行员在多种不同的环境下进行训练，提高其应对突发情况的能力，降低飞行员使用真机训练的成本。除此之外，VR技术在无人机典型行业应用模拟方面也非常广泛，可以用于无人机巡检、无人机植保、无人机应急救援等。随着VR技术的不断发展，其在无人机领域的应用会越来越广泛，这不仅可以提高无人机应用的效率和安全性，而且可以为无人机未来发展打下坚实的基础。

5G通信技术。5G通信技术的快速发展助推无人机技术发展，为其在各个领域的应用提供更加高效、便捷、安全的服务。一方面，5G通信技术可以提供更高速的数据传输和更少的延迟，使无人机可以更加便捷、高效地采集、传输和处理数据；另一方面，5G通信技术可以通过网络的优化和路径规划算法的优化，实现更加智能化的路径规划和飞行控制，提高无人机的飞行效率和安全性。未来，无人机技术和5G通信技术的结合将会呈现更加广阔的应用前景和更加丰富的创新空间。

无线充电技术。阻碍无人机发展的问题之一是设备续航能力。众所周知，续航能力是保障无人机作业的先决条件，续航时间的长短及续航稳定性的高低，决定了无人机应用场景与用途的宽广度。无线充电技术的发展正在逐渐改善无人机续航能力的现状。目前，相关研究人员已针对现有无人机接触式充电环境适应性差和无线通信不稳定等问题开展技术攻关，并根据行业需求重新开发无人机互操作接口、通信模块、飞控系统，综合解决了无人机充电接口互操作性差、无法远距离通信控制、飞控逻辑判断智能化等技术问题。

避障技术。让飞行中的无人机“长眼睛”，能够识别飞行路径上的障碍物，并准确绕飞或悬停，是实现无人机智能化的重要一步。完善的自主避障系统将能够在很大程度上降低因操作失误造成的无人机损坏与伤及人身和建筑物的事故发生率。深度相机避障技术、声呐系统避障技术、“视觉+忆阻器”避障技术、双目视觉避障技术、小型电子扫描雷达、激光扫描测距雷达等各种避障技术也将在未来趋于完善并成为中高端消费级无人机的标配系统技术，由“避障功能”而衍生出的一系列“智能飞行”功能，无疑是“无人机智能化”的阶段性特征体现之一。

精准定位导航技术。高精度的导航定位技术能够为无人机飞行平台提供实时差分数据，让其获得厘米级的定位精度，弥补全球定位系统（GPS）、气压计和指南针功能的不足，为高精度应用需求提供精确、可靠的系统解决方案。例如，D-RTK2移动站可支持多点卫星信号接收，快速自架基站，为无人机提供实时差分数据。另外，高增益天线和高性能接收机的引入，使其可对接到的卫星数量更多，卫星信号更强，即使在遮挡较为严重的恶劣场景下，也能进行收星和定位。

人工智能（AI）技术。AI技术与无人机结合可以实现图像识别、运算控制，能实时对特征目标进行精确定位，实时控制云台相机对目标进行精准跟踪，并通过图像识别精准拍摄目标对象，可支持无人机实现在监控、搜救、物流等领域的发展。通过与其他传感技术的结合，AI技术和无人机可以应用于自然灾害监测、环境保护等领域，将采集到的数据进行处理和分析，从而帮助人们更好地了解和保护环境资源。使用AI技术可以协调多个无人机之间的通信和行动，从而实现更高效的任务执行和更好的协同效应。另外，在军事领域，无人机搭载AI技术可以提高情报收集、目标打击、战场侦察等任务的效率和准确性。总体来说，无人机技术和AI技术的结合可为许多领域提供一体化解决方案，打通“端到端”的数据处理闭环链路，实现快速部署和数据可视化，带来更高效、更安全和可持续的服务。

2. 新业态创新不断拓展无人机发展空间

典型行业应用无人机加速涌现。随着科技的不断发展和进步，无人机的行业应用也逐渐扩大。民用无人机主要细分领域越来越多，无人机测绘现身城市规划、国土测绘、建筑施工、文物保护等诸多领域，加速了行业的发展速度、提升了行业的建设质量；编队飞行无人机以其新颖的形式、具有科技感的创意和出色的表现力，成为商演和各类活动现场备受欢迎的娱乐项目；作为农业高新装备，植保无人机精准施药效果好、节水节药能力强、省时省力效率高，成为田间地头的“新宠”，短短几年时间涌现出上千家无人机制造和服务企业，大大缓解了我国农业植保环节长期存在的“打药难”问题，在当前农村劳动力短缺情况下，植保无人机前景广阔；电力巡检无人机可不受地形地貌的限制，在险峻山区、多河流地貌下的巡线工作中具有很大的优势，机载高清摄影设备可对输电线路故障进行实时在线定位和监控，地面控制人员能够根据地面站回传实况及时发现并排除线路缺陷和重大隐患，节省了大量人力和物力，提高了巡检工作的安全性。此外，消防、警用、航拍、救援等各个场景都有无人机的身影，无人机新业态的创新正在不断拓宽其发展空间。

空地联合作业无人机的组合创新不断丰富无人机的发展生态。无人机协同作业所涉及的团队成员越来越多样化，无人机回传的信息愈发需要与更多的一线作战团队、指挥团队相互高效协同，这无疑对空地信息的协同效率提出了更高要求。运用空地联合作业方案，通过科技助力产业更加智能化，将极大地提升公共安全作业行动效率，加强空地协同能力，无人机信息不再是单项、低效传递，而是进一步拓宽了现场信息感知维度，丰富了无人机的发展业态。

（二）职业教育持续支撑无人机行业发展

1. 适应无人机智能化发展的人才需求

消费级市场的日益成熟及工业级市场的逐渐开启，加速了我国民用无人机的落地发展。国内无人机保有量的不断增多，无人机应用的不断扩展，对我国无人机行业人才提出了巨大需求，尤其是在应用端，各个行业对无人机专业人才的渴求甚为强烈。为培养出专业合格且满足市场需求的人才，高校应该起到主要作用。一方面不断优化师资结构和专业设置，另一方面通过校企合作培养“订单式”人才，将是完善人才配套的重要途径。与此同时，借助政、行、企、校多方力量的协同作用，加强政府的监督力度，通过政府的政策来明确方向和路径；加强行业的监管力度，借助政府的利好政策推动行业的发展；夯实企业与学校的联合培养力度，根据行业发展与企业需求，制订完善的校企联合培养方案，为输出综合型无人机行业人才铺路搭桥。

2. 适应无人机行业新业态新模式发展的人才需求

无人机行业新业态、新应用的不断涌现，催生出新职业和新工种。科技助农已经成为当下农业发展的重要趋势，也成为“两个替代”的重要手段之一，无人机成为农业发展新驱动，科技赋能“新农人”，无人机助力乡村振兴的产业链日趋完善。电力巡检无人机的应用使得电力行业已从人工巡检升级到人机协同巡检，电力巡检迈进“无人化巡检”时代。无人机在消防救援、防火巡检方面的应用，涌现出复合型消防人员等新的职业。利用无人机开展防火巡查，借助无人机高空视域广和实时图像传输快的优势，巡检员可以全面地看到林区的各种动态信息，及时发现林区火点、烟点等火灾隐患，有效提高巡林效率。同时，针对森林公路环境复杂、携带巡检设备困难的痛点，“袖珍化”无人机的出现大幅提升了巡检设备便携性和单巡效率，与此同时，搭配有扩音器、照明器等负载的组合巡检喊话器可以满足各种林区巡检的需求，协助森林防火巡检。

随着无人机在各个行业的融入与应用以及传统行业的数字化、智能化转型，新业态不断涌现，无人机的行业应用性质已经不再只是简单的工具型产品而具有了明显的跨界性和创新性特点。企业对无人机专业的人才需求也随着无人机的典型行业应用呈现出相应的特点，该专业的职业教育人才培养方案的制定必须及时洞察技术的变化对教育的影响，及时把握市场人才需求，及时调整人才培养方向。

主要执笔人：王晓凤，河北机电职业技术学院；樊新乾，河北机电职业技术学院；武晓英，河北机电职业技术学院；麻丽明，河北机电职业技术学院；谢青海，河北机电职业技术学院。

职业教育助力大数据业态技能人才培养

当今，处在一个数据爆发增长的时代，数据成为资产，是继土地、劳动力、资本、技术之外的第五大生产要素，是国家基础性战略资源。大数据作为以数据生产、采集、存储、加工、分析、服务为主的战略性新业态，是激活数据要素潜能的关键支撑，是推动经济社会高质量发展的重要力量。相关招聘数据显示，有一定比例的企业面向职业院校设置了大数据相关岗位，主要有数据采集、数据管理、数据存储、数据分析、信息系统管理等岗位。培养大数据服务产业技能人才，职业院校需从人才培养机制设计与实施各环节，推动政校企融合，实现供给与需求的有机衔接。

一、大数据业态发展现状

（一）政策引导促进大数据业态稳定发展

随着移动互联网、移动终端和传感器技术不断成熟，数据量快速增长。据统计，2013年全球产生的数据为3.5ZB，到2020年全球产生的数据达到45ZB。2022年，我国大数据产业规模达1.57万亿元，同比增长21%，到2025年，我国大数据产业测算规模将突破3万亿元，创新力强、自主可控的现代化大数据服务新业态将基本形成。面对世界百年未有之大变局和数字产业化的新机遇，各个国家纷纷出台相应的政策，开启大数据服务业态创新发展新赛道，大数据已经成为国家发展战略。“十四五”时期是我国加快建设制造强国、质量强国、网络强国、数字中国的关键时期，大数据领域融资活动逐渐兴起，呈现持续升温的态势。大数据聚集区主要在北京、上海、广州等经济较为发达的城市，这些地区拥有规模较大的互联网企业、高端科技人才、强有力的政策支撑等良好的数字信息发展基础，形成了完整的大数据服务新业态。经济较为落后的西南地区，政府也对其大数据服务产业提供了有益的政策引导，引进相关大数据企业及核心人才，形成了以贵州、重庆为中心的大数据产业圈。近一年，我国在政策、人才、资金等方面持续倾斜和投入，为大数据服务产业后续发展注入了强劲动力。政策方面，中央发布一系列支持文件，对大数据产业、数字技术、数据要素市场、数据安全等方面作出了重点部署；人才方面，很多职业院校设立了大数据相关专业，多省市积极开展人才培育专项行动，人才供给能力显著增强；资金方面，多省市通过设立专项资金或采取税收优惠政策等方式，对大数据企业进行定向扶持和培育。

（二）产业细化催生大数据应用不断拓展

数据存储与计算领域聚焦精细化运营和技术优化，实现“降本提质”；数据管理借助政策红利，实现广泛普及与落地；数据流通通过建设基础制度、创新流通技术，构建全社会范围内数据规范化流通；大数据应用领域通过变革业务模式、优化技术手段，建立数据文化，促进数据能力与全域业务深度融合；利用智能化、自动化的工具，构建体系化、场景化的数据安全治理体系，最终将安全治理能力嵌入各项业务中。基于云计算的数据处理与应用模式，通过大数据平台对海量的数据进行存储和分析计算，从而帮助企业做出科学的决策部署。在政务领域，依托大数据可以实现政府信息资源的共享、整合和开放，提升政府服务水平和公共决策能力，构建智慧城市和数字政府；在金融领域，利用大数据可以实现金融风险的识别、预测和预防，促进金融产品的创新和个性化，构建普惠金融和数字金融；在电商领域，利用大数据可以实现对消费者行为的分析、挖掘和预测，提升商品推荐和营销效果，构建精准营销和智慧零售模式；在医疗领域，大数据可以实现医疗资源的优化配置，提升医疗服务质量和效率，构建智慧医疗和数字健康。经过多年发展，大数据产业逐渐细化，形成数据存储与计算、数据管理、数据流通、数据应用、数据安全五大核心领域。当前，五大核心领域呈现不同发展现状，在数据要素大战略的新形势下，发展方向均须进一步明确。

（三）核心技术制约大数据应用的快速发展

从硬件水平、软件水平和人们的思想意识方面来看，我国大数据产业与技术的发展仍然处于初级阶段。随着大数据技术发展的日趋成熟，大数据的价值体现包括数据采集、数据存储与计算、数据分析、价值展现四个部分。

目前，人们尚未形成对大数据客观科学的认识，尤其是对数据资源及其在生产、社会管理方面的价值认识不足。在教育、医疗、金融等行业，大数据的收集和使用尚处于初始阶段，人们并没有享受到这些行业的数据红利，有待于政府的政策支撑和法律法规约束。数据的存储离不开存储设备和数据交换设备，有效地管理和存储大规模数据，并进行高效的数据处理和分析，是大数据应用开发的挑战之一。大数据应用通常需要整合不同来源和不同格式的数据，确保不同数据源之间的相互操作性和数据集成的有效性也是一项挑战。开发标准化的数据交换格式、数据集成和数据接口技术，有助于解决这些问题。大数据应用涉及大量敏感信息和个人数据，如何确保数据在采集、存储、传输和处理过程中的安全性和隐私性，是大数据应用发展的又一重要考虑因素。

二、大数据业态变迁

大数据是信息技术发展的必然产物，更是信息化进程的新阶段，其发展推动了数字经济的形成、发展与繁荣。信息化已经历了两次高速发展的浪潮，第一次始于20世纪80年代，是以个人计算机普及和应用为主要特征的数字化时代，第二次始于20世纪90年代中期，是以互联网大规模商业应用为主要特征的网络化时代。当前，人类正在进入以数据的深度挖掘和融合应用为主要特征的大数据时代。大数据时代的到来促使数据正以生产资料要素的形式参与到生产之中，它取之不尽用之不竭，并在不断循环中交互作用，创造出难以估量的价值，这就是信息化发展的“第三次浪潮”。大数据的发展总体上可以分为以下四个阶段：萌芽期、成长期、快速发展期和大规模应用期。

（一）萌芽期

1980—2008年，“大数据”这一术语被提出，相关技术概念得到一定程度的传播，但没有得到实质性发展。同一时期，随着数据挖掘理论和数据库技术的逐步成熟，一批商业智能工具和知识管理技术开始被应用，如数据仓库、专家系统、知识管理系统等。1980年，未来学家阿尔文·托夫勒在其所著的《第三次浪潮》一书中，首次提出“大数据”一词，称赞大数据为“第三次浪潮的华彩乐章”。1997年10月，迈克尔·考斯克和大卫·埃尔斯沃思在《为外存模型可视化而应用控制程序请求页面调度》的文章中使用了“大数据”术语。2001年2月，梅塔集团道格·莱尼发布《3D数据管理：控制数据容量、处理速度及数据种类》的研究报告。2008年，《自然》杂志推出大数据专刊：计算社区联盟发展报告《大数据计算：在商业、科学和社会领域的革命性突破》。同年9月，《自然》杂志推出了“大数据”封面专栏。

（二）成长期

2009—2012年，大数据市场迅速成长，互联网数据呈爆发式增长，大数据技术逐渐被大众熟悉和使用。Web2.0应用迅猛发展，非结构化数据大量产生，传统处理方式无法处理这类数据，推动了大数据技术的快速突破。大数据解决方案逐渐走向成熟，形成了并行计算与分布式系统两大核心技术。2010年2月，肯尼斯·库克尔在

《经济学人》上发表了长达14页的大数据专题报告《数据，无所不在的数据》。2011年,《科学》杂志专刊《处理数据》讨论科学研究中的大数据问题。维克托·迈尔·舍恩伯格出版著作《大数据时代：生活、工作与思维的大变革》。2012年，维克托·迈尔·舍恩伯格的著作《大数据时代》开始在国内风靡，推动了大数据在国内的发展。

（三）快速发展期

2013—2015年，大数据迎来了发展的高潮，包括我国在内的世界各个国家纷纷布局大数据战略。2013年，国内大型互联网公司各显身手，纷纷推出创新性的大数据应用。2013年12月，中国计算机学会发布了《中国大数据技术与产业发展白皮书》，系统总结了大数据的核心科学与技术问题，推动了国内大数据学科的建设与发展，并为政府部门提供了战略性的意见建议。2015年8月，国务院印发了《促进大数据发展行动纲要》，开始全面推进我国大数据发展工作，加快建设数据强国。

（四）大规模应用期

2016年至今，大数据应用渗透到各行各业，大数据的价值不断凸显，数据驱动决策和社会智能化程度大幅提高，大数据产业迎来快速发展和大规模应用实施。2016年12月，为了加快实施国家大数据战略，推动大数据产业健康快速的发展，工业和信息化部印发《大数据产业发展规划（2016—2020年）》。2017年4月，《大数据安全标准化白皮书（2017）》正式发布，从法规、政策、标准和业务等角度勾画了我国大数据安全的整体的轮廓。2018年4月，首届数字中国建设峰会在福建省福州市举行。2019年5月在首届天府大数据与数字经济发展论坛上发布的《2018年全球大数据发展分析报告》显示，中国大数据产业发展和技术创新能力有了显著提升。这一时期学术界在大数据技术与应用方面的研究创新也不断取得突破。截至2020年，全球以“big data”为关键词的论文发表量达到64 739篇，全球共申请大数据领域的相关专利136 694项。

三、大数据业态未来发展

随着大数据技术和应用的不断发展和完善，大数据产业也迅速发展。在当前和未来的一段时间里，预测大数据产业将呈现新的发展趋势。

（一）政策发展趋势

1. 大数据产业政策持续出台

大数据产业成为国家科技创新发展的核心支柱之一。相关政策持续出台，大数据产业的发展前景广阔。大数据产业中的数据、人才、技术、设施等各个方面都将得到国家政策的扶持和鼓励。

2. 数据安全不断增强

在大数据产业发展中，数据安全是需要面对的重要问题。近年来，随着大数据产业的不断壮大和应用的拓展，依靠各大科技公司来保障数据安全已显然力量不足，为保障数据安全，政府出台了更加严格的政策和标准，加大监管力度，规范行业发展。

（二）技术发展趋势

1. 云计算和大数据融合

云计算和大数据技术是目前信息技术领域的两个重要方向。云计算通过提供虚拟硬件、虚拟网络和虚拟地理位置管辖等功能，在计算、存储、服务等方面提供了在本地无法实现的可扩展性和灵活性；大数据技术则提供了处理海量数据、实时数据等多维数据的能力和分析工具。云计算和大数据融合提高了人们处理大数据的能力和效率，成为处理大数据的新趋势。

2. 边缘计算催生新一代计算架构

边缘计算是指推动计算和数据存储接近数据产生源头，减少数据传输，降低网络延迟等的新一代计算架构，它的出现可以使大数据技术更好地发挥作用。目前，在应用一些大数据技术时，数据传输成为瓶颈，而边缘计算则可以直接在数据源端处理数据，避免了数据流向中心节点的传输。边缘计算还可以结合机器学习、深度学习等人工智能技术，对于一些低延迟、实时的应用有着很大的优势。

3. 加密技术保护数据安全

加密技术是数据安全的基础。数据安全对于大数据行业而言至关重要，特别是对于金融、医疗、政务等领域。目前，主流的加密技术有对称密钥加密、非对称密钥加密、哈希加密等。这些加密技术已经发展到了可以在不降低数据处理效率的情况下实现加密。在未来，随着大数据技术的发展，加密技术将会更加多样化和安全化。

（三）应用发展趋势

1. 大数据与人工智能技术的创新应用

大数据与人工智能技术的结合将成为未来重要的发展方向。在医疗保健领域，通过分析大规模的医疗数据，可以发现致病的风险因素、发病趋势和治疗方案；在环境保护领域，基于大数据分析可以监测空气质量、进行水资源管理和提高能源效率，更好地应对气候变化带来的环境挑战；在零售领域，基于用户的购买历史和行为数据，企业可以精确地定位受众目标，提供个性化的推荐和购物服务。

2. "AI+大数据"解决复杂问题

目前，许多领域中的许多复杂问题维度多且数据量大，如政务、创新研究、能量、气象、金融、健康等领域的问题。在不同的领域中，大数据和人工智能技术融合的应用套路将会带来更多解决方案。随着大数据技术和人工智能技术的发展，"AI+大数据"将促进不同领域之间的结合与创新，实现多领域的知识交叉运用。

3. 移动通信设备终端领域的应用

手机终端的使用已越来越普遍，大量数据都产生和存储于手机和移动设备中，如位置、行程、信息等。手机设备型号、位置信息、使用时长等信息都已成为数据分析中有价值的信息资源。未来，手机终端可以通过数字化应用完整各类信息数据，为大数据加工提供数据基础，支撑云计算的新应用以及场景级别的数据构建。

（四）市场发展趋势

1. 大数据市场持续扩大

大数据的商业应用正在迅速发展，将为相关行业带来巨大的变化和革命，如人工智能、物联网、移动互联网等。这些行业的发展也将进一步推动大数据市场的持续扩大。

2. 大数据行业竞争进一步加剧

随着各大互联网企业对大数据行业的布局加强，大数据行业竞争将加剧。目前，多家科技公司已经在大数据产业链的各个环节中展开布局。大数据行业正从单一应用的初期发展阶段向生态体系建设、全产业链规模化发展的阶段推进。大数据行业中的研发和服务等领域竞争也进一步加剧。

四、制定大数据技术人才培养机制

以湖北工程职业学院（以下简称"湖北工职院"）为例，2016年该学院获教育部批准设立了大数据技术专业。通过调研社会和企业对大数据服务人才的需求，湖北工职院制定了政校企协同大数据技术人才培养机制。

（一）人才培养模式设计理念

随着湖北省黄石市制定"积极打造大数据中心，建设四大中心，打通'信息孤岛'"，以及大力推进"宽带中国"和"智慧城市"的城市发展战略，启动鄂东地区一流大数据产业园区——黄石市"大数据产业集聚园"项目的建设，推动了天津路8 000平方米大数据产业集聚园区基础设施配套建设，为大数据产业企业入驻黄石市搭建了平台。另外，湖北省武汉市、襄阳市、宜昌市也抢先布局云计算大数据发展，如武汉市“楚天云”工程、“武汉超算暨云计算（数据）中心”“光谷云村”“襄阳云谷”等大数据平台相继建设。湖北工职院大数据技术专业建设以此为契机，依托本土的大数据平台，通过与大数据产业园区引进来的企业进行合作，按照城市发展及大数据产业发展需求确定本专业人才培养目标，制定人才培养计划。

（二）人才培养模式设计思路

湖北工职院申报试点“现代学徒制”的人才培养模式，在课程设置上突出课程“双贯通”的理念，将课程一体化设计，各自分段执行。大数据技术包含了软件和硬件的结合，从数据采集、数据存储、数据分析到数据可视化展示，涉及程序开发、网页设计、数据库技术等专业知识。为了更好地培养高素质、高技能的大数据技术人才，学院结合学生特点和培养目标，采用“理实一体化”教学方式，引入企业真实大数据分析相关案例，让学生能够多动手操作，更全面地掌握知识与技能。

《湖北省国民经济和社会发展第十四个五年规划和二〇三五年远景目标纲要》指出：发展大数据服务产业，推广“硬件+软件+平台+服务”模式，2021年上半年，全省1 830家大数据相关企业收入过千亿。根据《黄石市国民经济和社会发展第十四个五年规划和二〇三五年远景目标纲要》，紧扣一体化和高质量发展要求，积极融入全省“一主引领、两翼驱动、全域协同”区域发展布局，加快构建“一心两带、多点支撑、全域一体”的区域协调发展布局。为黄石借力武汉城市圈，进一步错位发展、融合发展、借势发展带来重大机遇。

学院与华为技术有限公司、新华三集团、北京西普阳光教育科技服务有限公司等企业合作，根据现代企业的技术技能规格要求，以Spark数据分析、Hbase存储系统、Hive数据分析等真实项目任务为载体，组织实施教学做一体化教学，形成“项目导向、工学结合”的人才培养模式。教学中融入1+X课程体系，1+X的人才培养模式完善了职业教育和培训体系、深化了产教融合校企合作。

学院注重学生实践能力的培养，通过构建“工学结合”的课程体系，采取“见习+理论+实操+顶岗实习”的模式，提高实践教学中实践实训环节的比例，任务驱动强调“学”，完善“离线数据分析”到“实时数据分析”的教学实践；项目驱动强调真实的“做”，岗位驱动强调“就业和学做结合”。最后半年学生在企业实习，实现与市场的“无缝”对接，达成企业对直接用人的需要。基于此构建“基于工作过程”的大数据技术专业人才培养方案，最终培养出适应大数据发展需要的人才。

（三）人才培养实施流程

1. 校企合力助推新课程研发

湖北工职院将人才培养方案与企业的人才需求相结合。在研发课程时，与企业充分沟通，共同商议课程方案，并根据企业不同发展阶段的需求对课程方案进行及时调整。

2. 构建“任务、案例驱动式”教学过程

为了使工学结合的特点得到充分体现，在教学过程中，以任务驱动的方式组织教学，例如，对大数据技术专业的学生以人才培养目标组织教学活动，围绕教学任务紧密开展教学活动。在小组学习中，教师除了布置任务，只在督查和引导环节小范围参与，学生从接受任务开始到思考交流、商议解决方案等环节均独立完成。

3. 构建人才培养多元评价模式

学院采取综合发展、特色培养的方式提高学生的思维创新能力、理论研究水平和专业潜能，同时结合学生不同的兴趣爱好与智力特征，培养他们实现德智体美劳全面发展。

4. 1+X 证书制度改革试点提升就业竞争力

1+X 证书制度是完善职业教育和培训体系、深化产教融合、校企合作的一项重要制度设计。在课程设置中，学院将考试内容融入教学，并聘请企业一线管理人员兼任授课讲师为学生讲授考证所需的知识与技能。

随着科技的进步，综观国内外，大数据已经形成产业规模，从科学前沿逐渐深入各行业。并上升到国家战略层面，大数据服务新业态呈现纵深发展趋势。面向大数据的云计算技术、大数据计算框架等不断推出，新型大数据挖掘方法、算法大量出现，大数据新模式、新业态层出不穷，传统产业开始利用大数据实现转型升级。

主要执笔人：刘海平，湖北工程职业学院；李卓然，中国工业互联网研究院；鲁捷，湖北工程职业学院；杨潇黎，湖北工程职业学院；涂贵军，湖北工程职业学院；李文阳，湖北工程职业学院。

职业教育支撑数字经济时代下工业互联网业态高质量发展

党的二十大报告提出"加快发展数字经济，促进数字经济和实体经济深度融合，打造具有国际竞争力的数字产业集群"的任务。工业互联网以全要素、全产业链和全价值链的全面连接，成为助推数字经济高质量发展的关键。《全球数字经济白皮书（2022年）》数据显示，"2021年，测算的47个国家数字经济增加值规模为38.1万亿美元，同比名义增长15.6%，占GDP比重为45.0%。""从规模看，美国数字经济蝉联世界第一，规模达15.3万亿美元，中国位居第二，规模为7.1万亿美元。"随着各国在数字经济领域战略竞争的不断深入，开展工业互联网前沿技术研发、布局工业互联网产业和培养工业互联网人才已成为各国在数字经济赛道上取得领先优势的关键点。

一、工业互联网业态的定位

在新一代信息技术与制造技术深度融合的背景下，在工业数字化、网络化、智能化转型需求的带动下，以泛在互联、全面感知、智能优化、安全稳固为特征的工业互联网应运而生。

（一）工业互联网新业态

工业互联网是数字经济发展的重要支撑和方向。它以网络为基础、平台为中枢、数据为要素、安全为保障，成为工业数字化、网络化、智能化转型的新型基础设施。同时，它也是互联网、大数据、人工智能与实体经济深度融合的应用模式，是新业态、新模式。通过重塑企业形态、供应链和产业链，工业互联网构建了全新的制造和服务体系，覆盖全产业链、全价值链，为工业乃至整个产业数字化、网络化、智能化发展提供了重要支撑，是数字经济高质量发展的基石。

（二）工业互联网典型应用

工业互联网的融合应用在实践中孕育出许多新业态和新模式，初步形成了平台化设计、智能化制造、网络化协同、个性化定制、服务化延伸、数字化管理六大类典型应用模式。

1. 平台化设计

企业可依托工业互联网平台汇聚人员、算法、模型等资源，实现轻量化、并行和敏捷化的设计，从而提升企业的研发质量和效率。

2. 智能化制造

企业通过互联网、大数据、人工智能等新一代信息技术，将传统制造业的各个环节进行数字化、智能化、网络化和自动化的改造，促使企业高效、优质、可持续发展。

3. 网络化协同

企业通过跨部门、跨层级、跨企业的数据互通和业务互联，推动供应链合作伙伴共享客户、订单、设计、生产、经营等各类信息资源，促进企业之间资源共享，优化业务配置。

4. 个性化定制

企业侧重了解消费者的个性化需求，提供敏捷产品开发设计、柔性智能生产、精准交付等服务，实现用户在产品全生命周期中的深度参与，使在大批量生产过程中实现产品个性化设计、生产、销售及服务成为可能。

5. 服务化延伸

企业从原有制造业务向价值链两端高附加值服务环节延伸，从以加工组装为主向“制造+服务”转型，从单纯销售产品向销售“产品+服务”转变。

6. 数字化管理

企业通过打通核心数据链，贯通生产制造全场景、全过程，基于大数据的汇聚、集成优化和价值挖掘，优化、创新乃至重塑企业战略决策、产品研发、生产制造、经营管理、市场服务等业务活动，构建基于数据驱动的高效运营管理模式，帮助企业实现高效运营和管理。

工业互联网业态以工业制造全产业链转型升级需求为基础，利用产业协同、智能化应用、数字化服务和开放创新等手段，形成具有自身特色的新业态和新模式，继而成为数字经济高质量、可持续发展的坚实基础和强劲引擎。

二、工业互联网业态的变迁

以工业互联网为代表的新型基础设施的应用对我国稳增长、稳投资、稳就业的作用更加凸显。工业互联网产业链是一个涵盖广泛、分工合作的生态系统，随着技术的不断革新和应用场景的不断拓展，根据在不同时间段内的发展重点、技术应用和推广程度的差异，大致将我国工业互联网发展的业态变迁划分为以下四个阶段。

（一）规模化部署阶段（2013—2016年）

工业互联网的发展源头可以追溯至2013年，彼时在工业领域，人们开始探索物联网技术在工业生产和管理中的应用。此阶段，主要注重技术研发和应用实践，逐步形成了以传感器、无线射频识别技术（RFID）、无线通信、云计算、大数据等为核心的工业互联网技术体系，为工业互联网的发展奠定了基础。

（二）平台化建设阶段（2017—2018年）

伴随技术的不断革新和应用场景的不断拓展，工业互联网逐步向平台化建设方向发展。此阶段，各大企业开始积极布局工业互联网平台，以建设开放、安全、稳定、高效的工业互联网生态系统为目标，从而推动工业互联网在产业发展中的实际应用。

（三）应用落地阶段（2019—2021年）

随着工业互联网平台不断完善和应用案例的不断增多，工业互联网的应用场景呈现多样性和广泛性。此阶段，工业企业开始逐步将工业互联网技术融入生产和运营中，使工业互联网真正成为提高生产效率、优化运营管理、改善产品和服务质量的有力工具。

（四）生态优化阶段（2022年及以后）

虽然工业互联网产业发展迅猛，但其生态系统仍然在不断完善优化之中。此阶段，工业互联网将逐步向工业智能化和数字化方向进一步扩展，技术创新、产业变革和智能制造将成为推动工业互联网发展的主要动力。

工业互联网业态发展是一个不断迭代、不断完善的变迁过程。工业互联网作为全新工业生态、关键基础设施和新型应用模式，正在全球范围内不断颠覆传统制造模式、生产组织方式和产业形态，推动传统产业加快转型升级、新兴产业加速发展壮大，为数字经济社会可持续发展带来积极的影响。

三、工业互联网对人才的需求

当前，世界主要国家和地区都在加快推进数字化转型，抢占新一轮国际竞争的重点领域和战略制高点。数字化人才短缺成为全球各国所面临的共性问题。据欧盟委员会发布的《2022年数字经济与社会指数（DESI）》显示，2021年，欧盟国家信息通信技术（ICT）人才有890万人，仅占总就业人数的4.5%，远不能满足欧洲数字化发展的需求。据中国工业互联网研究院《工业互联网人才白皮书（2022年版）》预测，2025年我国工业互联网人才需求总量约为303.9万人，人才缺口数量约为253.9万。

面对人才短缺的共性问题，发达国家率先施策，扩大战略布局和加大资本投入，加强教育培训和增强人才引进力度。我国深入实施新时代人才强国战略，积极布局工业互联网人才培养。在政策引领下，工业互联网发展必须依靠人才已成为共识。

（一）国外主要国家的人才战略

美国聚焦关键与新兴技术领域，发布《关键与新兴技术国家标准战略》《关键和新兴技术清单》，针对先进制造、人工智能、通信和网络技术等20个最优先领域，提出“培养世界上最高质量的科学技术劳动力”“吸引并留住发明家和创新者”“提高科学研究与试验发展在制定美国政府预算中的优先地位”等举措，作为美国制定技术竞争力、国家安全战略、人才战略的重要依据。欧盟高度重视全民数字素养提升，于2023年1月正式实施《2030年数字十年政策方案》，明确提出“发展边缘计算、云计算、人工智能、大数据技术等数字基础设施，构建可持续的数字化发展生态，推动研究创新及拓岗就业”“到2030年实现80%以上的人口具备基本数字素养，信息通信技术领域在职人才达到2 000万名”等发展目标。德国将“工业4.0”作为高科技战略的重要组成部分，在人才培养方面出台《专业人才战略》，加强财政投入，支持普通高校和职业学校的数字化建设；发挥职业教育和继续教育体系的优势，支持数字能力终身学习，推行“职业教育4.0”。日本强调培养核心领域人才，发布《产业技术远景2020》，提出为了实现“超智能社会”（社会5.0）理念，需要围绕物联网、数字技术等关键技术，促进创新创业和投资；明确吸引海外高层次人才，通过出国留学、海外派遣和进修等方式，夯实人才基础，完善人才培养体系，使人才供给满足经济社会发展的需要。

（二）国内工业互联网的人才政策

党的二十大报告指出，必须坚持科技是第一生产力、人才是第一资源、创新是第一动力，深入实施科教兴国战略、人才强国战略、创新驱动发展战略，开辟发展新领域新赛道，不断塑造发展新动能新优势。我国高度重视工业互联网人才发展，作出系列政策规划，各省市自治区也立足自身优势和产业特点，相继发布人才政策，落实国家政策与规划要求。

从国家层面看，2017年11月，国务院印发《关于深化“互联网+先进制造业”

发展工业互联网的指导意见》，提出要“加快建设和发展工业互联网”“强化专业人才支撑”。随后，相关部委陆续发布《工业互联网发展行动计划（2018—2020年）》《工业互联网创新发展行动计划（2021—2023年）》等文件（表18-1），均对人才工作做出部署，明确、细化“开展人才需求预测”“推动人才选拔评价”“强化专业人才培养”等具体举措。2023年2月，中共中央、国务院印发《数字中国建设整体布局规划》，再次强调要“统筹布局一批数字领域学科专业点”“培养创新型、应用型、复合型人才”。数字人才队伍建设也站在了一个新起点上。从地方层面看，全国31个省份出台了工业互联网人才培养和引进相关政策。据统计，出台3个及以上相关政策的省市数量过半，约占54.8%，如北京、江苏、上海、广州、浙江等省市出台工业互联网发展规划及行动计划，提出加强人才保障，积极探索人才引进、培养、使用、评价、激励等政策。

表18-1　国家工业互联网人才相关政策（部分）

时间	发布单位	文件名称	内容摘录
2023年2月	中共中央、国务院	数字中国建设整体布局规划	强化人才支撑。增强领导干部和公务员数字思维、数字认知、数字技能。统筹布局一批数字领域学科专业点，培养创新型、应用型、复合型人才。构建覆盖全民、城乡融合的数字素养与技能发展培育体系 营造良好氛围。推动高等学校、研究机构、企业等共同参与数字中国建设，建立一批数字中国研究基地。统筹开展数字中国建设综合试点工作，综合集成推进改革试验
2022年3月	中央网信办等四部门	2022年提升全民数字素养与技能工作要点	到2022年底，提升全民数字素养与技能工作取得积极进展，系统推进工作格局基本建立。数字资源供给更加丰富，全民终身数字学习体系初步构建，劳动者数字工作能力加快提升，人民群众数字生活水平不断提高，数字创新活力竞相迸发，数字安全防护屏障更加坚固，数字社会法治道德水平持续提高，全民数字素养与技能发展环境不断优化
2021年11月	工业和信息化部	“十四五”信息化和工业化深度融合发展规划	加快人才队伍培养。会同研究院所、行业组织协同推动两化深度融合、工业互联网、数字化转型等领域国家人才的培养，加快建立多层次、体系化、高水平的人才队伍。依托工业互联网平台工程实训基地、应用创新推广中心和创新合作中心等创新载体，打造产学研融合、区域协调联动和公益商业配合的人才培养模式。鼓励企业创新激励机制，建立适应两化深度融合发展需求的人事制度、薪酬制度和评价机制，完善技术入股、期权激励等人力资本收益分配机制，充分激发人力资本的创新潜能

续表

时间	发布单位	文件名称	内容摘录
2020年12月	工业和信息化部	工业互联网创新发展行动计划（2021—2023年）	开展人才需求预测。建设运营“产业人才大数据平台”，定期发布工业互联网领域人才需求预测报告，编制工业互联网紧缺人才需求目录，为院校加强专业建设、技术技能人才提升业务素质和实现良好就业提供参考 推动人才选拔评价。鼓励企业制定人才评价规范，开展技术技能人才自主评价工作，畅通技术技能人才职业发展通道 强化专业人才培养。支持和指导高等院校、职业院校加强工业互联网相关学科专业建设。支持高校建设一批未来技术学院，培养工业互联网领域未来科技创新领军人才。鼓励企业与高校、科研院所共建实验室、专业研究院或交叉研究中心，加强共享型工程实习基地建设，支持高校建设若干现代产业学院，培养高素质应用型、复合型、创新型工业互联网技术技能人才
2020年10月	工业和信息化部、应急管理部	“工业互联网+安全生产”行动计划（2021—2023年）	建设人才队伍。开发基于工业互联网的仿真培训考试系统，建设安全生产培训考试智能监控体系，加快专业人才培养。建设“工业互联网+安全生产”人才培养和评价体系，加强实训基地和“新工科”建设，汇聚产学研用优质资源，培养复合型人才队伍
2020年3月	工业和信息化部	关于推动工业互联网加快发展的通知	鼓励各地引导社会资本设立工业互联网产业基金。打造工业互联网人才实训基地

（三）工业互联网对人才需求的现状

工业互联网企业包括处于产业链上下游的工业企业、平台企业、运营商、系统集成商等，相关企业在技术研发、生产制造、安全、产品解决方案提供、运维、销售等领域均有旺盛的人才需求。在工业互联网业态变迁和发展过程中，企业对人才需求也具有一些新的特征。

1. 工业互联网以专业技术人才为主

据《2023年工业互联网产业全国供需AI分析数据报告》显示，2018年1月至2022年12月，工业互联网产业对不同层次学历人才需求比例分布（图18-1）为专科占比50.17%，本科占比47.05%，硕士及以上占比2.77%；工业互联网产业不同性质单位对专科人才的需求比例分布（图18-2）为民营企业占比77.70%，合资（欧美）占比4.11%，股份制企业占比4.03%。

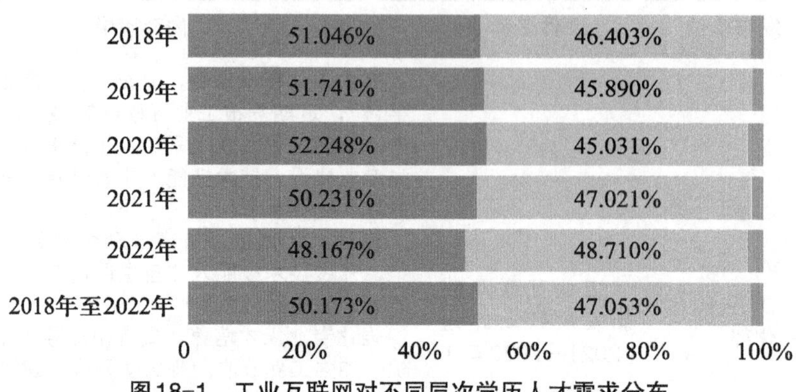

图18-1　工业互联网对不同层次学历人才需求分布

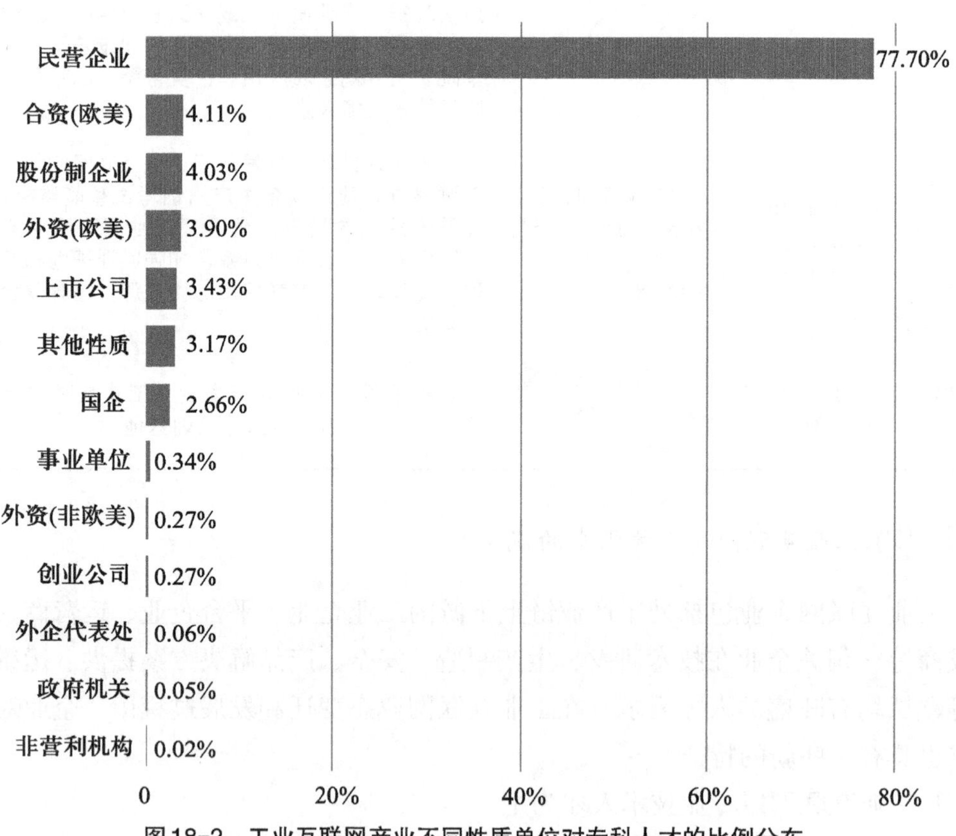

图18-2　工业互联网产业不同性质单位对专科人才的比例分布

2. 工业互联网人才需要具备复合型能力

伴随着工业互联网业态的不断演进和发展，工业互联网兼具跨行业、跨领域的特性将更加鲜明，产业对人才的需求将转变为跨行业、跨专业的创新型、复合型、应用型人才。这要求从业人员能够掌握操作技术（OT）、信息技术（IT）、通信技术（CT）、数据技术（DT）中的一项或多项技术。例如，工业互联网设备数据采集作为典型工作，要求从业人员对常见的工业设备具有一定认知（OT相关能力），同时，还应掌握数据库相关知识（IT相关能力），具备采集数据、传输数据的能力；工业互联网网络互联集成工作要求从业人员了解工业总线、工业以太网以及时间敏感网络、确定性网络、5G等技术（CT相关能力），并能建立起连接上下游企业、用户和产品的新型工业网络。

3. 工业互联网人才聚集在经济发展优势区域

2018年1月至2022年12月，对工业互联网产业专科人才的需求比例相对较大的区域是：广东省，占比25.69%；江苏省，占比12.81%；上海市，占比10.12%；浙江省，占比7.89%；山东省，占比4.49%。工业互联网产业经济发展水平排名前五的城市分别为北京市、上海市、深圳市、苏州市和广州市。工业互联网人才需求与产业集聚发展呈现相关性。工业互联网平台创新合作中心于2022年9月公布了全国城区、园区工业互联网发展指数，上榜前20位的城市对应存在较高的工业互联网人才需求，如苏州市（需求占比为5.02%）、南京市（需求占比为3.85%）、成都市（需求占比为3.62%）等。

四、职业教育支撑工业互联网新业态发展的作用

2022年新修订的《中华人民共和国职业教育法》明确规定“职业教育与普通教育具有同等重要地位”。职业教育是我国教育体系和人力资源开发的重要组成部分。数字化变革浪潮下，传统专业人才培养面临挑战，近年来，在高职人才培养领域工业互联网人才培养数量获得了长足发展，并取得了一系列积极成效。职业教育支撑工业互联网新业态发展主要集中在以下三个方面。

（一）设置工业互联网专业，增强高等职业教育适应性

2021年，教育部印发《职业教育专业目录（2021年）》，明确增设工业互联网技术、工业互联网应用、工业互联网工程等专业，构建起“高职专科—职业本科”相衔接的现代职业教育体系。工业互联网相关专业设置分别属于电子与信息专业大类（计算机类）和装备制造专业大类（自动化类），两者均培养IT与OT复合型人才，但其方向各有侧重。其中，电子与信息专业大类侧重于IT方向，重点在工业互联网平台开发、企业外网、网络安全等内容，旨在培养熟练掌握信息技术、具备一定程度工业技术的工业互联网人才；装备制造专业大类侧重于OT方向，重点在工业互联网平台工业模型、企业内网、工控安全、生产管控等内容，旨在培养熟练掌握工业自动化技术、具备一定程度信息技术的工业互联网人才。两类专业设置既相互独立、又相互兼容，对职业教育人才培养适配工业互联网产业人才新需求起到关键支撑作

用，极大地提升了职业教育人才培养质量，增强了高等职业教育的适应性。

（二）推进1+X证书制度试点工作，拓展职业技能生涯发展

1+X证书制度是《国家职业教育改革实施方案》确定的一项重要改革举措，是职业教育领域的一项重大制度创新。工业互联网产业界利用自身产业优势、技术优势和服务优势，结合工业互联网产业链中职业岗位新需求，开发1+X职业技能等级证书标准。目前，工业互联网方向的职业技能等级证书有16个，基本覆盖工业互联网网络、数据、平台和安全四大领域。该制度试点工作强化了职业教育与行业用人需求的匹配度，提升了职业教育人才培养质量和市场竞争力，同时对促进产业升级和创新起到关键支撑作用。

（三）探索工业互联网专业建设路径，实践复合型人才培养

当前，工业互联网专业（群）建设总体处于探索阶段，部分取得了实践成效。相关院校以区域工业互联网产业发展人才需求为导向，立足学校自身发展定位，探索了面向工业互联网产业需求的人才培养的多种路径。

1. 工业互联网专业集群建设

建设工业互联网专业集群，推动学校各个专业集中向以工业互联网为技术核心的相关领域转型。例如，常州信息职业技术学院自2018年起进行专业调整，专注工业互联网专业建设，主攻新一代信息技术与制造业深度融合，培养生产设备数字化、生产车间智能化、生产要素网络化、企业管理智慧化的“工业四化”应用型人才。根据专业群内各专业之间的内在逻辑，建设完善的工业互联网专业集群，包括软件技术、信息安全与管理、电子信息技术等总计7个专业群。目前，学校已实现80%的专业围绕工业互联网开设，80%的毕业生服务于工业互联网领域，80%的实训室与工业互联网企业共建。

2. 工业互联网专业群建设

构建独立的工业互联网专业群，以工业互联网作为重要方向之一开展教学。例如，湖北工程职业学院，聚焦智能制造、工业互联网、交通物流、电子信息、跨境电商等区域重点领域，建设工业互联网专业群、智能制造产业群等。其核心专业为大数据技术方向，骨干专业包含计算机应用、物联网应用技术、工业互联网技术等。北京信息职业技术学院建设信息安全与管理专业群，重点培养面向网络信息安全技术服务类岗位群的技能人才，开设工业互联网技术专业，开展工业互联网典型技术实训室建设。

3. 工业互联网专业建设

工业互联网专业建设重点聚焦工业互联网网络、数据、平台和安全四大领域，

建构完整的工业互联网知识体系，形成以新一代信息技术赋能工业制造的专业课程结构。专业建设突出服务工业互联网特定技术栈和区域经济特征。例如，广东轻工职业技术学院，建设工业互联网技术专业，聚焦5G通信技术、大数据、智联网络等重点内容，立足广东省，服务大湾区中小微企业关键技术攻关及企业数字化转型升级；四川工程职业技术学院，地处四川省德阳市，建设"德阳高端装备智能制造创新中心""四川省装备制造业机器人应用工程实验室"，在人才培养、技术服务与成果转化等方面开展校企深度合作，为区域科技创新、成果孵化转化等提供支撑；杭州科技职业技术学院，在充分调研杭州市工业互联网应用相关产业的发展情况、人才需求情况、高校工业互联网应用专业人才培养现状的基础上，在工业互联网应用专业实行"产业和教育、信息技术和操作技术、软能力和硬能力"三融合的工业互联网创新型复合型高素质技术技能人才培养模式。

随着数字经济的崛起，工业互联网作为数字经济重要组成部分之一，已经成为当今世界经济的重要引擎，职业教育在其发展过程中发挥了重要的支撑作用。与此同时，数字技术的飞速发展也为工业互联网业态带来了前所未有的机遇和挑战，为此，职业教育需要在专业（群）建设、课程体系构建、产教融合、人才培养模式等诸多方面持续改革和创新，以期更好地适配和支撑工业互联网业态的发展。

主要执笔人：楼桦，常州信息职业技术学院；李紫阳，中国工业互联网研究院；周海飞，常州信息职业技术学院；郭菲，中国工业互联网研究院。

产教融合助力云计算服务新业态发展

党的二十大报告指出“办好人民满意的教育”“推进职普融通、产教融合、科教融汇，优化职业教育类型定位”。产教融合、科教融汇是提升职业教育高质量发展的新路径，是开辟职业教育发展新领域新赛道、塑造职业教育发展新动能新优势的重要突破口。职业教育在云计算服务业态发展中发挥了重要作用，从云计算服务产业岗位需求出发，融入企业创新云计算专业人才培养模式，为云计算产业发展构建了人才“蓄水池”。以“产教深度融合助力云计算服务新业态发展”为题，探究把握职业教育发展的“时”与“势”，以产教融合的“深”成就职业教育发展的“势”，以科教融汇把握技术变革的“破”与“立”，助力产业结构布局和转型升级，提升职业教育服务产业经济高质量发展的能力，服务人民美好生活的实际需要。

一、云计算服务业态的定位

（一）云计算产业的定位

根据美国国家标准与技术研究院（National Institute of Standards and Technology，NIST）定义，云计算由一个可配置的共享资源池组成，该资源池提供网络、服务器、存储系统、应用程序和服务等多种硬件和软件资源，具备自我管理能力，用户只需少量参与就可按需获取资源。该定义界定了云计算概念的几个核心要素：云计算为最终使用者提供的是一种服务，而这种服务是通过共享方式来提供的；云计算的基础架构需要通过虚拟化来实现，并由系统进行自动化的监测和管理；最终使用者将在互联网标准下通过网络使用云计算服务，这个网络可以是国际互联网，也可以是企业内部网。

云计算的概念于2006年被首次提出，其内容主要包括基础设施即服务、平台即服务、软件即服务等。随着技术的突破，云计算逐渐走进人们的日常生活，并延伸至各个实际应用领域。根据云计算服务性质的不同，可以将云计算区分为公有云、私有云和混合云。

（二）我国云计算市场规模及发展趋势

我国云计算市场保持高速增长。2022年我国云计算市场规模达4 550亿元，较2021年增长40.91%。其中，公有云市场规模增长49.3%至3 256亿元，私有云市场增长25.3%至1 294亿元。相比于全球19%的增速，我国云计算市场仍处于快速发展期，预计2025年我国云计算整体市场规模将突破万亿元（图19-1）。

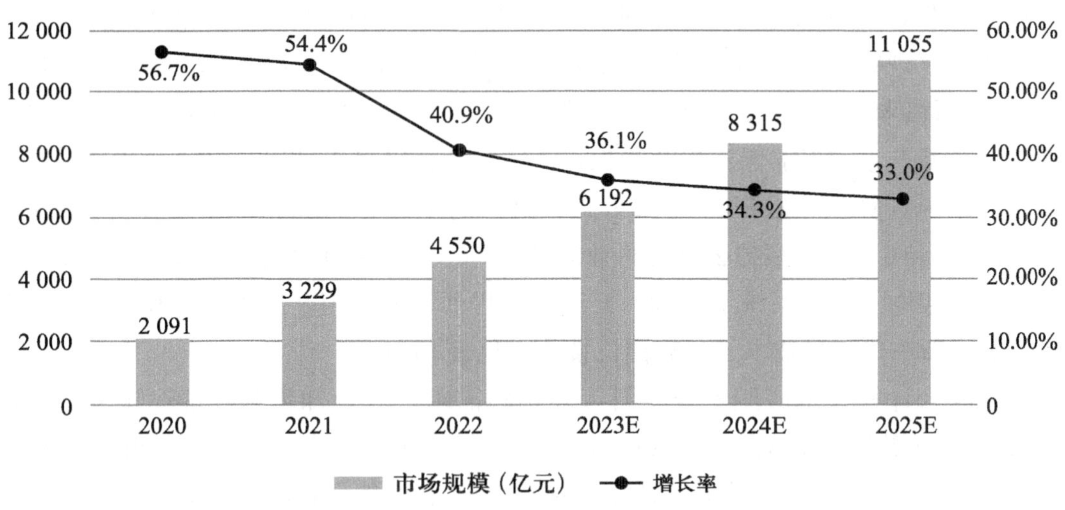

图19-1　我国云计算市场规模及增速

注：资料来源于中国信息通信研究院，E表示预测。

中国信息通信研究院发布的《云计算白皮书（2023年）》（以下简称《白皮书》）显示，全球云计算市场稳定增长，我国云计算当前处于快速发展阶段。预计在大模型、算力等需求刺激下市场仍将保持稳定增长。

我国云计算应用已从互联网拓展至政务、金融、工业、医疗、交通等传统行业，但各个行业应用水平参差不齐，应用深度呈现阶梯状分布。位于第一梯级的互联网和信息服务业已基本实现云计算的深化应用。这些行业基于自身具备IT属性的先天优势，充分将人工智能、大数据、区块链等新兴技术与云原生能力融合，提升企业业务智能化水平。位于第二梯级的金融、政务、交通等行业云化改造能力持续加深。以金融行业为例，普遍采用容器、微服务、中间件等云原生技术进行底层架构的云化升级，构建敏捷高效的研发运维体系，加大云原生应用重构能力的力度。位于第三梯级的能源、医疗、工业等行业的核心系统云化改造程度有待提升。上述行业云化改造主要针对非核心系统开展，如医疗行业的云化改造主要针对信息及门户系统、档案及医事服务等系统，通常采用专有云或混合云部署；能源行业的生产环境大多处于边远地区，对分布式云的应用尚不足，仍需运用云边协同进行边缘侧云化改造。

（三）云计算人才需求态势

云计算产业的快速发展和应用落地，对于人才也呈现出较强的需求。云计算工程技术人员已成为人力资源和社会保障部（以下简称人社部）最新颁布的《中华人民共和国职业分类大典》中的新职业之一，主要从事云计算技术研究，云系统构建、部署、运维，云资源管理、应用和服务。然而，从人才供需数量上看，云计算领域仍面临较大的人才缺口。根据人社部发布的《新职业——云计算工程技术人员就业景气现状分析报告》显示，2018年，国内云计算人才在互联网岗位占比不到5%，而在未来5年，我国云计算产业面临高达150万的人才需求缺口。云计算行业对技能型人才的需求保持持续增长，一线城市云计算人才需求增量最为明显。其中，北京云计算人才缺口将近12万人，其次为上海、深圳和广州，分别突破9万人、7万人和6万人。根据云计算行业发展态势，从事云计算行业的岗位人员主要包括云平台架构师、云系统工程师、云运维工程师、云应用开发工程师和云解决方案顾问等。新一代信息技术云计算岗位技能点见表19-1。

全国云计算技术应用专业专科人才招聘需求"专业知识与技能"中分布较高的是"大数据基础知识"（49.84%）、"大数据处理技术"（49.14%）和"数据库应用能力"（41.41%），说明云计算正在与多专业融合培养信息与通信技术复合型人才。

表19-1　新一代信息技术云计算岗位技能点

岗位	信息与通信技术（ICT）专业技能
1. 云解决方案架构师	云计算基础概念与技术 系统架构设计与规划 大规模分布式系统设计与实践 云平台和服务的深入理解 网络、存储和数据库技术
2. 云平台开发工程师	编程语言（如Python、Java、Go等） 云平台开发环境和API的使用 微服务架构和分布式系统 容器化技术（如Docker、Kubernetes等） 自动化部署和CI/CD实践
3. 云计算站点可靠性(SRE)工程师	云计算基础知识和系统运维经验 故障排除和问题解决技巧 监控、日志和报警系统的使用 容器编排和自动扩展技术 持续改进和自动化运维的方法

续表

岗位	信息与通信技术（ICT）专业技能
4. 云交付与运维工程师	云计算基础知识和系统运维经验 服务器和网络设备的配置和管理 云平台部署和管理流程 故障排除和应急响应技巧 操作系统和数据库的管理
5. 云安全解决方案工程师	云安全知识和相关标准（如ISO 27001） 网络和应用安全技术 身份认证和访问控制机制 安全评估和风险评估方法 安全事件响应和日志分析技能
6. 云计算产品经理	云计算市场和技术趋势分析 产品规划和项目管理方法 市场调研和用户需求分析技巧 沟通和团队协作能力 商业意识和推广策略思维
7. 云计算售前工程师	云计算基础知识和原理 云服务和解决方案的了解 需求分析和方案设计能力 技术演示和客户沟通技巧 销售和商务基础知识
8. 云计算技术服务工程师	云计算基础知识和相关标准 云服务部署和配置经验 故障排除和问题解决技巧 客户支持和满意度管理 服务级别协议（SLA）的理解和管理
9. 边缘计算研究工程师	边缘计算的基本概念和架构 边缘设备和传感器技术 网络连接和边缘计算平台 数据存储和分析方法 边缘计算应用和开发技术
10. 云资源管理专家	云计算基础知识和资源管理原理 虚拟化技术和资源分配策略 资源监控和容量规划方法 自动化管理和编排工具 云成本管理和优化技巧
11. 计算虚拟化技术专家	虚拟化原理和技术（如VMware、KVM等） 虚拟机管理和配置经验 资源池和集群管理方法 虚拟化性能调优和故障处理 容器和虚拟机混合部署技术

续表

岗位	信息与通信技术（ICT）专业技能
12. 云网络控制技术工程师	网络基础知识和云网络架构 网络设备和协议的了解 虚拟网络和SDN（软件定义网络）技术 安全网络设计和防护策略 云网络性能和优化方法

注：信息来源于《国家职业技术技能标准云计算工程技术人员（2022年版）》。

二、云计算服务业态变迁

云计算通常被认为是一种通过网络统一组织和灵活调用各种信息与通信技术资源，实现大规模计算的信息处理方式。云计算利用虚拟化等技术，通过网络将分散的信息与通信技术资源（包括计算与存储、应用运行平台、软件等）集中起来形成共享的资源池，并以动态按需和可度量的方式向用户提供服务。

在政策和市场的推动下，十余年来云计算行业快速发展。未来，5G、物联网、人工智能等多种新兴技术加速与实体领域融合，云计算行业有望维持较高水平的发展，进入普惠发展期。

（一）云计算技术的产生

云计算技术于20世纪90年代末开始出现，2008年开始受到整个信息技术产业的重视，同时亚马逊公司推出的云计算服务，标志着云计算进入快速发展的阶段。如今，云计算服务正在逐步突破互联网市场的范畴，各个行业企业也开始接受云计算服务的理念，云计算服务真正进入产业的成熟期。

（二）我国云计算产业的发展

我国云计算产业的发展分为市场准备期、起飞期和成熟期三个阶段。

1. 准备期（2007—2010年）

该时期主要是技术储备和概念推广阶段，解决方案和商业模式尚在尝试中。用户对云计算认知度仍然较低，成功案例较少。初期以政府公共云建设为主。

2. 起飞期（2010—2015年）

产业高速发展、生态环境建设和商业模式构建成为这一阶段的关键词，云计算产业进入“黄金机遇期”。此阶段，成功案例逐渐丰富，用户了解和认可程度不断提高。越来越多的厂商开始介入，出现大量的应用解决方案，用户主动考虑将自身业务融入云计算。公共云、私有云和混合云建设齐头并进。

3. 成熟期（2015年至今）

云计算产业链、行业生态环境基本稳定，各个厂商应用解决方案更加成熟稳定，提供丰富的XaaS（X as a Service，指一切皆服务）产品。用户云计算应用取得良好的效果，并成为信息技术系统不可或缺的组成部分，云计算成为一项基础设施。

2015年1月，国务院印发《关于促进云计算创新发展培育信息产业新业态的意见》，指出"云计算是推动信息技术能力实现按需供给、促进信息技术和数据资源充分利用的全新业态，是信息化发展的重大变革和必然趋势。"2015年5月，国家发展和改革委员会（以下简称国家发改委）发布《中国制造2025》，提出此次制造业转型升级顺应"互联网+"的发展趋势，以信息化与工业化深度融合为主线，重点发展十大领域，"新一代信息技术"位列十大领域之首。"新一代信息技术"包括5G网络、云计算、大数据等基础技术。2018年7月，工业和信息化部（以下简称工信部）印发了《推动企业上云实施指南（2018—2020年）》，工信部、国家发改委印发实施《扩大和升级信息消费三年行动计划（2018—2020年）》，明确了2020年全国新增上云企业100万家的目标。

过去十年是云计算突飞猛进的十年，全球云计算市场规模增长数倍，云计算技术不断发展成熟，云计算应用从互联网行业向政务、金融、工业、医疗等传统行业加速渗透。

云计算作为数字技术发展和服务模式创新的集中体现，仍将在未来数年内处于蓬勃发展的黄金期，并为数字经济发展提供强有力的基础支撑。

（三）云计算服务为各个领域创新注入新活力

我国政府高度重视云计算行业，相关的政策已经逐步完善，云计算作为数字经济的重点产业，为各个领域创新发展注入新的活力，具体表现如下。

1. 云原生架构应用更加普及

企业业务规模逐步增大、部署环境复杂性增强，在无形之中提升了对开发人员的技能要求。相比较传统架构，云原生架构从业务代码中剥离了大量非功能性特性到云计算基础设施中，使得业务开发人员不再关注基础设施的运营维护，转而聚焦业务逻辑的开发，大大降低了企业用云的心智负担。

2. 算力服务技术体系更加完善

作为支撑数字经济持续纵深发展的新动能，算力服务将不断完善和发展，持续赋能企业数字化转型，探索创新应用，为用户提供更加普惠化、泛在化、标准化的算力服务。

3. 云上系统更加稳定

在企业全面上云的背景下，各个行业的正常运转高度依赖云上系统，系统稳定性已经成为生产力的重要基础，也成为支撑企业数字化转型发展、保障产品和服务质量、提升客户满意度、控制风险的重要影响因子。

4. 云安全建设工具更加便捷

在安全态势、合规要求和业务需求驱动下，云安全建设由“从无到有”向“从有到优”转变，用户将逐渐关注安全工具的便捷性，注重提升防护效率。

5. 云优化治理技术更加成熟

随着上云的多元化发展，企业在解决单云场景挑战的同时还需要进行多云混合的统一管理，并协调资源在多种云环境中的调度以达到最优性价比。企业上云后需要稳固基础架构、业务安全和平台安全，并优化云资源与业务的适配、提升云资源效益。为了实现这些目标，企业需要善于使用云平台成熟的PaaS（Platform as a Service，指平台即服务）、多云运营分析类工具以及云优化相关专业服务来促进企业云业务的优化创新。

三、云计算业态未来发展

近年来，国务院、工信部等部门出台一系列法规标准及相关政策，指导云计算系统的设计、开发和部署，规范云计算基础设施建设，鼓励云计算与大数据、人工智能、5G等新兴技术融合，实现企业信息系统架构和运营管理模式的数字化转型。随着《中华人民共和国国民经济和社会发展第十四个五年规划和2035年远景目标纲要》的实施，云计算、人工智能技术等将在产业现代化发展中扮演更为重要的角色，赢得更为巨大的发展空间。

（一）数字化智能化推动企业上云

《中华人民共和国国民经济和社会发展第十四个五年规划和 2035年远景目标纲要》明确提出加快数字化发展、建设数字中国，将云计算作为数字经济重点产业，要求以混合云为重点培育行业解决方案、系统集成、运维管理等云服务产业。

伴随数字化、智能化发展趋势不断加快，大中小型企业纷纷将企业上云提上日程，推动企业数字化转型。应用现代化的概念和自主可控的发展趋势促使企业在“上云”“用云”“用好云”的道路上不断深耕，实现云产业和生态的整体升级。随着政企数字化系统规模扩大及“互联网+”“政企上云”的快速推进，之前的私有云架构和管理模式弊端日益凸显，复杂性、可靠性和安全性等因素成为阻碍政企云端业务发展的绊脚石。政府机构和大型企业用户越来越多地采用专属云模式，将“灵活性”与“安全性”融合，以求云计算价值的最大化。

（二）云原生为信息安全市场带来新机遇

在云计算应用不断拓展的同时，安全问题同样备受关注，云原生安全能力将直接影响企业下一代安全架构，原生云安全的理念应运而生。原生云安全是指平台安全的原生化和云安全产品的原生化。相比于传统信息技术，公共云的安全能力可减少企业60%左右的安全事件，增强企业安全防控。原生云安全平台将安全能力逐步从外部生产向内部测试及开发方向深入；原生云安全产品也将逐步从原本的外挂转为内嵌。现有的安全监测主要通过平台中的数据从外部感知数据安全，未来将逐步实现安全前置，通过把安全和管理的理念嵌入开发设计，真正做到安全和云深入融合，促进云服务商提供更加安全的云平台，带动云安全市场的发展。

（三）云平台支撑人工智能广泛应用

随着第一波企业“上云”的完成，企业正在进入深度“用云”阶段。人工智能与“云”的结合不仅能够进一步降低企业“上云”的门槛，还能为企业实现业务深度的智能化。随着人工智能新时代的到来，以ChatGPT（Chat Generative Pre-trained Transfomer，OpenAI研发的一款聊天机器人程序）等为代表的人工智能模型正在成为云计算行业下半场的重要驱动力，如此趋势下，推动“云智一体”已经成为头部云服务商的共识。算力的飞速发展使数字化成为确定，使智能化成为可能。未来，数字技术发展将以云计算为基石，以人工智能为引擎，参与从数字化迈向智能化的划时代变革全过程。云计算可以提供强大的计算和存储能力，以支持机器学习和大数据分析。未来，人工智能和机器学习将在云平台上广泛应用，为企业提供更高效、更准确的业务分析和决策支持。

（四）边缘计算加速云计算普及

随着物联网设备数量的迅速增长，边缘计算将成为云计算的一个热点。边缘计算是指在设备本地执行计算任务，而不是将数据发送到云平台。此种模型可以提高数据传输速度，降低云计算的负载和延迟，并保护敏感的业务数据和应用程序。在未来几年，边缘计算将成为云计算的重要组成部分，支持更快速、更灵活的数据分析和处理。

（五）云计算MaaS（Modes as a Service，指模型即服务）模式成为云计算技术产业发展的新引擎

在云计算时代，laaS（Infrastructure as a Service，指基础设施即服务）、PaaS和SaaS（Software as a Service，指软件运营服务）为大众所熟知，而MaaS诞生于人工智能时代，作为一种全新的商业模式被市场接受。随着众多大型企业纷纷发布人工智能大模型，MaaS也成为这些科技公司发布人工智能大模型时普遍会提到的关键词。基于MaaS架构，外部开发者可以直接调用云平台的大模型能力，在此基础上开发人工智能应用。

云计算技术岗位对任职人员的要求包括：不仅要具备扎实的云计算理论知识，更重要的是具备编程、部署、测试、运维等方面的知识，同时应具备一定的行业技术认证作为能力达标的证明。“理论扎实+实践经验+能力认可”类云计算复合型人才将受到各类企业的广泛欢迎。

四、职业教育支撑云计算服务业态发展

职业教育在履行人才培养职责的过程中，始终坚持贯彻党的教育方针，坚持立德树人根本任务，在服务产业转型升级、整合行业企业资源、深化产教融合校企合作、推动教育教学改革以及提升人才培养质量等方面积极探索有效育人新路径，实践培优选才新方案。从职业院校服务对象及其产品和服务所提供的价值来看，已经形成了分层次的人才培养体系，技能型取向的职业教育注重与社会产业结合，关注培养动手操作能力强、可无缝衔接初级技术岗位的人才。职业教育作为社会技术技能人才培养的重要力量，在云计算服务业态发展中发挥了重要作用。

（一）职业教育培养云计算服务人才

职业院校积极与云计算产业中的优秀企业深度协同合作开发人才培养模式，势必成为优秀云计算人才输出的关键举措，为云计算产业发展构建人才“蓄水池”。依托企业在专业领域多年一线实战经验，职业院校与企业深化产教融合、开展深度校企合作，从产业岗位需求出发，融入企业创新人才培养模式，构建“教学、实践、科研、竞赛、认证、评价”人才培养闭环，推进人才供给侧结构性改革。高校与企业深度合作，以支撑本地数字经济发展，促进云计算产业发展为宗旨，打通云计算产业链、人才链、创新链，共建云计算专业，引入优质产业教育人才培养模式，打造集“产、学、研、训、赛、证”全流程人才培养闭环，从教学、实训实践、科研合作、技术认证和就业服务等环节展开合作，共建高水平专业。

（二）职业教育提供云计算技能培训

云计算技能更新换代迅速，人们需要不断地学习和掌握新技能。职业教育通过开设云计算职业技能培训课程，如1+X、新职业课程，为院校学生、企业员工提供了不断学习和提升的机会，提高了其云计算技能水平，从而促进了云计算产业的发展。云计算专业有别于其他专业，计算资源的云化、虚拟化，面对如何解决理论学习后实操环境的搭建，满足学生亲自动手搭建、调试云环境等现实问题，为了兼顾学训结合，院校引入企业优质教学资源平台，助力云计算理论知识的讲授，满足线上、线下等多种工学结合、理实一体的多元化实验教学模式，支持多类型（讲义、

视频、实验、测试）学习、教师备课排课、实训手册、认证培训、在线考试等功能，灵活安排教学任务；在实操方面，引入以虚拟化的方式解决模拟裸金属主机搭建云计算资源环境的实训平台，并包含构建各类生产级实验环境，为学生提供更加真实的实训项目，为学生进入岗位做好理论和实操相结合的实战准备。

（三）全国职业院校技能大赛推动职业教育发展

为推进“云计算技术与应用”新专业建设，培养云计算相关人才，加强学校教育与产业发展的有效衔接，创新工学结合人才培养模式，高职院校持续探索“以赛促教、以赛促学、以赛促建”的教育改革创新，通过技能竞赛，促进和提高教师的专业水平和实践教学能力，提高学生综合能力特别是动手能力，促进实训平台和教学体系建设。各类职业技能大赛的举办无疑对高职院校有效开展专业建设产生了积极的影响。一方面，职业技能大赛能检测职业教育改革和发展的成果，展现出高职院校师生良好的精神风貌和娴熟的职业技能；另一方面，技能大赛像杠杆一样“撬动”了职业教育各个方面的改革和创新。技能大赛的举行对职业教育课程标准的确定、教学内容的选择和方式的组织、师资的建设、课程评价改革、教师的发展和学生成才等方面都具有一定的促进作用。2008年，全国职业院校技能大赛参赛选手有2 000多人，形成校赛、省赛、国赛三级赛事体系，参与各级各类技能竞赛活动的学生有十万人。2023年，在改革力度、专业大类覆盖、赛区数量、师生参与规模、头部企业参与等方面均创历史新高，全国有近320万名学生、25万名教师参与各级职业院校技能赛事，国赛参赛队伍超9 000支，参赛选手近3万人。《全国职业院校技能大赛执行规划（2023—2027年）》指出，通过科学规划，系统推进，到2027年，大赛的体制机制更加完善、赛事质量和专业化水平明显提升；纵向贯通、横向贯通的职业院校竞赛体系基本形成，赛项设置更加合理，实现对2021版专业目录中专业大类全覆盖，专业类覆盖率超过90%。

（四）职业教育提供云计算产业创新应用

职业教育通过科技创新和应用研究，为产业发展提供技术支持和智力支持。

1. 深化校企合作，促进成果转化

校企融合过程中，企业依托产业生态庞大的人才缺口，构建就业生态闭环，符合条件的学生可以获得相应的就业支持服务，如就业前规划指导、就业中随需帮扶、就业后持续跟踪，以此更好地提升学生的就业竞争力、提升就业薪资、提升高质量就业率；同时，企业凝练多年来在云计算产业一线实战沉淀的优秀成果及知识经验，按照层次进阶的梯队模式，对云计算人才职业发展路径进行指导。校企双方在科研创新方面建立深度合作，开展技术创新与科研合作，经过成果转化形成科研创新。

2. 围绕数字经济发展，服务行业和社会

校企双方坚持做好学历教育的同时，围绕国家战略政策和发展需求，更好地承担社会服务功能、增强社会服务能力，联合开展面向社会的培训、认证、科普、双创等多元化人才培养服务，面向社会从业人员、院校师生、青少年等广泛人群，提供云计算领域的政企培训、技能认证培训、双创孵化、科普教育等服务，为社会培养云计算高素养、高技能复合型人才，打造区域云计算人才“蓄水池”，推动云计算产业发展，为区域数字经济发展保驾护航。

（五）云计算服务职业教育发展前景

1. 职业教育紧密结合产业发展需求，调整课程设置和培养方案

在云计算领域，除了基础的计算机科学和技术知识，还须重视大数据处理、网络安全、人工智能等相关跨学科知识和技能的融合培养。关注新兴技术和应用场景的发展，实时更新课程内容，以确保人才培养方案具备前瞻性和实用性。

2. 职业教育与企业建立紧密的校企合作关系，进一步夯实产教融合

与云计算企业合作的同时，持续关注企业对人才的需求，为学生提供更丰富的实习实践机会。将产业最新的经验引入并更新到课程体系中，为学生提供实际案例分析，使学生在学习过程中更容易理解和应用理论知识。

3. 加强师资队伍建设，吸引具备丰富产业经验和实践能力的专家教师

教师是人才培养的关键因素，只有具备丰富经验和实践能力的教师，才能为学生提供真实的产业案例和实际操作经验，培养学生的创新思维和动手能力；以引进产业讲师等新方式，将具备丰富实战经验的云计算工程师引入教师队伍。加强与国内外其他高校和研究机构的交流合作，以便共享资源、交流经验，提高职业教育的整体水平。

职业教育在云计算产业发展中发挥了重要的作用，为云计算服务业态的发展提供了人才支持、技能培训和标准化培训等。职业教育云计算发展前景充满希望，但也面临诸多挑战。职业院校应紧密结合产业发展趋势，调整课程设置和人才培养方案，加强师资队伍建设，与企业建立紧密的校企合作关系，实现产教融合，为云计算产业输送更多优秀的复合型人才，为我国数字经济的蓬勃发展持续注入新的人才动力。

主要执笔人：纪兆华，北京信息职业技术学院；姚午厚，中国工业互联网研究院；黄杰，北京信息职业技术学院；刘海燕，北京信息职业技术学院；贾春霞，北京信息职业技术学院。

数字经济背景下职业教育服务物联网业态高质量发展

自2009年“感知中国”理念被提出以来，在国家政策持续牵引下，物联网连接数高速增长，已形成较为完整的物联网产业链。信息通信技术的发展，尤其5G的规模化部署，为物联网发展起到极强的推动作用。物联网与5G、大数据、云计算、人工智能等新一代信息技术加速集成创新与突破，推动经济社会各领域的数字化、网络化、智能化转型。随着物联网发展进入规模化部署与应用阶段，与行业场景深度融合，需要大量既能把握行业发展又具有物联网知识的复合型技术技能人才。近年来，我国职业教育主动适应经济结构调整与产业变革，陆续开设了中职、高职、高职本科物联网专业，发挥着支撑人才供给、完善人才体系、提升技能服务、增进国际交流的作用，为物联网业态发展作出了突出贡献。

一、物联网业态的定位

（一）物联网奠基“数字中国”建设

物联网是以感知技术和网络通信技术为主要手段，实现人、机、物的泛在连接，提供信息感知、信息传输、信息处理等服务的新型基础设施。

工业和信息化部（以下简称工信部）等八部门联合印发的《物联网新型基础设施建设三年行动计划（2021—2023年）》要求加速推进全面感知、泛在连接、安全可信的物联网新型基础设施建设。充分发挥物联网作为新型基础设施在推动数字经济发展、赋能传统产业转型升级、支撑制造强国和网络强国建设方面的重要作用，同时，面向“5G+物联网”“大数据+物联网”“人工智能+物联网”和“区块链+物联网”推动技术融合创新。2023年，中共中央、国务院印发的《数字中国建设整体布局规划》指出“建设数字中国是数字时代推进中国式现代化的重要引擎，是构筑国家竞争新优势的有力支撑。”抢抓历史机遇，加快数字中国建设，对全面推进中华民族伟大复兴具有重要意义和深远影响。

物联网助力数字经济繁荣，夯实数字中国建设基础。一方面，通过物联网构建广覆盖、大连接、高可靠、低功耗、时延可控的新型网络，实现人、机、物的按需互联与信息交互，打通数字基础设施大动脉；另一方面，伴随着物联网应用场景的拓展，产生海量具有价值的数据。数据作为新型生产要素，是数字化、网络化、智能化的基础。数据要素促进生产方式、生活方式和社会治理模式的变革，重塑产业生态，实现价值倍增。因此，数据要素能够推动经济社会发展更加智能高效，是数字中国的重要支撑。

（二）物联网全面赋能经济社会发展

当前，我国经济已由高速增长阶段转向高质量发展阶段，转变发展方式、优化经济结构、转换增长动力，使数字经济与实体经济深度融合，成为满足经济高质量发展的前置要求。随着经济社会数字化转型和智能化升级步伐加快，物联网技术不断融入生产生活，在推动数字经济发展、赋能传统产业转型升级方面的作用日渐凸显。

当前，在生活领域，物联网在智能家居、可穿戴健康设备、智慧零售、车载智能终端等消费领域保持高速增长态势，物联网推动家庭智能生活不再局限于某一设备的单机智能，而是使各类设备联动起来，与云端服务连接，提供主动、深度、定制化的智能体验；在生产领域，物联网与工业、农业、建筑业等传统行业深度融合形成产业物联网，成为传统行业转型升级必需的基础设施和关键要素。当前，物联网正在向产业链研发、制造、管理、服务等业务全流程渗透。在公共服务领域，通过交通运输、安防、环保、气象、地质等各系统海量的物联网感知终端，可实时、全面感知城市的运行状态，支撑城市预测、预警等各类应用服务，实现城市智能管理和调控，不断降低能耗，提升社会运行效率（图20-1）。

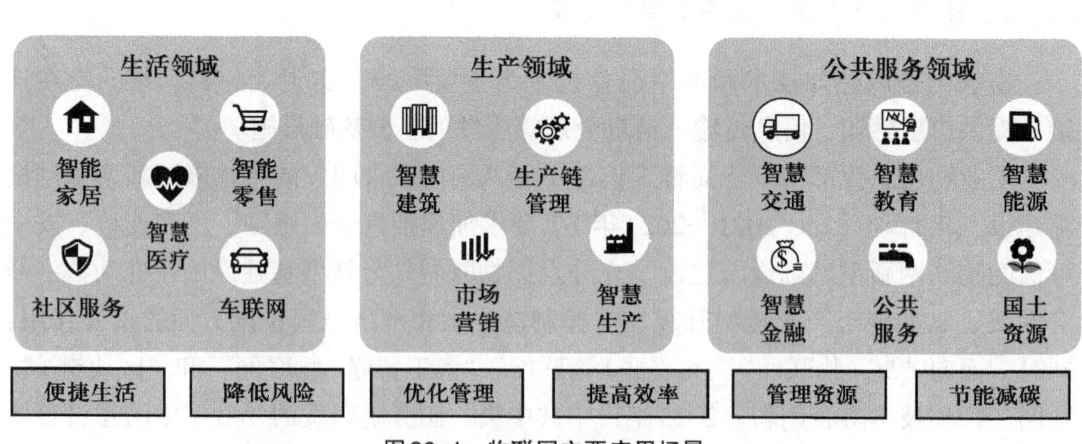

图20-1　物联网主要应用场景

注：资料来源于东滩智库《物联网呈现广泛的产业布局机会》。

通过构建全要素、全产业链、全价值链的物联网连接，创造大量来自产品真实生产现场和使用场景中的新数据，丰富数据来源，积累数据资源，还可以激活各类信息系统中孤立的数据资源，让数据在各系统中流动，以数据流带动各类资源要素快捷流动，利用数据实现高效管理，提升管理效率，对行业进行全方位、全角度、全链条的改造，形成一系列新场景、新模式、新业态，优化了个人生活体验、释放了生产力潜能、提升了管理水平及运营效率，是赋能传统行业实现产业数字化转型升级的关键，是数字经济的重要支撑。

二、物联网业态的变迁

（一）物联网产业发展历程

2005年，在信息社会世界峰会（WSIS）上，国际电信联盟（ITU）正式提出“物联网”的概念，提出无所不在的“物联网”通信时代即将来临。2009年是我国物联网行业化发展的元年。在此以后，物联网被列入国家战略性新兴产业，国家层面先后发布多个专项基金、规划和标准（图20-2），从战略角度布局其研发与应用，推进物联网产业发展。经过十多年的推动，支持物联网发展的传感器技术和平台技术逐渐成熟，应用物联网的成本逐步下降，各个行业出现了物联网商业化落地的动力，平台型科技巨头已经初步完成在物联网领域的业务布局，进入针对行业及生活场景的物联网应用规模部署阶段。

物联网是数字经济时代的基础设施，数字经济是“产业数字化、数字产业化、数字化治理”过程中的一系列经济活动，其最大的特点就是数据的价值应用，而数据的来源依赖物联网。物联网的兴起促使5G、人工智能、云计算、区块链等新一代信息技术与实体经济各行业应用场景的结合更加紧密，促进了产业数字化；大规模市场化应用反向促进数字技术持续发展，牵引数字产业化规模扩张；同时，物联网为大数据分析、智能化决策提供基础数据，促进社会科学治理及高效运行，实现数字化治理。未来，物联网产业与经济发展、社会运行将呈现更为紧密的互相促进、融合发展态势。

（二）物联网产业链发展

近年来，作为新型数字基础设施的重要组成部分，在国家政策指引及产业转型升级驱动下，我国物联网产业保持高速增长，根据中国信息通信研究院发布的《物联网白皮书（2020年版）》显示，中国物联网连接数全球占比高达30%，其中，移动物联网连接数占比超过70%，居全球第一。目前，已形成涵盖芯片、模组、终端、软件、平台和服务等环节的较为完整的物联网产业链，物联网技术及应用不断创新。2021年，关键技术中人工智能、物联网、量子信息领域发明专利授权量居全球首位，产业链已形成闭环式发展，步入跨界融合、规模化创新阶段（图20-3）。

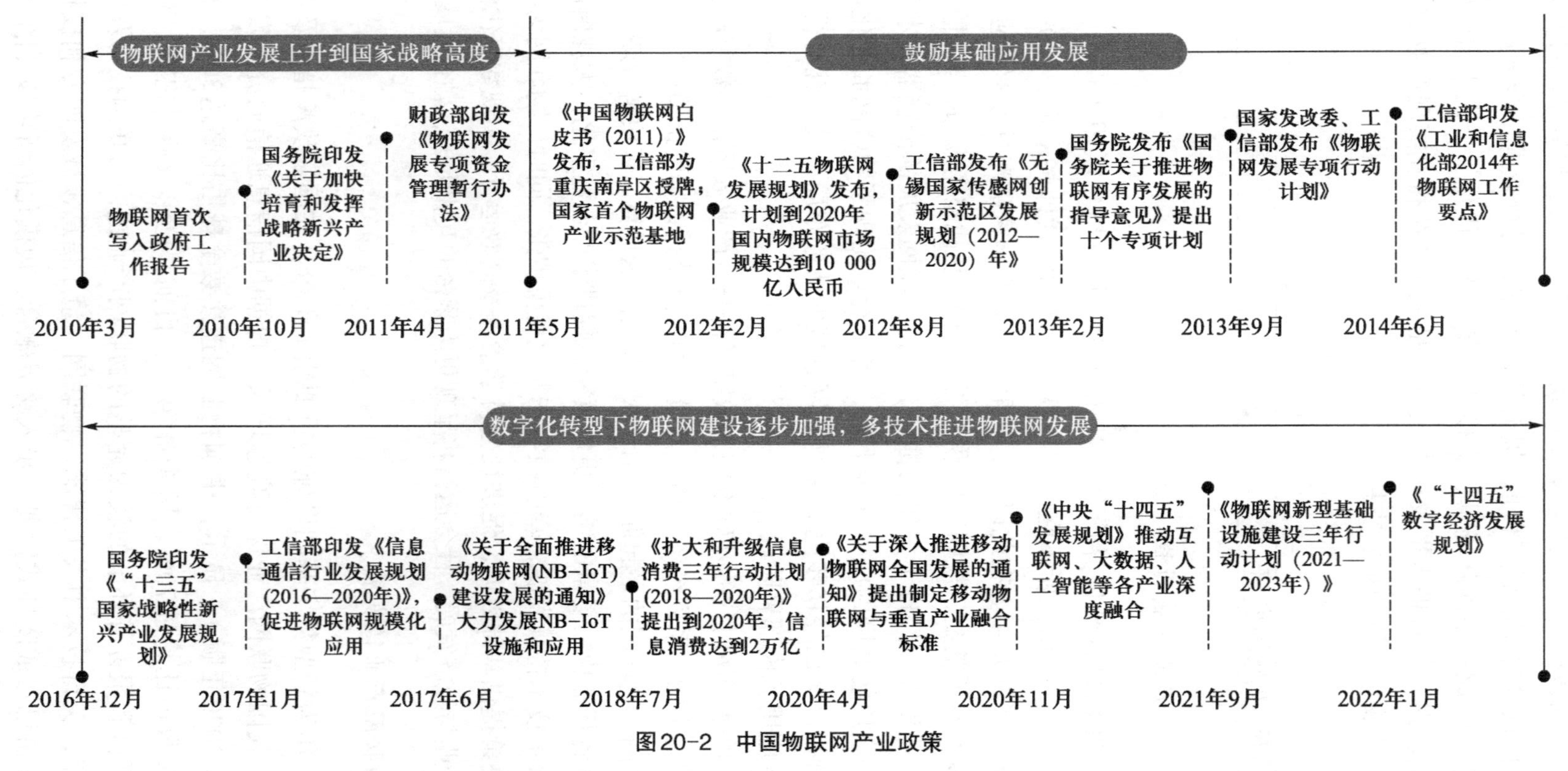

图20-2　中国物联网产业政策

注：数据来源于易观分析《中国物联网行业发展洞察2022》。

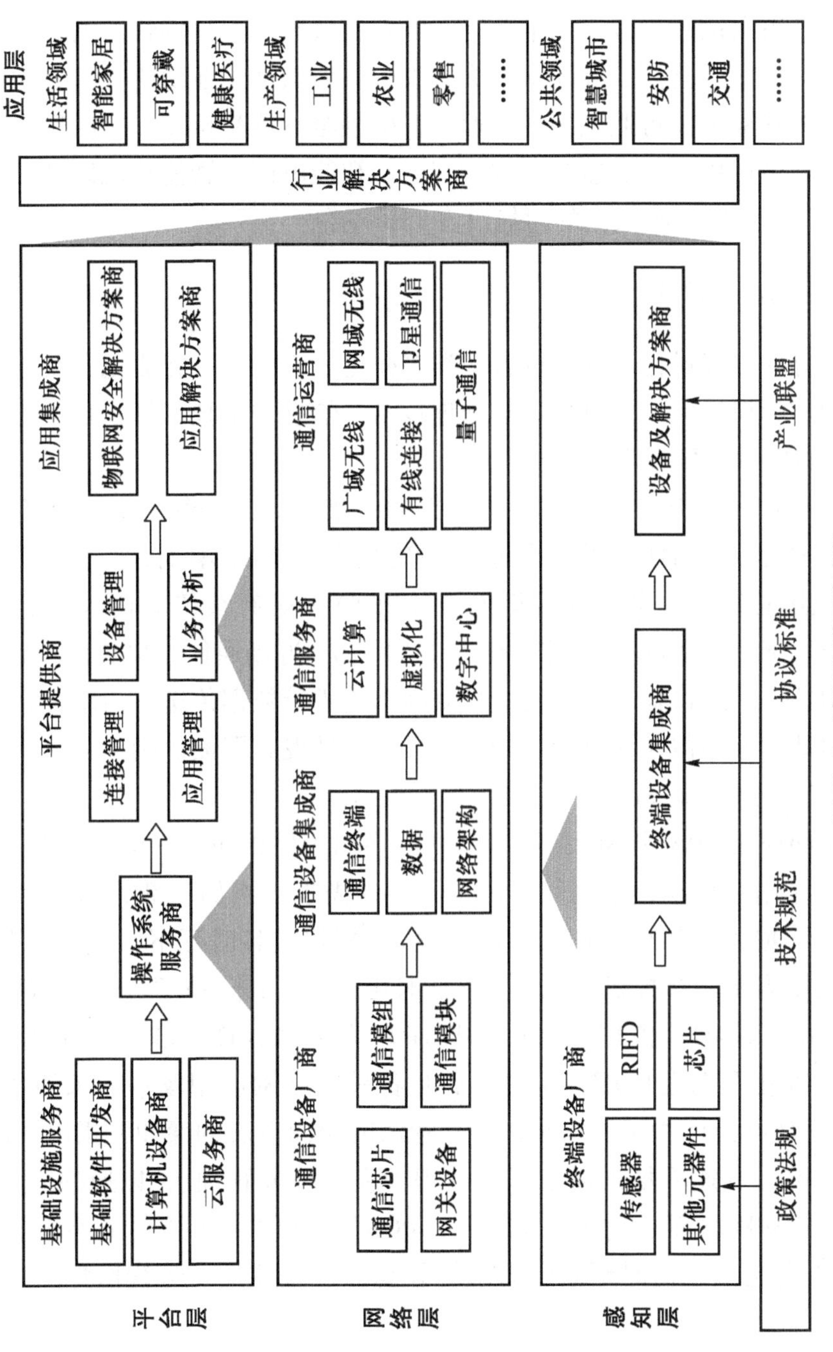

图 20-3 我国物联网产业链

注：资料来源于前瞻产业研究院。

在感知层，由于我国传感器研发起步较晚，核心技术不够成熟，元器件及传感器仍需大量进口；在网络层，我国企业研发投入不断加大，物联网芯片及通信模组供应商依靠性能和价格优势逐步实现国产替代，作为物联网前期建设支撑，信息传送网络投资规模占据最大份额；在平台层，随着连接数及应用的快速增长，平台层得以快速发展，电信运营商、互联网巨头、细分行业头部企业纷纷投入自主研发平台及操作系统的热潮中，行业生态初步形成，引领全球增量市场；在应用层，物联网已较为成熟地被运用于安防监控、智能交通、智能电网、智能物流以及可穿戴设备等行业领域，应用层贡献最大的附加值占35%左右。

（三）物联网技术演进

物联网具有数据海量化、连接设备种类多样化、应用终端智能化等特点，其发展依赖于感知与标识技术、信息传送与处理技术、信息安全技术等，是一门具有多学科交叉融合特征的重要技术。

物联网的应用离不开信息的感知与数据的收集。数据采集主要涉及传感器技术、射频识别技术（RFID）、多媒体信息采集技术、条码识别技术和实时定位技术等。通过现场总线、公共交换电话网络（PSTN）等有线传输技术，射频识别（RFID）、蓝牙、紫蜂（Zigbee）、移动热点（Wi-Fi）、近场通信（NFC）等无线传输技术进行组网接入。通过移动通信网、公众固网等进行数据传送。初期，完成业务处理后的数据基本上停留在信息的存档、统计与对外发布层面。刚性需求和数字经济推动物联网技术进一步发展。

随着物联网应用领域的不断拓展，物联网终端的种类和数量出现井喷式增长。不同的物联网应用对移动通信网络提出了不同的需求，例如，部分物联网应用需要网络提供“广覆盖+大连接+低功耗（低频次短报文且时延不敏感）”的服务，部分物联网应用需要网络提供“大连接+低时延+中/高速带宽”的服务等。窄带物联网（NB-IoT）、4G（含LTE-Cat1，即速率类别1的4G网络）和5G等通信技术的突破、标准化及商业应用，构建起满足各种物联网应用场景需求的物联网。《工业和信息化部办公厅关于深入推进移动物联网全面发展的通知》指出，以窄带物联网满足大部分低速率场景需求（如远程抄表、环境管理），以速率类别的4G网络满足中等速率物联需求和话音需求（如POS机、可穿戴设备、远程监控），以5G技术满足更高速率、低时延联网需求（如高清视频监控、远程医疗），实现万物互联。

随着芯片、嵌入式处理器、元器件集成化、小型化、智能化发展，边缘计算以及边缘智能的兴起，物联网终端设备、边缘计算平台、集中云平台被不断赋予智能化数据处理能力。随着大数据、云计算、人工智能、区块链技术与物联网技术的融合应用，促进了智能物联网的诞生，为物联网发展带来创新活力。

上百亿个物联网设备连接到网络中，它们分散在世界各地，应用于金融、工业、农业、消费等各行各业，物联网的安全性愈发重要。感知层安全注重节点认证及入侵检测；网络层安全对数据传送进行加密处理，保障数据完整性、机密性；平台层安全注重数据库安全管理，保障数据信息处理的安全性；应用层安全重点进行业务控制策略的安全防护，保证业务及业务支撑体系的安全。随着区块链大数据分析技术的应用，物联网安全防护手段将由“被动防御”逐步向“主动防护”转变升级。

分析未来物联网技术的发展趋势，不是对现有技术的颠覆性突破，而是通过对现有技术的综合运用，结合其他技术实现全新模式的、物联网泛在的智能化连接。

三、物联网业态未来发展趋势

物联网作为新型基础设施的重要组成部分，在经济社会数字化、智能化转型升级中发挥着不可替代的作用。截至2022年8月底，我国移动物联网连接数首次超过了移动电话用户数，成为全球主要经济体中首个实现“物超人”的国家。根据预测，2025年我国物联网产业将居全球首位。

随着我国经济进入高质量发展阶段，数字经济与实体经济广泛深入结合。以物联网为代表的新一代信息技术改造升级传统产业、应用于社会治理、公共服务及个人生活，提高产业发展效率及质量，提高社会管理及公共服务和家居生活智能化水平，物联网产业未来发展空间广阔（图20-4）。

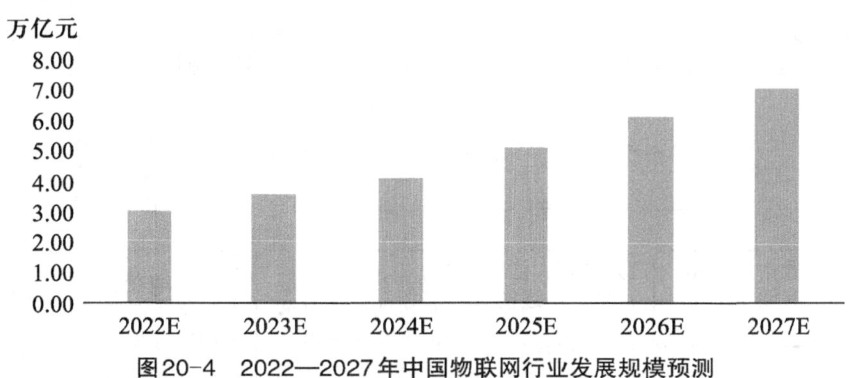

图20-4　2022—2027年中国物联网行业发展规模预测

注：资料来源于前瞻产业研究院，E表示预测。

（一）从“万物互联”到“泛在智联”

物联网与人工智能、云计算、5G、区块链和边缘计算等技术不断融合创新，向各领域渗透，实现从“万物互联”到“泛在智联”的演进。

在组网方面，已形成以局域范围的蓝牙、移动热点、紫蜂，广域范围的窄带物联网、速率类别的4G网络、5G为代表的组网架构体系，以满足不同场景、不同速率的联网要求。5G在公开发行版本17中为物联网专门研制了RedCap（Reduced Capability，轻量化）技术标准，通过减少终端带宽、收发天线数量、降低调制阶数等方式，大幅降低了终端成本和功耗；满足中高速率物联网业务的需求（如智能可穿戴设备、工业无线传感器、视频监控）；在公开发行版本18中将进一步降低终端复杂程度，支持中速率物联网，促进物联网发展。

云计算为物联网产生的海量数据提供了智能分析工具，给物联网提供便捷、可靠、按需的访问控制，是实现可扩展和自主智能物联网基础设施的关键。交通、安保、零售、车联网等行业对数据实时处理、分析和决策的需求极高，需要边缘计算提供高安全、低延迟、低成本、高效率和高扩展性的解决方案，物联网云边协同计算成为主流发展趋势。

人工智能与物联网深度融合趋势势不可挡，如可穿戴健康设备、智能家居、智慧城市、智慧零售、智能工厂等场景逐渐融入人们的生活。当与人工智能技术融合后，物联网的潜力得到了进一步的释放，改变了现有产业发展生态、经济格局及生活模式。当前，人工智能物联网发展已驶入“快车道”，从单机智能发展到互联智能，向主动智能迈进（图20-5）。

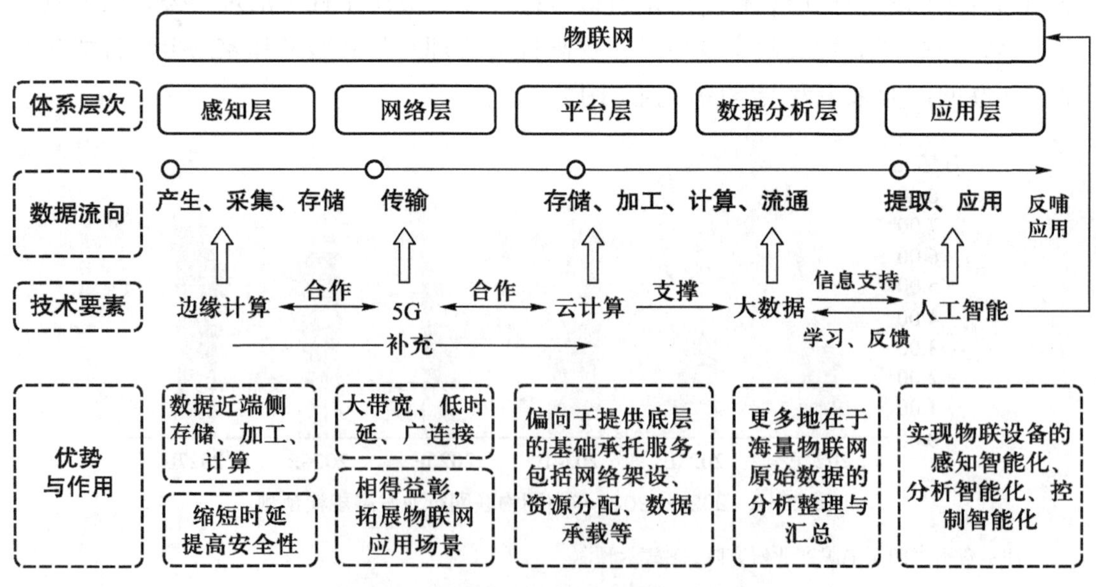

图20-5　物联网与多种技术相关关系解构

注：资料来源于艾瑞咨询。

（二）应用平台垂直整合与跨界融合

《中华人民共和国国民经济和社会发展第十四个五年规划和2035年远景目标纲要》中将物联网作为七大数字经济重点产业之一。《“十四五”数字经济发展规划》等相关政策文件提出，鼓励应用物联网等新一代信息技术促进生产生活及社会管理智能化、精细化和绿色化。

随着各领域数字经济场景商业模式逐步成熟，物联网应用逐渐从拓宽分布领域向加强应用深度发展，迈向以用户价值互联互通为核心的阶段。物联网产业发展模式逐渐由供给主导向需求驱动跃迁，基于数据的创新服务不断涌现，物联网产业发展重心从连接节点数量增加转向数据规模提升、数据质量升级和重塑行业商业模式等方面。应用物联网技术对行业进行智能化升级改造，对中国经济实现高质量发展，全面推进乡村振兴，提升人民幸福感和获得感具有重要意义。下面以智慧交通和智慧金融为例进行介绍。

随着中国城市化进程的推进，各大城市交通拥堵严重、事故频发。物联网的快速发展，能够提升交通基础设施的联接和感知能力，为“单车智能+车路协同”的智慧交通场景提供强有力的技术支撑，如应用物联网技术的智慧灯杆，集成视频、雷达、温湿度、降雨、水位检测等多种传感器，实时获取天气、路况信息。利用物联网技术对交通管理、物流运输、公众出行等领域进行全方面、全过程管控支撑，集合物联网、5G、云计算、大数据、人工智能等技术的智慧交通系统利用感知网络及道路智慧设施，通过大模型分析、智能算法决策向交通参与者推送最优出行方案，使人、车和路紧密配合，减少道路交通事故、提高资源利用率，提升人民生活幸福感，同时为城市科学规划建设提供数据支撑。在物联网浪潮下，人工智能和物联网让金融科技席卷全球，推进传统金融服务智能化改造，新技术与金融行业深度融合。金融机构通过物联网技术的接入和积累，把数据连接起来，通过数据洞悉客户群体，感知客户需求，赋能金融机构风控模型设计和金融产品创新，提升金融服务效率，并助力普惠金融发展。物联网与金融融合的另一场景为支撑数字人民币万物互联的支付体验，通过云计算、物联网、移动互联、生物识别、数字货币等新技术，助力实现数字化运营管理。例如，北京冬奥会数字人民币试点主要围绕食、住、行、游、购、娱、医七大重点场景的支付服务需求，部署无人售货车、自助售货机、无人超市等创新应用场景，并推出支付手套、支付徽章、冬奥支付服装等可穿戴物联网支付设备。

（三）技术创新与生态繁荣

数字经济的高速发展给物联网产业腾飞带来契机，作为支撑“数字中国”建设的新型基础设施，物联网产业链实现“自主创新，安全可控”，是服务“数字中国”建设，提升产业链高质量发展的关键。

《物联网新型基础设施建设三年行动计划（2021—2023年）》中要求“突破关键核心技术。贯通‘云、网、端’，围绕信息感知、信息传输、信息处理等产业链关键环节，体系化部署创新链”。工信部印发的《“十四五”软件和信息技术服务业发展规划》提出要壮大信息技术应用创新体系。开展软件、硬件、应用和服务一体化适配，逐步完善技术和产品体系。

感知层，国内传感器技术在政策支持下快速升级，国际贸易受阻，市场需求带动加快国产化替代，我国芯片厂商的市场份额逐步增大。随着海量设备的互联互通，对网络连接及处理能力要求越来越高，模组厂商依靠价格及性能优势，逐渐实现国产化替代，但芯片、传感器等核心技术仍待突破。网络层，提供高效、可靠、安全的信息传输。我国物联网产业链网络层实力较强，具备一定的国际竞争力。平台层，作为产业链核心起承上启下的作用，由于竞争激烈，国内众多企业纷纷投入自主研发物联网操作系统及平台部署的热潮中，已形成向下延伸入口、向上延伸应用的行业生态。应用层，基于中国广阔的市场及物联网人才基础，应用层软件开发、智能控制技术等百花齐放，为用户提供丰富多彩的物联网应用。

（四）人才供给与产业协同

2022年，工信部发布《物联网从业人员能力要求》，基于物联网行业的技术参考架构、业务形态和应用规律，将物联网从业人员岗位分为物联网系统、物联网硬件与支撑软件、物联网应用软件、物联网运营及服务、物联网测试五类方向。

在产业链发展初期，涉及理论层次较高，需要大量行业标准、整体规划及技术研发类研究型人才，对标准、软硬件、协议进行设计研发，人才需求主要面向物联网系统、物联网硬件与支撑软件、物联网应用软件等岗位。随着物联网向工业、农业、汽车、零售等领域拓展，赋能传统产业数字化转型，需要大量既懂行业发展又具有物联网知识的复合型技术技能人才，从事包括射频识别系统设计与开发、嵌入式开发、网络装调、物联网硬件开发、传感器开发等工作，人才需求主要面向物联网硬件与支撑软件、物联网应用软件、物联网运营及服务等岗位。在物联网应用实施过程中，需要大量高素质技能型人才，如物联网业务运营管理人员、项目施工人员、市场销售人员、业务应用人员和系统维护人员，需求主要面向物联网运营及服务、物联网测试等工作岗位。

全球物联网设备的爆发式增加，将导致物联网人才需求的快速增长，物联网总体岗位需求量近年呈现爆发式增长态势，根据安永（中国）企业咨询有限公司和华为技术有限公司联合发布的《中国ICT人才生态白皮书》分析，作为人力资源和社会保障部公布的数字新职业之一，仅物联网工程技术员从业人数就超过200万，从事物联网平台、架构、芯片、传感器等技术的研究和开发，以及物联网工程的设计、测试、维护、管理和服务。到2025年，物联网行业人才需求缺口预计将达到391万，且未来几年，随着物联网技术在社会各领域各行业中广泛普及，人才供给状况将异常严峻，物联网人才的缺乏是当前产业发展的主要瓶颈。

受新兴技术和产业数字化、智能化转型的驱动，我国物联网产业仍处于高速发展时期，物联网技术与5G、大数据、人工智能、区块链等技术融合应用。在此背景下，物联网行业人才需求呈现以下特征：嵌入式开发岗位人才紧缺程度最高。嵌入式技术与物联网上层应用、底层开发紧密相关，使得嵌入式技术人才受到企业的广泛重视，对软硬件专业能力要求高也导致优质人才短缺。系统运维方向人才需求增速明显。随着物联网技术逐渐成熟以及应用领域的持续拓展，负责需求挖掘、产品推广、系统实施运维方面的应用型人才需求增长迅速。缺乏兼具物联网技能与行业理解的人才，主要包括：能够提供数字化转型端到端解决方案的专家型人才、智能联网设备的调试运维人才，能够结合行业特点对物联网基础设施架构进行合理布局的人才，能够利用大数据及人工智能对相关业务有深刻洞察的人才，以及具备基础技术国产化能力的高层次人才；同时，随着国产信创产业蓬勃发展，更是急缺突破物联网传感器、芯片等领域关键底层技术的核心人才。

四、职业教育支撑物联网业态创新发展

随着新一代信息技术发展、产业数字化转型升级，我国职业教育紧跟科技发展的步伐，加快传统专业转型升级，并开设了一批新兴专业，提升数字技术技能人才培养能力，从专业名称修订到专业内涵建设，打造现代化职业教育体系。近些年，我国陆续开设及优化了中职、高职、高职本科的物联网专业，根据国家第一轮“双高”建设数据以及国家智慧教育平台数据，重点打造国家级、省级高水平物联网专业群，目前，已建成1个国家级物联网教学资源库、4个省级教学资源库、数十门物联网相关国家级精品在线开放课程。通过培养物联网双师教师队伍，增强服务经济社会发展的支撑力，以适应产业转型升级需要，增强服务人的全面发展的吸引力，以适应提高人才培养质量需要。

职业教育主动适应经济结构调整与产业变革，发挥着支撑人才供给、构建人才体系、提升技能服务、增进国际交流的作用，为物联网业态发展作出了突出贡献。

（一）支撑物联网业态人才供给

职业教育是培养技能人才、能工巧匠、大国工匠的重要途径，培养造就大批德

才兼备的高素质人才，是国家和民族的长远发展大计。根据中职、高职、高职本科的物联网国家专业教学标准的调研报告数据统计，中职到高职与高职本科，全国开设物联网专业院校超700所，年均培养30余万名物联网技术技能人才，虽远未达到市场对人才的需求量，但为物联网经济转型和高质量发展提供了源源不断的人才红利，为中国物联网产业迈向全球价值链中高端提供了生力军。为促进人才培养更具针对性，提升人才培养的社会适应性，教育部累计公布了447个职业技能等级证书，其中包含十多个物联网专业相关职业技能等级证书，如“传感网应用开发”“物联网工程实施与运维”等，将企业新工艺、新技术、新规范融入实际教学，为人才需求对接提供新的重要引擎，为更高水平的产教融合育人模式提供新的思路。

（二）构建全方位人才体系建设

随着物联网技术的快速发展和深入应用于各产业领域，为满足物联网产业人才发展需求，我国发布“物联网工程技术人员”“物联网安装调试员”等新职业，完善了职业分类和职业标准体系，为物联网产业发展提供风向标，促进产业升级和结构调整。面对新一轮科技革命和产业革命新要求，新业态、新职业、新岗位不断涌现，构建了物联网职业教育专业的专业教学标准、实训条件建设标准等物联网人才标准体系，将职业能力要求转换为人才培养目标要求，为提高技术技能人才培养质量提供明确的规范和引领。

（三）提升物联网行业技术与服务水平

根据前瞻产业研究院发布的《2023—2028年中国物联网行业应用领域市场需求与投资预测分析报告》，我国物联网企业85%以上为中小企业，是物联网行业发展的重要支柱，一线新增从业人员70%以上来自职业院校毕业生，职业院校成为支撑中小企业发展的主力军。职业教育聚焦企业发展中的痛点、难点问题，提升中小企业的技术与服务水平。推动职业院校教师利用物联网相关技术服务企业实际工作场景，帮助企业解决生产过程一线问题，改造工艺流程、优化产品设计，并承接众多企业课题研究、知识产权授权，赋能中小企业技术革新和技术改进，推动产业数字化升级改造，助力企业可持续、高质量发展。在职业技能提升方面，基于物联网新职业技能标准，强化职业教育培训，提升新职业的社会认同度，完成累计数千人次物联网新职业人才水平认定，实现人才培养与产业发展衔接、与社会需求同步，提升从业人员素质与技能。

（四）促进物联网行业国际化合作

把握“一带一路”倡议推动产教融合发展的新机遇，我国职业院校与泰国、南非等院校合作开展物联网专业建设及师资培训等工作，将我国优质职业教育和物联网产品技术输出国门与世界分享，服务我国物联网企业国际化合作，培养合作国家物联网产业发展亟需的熟悉中国技术、产品、标准本土化技术技能人才，并通过国际比赛等形式，推动全球职业教育界和产业界深度融合，扩大国际产能合作，助力各国经济社会发展，增强全球职业教育国际交流合作，塑造中国全方位开放的新格局。

主要执笔人：孙雁飞，南京工业职业技术大学；吴卓平，中国通信学会；杨燕，南京工业职业技术大学；林世舒，北京新大陆时代科技有限公司；冯征，中国移动通信集团设计院有限公司技术部（总工办）；贾敏，哈尔滨工业大学；黄向东，清华大学；唐晓民，中兴通讯股份有限公司；李镇，南京工业职业技术大学；何智勇，南京工业职业技术大学；沈忠文，南京工业职业技术大学；刘博，南京工业职业技术大学；董强，南京工业职业技术大学；徐丽萍，南京工业职业技术大学。

冷链物流行业发展促进冷链物流服务与管理业态高质量发展

推动冷链物流行业发展是我国建设现代流通体系的重要着力点。归纳我国冷链物流行业经历的萌芽起步、快速发展、深度拓展三个阶段，总结冷链物流行业取得的重大成就，并从职业院校在深化产教融合、校企合作，推进职业教育赋能产业高质量发展；以科研创新团队建设为引领，全面提升社会服务能力；区域整合、跨界协作，冷链物流职教集团服务企业发展三个方面的具体举措，阐明职业教育对促进冷链物流行业发展的重要意义。通过分析冷链物流行业近年来出现的技术变革、科技创新、政策变化等方面对产业发展的影响，为进一步探索我国冷链物流职业教育与冷链物流行业持续高质量协同发展提出对策和建议。

一、冷链物流业态的变迁

（一）冷链物流行业发展演变

随着我国城乡居民人均可支配收入的提高，消费者对生鲜商品的品质要求也在不断提高，加之生鲜电商市场进入发展大爆发阶段，冷链物流行业迎来发展新机遇。根据中国物流与采购联合会冷链物流专业委员会（以下简称“中物联冷链委”）和中商产业研究院的数据显示，2015—2019年期间，冷链物流行业的年均复合增长率超过20%，2019年冷链物流行业的市场规模达到3 390亿元人民币，同比增长达17.5%，2020年整体市场规模超4 000亿元，按此增速测算，到2025年我国冷链物流市场规模将接近9 000亿元，冷链物流驶上发展快车道。归纳起来，我国冷链物流行业发展经历以下三个阶段。

1. 萌芽起步阶段（1998—2006年）

在冷链物流行业萌芽阶段，相关资源非常匮乏，“冷链物流”的概念尚未形成。此外，由于技术能力的不足，许多冷链设施存在严重的短板，许多地方的冷链服务仍然停留在传统的企业层面，城市配送则由经销商完成，当时的冷藏运输能力十分有限，但行业的收益十分可观，处在一个资源紧张的状态。

2. 快速发展阶段（2007—2017年）

随着2007年今日资本投资荣庆物流、2008年北京奥运会成功举办、2010年国家发展和改革委员会出台《农产品冷链物流发展规划》，标志着中国的冷链物流行业2.0时代正式开启。2007—2017年，中国的冷冻食品和冷链物流发展迅猛，中国外运物流投资控股有限公司等国有大型企业积极投身于此，国际知名的冷链物流企业也纷纷进入中国市场，国内食品行业的龙头企业更是在上游建立了独立的物流公司，为中国的冷链物流业发展奠定了基础。随着大型连锁商超建立生鲜配送中心，头部电商也开始试水生鲜配送，带动了国内冷链物流企业开始组织化运作，在全国范围开展仓配网络布局、拓展新业务。

3. 深度拓展阶段（2018年至今）

2018年以来，冷链市场发生巨变，消费升级加速推动行业发展，冷链物流基础设施体系不断完善，技术的变革增强创新驱动发展新动力。随着智能化、物联网等新技术的快速发展，冷链物流行业逐步实现数字化和智能化，比如物流信息的追溯、透明度和时效性，以及冷链数字技术、模拟模型技术和大数据的应用，同时，冷链管理标准化、货物追踪管理和质量检验也取得了显著的改善。这些都印证了我国冷链物流行业迎来蝶变升维的新发展格局。冷链物流行业3.0时代的主要特点体现在产业环境、冷链意识、技术装备、人员管理和经营理念五方面的升级。

到2021年，中国食品冷链物流需求达3.02万吨，比2020年增长3 727万吨，增长14.08%。十年间，中国食品冷链物流需求总量增长已超过300%，且2021年的冷链物流市场的规模已突破4 586亿元，同比增长19.66%。随着国家出台相关政策大力支持冷链物流行业发展，冷链物流的硬件设施不断优化完善，冷链物流产业已成为我国构建城乡双向流通体系、实现乡村振兴和共同富裕的重要抓手。截至2021年，我国冷库总容量突破1.96亿立方米，冷藏车保有量突破34万台。

后疫情时代，智慧商店、无接触配送、无人零售、直播带货等新业态新模式不断涌现，大数据、云计算、物联网、区块链等新技术与冷链物流加速融合，带动了更多人员加入冷链物流行业中来。此外，随着冷链物流信息化和自动化水平的不断提高，国内冷链物流专业人才储备不足的问题也日益凸显。根据中物联冷链委的《2018年我国冷链物流行业分析研究报告》显示，2019—2023年期间，我国冷链物流市场平均增长率将有望超过20%，公共冷藏冷冻设备平均复合增长率将达24%以上，未来中国冷链物流人才需求量将超过30万。

（二）冷链物流服务与管理职业教育的作用地位

冷链物流是链接农业生产与居民消费的纽带，是我国建设现代流通体系的重要环节。全面推动冷链物流行业的高质量发展，一方面有利于促进消费升级和扩大消费，另一方面能够促进农业转型和农民增收，是满足人民日益增长的美好生活需要和推动实现共同富裕的重要手段，对构建新发展格局具有重要意义。

冷链物流服务与管理职业教育服务数字经济发展、乡村振兴战略等国家重大战略，是增强农产品国际贸易竞争力、建设贸易强国、推进国内国际双循环新发展格局的重要手段，为我国布局打造基于网络规模经济效益的设施网络和冷链物流服务体系，加快关联产业生产、流通、消费大循环，推动冷链商品标准（品牌）生产、冷链物流、品质消费等全环节规模化对接，放大全链条冷链物流产业价值提升效益，提供有力的人才和技能支撑。

二、职业教育促进冷链物流业态发展

依据教育部《职业教育专业目录（2021年）》，冷链物流类相关专业涉及高职“冷链物流技术与管理”和中职“冷链物流服务与管理”两个专业。截至2023年，全国高职院校冷链物流技术与管理专业共计23个，全国中职学校冷链物流服务与管理专业共计8个。从专业设置区域分布看，主要集中在河南（占比19%）、广东（占比13%）、广西（占比13%）等地，中职冷链物流服务与管理专业从2019年开始招生，2020年在校生人数达到540人。目前，冷链物流行业对各岗位群人才的需求量约为25万人，供需缺口巨大。

（一）深化产教融合、校企合作、推进职业教育赋能产业高质量发展

“十四五”期间，我国冷链物流行业仍处在重要的战略机遇期，在国民经济中的地位越发凸显，已成为构建新发展格局的重要战略支点。随着数字化升级、智能化改造、物流业与制造业融合、国际物流大通道建设等方面持续推进，急需培养大量创新型冷链物流技术技能人才，来应对“直播电商+产地仓+冷链共配”、冷链快递和冷链宅配等新业态、新模式带来的机遇与挑战。同时，冷链物流跨界融合、集成创新能力不断增强，对职业院校冷链物流人才培养提出了更高的要求。近年来职业教育领域的实践证明，产教融合是培养高素质技术技能型人才的必经之路，职业教育与产业发展相融互促的良好格局正在形成，职业院校服务地方经济社会发展的能力进一步提升。其中，典型案例有安徽财贸职业学院、江苏商贸职业学院、广西物资学校、成都工业职业技术学院等。

1. 校企共建产业学院，打造冷链物流育人新路径。

2016年，安徽财贸职业学院在安徽省供销社的支持下，与安徽省农业产业化龙头企业安徽合和冷链食品股份有限公司开展了一系列合作，依托合作共建“和合产业学院”，探索实践培养一线需求人才到生产一线实践的培养模式，并提供理论

与实践结合、办学与产业关联、专业与岗位对接的解决方案，为实现冷链物流人才培养与区域冷链物流产业发展精准匹配，服务智慧冷链物流产业转型升级，以产业学院为产教融合的平台载体，通过院校、企业、教师、学生四方联动，打造人才共育、成果共享、基地共建、项目共研的校企命运共同体，形成安徽财贸职业学院特色办学形式（图21-1）。

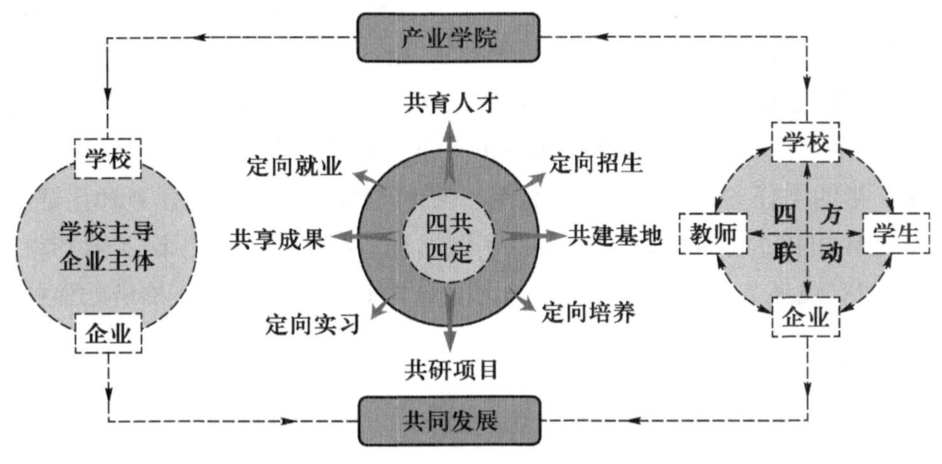

图21-1 和合产业学院运行模式

2. 深入产业积极探索，共育应用型冷链物流人才。

江苏省是我国主要农产品产区，作为农业强省，江苏省通过不断完善农产品冷链物流基础设施的建设，显著提升农产品冷链流通率。江苏商贸职业学院以“立足地方聚合地缘优势，依托系统彰显商贸特色，培养适应现代服务业和供销合作社发展需求的高素质技术技能人才”为办学理念，响应国家号召，助力乡村振兴，以适应江苏省农产品冷链产业发展为根本，培养满足江苏省农产品冷链物流产业需求的人才。学院建设全国物流职业教育人才培养基地，充分利用资源，汇集政校行企多方力量与地方农村开展共建冷链物流基地，培养适应区域产业需求的农产品物流人才，打造具有特色的农产品冷链物流人才培养机制。

3. 开展标准体系建设，助推特色产业健康发展。

广西有着显著的区位优势，既有中国（广西）自由贸易试验区，也与东盟国家陆海相连，还有北部湾港口。广西的气候条件适宜，农产品、生鲜水产品资源极为丰富，北部湾海域是我国著名的“四大渔场”之一，随着全国各地的消费者对生鲜、水产品的需求日益增长，冷链物流产业发展前景十分广阔。广西物资学校作为广西冷链协会成员，积极参与广西冷链行业标准制订工作，联合广西冷链协会申报国家标准化管理委员会标准制订资格、开展广西农产品冷链物流规划及冷链物流体系建设、承接广西壮族自治区商务厅关于《城乡农产品冷链配送体系调研》项目、对自治区多个地市开展冷链重大项目调研，为编制广西物流业发展“十四五”规划、广西冷链物流行业发展报告撰写提供夯实的数据支撑。

4. 依托职教集团为平台，创新人才培养新模式。

成都工业职业技术学院充分发挥自身优势，探索冷链物流技术与管理专业“一二三四五”的人才培养新模式。“一”指一个平台，即以成都市现代物流专业职教集团为平台，建立行企校三方联动的专业建设团队，协同育人，形成人才共育、成果共享、风险共担的培养机制。“二”指两个突出，即突出人才培养过程中冷链物流专业技术能力和职业综合素质培养。“三”指三条主线，即以物流管理、冷冻冷藏技术、质量检测与监控三大核心专业技能为主线，实现岗位能力培养全覆盖。“四”指四类任务，包括学习型任务、项目型任务、岗位型任务和比赛型任务。“五”指五环相扣，即通过课堂教学、实践实训、技能竞赛、顶岗实习和就业创业五大教学与实践环节的无缝衔接和融合渗透，实现高素质复合型冷链物流技术与管理人才的培养。

（二）以科研创新团队建设为引领，全面提升社会服务能力

1. 校企研协同攻关，打造冷链物流技术技能新平台

在科学技术部（以下简称“科技部”）“十三五”国家重点研发计划项目资助下，山东商业职业技术学院山东省农产品贮运保鲜技术重点实验室和国家农产品现代物流工程技术研究中心的科研团队自主研发设计的新型纳米光催化保鲜装备和生鲜农产品配送柜取得了重大突破。该设备以德国二氧化钛P25为基础，通过提升镀膜工艺，增强了催化性能，具有催化效率高、杀菌效果好、消除异味等特点。生鲜农产品配送柜嵌入了果蔬保鲜数据库，具有无霜、模块化、可远程控制等功能，满足生鲜电商配送的冷链需求。近年来，山东商业职业技术学院科研团队参与了多项国家重点研发计划项目，自主研发冷链装备6套，在应用示范和商业化推广方面取得良好效果。山东商业职业技术学院科研创新团队承担了科技部“十四五”国家重点研发计划项目研发任务。借助科研平台，山东商业职业技术学院在服务国家战略和区域经济发展、培育领军人才和高素质大国工匠等领域，进行了卓有成效的科学研究和教育实践，成为职业院校科技创新的“先行者”。

2. 练内功、强能力，提升冷链物流教学团队社会服务水平

以提升教学能力、科研能力、培训能力和评价能力水平为目标，全面提升教师社会服务能力，是全国职业教育战线冷链物流专业教学团队建设的首要任务。陕西工业职业技术学院投入12万元组建了服务乡村振兴的生鲜电商与冷链物流创新团队，指导学生创业开办了“陕西锦煜佳强商贸有限公司”“急派果果”和“一村N校·乡村振兴”学生创新创业团队服务“三农”。持续推进农特产品电商平台建设，

组织师生开展乡村振兴直播助农活动，开展了农村电商、残疾人实用技术、油茶高产栽培与管护技术、乡村干部新媒体技术等培训，取得显著成效。

（三）区域整合、跨界协作，冷链物流职教集团服务企业发展

1. 成立全国冷链物流产教联盟，整合优势资源多方协同发展

2020年12月，由山东商业职业技术学院、黑龙江农业工程职业学院、广西职业技术学院、北京金文天地信息咨询有限公司共同发起的“全国冷链物流产教联盟”正式成立。该联盟积极推进国家职业教育冷链物流技术与管理专业教学资源库建设，主动承担行业政策和法规制定的任务。同时，该联盟围绕冷链物流行业面临的主要问题，通过整合各方资源，对接现代优势产业集群，打造高水平专业群建设，探索校企“双主体”培养冷链物流创新型技术技能人才的新模式，为我国冷链物流行业可持续性发展提供人力资源保障，开创校企协同育人的新局面。

2. 深化职业教育改革成果，推进省域冷链物流骨干网建设

2020年，在江西省供销合作社联合社的指导下，江西旅游商贸职业学院组建江西冷链物流研究院。研究院旨在推动产教深度融合，搭建职业教育技术技能创新服务平台，为江西省城乡冷链物流骨干网建设提供专业服务，为省内冷链物流企业提供技术和管理解决方案。自研究院成立以来，积极为区域产业发展建言献策，其编写的《江西省冷链物流服务乡村振兴实施计划》《抚州市冷链物流骨干网建设》《南昌市新建区昌邑乡供销社冷链物流项目》等被省供销社、各地市采纳。2021年，研究院与中国瑞林公司合力助推江西省城乡冷链骨干网建设，为江西省冷链物流行业提供专业化的社会服务，展现了服务地方经济的责任担当。

三、冷链物流服务与管理业态未来发展趋势

（一）冷链物流服务与管理业态的发展趋势

1. 新技术应用推动冷链物流服务与管理方式迭代升级

2011年11月28日，工业和信息化部（以下简称“工信部”）印发了《物联网“十二五”发展规划》，提出发展智能物流等物联网九大应用领域。

一是物联网技术。近年来，物联网技术不断完善，为冷链物流升级提供了更好的保障。例如，通过物联网传感系统，将温湿度传感器安装在仓储中心货架上和运输工具货箱内部，将传感数据实时上传至云平台，当监测到温湿度环境出现异常时，及时下发指令进行人工或者机器管控，从而实现高效地调配冷链物流网络中的物资，使生鲜产品实现快速、新鲜配送。

二是区块链技术。2021年5月27日，工信部、中共中央网络安全和信息化委员会办公室印发《关于加快推动区块链技术应用和产业发展的指导意见》，明确指出“区块链是新一代信息技术的重要组成部分，是分布式网络、加密技术、智能合约等多种技术集成的新型数据库软件，通过数据透明、不易篡改、可追溯，有望解决网络空间的信任和安全问题。”在相关政策支持下，区块链技术逐步在冷链物流领域开展应用，并取得了一定成效。由于区块链具有去中心化、不可篡改数据等特点，将此功能特点运用在冷链物流领域，能够有效提高数据记录的完整性、准确性和安全性，提升生鲜商品在冷链物流流转过程中对信息的追溯能力，在此技术的支持下，为冷链物流服务与管理带来革命性改变。

三是电子标签（RFID）技术。RFID技术是一种具备自动识别的射频技术，在与温度传感器集成后，可用于监控货物温度波动变化、跟踪冷链物流全过程。由于RFID技术能够自动获取数据，可以简化商品仓储、运输、配送等作业流程，实现冷链物流降本增效。同时，通过监控温度波动变化，能够保障商品的品质，提升商品的安全性，为后续问题溯源提供数据支撑。

四是人工智能技术。以人工智能为主的智慧化管理成为冷链物流建设的必备要件。伴随着国家交通骨干网建设的深入推进，铁路、公路、水路、航空等多式联运与数字技术将深度融合，以人工智能为主的智慧化管理将成为冷链物流建设的必备要件。

五是无人配送和智能终端技术。由于物流末端配送存在种类多、批量少、频次高，配送节点多，交通路况复杂等特征，导致城市末端配送物流成本高。2020年以来，无人配送与智能终端建设的价值和公众认知度得到放大，国家政策层面予以更多重视。目前，虽然无人配送和智能终端建设尚处于产品化和商业化初期，但是，随着产业链、技术和解决方案的不断成熟，将为物流的“最后一公里”提供更加优质、快捷、低成本的解决方案。

六是大数据技术。大数据在冷链物流运输中的应用价值显著。多数农产品在流通过程中有严格的条件要求，温度、湿度以及日照时间等数据都会对农产品的品质产生影响。通过对相关数据的分析、挖掘和利用，能够优化冷链物流运输环境，为农产品搭建适宜的储存环境。此外，可以借助大数据，合理规划运输线路，确保农产品运输质量。还可以通过运用大数据技术，实现对冷链物流企业管理系统的优化和创新，有效提升农产品冷链物流管理绩效。

2. 多措并举纵深推进冷链物流行业发展

首先，统筹规划冷链产业布局，促进行业高质量发展。2021年11月，国务院办公厅印发《“十四五”冷链物流发展规划》，规划指出“加快建设全国性冷链物流追溯监管平台，完善全链条监管机制，针对冷链物流环境、主要作业环节、设施设备管理等重点，规范实时监测、及时处置、评估反馈等监管过程，逐步分类实现全程可视可控、可溯源、可追查。创新监管手段，加大现代信息技术和设施设备应用力度，强化现场和非现场监管方式有机结合。”并且提出到2025年，将在全国布局100个国家骨干冷链物流基地，到2035年将全面建成现代冷链物流体系，其中，设施网络、技术装备、服务质量将达到世界领先水平。冷链物流数字化、网络化、智能化的序幕已拉开，产业革命势在必行。

其次，市场竞争加速冷链物流技术标准化和规范化。近年来，突发的疫情重塑了消费者的生鲜消费习惯，带动了生鲜电商的爆发，重塑了生鲜农产品产业链。资本的注入进一步加剧市场竞争，冷链物流成为生鲜电商的核心竞争力。生鲜电商企业依托先进技术，强化标准化、正规化、规范化的管理，有效实现规模化、集约化发展，在提升时效性和服务水平的同时，提升行业竞争力。2021年3月11日，由国家食品安全风险评估中心、中物联冷链委等单位共同起草的《食品安全国家标准食品冷链物流卫生规范》，强制性国家标准正式实施。

最后，科技创新和数字转型激发冷链物流发展新动力。在大数据、物联网、人工智能等技术的推动下，冷链物流业行业开始新一轮转型升级。在技术创新、消费需求的激发下，冷链物流追溯平台不断完善，“生鲜电商+冷链宅配”“智能化中央厨房+冷链配送”“冷链快递”等新业态、新模式普及并逐步趋于成熟，冷链物流行业发展细分加快，差异化服务增多，行业跨界整合能力显著提升。科技创新之力正在彻底改变冷链物流行业的传统运作模式，引领行业朝着智能化、信息化、自动化方向转型，也将持续赋能冷链物流行业发展，推动行业驶入高质量发展快车道。

（二）职业教育持续支撑冷链物流行业发展

1. 加强专业人才培养，优化专业布局

根据冷链物流行业未来对技术技能人才的需求，每年约有5万～12.5万人的缺口，应适度加大职业院校冷链物流类专业人才培养规模，扩大专业布局面，鼓励国内东部、中部等重要果蔬产区增设冷链物流类专业，出台政策鼓励冷链物流企业与院校联合培养。但是不能简单地增加冷链物流类专业，应以区域经济发展为基础，以深化冷链技术应用能力为前提，拓展冷链物流人才培养方向，形成专业发展特色，提升人才供给质量，匹配区域冷链物流发展需要。

2. 适应新业态、新模式发展的人才需求

冷链物流新业态、新模式的不断涌现，催生出新职业和新工种。生鲜农产品冷链物流、水产品冷链物流、医药冷链物流蓬勃发展，相关产业链日趋完善，涌现出冷链物流信息专员、冷链物流流程优化专员、冷链质量控制运营助理等新的工种。

在工业4.0和智能制造背景下的信息化管理和物流设备的智能化升级，将带动我国冷链物流行业向精细化、专业化管理的方向推进。冷链物流管理与服务业态具有越来越明显的跨专业技术复合发展的特点，企业对人才的需求也随着业务的变化呈现相应的特点，尤其是结合制冷和物流的交叉技术运用能力需求在不断增强。冷链物流服务与管理职业教育的人才培养必须时刻关注这些变化，及时对课程教学内容做出灵活调整和更新，以保障教学内容对接职业标准和岗位需求。

主要执笔人：葛启文，武汉城市职业学院；李一辉，长江职业学院；曹萍，武汉城市职业学院。

展教融合职业教育助力会展服务业态高质量发展

历经五次浪潮的洗礼与迭代，“办好一次会，搞活一座城”的“大会展”时代悄然来临。会展业的快速发展，对会展业人才需求愈来愈高。但是，我国会展从业人员的数量和专业素质还远远不能适应会展业高质量发展的需要。职业教育需要探索诸如“工学交替”的现代学徒制模式和“岗课赛证”四维融通等的教学改革模式，优化职业教育类型定位，深化产教融合和校企合作，深入推进育人方式、办学模式改革，稳步发展职业本科教育，建设一批高水平职业院校和专业，推动职普融通、科教融汇，增强职业教育适应性，加快构建现代职业教育体系，培养更多高素质技术技能人才、能工巧匠和大国工匠。通过展教融合，多维驱动助力会展业高质量发展。

一、会展服务业态的变迁

我国会展业虽然起步较晚，但发展速度较快，尤其是中华人民共和国成立以后。现代会展业的发展可划分为五个阶段：起步、发展、飞跃、突破、转型，同时它们分别代表了中国会展业发展的五次浪潮。

（一）第一次浪潮——行业待兴：“出国展”和“来华展”并驾齐驱（1951—1985年）

1951年，我国首次参加莱比锡国际博览会，标志着新中国展览业发展和“出国展”的开端。1953年，中国国际贸易促进委员会（以下简称中国贸促会）受政府委托，负责协办了德意志民主共和国工业展览会，这是中华人民共和国成立后的第一个来华展览会。1978年，改革开放为我国展览业送来春风，尤其是中国贸促会成功举办的十二国农业机械展览会，标志着我国会展业由“单国展览时期”向蓬勃发展阶段的“国际展览时期”过渡。1985年，中国国际展览中心正式投入使用，结束了我国没有大型展览馆的历史。在第一次浪潮时期，中国贸促会共组织了427个“出国展”，“出国展”与“来华展”均是为了促进中国同世界各国之间的友谊或宣传中国的经济建设成就。

（二）第二次浪潮——迅速发展：展览业逐步走向专业化、市场化（1986—2000年）

伴随着我国经济体制改革的逐步深入和对外开放的不断扩大，特别是社会主义市场经济体制的建立，中国展览业迎来了蓬勃发展的时期。继十二国农业机械展览会后，先后出现北京、上海、大连、珠海等会展城市及城市群，并涌现出一批在亚洲乃至世界范围内都有一定影响的知名专业展览会，例如，中国国际纺织机械展览会、中国国际机床展览会、北京国际汽车展览会、大连国际服装博览会、中国国际航空航天博览会等。中外合作也取得明显成效，1995年，中国展览业内首家合资公司京慕国际展览有限公司问世，与德国法兰克福合作，先后成功举办了中国卫生洁具、供暖及空调设备展览会（ISH China）、上海国际消费品博览会（AMBIENTE Shanghai）等知名展会。1999年，我国又自主举办了AI类专业世博会——昆明世界园艺博览会。我国展览业初步形成了自主办展、“来华展”“出国展”并驾齐驱态势。

（三）第三次浪潮——产业提升：会议展览并举，外资介入、百花齐放（2001—2004年）

2001年11月，上海陆家嘴展览发展有限公司与德国三大展览巨头共同投资兴建上海新国际博览中心，标志着国际展览巨头大举进入中国市场的序幕正式拉开。中外合资建立公司及中外合资、独资、收购办展趋势显著，同时也为我国展览业带来了许多先进的经营理念和管理经验。4年间，我国每年平均办展数量在3 000个左右，2004年展览业总收入达到108亿元人民币；国际展览范围涵盖机械、电子、通信、石化、仪器、钟表首饰、服装、金融、建材等多个行业；展览主办单位从起步阶段的几家发展到200多家，并形成了政府、各协（商）会、外贸公司、国营和民营展览公司、中外合资展览公司以及外资展览公司等多层次、多渠道办展的新格局。会议经济同样引起国人的注意，2001年APEC会议召开后，我国首次在《国民经济行业分类》中设立了“会议及展览服务”的类别，会议与展览交相辉映。

（四）第四次浪潮——四“新”导向：新理念、新竞争、新规则、新技术（2005—2019年）

首届中国会展经济国际合作论坛及全国出国经贸展览工作会议的召开，对我国与国际展览界的交流和合作起到了积极的促进作用，使得2005年成为我国会展业发展的分水岭。在2005年后的近15年内，我国会展业呈现出“新理念、新竞争、新规则、新技术”等特点，并于2020年左右跻身世界会展业强国之列。

（五）第五次浪潮——曲折复兴：数字化和疫情的影响叠加（2020年至今）

2020年疫情的影响致使会展项目受到前所未有的冲击，会展企业可谓是举步维艰，但“危”“机”并存，线上线下融合发展逐渐成为会展业的共识，互联网、大数据等技术的快速发展，带给会展业无限发展的机会，促进会展业数智化升级。

二、会展服务业态的定位

会展业是在全球化背景下蓬勃发展起来的一个新兴产业，是我国21世纪的朝阳产业，目前与旅游业、房地产业并称为世界三大“无烟产业”。会展业具有效益高、联动性高、导向性强、凝聚性好、专业性浓、交融性大等特点。会展业可以带来场租费、搭建费等直接经济收入及直接或间接地拉动餐饮、住宿、商业、购物、交通、广告、旅游、房地产等众多产业的发展，对一个城市经济发展的贡献率大约为1∶9（UFI的统计分析）。例如，1970年日本大阪世界博览会之后形成了关西经济带，其后十年发展迅速，促进了日本经济的增长；2000年德国汉诺威世界博览会期间，参观者达1 810万人次之多，所带动的投资金额高达108亿德国马克。因此，会展业备受经济发达国家和地区的广泛青睐。在西欧国家、北美地区、澳大利亚及亚洲的日本、新加坡和中国香港等地区，会展业已成为一个十分重要的产业。例如，在法国巴黎，平均每两天就举办一场会展；在德国汉诺威，几乎天天都是会展业节日。

上海合作组织峰会后，我们认真总结“办好一次会，搞活一座城”的有益经验，此经验的核心是利用会展活动提升城市的竞争力和吸引力，促进产业升级。例如，二十国集团领导人峰会使得杭州在国际舞台上一举成名，为杭州的招商引资、城市发展带来了极大的好处。又如中国进出口商品交易会（又称广交会）巩固了广州的外贸中心地位、余姚塑料博览会壮大了余姚塑料加工产业、贵阳国际酒类博览会使贵阳酒业做大做强、东营橡胶轮胎展提升了东营轮胎产业知名度等。会展业可以通过增强城市经济实力、优化产业布局、扩大城市经济贸易促进城市经济增长，同时也能完善城市的生产与服务功能，增强城市影响力、聚集力和自律力以树立城市形象。

三、会展业发展现状

（一）我国会展业发展现状

我国会展业自20世纪90年代以来发展迅速。特别是我国加入WTO以后，会展项目的数量可谓是持续增长，已由2001年的2 087个增长至2005年的3 800个；我国国内会展项目数量以年均16%的速度增长；国际会展项目占会展项目的50%左右，平均增长率为11.8%；会展企业达4 900家；全国会展业收入以年均20%的速度增长，在2005年达到127.5亿元；参展企业500多万家，参会专业观众近2 000万人次。根据商务部服务贸易和商贸服务业司组织编写的相关年度《中国展览行业发展报告》发现，2013—2015年全国展览业的产值测算分别为：3 870亿元、4 183亿元、4 803 亿元，连续3年的同比增长率分别为：10.6%、8.1%和14.8%。这说明，经济新常态下的我国展览业产值增速虽有起伏，但总体上都能保持在高于GDP增速水平。就会展项目而言，我国在数量上已仅次于美国，居世界第二位。

2019年，随着中国特色社会主义进入新时代，我国展览经济已由高速增长向高质量发展转变。《中国展览经济发展报告（2019年）》指出，在已采集到面积信息的展览中，我国境内共举办经贸类展览3 547个，同比下降6.5%；展览总面积为13 048万平方米，同比增长0.8%；重工业展览数量超过服务业展览，跃升至第二位，展览经济的产业结构逐步优化；5万平方米以上的大型规模展览合计占所有规模展览的57.6%，我国展览行业规模化和集中化发展成为必然趋势。同时，我国会展经济产值也大幅增长。

同时，会展行业作为新兴产业，也是新型服务业，其发展从“面对面”逐步探索到“屏对屏”，纷纷“云”上集合，线上线下共同发展，从而推动会展企业探索发展的新路径、新模式、新趋势。此外，互联网、增强现实（AR）技术、虚拟现实（VR）技术、区块链等新技术在医疗、娱乐、工业、移动终端等领域的应用，极大地拓展了会展业的主题选择空间。数智化技术、“互联网+”思维的应用提升了会展行业组织和运营的效率，使其智能化，并且降低了展览会的组织和运营成本，同时将有力推动会展行业转型发展。

（二）会展业对于技术技能人才的需求

1. 会展业从业人员需求

2013—2020年，我国会展行业从业人员需求量呈现递增趋势（表22-1）。2014年，展览行业直接从业人员87.6万人次；2015年，展览行业直接从业人员96万人次，同比增长9.6%；2017年，直接从业人员达到97.5万人次，同比增长7.7%，总体呈现快速增长趋势。

表22-1　展览行业与会展行业直接从业人员数量

（单位：万人次）

年份	展览行业直接从业人员数量	会展行业直接从业人员数量
2013	85.56	221.95
2014	87.60	224.62
2015	96.00	246.15
2016	90.03	230.85
2017	97.50	250.00
2018	109.75	253.80
2019	112.43	260.03

数据来源：商务部服贸司《中国会展行业发展报告2015》《中国会展行业发展报告2016》，中国会展经济研究会《2016年中国会展行业资本市场发展报告》。

2. 会展业人才学历需求

通过对国内知名招聘平台数据进行分析发现：共有117 693条会展企业对招聘人才提出学历要求，其中，要求学历在高职高专以上的占比为66.49%，要求学历在本科以上的占比为22.1%。这充分表明高职、本科学生成为会展相关企业招聘的重要人群，也充分说明了会展行业的快速发展为职业教育带来了新的机遇。截至2022年，我国有职业院校1.12万所，在校生超过2 915万人，职业教育在服务经济社会发展和个人成长成才中发挥了不可替代的作用。但长期以来，大家会对职业院校学生有“无奈的选择”等偏见。近年来，我国有关职业教育改革创新发展的法律制度和政策举措密集出台，有力支撑了职业教育的高质量发展，同时也为会展行业人才需求注入了新的活力。

3. 会展业人才职业素养需求

会展行业中多为一线基层服务性岗位，大部分岗位对于专业技能要求不高，但是员工的职业品行与道德、学习态度、社交能力至关重要。因此，会展从业人员要求具备团队协作能力、创新精神、敬业精神、吃苦耐劳和善于沟通等基本素质。随着会展业的发展壮大，营销、策划等传统岗位作为主要职能岗位，人才需求也在不断扩大，除此之外，会展设计、会展物流、会展信息服务、网络会展增值等业务的出现，再次对从业人员提出了新要求。尤其是近几年，数智展会的趋势使得信息技术已成为会展业一项必不可少的辅助工具，对从业人员的计算机技能、学习创新能力、在线服务能力、底线思维应对突发事件能力提出更高的要求。

四、职业教育展教融合助力会展服务业态高质量发展

（一）会展教育，使命重大

会展业发展速度之快，对于会展业人才需求愈来愈高。但是，我国会展从业人员的数量和专业素质还远远不能适应会展业蓬勃发展的需要。从我国会展服务业态变迁史来看，2005年会展业进入快速发展轨道，根据人力资源和社会保障部2006年的统计，当年全国有会展从业人员100多万人，从事经营策划的高级会展人才只有15万人，会展业人才缺口很大。而且，在当时的从业人员当中，绝大多数属“半路出家”，没有接受过会展专业知识和技能的系统训练，专业和文化素质总体偏低，会展活动的经营策划多是对国外经验的简单照搬和对前人经验的简单复制，缺乏吸收和创新能力，这也是我国当时已经是一个会展大国但还不是一个会展强国的根本原因。

为了适应会展业的迅速发展，2005年以来，我国虽然已有一些职业院校开办了会展专业，但会展人才的培养在短期内还难以满足我国会展业迅速发展的需要。上海世界博览会工作领导小组办公室与上海外服（集团）有限公司于2008年10月联合组织的调查表明，上海当时的会展运营管理、广告和物流等人才仅能满足1/3的市场需要。考虑会展公司的增量，特别是世博会自身需求及对会展业的推动作用，人才缺口将会更大。这种人才缺口不仅表现在数量上，而且更主要表现在质量上。上海是我国会展业较为发达的城市之一，同时也是会展业人才培养集中和人才吸附能力强的城市之一，上海的情况尚且如此，其他城市和地区会展业人才的供求矛盾将更加突出。《2016年中国会展产业年度报告》指出，会展人才缺口较大，在百万从业人员中，从事经营、策划、设计、管理人员有15 万人以上；会展设计人员不足1%。核心人才和辅助性专业人才的缺乏已成为制约我国会展业健康发展的一大瓶颈。另据中国会展经济研究会的《会展岗位需求调查结果》，会展行业除了急需项目经理、会展设计师等高级专业人才外，70%以上的岗位需要的是高素质技能型的会展营销、现场服务、展台布置搭建等会展实际操作人才。

新时期，会展业已从“速度发展阶段”转向“质量发展阶段”。根据教育部《关于公布2020年高等职业教育专业设置备案和审批结果的通知》，2020年，全国（不含港澳台）共有265所院校开设了321个会展及相关专业点。会展及相关专业包括会展策划与管理、展示艺术设计、数字展示技术、服装陈列与展示设计、婚庆服务管理、体育运营与管理等。根据教育部《关于公布2020年度普通高等学校本科专业备案和审批结果的通知》，新增备案的本科会展专业有4所院校，从2004年教育部审批新增2所会展本科院校以来，截至2019年，一共审批或备案了137

所本科院校，部分院校取消或停招，目前仍在正常招生办学的本科院校有122所。经教育部批准，全国有 26 所高校开设会展专业、会展管理（方向）和与会展相关的专业三种类型的硕士点。中山大学、华南理工大学、上海大学和四川大学开设会展博士点。至2019年，全国累计有225所高职高专院校开设会展策划与管理专科专业，同比2018年增加1所，增幅0.4%，院校分布于29个省（自治区、直辖市）的74个城市（表22–2）。

从各省（自治区、直辖市）分布来看，广东有20所居首位，江苏有16所次之，上海有14所位列第三。

表22–2 2019年全国大学专科会展专业开设情况

（单位：所）

序号	省（自治区、直辖市）	2019	2018	序号	省（自治区、直辖市）	2019	2018
1	广东	20	20	16	广西	7	7
2	江苏	16	16	17	福建	7	7
3	上海	14	14	18	重庆	6	6
4	河北	12	12	19	陕西	5	5
5	山东	11	11	20	内蒙古	5	5
6	北京	11	11	21	山西	5	5
7	天津	10	10	22	云南	5	4
8	四川	10	10	23	辽宁	4	4
9	湖北	10	10	24	湖南	4	4
10	安徽	10	10	25	吉林	3	3
11	江西	9	9	26	新疆	2	2
12	浙江	9	9	27	海南	2	2
13	黑龙江	9	9	28	宁夏	1	1
14	贵州	9	9	29	甘肃	1	1
15	河南	8	8	总计		225	224

数据来源：《2019年度中国展览数据统计报告》。

会展专业人才是会展业获得进一步发展的战略资源，也是重要保障。在国家“一带一路”倡议的宏大背景下，实现会展业加速发展，除了加快产业品牌展会的培育和引进，加快场馆建设，完善配套政策，还应将会展专业人才的培养提上重要日程。

（二）展教融合，多维促动

1.“工学交替”的现代学徒制模式

20世纪90年代的广交会拉动了整个珠江三角洲地区乃至全国的经济贸易发展。

中山大学、广东轻工职业技术学院采取“淡学旺出”“工学交替”的现代学徒制模式，形成多阶段（不以教学学期而以行业人才淡旺需求分段）、多项目（不以一个企业一个项目而以多企业多项目为依托）、多岗位（不同项目、不同企业既可单岗位持续提升也可多岗位轮换学习）、多层次（基于不同项目、不同阶段进行基础服务及基层管理等不同层次岗位交替）的项目式现代学徒制模式。学生以学徒身份全程参与广交会宣传、现场管理、酒店服务及会展旅游服务，服务区域经济，填补企业项目进程中专业人才缺口，使其专业技能和实践经验在项目中得到有效检验和提升。

2. 以“岗课赛证”四维融通推进“双证”融通

开放、共享，合作、共赢，不断以中国新发展为世界提供新机遇，这正是中国国际进口博览会的魅力所在。我国坚持对外开放的基本国策，坚定奉行互利共赢的开放战略，坚持经济全球化正确方向，增强国内国际两个市场两种资源联动效应，不断以中国新发展为世界提供新机遇，推动建设开放型世界经济。

长三角区域内的院校，例如，浙江经贸职业技术学院、浙大城市学院正在尝试实现岗——工作岗位、课——旅游管理专业群课程体系、赛——职业技能大赛、证——职业技能等级证书的融通，以对“岗 ”的需求认知，对“赛”“证”的品质选择，对“课”的“系统建构、对接融合、模块序化、学测一体”的改革，推动学位证书与职业资格证书互通，将工作领域、工作任务变成课程模块、竞赛模块，既充分调动社会力量参与职业教育，又提高职业院校应对行业发展和就业市场需求的能力。

3. 校企协同，开拓“五育并举”人才培育模式

国家会展中心（天津）全面集聚会展产业资源，整合会展产业链，成为中国北方会展业的门户节点，在完善全国会展产业战略布局的同时，助推京津冀会展业向国际化、高端化、规模化、专业化、品牌化迈进，成为天津市经济发展的新动力。天津商务职业学院与国家会展中心（天津）开展深度校企合作，共同制订德智体美劳“五育并举”人才培养方案、制订课程标准、开发专业核心课程、制订岗位实习教程，形成会展旅游专业群“以学徒为中心”的教学实施文件，并将价值引领、素质提升、劳动教育、人格养成融入专业群建设，如图22-1所示，在2021年中国建筑科学大会暨绿色智慧建筑博览会（GIB）筹备期间，学校派出8名会展专业教师，近300名学生参与该项目，将课堂、研究室搬到会展现场，在实践中培养人才。深

度校企合作可以坚定学生的理想信念、全面提升综合素养、激发学习积极性、树立就业信心。

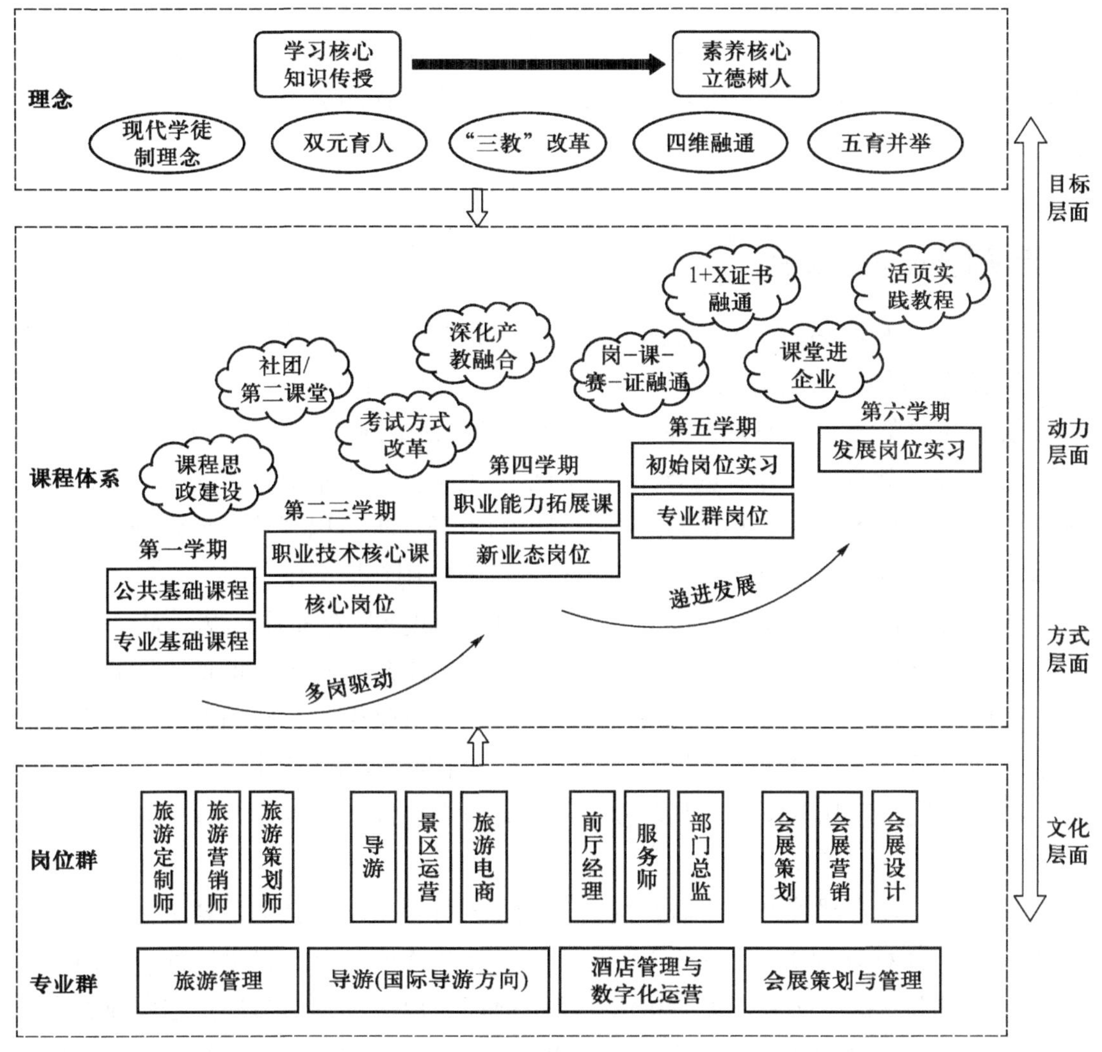

图22-1　会展旅游专业群课堂革命新范式

4. 专业教学，主抓“数智化”提升

随着时代的发展，线上线下“双管齐下”已成为各个院校会展专业教学的“新形态”，也将成为全球会展活动的“新常态”。会展活动能否安全举办，取决于各项管控和保障措施是否严密，而场馆的“智慧”程度和执行团队对会展行业新技术的掌握程度是关键。

我国是全球会展业教育大国。自会展专业开设以来，各个院校会展专业结合产教融合趋势，主要围绕会展策划、会展设计、会展营销、会展服务、会展运营五大模块进行人才培养。随着数智化时代的到来，针对会展业发展过程中出现的新动态，各个院校应及时设置适应会展行业需求的新课程。在有关“数智化”会展专业课程设置方面，浙江经贸职业技术学院和浙江农业商贸职业学院已先后开设数字会展、数智会展、短视频制作、展会直播等课程。另外，各个院校还可以在相关课程中增加有关线上展览、视频会议、人工智能展会运用、虚拟现实场景运用、企业应用软件开发、智慧场馆等系列知识。总之，数智化时代的会展人才应当掌握业内常用最新技术。

五、会展业未来展望

目前，全球会展业的重心逐渐从欧美向亚太新兴经济体转移，这是当前全球会展业发展的大趋势。疫情过后，各地展会不断，尤其是国际性会展，从2023中国国际建筑贸易博览会、第28届北京国际美容博览会到中国（深圳）跨境电商展览会、第20届上海国际汽车工业展览会，不一而足。展会信息密集更新，线上线下活动迅速升温，会展经济呈现复苏态势，过去积累的市场需求得以释放。增强现实（AR）技术、虚拟现实（VR）技术以及元宇宙技术逐渐应用在展会中。

在全面建设社会主义现代化国家新征程中，职业教育前途广阔，从“大有可为”到“大有作为”。党的十八大以来，我国建成世界最大规模职业教育体系，中国特色职业教育发展道路和模式基本形成，职业教育吸引力、影响力、竞争力不断增强。职业教育办学“天花板”被逐步打破，“中职—高职专科—职业本科”一体化的职业学校体系基本建成。职业教育与基础教育、高等教育、继续教育之间初步构建了融通机制。

2020年，教育部等九部委联合发布《职业教育提质培优行动计划（2020—2023年）》（以下简称计划），以办好公平有质量、类型特色突出的职业教育为方向，以落实立德树人为根本任务，提质培优、增值赋能、以质图强，加快推进职业教育现代化。为落实计划要求，全国各大专院校会展专业应当坚持“育人为本，质量为先”，坚持问题导向、需求导向、目标导向，聚焦薄弱环节，着力补短板、强弱项，健全德技并修育人机制，抓住会展经济迅速升温的关键契机和发展机遇，不断深化产教融合、校企合作，紧密对接区域经济发展，形成良性互动，实现会展及相关专业的高质量发展。

主要执笔人：尹明远，天津商务职业学院。

职业教育对互联网+康养新业态发展的支持匹配研究

互联网+康养是传统医疗健康行业与互联网技术相结合的新兴领域，是以智能产品和信息系统平台为载体，面向人民群众的健康及养老服务需求，深度融合应用物联网、大数据、云计算、人工智能等新一代信息技术的新兴产业形态。其目的是通过与互联网结合，达到精确匹配服务群体及获取其准确全面的健康信息，增强康养服务过程和信息透明化，实现精准服务。互联网+康养已成为适应社会数字化改革的需要，打破地域限制，扩大和精准康养服务供给的有效途径，在我国社会民生产业转型升级、满足广大人民群众对美好生活的需要中发挥着重要作用。在推进国家数字化发展的整体战略和积极应对人口老龄化国家战略背景下，职业技能人才成为助力互联网+康养新业态实现高质量发展的关键因素。

一、互联网+康养新业态发展和岗位人才需求

目前，我国人口老龄化程度正在不断加深，60岁以上人口为26 402万人，占18.7%（其中，65岁以上的人口为19 064万人，占13.5%），同时平均每个家庭户的人口降至2.62人。老年人生理机能退化导致机体功能下降，加之高龄化、空巢化、失能失智老年人数量增加，意味着更多的老年人将会有康养服务需求，伴随而来的则是对医疗和健康供给的大幅依赖，而家庭小型化又加速家庭养老照护功能进一步减弱。我国每年诊疗人次及人均诊疗次数都在不断攀升，医疗体系面临着巨大压力，借助互联网以覆盖服务更多人群是缓解这一压力的有效办法。2020年10月，中国共产党第十九届中央委员会第五次全体会议审议通过了《中共中央关于制定国民经济和社会发展第十四个五年规划和二〇三五年远景目标的建议》，首次明确将积极应对人口老龄化上升为国家战略，提出“构建居家社区机构相协调、医养康养相结合的养老服务体系”。这是关乎国家长远发展与人民福祉的战略举措，不仅为我国解决人口老龄化问题提出了行动指南，也明确了康养在养老服务体系中的地位。目前，通过标准化服务，养老服务业结合“互联网+”，已发展

为一种新型服务业，被纳入大健康大产业，成为经济新动能。2021年，工信部、民政部、国家卫健委联合发布《智慧健康养老产业发展行动计划（2021—2025年）》，要求进一步推动智慧健康养老产业的发展，开展符合我国国情的智慧健康养老活动。

（一）互联网+康养新业态发展状况

从行业规模来看，2019年10月，国家发展和改革委员会发布《产业结构调整指导目录（2019年本）》，在鼓励类新增了“养老与托育服务”行业，专门列举了智慧健康和养老等重点领域。同时，养老与家政、托育、社区服务等产业融合的趋势，形成了从简单生活照料到智慧康养服务的产业集群，蕴含着数万亿级的消费市场。随着大数据、物联网、智能传感等信息技术的不断突破，以及智慧城市建设的持续推进，智慧康养已成为养老产业发展的必然趋势。

从区域布局来看，全国养老服务产业呈现区域不平衡的特点，这与经济社会发展程度密切相关。截至2020年底，养老服务机构和设施分布呈现东多西少的格局，数量排在前十位的省份是河南、四川、江苏、安徽、湖南、山东、辽宁、广东、湖北、江西。东部养老服务机构和设施占全国50%以上，其中，河北的机构和设施数量较多，中部和西部分别占比约20%，湖南和四川的养老机构数量较多。健康养老服务产品研发与生产也主要集中在东部地区，广东、湖南、四川也有规模较大的康养产品生产基地。目前，我国智慧健康养老试点逐渐落地并初见成效。2017—2021年有5批省市的街道、企业、基地、园区示范试点申报成功，有智慧健康养老应用试点634个，含342个智慧健康养老示范街道（乡镇）、204个智慧健康养老示范企业、86个智慧健康养老示范基地、2个智慧健康养老示范园区。

从行业结构来看，互联网和康养并不是相互排斥的关系，更不是简单并列的关系，而是康养是基础，互联网是赋能。康养服务可以在互联网平台上发挥更高的服务效率，开发更符合现代科技生活要求的智能健康养老产品，是医疗事业和健康产业的拓展和延伸。互联网和康养产业的持续创新融合，促进互联网+康养服务新业态更加多元化。《智慧健康养老产业发展行动计划（2021—2025年）》提出了发展健康管理类、康复辅助器具类、养老监护类、中医数字化智能产品及家庭服务机器人五大类智慧康养产品，重点发展远程医疗、个性化健康管理、互联网+护理服务、互联网+健康咨询、互联网+健康科普等智慧健康服务，重点面向家庭养老床位、智慧助老餐厅、智慧养老院，打造智慧化解决方案，创新互联网+养老、“时间银行”互助养老、老年人能力评估等智慧养老服务，拓展智慧养老场景，由“服务+产品+应用场景”形成了互联网+康养新业态的产业结构，如图23-1所示。随着移动互联网的广泛应用，手机、电视和音箱等智能产品以及互联网应用逐步实现适老化和无障碍改造，依托智能产品和数字化平台，整合了在线问诊、诊断、远程治疗、处方开具、送药到家等服务内容，让康养服务"触手可及"，有效提高服务对象的满意度。

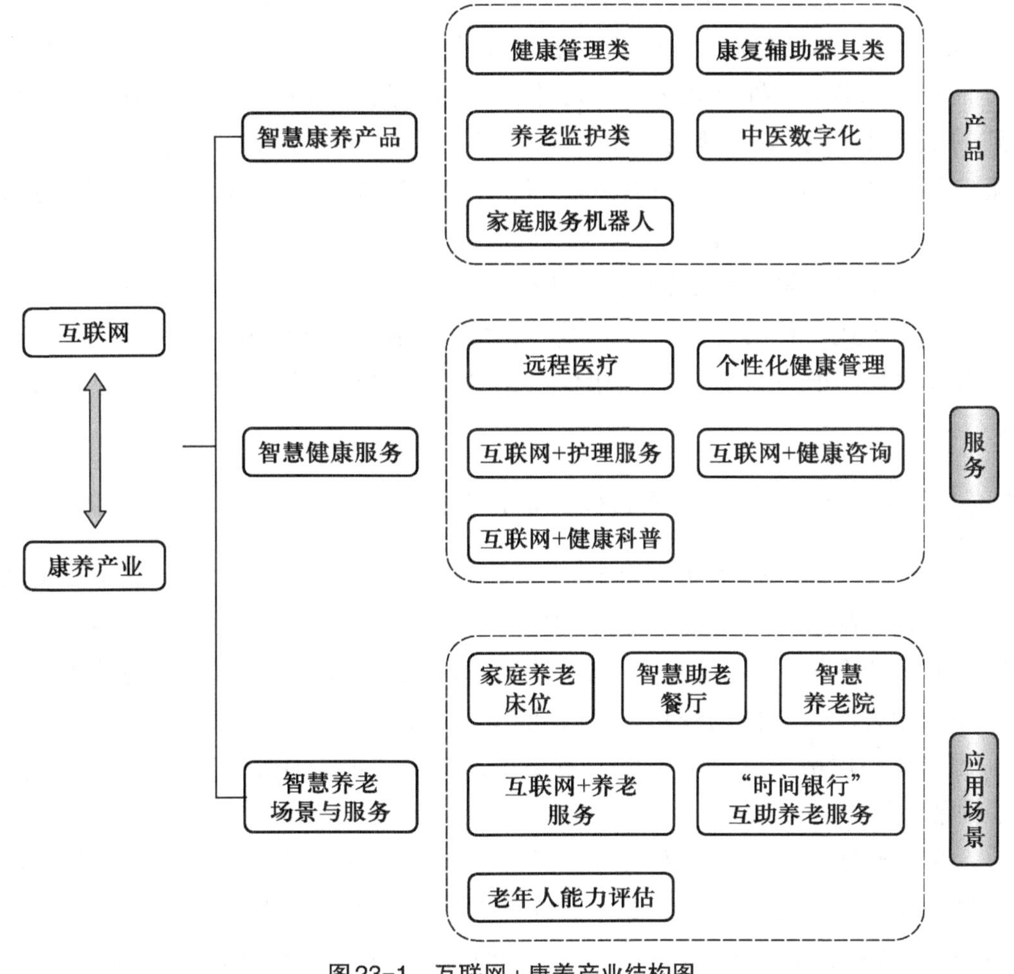

图23-1 互联网+康养产业结构图

从行业发展趋势来看，互联网+康养新业态已走过以个人计算机互联网为主的1.0时代，移动技术和数字化变革全面融入健康中国、积极老龄化、乡村振兴等国家战略。监测数据显示，自2019年底至2020年4月，医疗健康类应用程序与网页的月度有效使用时间有了明显增加，2020年2月，包括在线医疗、医药电商、慢病管理、运动健康等种类的医疗健康应用程序的日活跃度，同比2019年2月平均增长率高达14.08%。互联网+康养开始进入2.0时代，通过人工智能技术模拟、延伸和扩展从业者的智能，开始通过各类应用场景逐步实现产品和服务之间的衔接，服务流程、产品模式和服务内容在互联网的冲击下发生着重要变化，在支付、预约、信用、评价等方面得到广泛应用。目前，积极老龄观、健康老龄化成为养老服务领域的核心理念，服务人群逐步从全人群向老年人群重点拓展，医养结合机构得到全面发展。以医疗机构为供给主体，在线问诊、医疗信息化向如预防指导的院前服务和送药到家的院后服务等不断延伸；在院内服务中，通过与人工智能大数据结合为临床决策提供更加有力的支持；以医药电商为主体的院后服务，主要以企业对消费者（B2C）、线上到线下（O2O）、企业对企业（B2B）三种方式运营；健康保险为各类康养活动提供费用，并将反向得到的大数据用于支持健康保险方案的制订；依托医疗智能硬件，整合第三方健康应用数据，支持医疗机构接收或传输用户数据，建设成为健康预防与监测平台。

未来，我国互联网+康养将会逐步整合移动医疗服务商、医疗设备制造商、信息技术头部企业、移动运营商、应用开发商、数据公司和保险企业等众多参与者，形成以互联网、长期照护险等健康保险以及在线医疗服务和健康指导为主的产业格局。

（二）互联网+康养新业态岗位设置情况

在互联网和康养融合的过程中，互联网仅仅是作为交流的渠道，其本质仍然是康养。康养产业虽然一直试图通过现代科学技术取代人力，但互联网+康养的核心竞争力依然是康养人力资源，互联网+康养新业态的岗位依然以康养为基础。根据政府部门相关政策文件的规定，康养机构（企业）应提供养老、医疗、护理、康复、辅助与心理精神支持等服务，主要包括老年人能力评估、健康管理、康复保健、失能失智照护、精神心理支持等，见表23-1。

教育部老年保健与管理专业教学标准研制组曾对全国中、东、西部地区53家康养机构（企业）进行调研，其中，主要包括基本生活照护、失智失能照护、康复服务、康体活动策划组织、老年人功能评估、精神心理支持、机构运营管理、养老培训指导、市场营销等传统岗位。随着现代科技手段、智能产品的推广应用，越来越多的康养机构（企业）开始重视康养和互联网的融合发展，以减轻工作人员的职业压力和身体负荷，及时监测老年人的生命体征，帮助老年人进行健康管理，提高康养照护人员的工作效率和服务质量，也出现了智慧养老等新兴岗位群，见表23-2。

表23-1　部分政策文件提出的康养岗位工作任务

序号	政策文件名称	文件规定	工作领域 / 岗位	工作任务
1	《国务院办公厅关于促进养老托育服务健康发展的意见》	促进康养融合发展。支持面向老年人的健康管理、预防干预、养生保健、健身休闲、文化娱乐、旅居养老等业态深度融合	健康管理、预防干预、养生保健、健身休闲、文化娱乐、旅居养老	① 帮助老年人建立健康电子档案，提供健康保健服务；② 给老年人开展健康教育；③ 组织老年人康乐活动
2	《国务院办公厅关于推进养老服务发展的意见》	完善居家、社区、机构相衔接的专业化长期照护服务体系；统一开展老年人能力综合评估	健康养老照护、老年人能力评估	① 开展老年人健康评估；② 为老年人提供健康照护；③ 为老年人制订健康照护方案
3	《关于印发医养结合机构管理指南（试行）的通知》	医养结合机构为入住机构的老年人提供养老、医疗、护理、康复、安宁疗护、心理精神支持等服务	养老、医疗、护理、康复、安宁疗护、心理精神支持	① 为老年人提供健康照护；② 为老年人制订健康照护方案；③ 为老年人提供心理咨询服务；④ 为老年人制订康复保健方案，提供康复保健服务；⑤ 为老年人提供医疗服务
4	《智慧健康养老产业发展行动计划(2021—2025年)》	老年人能力评估：运用摄像头、毫米波雷达、红外传感器等智能产品赋能老年人能力评估，提供智慧化老年人能力评估服务。支持和指导高等院校、职业院校设立相关专业，开设智慧健康养老相关课程，提升为老服务人员信息技术应用能力及水平，打造高素质的人才队伍	老年人能力评估、智慧健康养老产品的应用	① 运用智能化产品为老年人提供健康评估服务；② 正确使用智能化适老产品
5	《关于加强老年护理服务工作的通知》	积极开展老年护理服务需求评估工作，根据评估情况，按需分类地为老年患者提供专业、适宜、便捷的老年护理服务；提高老年护理从业人员服务能力，特别是为失能老年人提供护理服务的能力	老年人能力评估、失能失智照护	① 能为老年人制订老年健康评估方案，开展能力评估；② 能提供失能失智健康照护
6	《关于建立完善老年健康服务体系的指导意见》	为老年人特别是有特殊困难的老年人提供心理辅导、情绪纾解、悲伤抚慰等心理关怀服务；加强康复和护理服务；加强长期照护服务，为失能老年人上门开展健康评估和健康服务	老年人精神心理支持、老年人康复保健、老年人健康评估、老年人健康照护	① 为老年人提供健康照护；② 为老年人制订健康照护方案；③ 为老年人提供心理咨询服务

表23-2 康养机构（企业）岗位设置情况

（单位：个）

岗位设置	医养结合养老机构	社区居家照护中心	康复护理院	养老综合体	构成比	合计
基本生活照护	30	14	6	3	100%	53
失智失能照护	30	14	6	3	100%	53
康复服务	30	9	6	3	90.6%	48
康体活动策划组织	30	14	3	3	94.3%	50
老年人功能评估	30	13	6	3	98.1%	52
精神心理支持	29	12	4	3	90.6%	48
机构运营管理	28	12	2	3	84.9%	45
养老培训指导	28	12	0	3	81.1%	43
市场营销	25	12	2	3	79.2%	42
智慧养老	24	12	1	3	75.5%	40

（三）互联网+康养新业态技术技能人才需求情况

当前，我国高龄老年人多病共存与失能失智状态叠加，加之家庭小型化与劳动力迁移趋势，空巢独居老年人与高龄长者的生活照护等需求剧增。国家发展改革委数据显示，截至2021年，我国60岁以上失能半失能老年人约4 400万人，60岁以下重度残疾人员950万人，这些需要社会和家庭照护的群体达到5 350万人。按照国际通行的每3名失能失智老人需配备1名护理员计算，护理员需求至少1 500万人，而当前不足100万人，养老护理人才缺口数量巨大。随着云计算、大数据、物联网、移动互联网、人工智能等智能技术的发展，现有康养机构（企业）将加快智能化、智慧化设施设备、信息化软件的升级应用，将会极大程度地缓解康养人力资源缺乏的状况，未来将出现互联网+居家养老服务和数字化养老模式，具备现代智慧健康养老护理辅具产品开发和应用、智慧健康养老管理实务能力且具有复合型特质的高素质养老运营管理等岗位已逐步得到开发。

如上同一调研的结果，失智失能照护人员、生活照护服务人员、康复服务人员、养老技术培训人员、养老机构运营管理人员是目前各个康养机构（企业）急需解决的人才短板，智慧养老技术人员也有较为强烈的需求，见表23-3。超过80%的康养机构（企业）认为老年人健康照护技能是企业岗位核心技能，超过45%的康养机构（企业）认为智慧养老服务系统和信息化管理技能是从事康养工作应具备的核心能力，如图23–2所示。

表23–3　康养机构（企业）急需人才类型及迫切程度

（单位：个）

急需人才类型	调研机构（企业）数	需求机构（企业）数	迫切程度
失智失能照护人员	53	53	100%
生活照护服务人员	53	53	100%
康复服务人员	53	53	100%
养老技术培训人员	53	49	92.5%
养老机构运营管理人员	53	43	81.1%
文娱活动策划人员	53	43	81.1%
心理咨询师	53	36	67.9%
服务营销人员	53	26	49.1%
融媒体制作	53	15	28.3%
智慧养老技术人员	53	47	88.7%
医生	53	21	39.6%
护士	53	45	84.9%
营养师	53	21	39.6%
健康管理师	53	28	52.8%

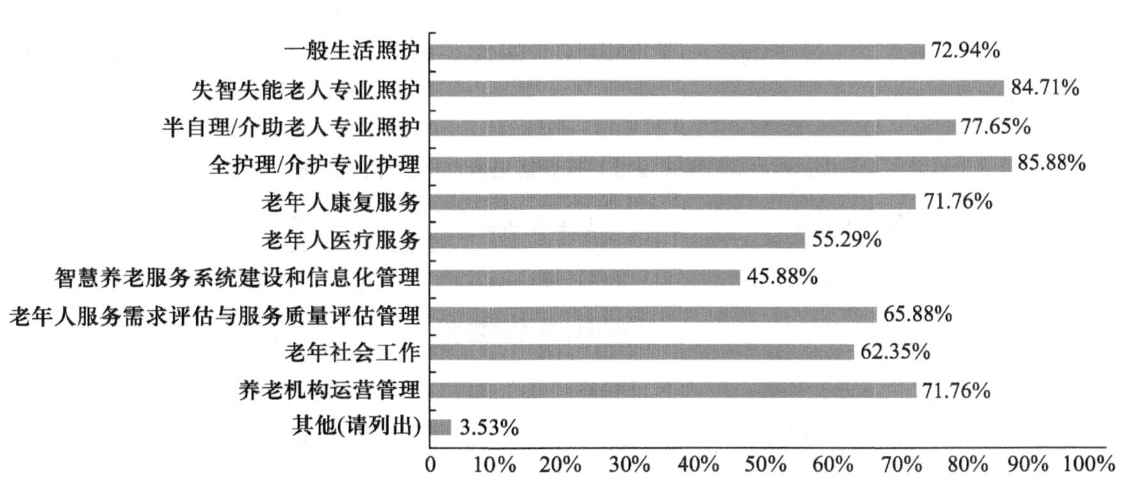

图23–2　康养机构（企业）岗位核心技术技能

二、职业教育支持保障互联网+康养新业态发展

康养产业在健康中国、积极老龄化、乡村振兴等国家战略的推动下，进入了发展的快车道。数字时代，大数据的介入正在深刻地变革着康养产业发展格局，以信息技术为支撑，通过智慧物联网、大数据算法、人工智能等新技术，进行全域内的信息共享和康养知识传播，解决康养资源不均衡的问题，显著提高康养服务的效率与精准度，弥补了传统康养模式的诸多不足。面对康养与互联网深度融合的发展趋势，职业教育不断提高其适应性，从专业布局和专业改造上不断优化，以服务人的全面发展、服务经济社会发展和服务国家发展战略来推动相关专业建设，为互联网+康养新业态发展提供了有力的教育支撑。

（一）对接行业发展趋势，修订康养相关专业目录

目前，中职康养相关专业涉及公共管理与服务专业大类，其中主要包括智慧健康养老服务和老年人服务与管理专业。高职康养相关专业主要涉及医药卫生和公共管理与服务两个专业大类，主要包括护理类、康复治疗类、健康管理与促进类、公共事业类、公共服务类五个专业类，具体有养老服务与管理、老年保健与管理等专业。2021年，教育部在修订《职业教育专业目录》时，主动对接互联网+康养新业态发展，落实医养结合、康养融合、智慧康养等要求，中职层次保留老年人服务与管理专业，将智能养老服务专业更名为智慧健康养老服务专业；高职专科层次保留老年保健与管理专业，将老年服务与管理专业更名为智慧健康养老服务与管理专业；高职本科层次新增医养照护与管理专业和智慧健康养老管理专业。专业目录的修订，一方面，对涉老专业进行了数字化改造，适应了互联网+康养新业态的发展需要；另一方面，通过中高本一体化设计，畅通了康养相关专业学生的学历提升路径，见表23-4。

表23-4 主要康养相关专业目录修订情况（2021年）

序号	原专业名称	现专业名称	层次	备注
1	老年人服务与管理	老年人服务与管理	中职	保留
2	智能养老服务	智慧健康养老服务	中职	更名
3	老年保健与管理	老年保健与管理	高职专科	保留
4	老年服务与管理	智慧健康养老服务与管理	高职专科	更名
5	—	医养照护与管理	高职本科	新增
6	—	智慧健康养老管理	高职本科	新增

（二）扩大康养服务相关专业培养供给，提高职业教育支持度

近年来，康养相关专业点数量、招生数量、毕业生数量及在校生规模逐年增长，基本实现了每个省份均有职业院校开设康养相关专业，专业布点数和招生数逐年增加。2019—2023年高职专科层次专业点老年服务与管理（现为“智慧健康养老服务与管理”）专业点数量由221个增至350个，老年保健与管理专业点数量由71个增至131个，见表23-5。为了更好地适应康养产业发展，不少院校由老年服务与管理、护理、康复治疗技术、社区管理与服务、物业管理、社区康复等专业组建专业群，其中，长沙民政职业技术学院、江苏经贸职业技术学院、重庆城市管理职业学院、北京劳动保障职业学院申报的老年服务与管理专业群入选第一批高水平专业群建设项目。

表23-5　高职专科层次康养相关专业布点增长情况

序号	专业名称	2019年	2020年	2021年	2022年	2023年
1	老年服务与管理	221	279	301	331	350
2	老年保健与管理	71	90	110	124	131

注：2021年起，老年服务与管理专业更名为智慧健康养老服务与管理专业。

（三）优化康养相关专业人才培养定位，提高职业教育适应性

根据康养行业发展趋势，人力资源和社会保障部在《中华人民共和国职业分类大典（2022年版）》中新增了老年人能力评估师、健康照护师等涉老职业（工种）以支持康养相关专业发展，见表23-6。同时，康养相关专业围绕新经济、新技术、新职业、新专业“四新”要求进行了数字化升级改造。在《职业教育专业简介（2022年修订）》中，康养相关专业主要面向养老护理员、失智老人照护员、健康照护师、老年人能力评估师、调理保健师等职业，老年保健、老年健康促进与维护、老年评估、老年照护、失智老年人照护、医养个案管理、健康养老顾问（管家、秘书）、养老机构运营与管理等岗位群，并将运用大数据和智能设施设备，以及智慧健康养老领域的数字技术等作为专业岗位能力，在课程体系中均增加了智能化、数字化方面的课程，要求康养人才具备数字化动手能力、数字化职业能力和数字化知识结构，见表23-7。

表23-6《中华人民共和国职业分类大典（2022年版）》涉老新增职业（工种）列举

编码	名称	类型
4-10-01-06-003	家务服务员	工种

续表

编码	名称	类型
4-10-01-06-004	家庭照护员	工种
4-14-01-02	医疗护理员	职业
4-14-01-02-001	护工	工种
4-14-01-03	健康照护师	职业
4-14-01-03-001	长期照护师	工种
4-14-01-04	呼吸治疗师	职业
4-14-02-01-001	营养指导员	工种
4-14-02-05	老年人能力评估师	职业
4-14-03-06	康复辅助技术咨询师	职业

表23-7　康养相关专业适应互联网+康养新业态发展的情况

序号	专业名称（层次）	适应互联网+康养新业态的职业面向	适应互联网+康养新业态的专业能力要求举例	适应互联网+康养新业态的课程举例
1	智慧健康养老服务（中职）	面向养老护理员、失智老年人照护员等职业，老年人照护、活动组织以及智慧健康 养老产品销售、应用与维护等岗位（群）	具有借助智能化评估工具为老年人进行能力评估的能力；具有使用智能产品为老年人提供生活照护和基础护理的能力；具有使用智能产品设备监测老年人安全状况，进行安全照护的能力；具有借助智能康体产品为老年人组织与实施基本康体活动的基本能力；具有借助人工智能技术，为老年人提供心理支持、心理慰藉服务的基本能力；具有配合开展智慧健康养老产品（软件）的应用、推广、销售和维护的基本能力；具有智能化设施设备应用及养老服务意外事故防范等能力	智慧健康养老产品营销、智慧健康养老产品应用与维护等
2	老年人服务与管理（中职）	面向养老护理员（包含但不限于失智老年人照护员）等职业，城乡养老机构服务、社区日间照料服务、居家养老服务等岗位（群）	具有现代信息技术基本应用的能力	健康养老服务产业认知等

续表

序号	专业名称（层次）	适应互联网＋康养新业态的职业面向	适应互联网＋康养新业态的专业能力要求举例	适应互联网＋康养新业态的课程举例
3	老年保健与管理（高职专科）	面向保健调理师、健康照护师、健康管理师等职业，老年保健、老年健康照护等岗位（群）	具有应用大数据和新媒体开展老年人健康信息管理与健康教育的能力	老年运动与健康、老年康复保健技术等
4	智慧养老服务与管理（高职专科）	面向养老护理员、失智老年人照护员、健康照护师、老年人能力评估师等职业，老年评估、老年照护、失智老年人照护、医养个案管理、健康养老顾问、养老机构运营与管理等岗位（群）	具有为老年人提供常见慢性病整体照护并运用智慧养老设备及系统协助完成健康监测及照护的能力；具有养老机构设施筹建、运营及使用智能化信息平台管理的能力；具有社区居家养老设施选址、标准化建设、智慧化管理、风险管理等社区居家养老管理的能力	健康养老大数据应用、社区居家智慧康养管理、养老机构智慧运营与管理等
5	智慧健康养老管理（高职本科）	面向养老护理员、健康照护师、老年能力评估师等职业，老年评估、养老项目管理、医养个案管理、服务设施管理、适老化环境规划等岗位（群）	具有利用智能设施设备对老年人群进行综合评估及对评估数据进行评估管理和应用的能力；具有对居家、社区、机构等场所老年人建筑和环境进行适老化、智能化规划设计的能力；具有对养老机构、社区居家机构一体化综合养老、社区嵌入式养老机构与设施、居家养老进行智能化管理、质量管理的能力；具有运用数字技术规划养老产品性能、结构，进行智能化产品改进、优化的能力；具有研究创新照护技术、改进照护流程、优化管理模式，解决智慧健康养老较复杂问题的能力	智慧康养管理导论、智慧康养基本技术、大数据应用技术、智慧康养管理统计、适老化智慧环境规划与改造、智慧康养设施规划与筹建、健康养老大数据分析与管理等
6	医养照护与管理（高职本科）	面向健康照护师、老年人能力评估师等职业，老年人综合评估、老年人健康照护、老年人疾病管理、医养结合机构运营与管理等技术领域	具有运用现代信息技术对医养结合机构、老年服务机构等进行运营管理和安全风险防范的能力	医养结合机构运营与管理、老年人安全护理与风险管理等

三、提高职业教育和互联网＋康养新业态发展匹配度的建议

《中共中央关于制定国民经济和社会发展第十四个五年规划和二〇三五年远景

目标的建议》提出要增强职业技术教育适应性。因此，职业教育不仅要适应行业需求办学，更要以产教融合、校企合作为抓手，让行业能用上人、用好人。互联网和康养行业的深度融合，加速推动康养服务朝着精细化、专业化、科学化、数字化的方向发展，客观上对相关从业人员的素质和技能提出了更高要求。因此，职业教育在未来也必须不断调整、适应甚至引领行业发展，建立对接行业的专业动态调整机制，提高育人质量，培养更多具备“互联网能力”的高素质技术技能康养人才，为“积极应对人口老龄化”“健康中国”国家战略的推进奠定坚实基础。

（一）跟踪互联网＋康养发展趋势，推动专业持续升级

随着我国人口老龄化程度持续加深，现有康养机构（企业）将加快智能化、智慧化设施设备、信息化软件的升级应用，未来居家环境适老化智装、智能养老产品使用和维护等新岗位将得到进一步开发，老年建筑设计师、养老生活规划师、老年人健康管理顾问、适老化智能产品设计师等职业也将随之出现。2021年职业教育专业目录修订，通过专业名称调整、设置新专业、开设具有互联网特征的课程，涉老专业进入了数字化改造的1.0时代。未来仍要拓展人工智能技术、虚拟现实（VR）技术、智能硬件等新技术在康养服务领域的深度应用。根据行业人才需求变化，以及产业链、创新链和岗位链的发展，形成动态调整优化专业设置的机制。鼓励职业院校在公共服务、医药卫生、电子信息等专业结合康养领域新岗位灵活设置专业方向或者增设新专业，引导职业院校围绕互联网和康养跨界融合新业态打造特色专业群。将互联网技术全面融入老年人能力评估、医养结合机构运营等专业核心课程，逐步实现互联网、数字化在专业核心技能上的全融入，为行业提供具备能运用数字化技术开展康养服务、现代智慧健康养老护理辅具产品开发应用、智慧健康养老管理实务的具有复合型特质的高素质康养技术技能人才。

（二）以产业布局定专业布点，促进培养规模和互联网＋康养新业态发展相适应

由于历史发展因素和经济发展情况的差距，互联网+康养新业态在地域分布上并不平衡，各个区域呈现显著差异，业态的强弱和上规模的机构（企业）数量多少不均。因此，教育部门应优先支持互联网+康养新业态发展比较好的珠三角、长三角、京津冀等区域设置互联网+康养相关专业布点，优先布局中高本一体化培养，促进专业布局与当地产业结构紧密对接。对于互联网+康养新业态欠发达的区域，谨慎开办互联网+康养相关专业，可以鼓励职业院校和当地有一定规模的康养机构（企业）开展深度合作和定向培养，参与企业的科技研发、标准研制，扶持企业行业做大做强，以人才培养带动行业发展，逐步增加专业布点，扩大招生规模。

（三）保障人才供给质量，加快互联网+康养产教融合共同体建设

互联网+康养技术技能人才具有创新性、复合型的特点，是以康养为基础能力，并非将康养专业人才培养成为互联网人才，这需要职业教育切实深入了解行业岗位能力要求，做好人才供给侧和需求侧之间的对接。因此，职业院校应主动和互联网+康养的龙头机构（企业）组建产教融合共同体，汇聚产教资源，校企合作共同研究岗位典型任务，引入行业先进技术、标准和规范，推动教学资源、教学场所、教学师资从校内向校外延伸扩展，共商培养方案、共组教学团队、共建教学资源，共同实施育人考核评价，确保人才培养质量。同时，也要依据产业链岗位分工对康养人才类型、层次、结构的要求，实行校企联合招生，开展委托培养、订单培养和学徒制培养，确保为行业发展提供稳定、优质的人力资源。

（四）内培外引，加快具备互联网+康养融合能力的师资队伍建设

互联网+康养新业态具有融合性、交叉性的特点，目前，职业院校在互联网和康养两个领域的师资均普遍缺乏，更少有互联网+康养新业态背景的专业教师，现有师资背景多是护理、预防医学、社会学、康复医学、临床医学等学科，缺少必要的互联网思维和数字化能力，在现有的知识体系下实现知识延伸和拓展会有一定的难度。因此，职业院校要主动对接互联网+康养新业态，及时引进具备互联网+康养融合能力的职业化高素质高技能人才，发挥好领军人才的带动作用。同时，加强对现有康养相关专业师资互联网能力的培训，通过实践锻炼、行业挂职、进修培训来开拓互联网思维，掌握人工智能、大数据、区块链等前沿知识，了解最新的智能康养产品，以产教融汇为主线，主动参与行业企业智能康养产品科研开发、技术创新，制定行业标准，确保能和互联网+康养新业态的发展同向同行，并及时将新技术、新标准等引入课程，提高教师的课程教学质量。

（五）对接行业发展，持续深化互联网+康养课程体系建设

互联网和康养领域的深度融合会衍生出新的行业标准与岗位技术，同时也离不开线下面对面的服务以保障康养服务的实效。因此，互联网+康养新业态发展越快，则会出现更多的新技术、新标准、新岗位，社会大众对于康养行业人际沟通、职业素养等方面的需求也会更强烈。高质量的互联网+康养课程体系应坚持以康养为基础，开设职业道德、职业素养等课程，做深康养服务素质类课程；以课证融合、书证融通为抓手，对接岗位链、标准链，优先考虑保健调理师、养老护理员、健康管理师等职业标准以及医养个案管理等职业技能等级证书的融通融合，做强康养技术专业课；主动跨界，引入互联网领域的职业标准和X职业等级证书标准，做优智慧

康养等相关课程；对接长期照护保险、智慧康养产品生产维护等新领域，做长康养服务拓展课程；对接国际互联网+康养领先技术，进行本土化改造，让课程体系向国际化、全球化发展；在课程实训项目改造上，以互联网为手段，关注实践性教学改革，及时引入互联网思维，开发虚拟仿真项目，在课堂教学中引入真实案例，保障互联网+康养课程体系的有效运行。

综上，互联网+康养的新业态发展有效促进了优质健康服务资源纵向流动，提高了服务的有效性和精准性。发展互联网+康养离不开职业教育，也离不开职业技能人才。因此，职业教育应全面对接互联网+康养领域的产业链、创新链、岗位链和人才链，以“互联网+”的思维优化人才培养定位，及时做好专业改造和课程创新，提高人才培养的行业适应度，实现与行业的发展同向同行。

主要执笔人：朱晓卓，宁波卫生职业技术学院；单伟颖，承德护理职业技术学院。

智慧养老职业教育促进智慧养老产业高质量发展

随着互联网、物联网与智能终端等计算科学及信息技术的广泛普及，数字经济背景下智慧养老作为养老产业发展的新业态，为应对严峻的人口老龄化形势提供了新路径。智慧养老是智能养老概念的延伸，进一步丰富了智能养老的内涵，运用物联网、云计算、大数据、人工智能等新一代技术，从方法上、内容上和模式上对传统养老产品和服务进行革新，形成以养老为核心，医疗、康养、休闲、文化等全方位发展的产业集群，获得了政府、行业、学校、公众及媒体的广泛关注与认可。梳理智慧养老业态变迁和职业教育在智慧养老发展中的关键作用，探索智慧养老行业未来的发展趋势，为智慧养老行业的发展提供思路及发展路径。

一、智慧养老业态的变迁

（一）智慧养老产业发展演变

第七次全国人口普查结果显示，我国已进入深度老龄化社会。面对日益增长的养老需求，《中共中央关于制定国民经济和社会发展第十四个五年规划和二〇三五年远景目标的建议》明确提出实施积极应对人口老龄化的国家战略，积极开发老龄人力资源，发展“银发经济”，推动养老事业和养老产业协同发展。随着互联网、物联网与智能终端等计算科学及信息技术的广泛普及，数字经济背景下智慧养老作为养老产业发展的新业态，为应对严峻的人口老龄化形势提供了新路径。归纳起来，我国智慧养老产业发展历程主要经过三个阶段。

1. 起步阶段（2010—2014年）

2012年，全国老龄工作委员会办公室（以下简称全国老龄办）首次提出“智能化养老”的理念，在全国范围内鼓励并支持开展有关智慧养老试验基地的实践探索。2013年，国务院发布《关于加快发展养老服务业的若干意见》，全国老龄办成立全国智能化养老专家委员会，为我国智慧养老产业发展制定目标，引路导航。

2. 试点阶段（2015—2018年）

2015年，国务院发布《关于积极推进“互联网+”行动的指导意见》，国家发展和改革委员会联合12部门全面部署实施“信息惠民工程”，智能养老被正式列入国家工程。2017年，工业和信息化部、民政部、国家卫生计生委联合，先后发布《智慧健康养老产业发展行动计划（2017—2020年）》和《开展智慧健康养老应用试点示范的通知》，在政策层面宣告中国养老产业已进入“智能+”时代。我国大部分省份开始智慧养老试点建设。

3. 成长阶段（2019年至今）

2019年，国务院办公厅发布《关于推进养老服务发展的意见》，明确提出实施“互联网+养老”行动，持续推动智慧健康养老产业发展，拓展信息技术在养老领域的应用，制定智慧健康养老产品及服务推广目录。近几年，在国家政策红利和企业陆续布局的持续推动下，我国智慧养老行业迅速发展，各种创新服务模式不断涌现，投融资市场十分活跃。2020年，我国智慧健康养老产业市场规模为3.75万亿元，其中，智慧养老信息化产品（智能硬件、智能软件系统和应用平台）3 785亿元；中游智慧健康养老服务（养老机构、企业产品及服务）16 022亿元；下游智慧健康养老对象（吃、穿、住、行等）17 693亿元。在《智慧健康养老产业发展行动计划（2017—2020年）》的指导下，截至2022年2月，我国已经分5个批次先后创建了204家智慧健康养老示范企业、342个智慧健康养老示范街道（乡镇）和86个智慧健康养老示范基地。

互联网、物联网、大数据技术的成熟与普及，为智慧养老产业的蓬勃发展提供了诸多可能性。与此同时，智慧养老带来的服务模式和服务产品的转变也将促使养老模式的变革，使大多数老年人能享受到多样化、人性化、高效化的养老服务。

（二）智慧养老职业教育的作用地位

智慧养老进一步丰富了智能养老的内涵，运用物联网、云计算、大数据、人工智能等新一代技术，从方法上、内容上和模式上对传统养老产品和服务进行革新，形成以养老为核心，医疗、康养、休闲、文化等全方位发展的产业集群。智慧养老既不是某个智能养老产品，也不是一系列智能设备的物理集成，更不是智能产品的延伸使用，而是对老年人养老服务需求的满足，使服务走向精细化、智能化和多元化。

智慧养老是我国养老产业发展的新方向，对养老人才培养提出了新的更高的要求，智慧养老产业的高质量发展急需大批高素质的复合型养老人才。智慧养老职业教育正是以“培养高素质专业人才、推动养老服务业发展”为目标，创新“课证相融、学训交替、校企共育、能力递进”人才培养模式，培养德技并修“一专多能”

的智慧康养人才。此外，智慧养老职业教育全面主动对接区域老龄事业发展需求，构建政校行企深度合作的智慧养老服务人才培养共同体，改革人才培养模式，精准办学、精准育人，增强职业型智慧养老服务人才培养的适应性。

二、职业教育促进智慧养老业态发展

1999年，长沙民政职业技术学院、大连职业技术学院在全国率先开办老年服务与管理专业。2004年，教育部《普通高等学校高职高专教育指导性专业目录（试行）》中将老年服务与管理专业作为独立专业在全国高职院校进行招生。此后，为满足经济社会对养老专业技术技能人才的需求，职业院校相继开设养老专业。随着养老产业高速发展，不断有新的养老相关专业进入专业目录。2019年，本科院校增设养老专业。截至2022年，在职业教育专业目录中，中职和高职专科分别设有2个养老类专业，高职本科设有1个养老类专业。2022年，全国高职院校开设专科养老类专业共计543个，其中，智慧健康养老服务与管理专业242个，老年保健与管理专业97个，健康管理专业164个，护理学（老年护理）和老年社会工作专业共40个。目前，智慧养老类专业在校生已接近3万人。全国智慧养老职业教育战线为我国的智慧养老发展和智慧养老专业人才的培养作出了应有的贡献。

（一）“双高”专业群精准匹配产业需求，有力支撑产业链加速成长

党的二十大报告提出，“实施积极应对人口老龄化国家战略，发展养老事业和养老产业，优化孤寡老人服务，推动实现全体老年人享有基本养老服务。”新时代，党和国家赋予高等职业教育的新使命，就是为中华民族伟大复兴培养社会主义建设者和接班人，这也为智慧养老职业教育的高质量发展带来了重大机遇。由此，重点面向新一轮科技革命和产业变革，重构高水平智慧养老专业群是实现对我国新旧动能全面转换及培养更多高素质、创新型技术技能人才的重要支撑。截至2022年，全国高职院校有国家级智慧养老专业群建设项目4个，据不完全统计，省级高职院校和中职学校高水平（或特色）智慧养老相关专业群（专业）建设项目有50多个，在我国特色专业群建设方面起到示范引领作用。

1. 重塑对接产业链的智慧养老专业群，提供高质量人才支撑和高水平技术服务

北京劳动保障职业学院中国特色高水平老年服务与管理专业群。北京劳动保障职业学院勇担时代重要使命，主动对接国家发展战略，融入地方经济社会发展，满足地方产业发展需求，坚持将专业群建在产业链上。根据《“健康中国2030”规划纲要》的部署，围绕服务首都功能定位，结合学院“一体两翼、三足鼎立”的发展定位，以“养老”和“护理”交相辉映的全方位、多层次“医养结合”卫生健康人

才培养体系初步形成。此外，该校承担教育部第二批现代学徒制试点专业建设，与北京首开寸草养老服务有限公司等4家养老机构合作，校企互聘共用师资队伍，建立双导师的选拔、培养和考核制度；作为教育部老年服务与管理专业教学资源库主持单位和高技能家政服务（老年健康管理）人才培养基地；实施核心课程的项目化教学，出版全国首套养老服务领域项目一体化教材。

长沙民政职业技术学院中国特色高水平老年服务与管理专业群。长沙民政职业技术学院坚持合作办学和开放办学的理念，不断深入开展国际合作和校企合作，打造养老领域人才培养高地和职教名片，为我国康养产业现代化发展提供人才支撑和智力支持。主要开展了以下几个方面的工作：争取中外合作项目，瞄准国际标准打造康养领域国家级教学创新团队；学习德国双元制职业教育人才培养模式，借鉴德国实践导师制度，实践模块化教学方法，提升教师教学能力；推进校企合作办学，探索现代学徒制培养模式；开展集团化办学，以职教集团为依托，开展行业培训、健康养老人才订单培养、技术研发等；签署校企合作协议，共创工学交替双主体实践育人机制，采用现代学徒制人才培养模式，等等。

2. 专业群对接产业链，打造适配新时代智慧养老职业教育课程体系，提高人才培养适应性

重庆城市管理职业学院中国特色高水平老年服务与管理专业群。重庆城市管理职业学院紧密跟踪产业发展动态，实现专业群对接产业链，打造适配新时代智慧养老职业教育课程体系。老年服务与管理专业群在对老年需求分析的基础上，对接养老服务产业高端——“养护医”的需求，实现专业群与岗位群精准匹配。养——老年服务与管理专业对接老年照护、膳食指导、老年介护等岗位，社会工作专业对接社会工作岗位，民政管理专业对接机构管理岗位；护——护理专业对接临床护理、健康管理、康体指导等岗位；医——康复治疗技术专业对接康复治疗、保健按摩、技术服务等岗位，如图24-1所示。

德州职业技术学院山东省高水平智慧健康养老服务与管理专业群。德州职业技术学院按照专业群“底层基础课和通识课共享、中层专业核心课对康养课程的互融、顶层专业技能选修模块课程互选”的原则，构建“底层共享、中层互融、顶层互选”模块化课程体系。底层共享——对接养老服务人才基础素养，建设大数据与人工智能基础、老年人健康管理、食品营养与卫生等专业群共享平台课程群；中层互融——根据群内五个专业所对应的工作岗位任务，分析关键岗位核心素养，开设居于中层的专业群核心课程群，根据不同专业间岗位任务区别与联系，设计养老机构运营管理、智慧为老平台实训、老年人活动策划与组织等课程模块，形成交叉核心课程网；顶层互选——对接学生学习兴趣和就业意向，结合X证书考证需求，构建专业群内互选的选修课程群，如图24-2所示。

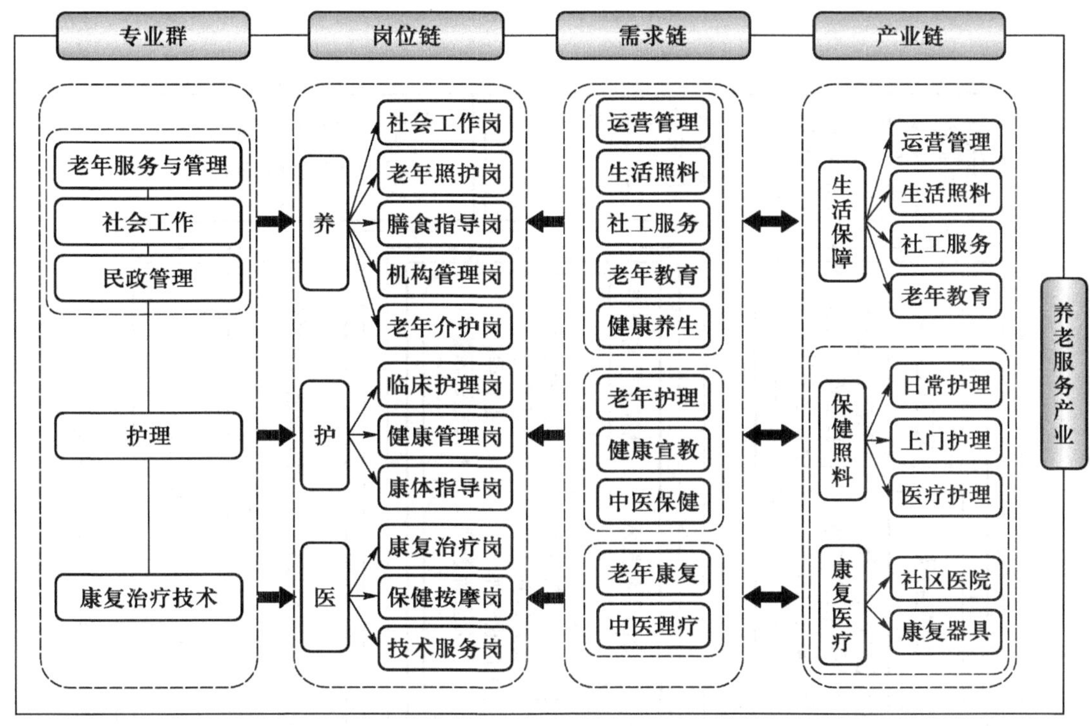

图24-1　重庆城市管理职业学院专业群对接产业链

（二）国家级职业教育教师教学创新团队引领养老产业迭代变革

1. 国家级职业教育教师教学创新团队引领教学模式改革

截至2022年，全国共有11个智慧养老类专业教学团队入选国家级职业教育教师教学创新团队建设项目。2020年12月，由长沙民政职业技术学院牵头成立教育部国家级教师教学创新团队项目“养老·家政服务领域协作共同体”，共同体涵盖天津医学高等专科学校、北京社会管理职业学院等养老家政服务领域的10个创新团队和创新团队项目培训基地（吉林农业大学家政学院），以及国投健康产业投资有限公司等22家养老行业协会、企业机构。共同体建立了校际协同工作机制，通过区块链技术，搭建了养老家政服务领域创新团队协作共同体交流平台，实现了资源的共建共享，促进了共同体内校企之间的深度合作。协作共同体很好地发挥了示范引领和辐射带动作用，在促进高质量发展方面成效显著。

2. 创新整合优质人才资源，打造国际性智慧养老人才

北京劳动保障职业学院整合校内外优质人才资源，组建了一支高水平、结构化的教学创新团队，建立了产业导师、技能大师、首席专家“三师”引领和名师强匠、专业带头人、青年骨干、新入职“四段”式梯队培养机制。在团队内部深化党建引领机制，实施党员领航行动计划，设置了产教融合、创新团队、教研赛、课程

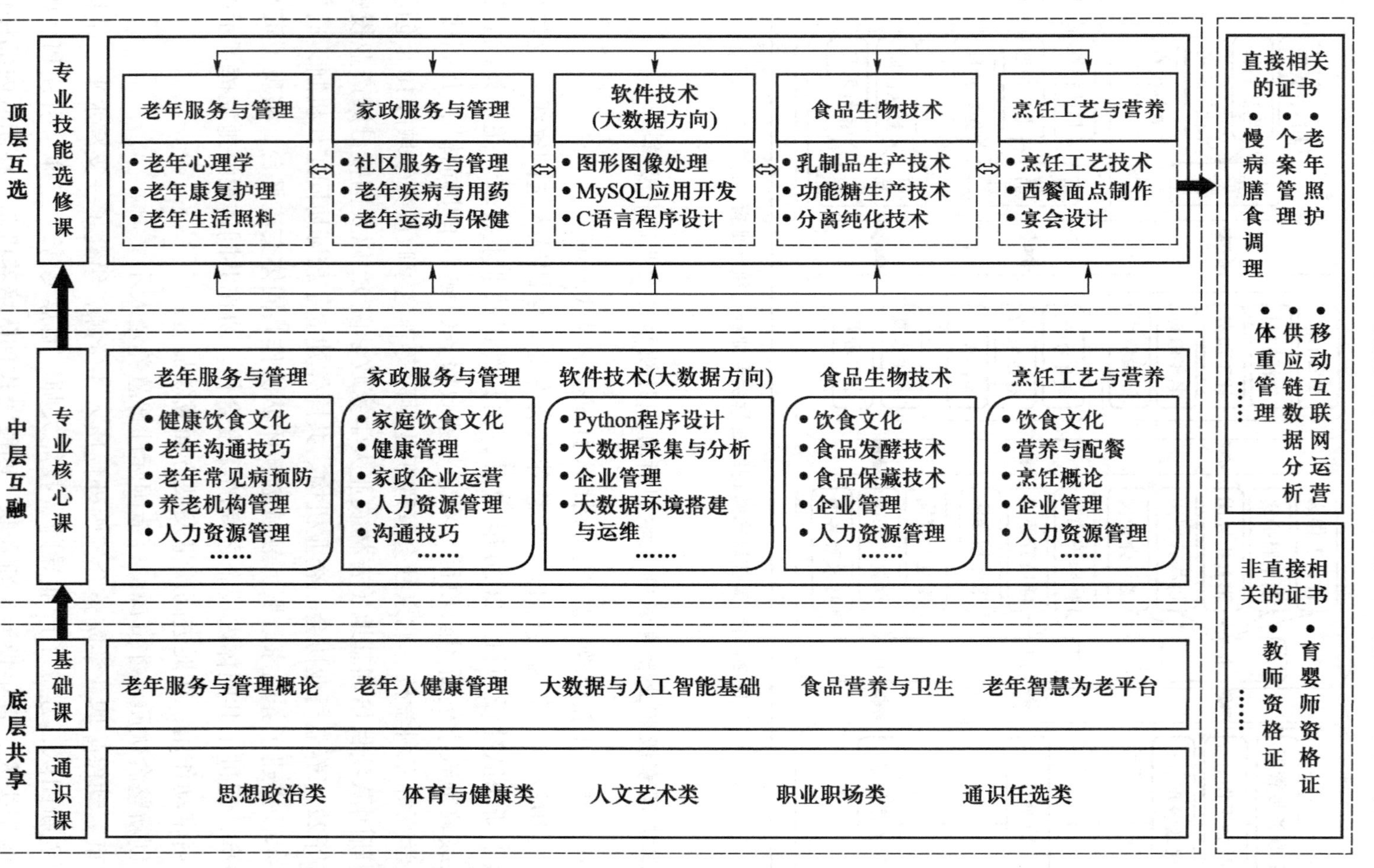

图24-2 德州职业技术学院“底层共享、中层互融、顶层互选”模块化课程体系

思政、精品课程、社会服务等党员领航岗位，按照能出能进、动态调整的原则进行优化，通过实施多层次的激励保障机制，充分发挥了团队教师专业成长的积极性和创造性。通过推进国际合作项目，走出去、请进来，拓宽师生国际交流与学习的渠道，提升师资队伍国际化水平，培养具有国际视野，掌握国际先进技术的健康养老服务人才。

（三）产教融合，政校行企协同构建智慧养老产业技术技能服务平台

1.“校企合作”精准匹配供需链，在全国推广混合所有制办学模式

德州职业技术学院深入推进“放管服”改革，智慧养老服务与管理专业群深度开展混合所有制办学实践，在德州职教集团、学校校企合作理事会的框架下，与北京优护万家养老服务集团共同创建了混合所有制二级学院——健康管理学院，校长担任二级学院院长。该学院与30余家知名企业成立专业群产教融合联盟，搭建产学研融合平台，形成了“一体两翼”的办学体制，混合所有制办学成效显著。近三年来，德州职业技术学院的混合所有制办学经验在国家级、省级职业教育会议上做典型经验推广，省内外30余所职业院校来校学习，办学模式被全国20余所院校借鉴推广，创新型办学先进经验得到教育部高度认可。

2. 构建产教融合人才培养综合体系，校企共建文化共同体

广东江门中医药职业学院联合医院、养老机构、康复中心等统筹健康养老职业教育发展，构建产学研相结合的人才培养综合体系。打造养老服务与管理专业群，以养老服务实训基地为基础，通过校企结合、产教融合，建立规范化管理的养老服务教学体系，搭建集教学科研、实习实训、专业素质拓展于一体的养老服务专业教学平台，打造具有“产教研”功能一体的现代养老服务专业实训基地。邀请机构经营管理者参与学生的日常管理、专业教育工作，让在校学生及早适应企业工作环境和管理方式，尽早形成职业素养。经过校企合作培养的养老服务专业学生在企业实习中能较快适应工作岗位要求，缓解企业用人短缺的困境，创造校企双方双赢的有利局面。

3. 建设技术技能平台，提升创新能力，促进区域产业高质量发展

重庆城市管理职业学院注重人工智能、物联网、云计算、大数据等技术在智慧养老服务行业关键领域的应用研究及相关产品的开发，通过建立智慧康养研究院促进养老服务企业技术研发和产品升级。与中国社会福利与养老服务协会、重庆市养老服务协会、重庆市第一社会福利院、青杠老年护养中心等机构（企业）深度合作，开展科技攻关、智库咨询、英才培养和创新创业，拓展信息技术在养老领域中的应用，建立现代智慧养老服务标准，开展智慧养老服务应用试点示范，引导养老服务产业结构升级及技术创新，助力西部养老服务业快速发展和转型升级。同时，

将现代保健、中医养生、运动康复技术融入养老服务产业，提高专业群集聚力和配套供给服务能力。

4. 社会服务“不打烊”，共克时艰显担当

北京社会管理职业学院通过“中国民政培训网”和“民政在线培训”公众号等在线教育培训渠道，开发制作了针对民政重点防控领域的主题网络公益培训课程。课程共有82节微课，主要是围绕民政重点服务领域——养老服务机构、儿童福利机构、殡葬服务机构等制作的易懂、易学、易用的防疫视频，针对老年人、儿童等易感人群加强防控宣传，另设有媒体跟踪和舆情管理等栏目，加强防疫政策宣传，免费向民政系统职工和社会开放学习。中国民政培训网联合学习强国应用程序，免费提供优质线上技能课程，并成功入选北京市第二批免费提供技能培训在线教学资源目录。

（四）多方联动、合作共赢，智慧养老职教集团助力企业发展

1. 利用智慧养老职教集团整合区域资源

在教育部、民政部等多部门的指导下，结合我国智慧养老产业需求，组成了全国性养老行业产教联盟和职教集团。通过推进政校行企的优势互补与多元合作，助力我国职业教育改革与发展。与此同时，加快助推智慧养老行业产教融合发展，促进教育和智慧养老服务体系人才、智力、技术、资本、管理等资源要素的集聚融合、优势互补，推动智慧养老产业高质量发展，共同促进技术技能型人才培养。

2. 推动智慧养老职教集团完善运行机制

为保障智慧养老职教集团可持续发展，集团建立和完善集团内部治理结构和运行机制，促进集团内各成员单位开展深度合作和协同发展；通过健全民主决策和成员单位动态调整机制提升内部聚集能力；借助股份制、混合所有制试点等方式深入探索集团内部产权制度改革和利益共享机制建设，最终形成职责明确、统筹有力、有机衔接、高效运转的运行机制。

3. 助力智慧养老职教集团打造智慧养老新高地

为适应我国智慧养老产业发展的新业态，推动国家职业教育规模化、集约化发展，由重庆城市管理职业学院牵头，西部6个省市级行业协会、16家职业院校、38家健康养老代表企业共同组建西部健康养老职业教育集团。学院紧跟重庆市大健康产业和智慧康养服务业发展方向，从养老课程资源建设开发、康养教材教法立体化改革、“双师型”特色教师队伍建设、智慧民生产教融合基地建设、产教研学赋能康养技术创新、民生立体服务、国际合作与交流等方面全力推进养老“双高”专业群建设，打造具有“重城”特色的智慧健康养老高地。

三、智慧养老业态未来发展趋势

（一）时代发展赋予智慧养老产业发展新方向

1. 依托智能医疗平台，实现健康信息智能化

利用物联网技术，通过健康云服务平台，利用智能传感器采集体温、血压、脉搏等数据和体检记录，形成老年人个人电子健康档案，提升健康数据采集及应用的效率。及时发现老年人可能存在的健康隐患，并提供健康改善指导意见。老年人通过智能平台与家庭医生交流沟通，足不出户就能够实现问诊、咨询并接受治疗，既能使医疗资源得到最大程度的利用，又能为行动不便的老人带来便利。通过智能传感设备与家庭摄像头的监控，检测跌倒等报警信息及时传送给老人家属及医疗机构，保证老人在发生跌倒等意外情况之后及时得到救助。

2. 依托科技力量，实现养老服务智能化

智能机器人可以根据老年人的需求、爱好进行个性化设计，在陪伴的基础上给予老年人更多关怀和精神慰藉，有效减轻家庭和社会对老年人的服务负担。通过老年人的语言、手势、表情等沟通方式来理解他们的需求，突破语言障碍，畅通沟通路径，即使用方言沟通，亦能和老年人对答如流，无沟通障碍，使机器人与老年人之间的通信更加自然，提高智能型养老机器人与每一位老年人的匹配度，丰富多彩的老年生活。

3. 依托技术创新，实现养老辅具智能化

可穿戴智能设备是一种可以被用户穿戴在身上或贴近身体并能发送和传递信息的辅助设备，可以利用传感器、射频识别、全球定位系统等信息传感设备接入互联网平台，实现人与物随时随地的信息交流。伴随着可穿戴智能设备技术的日趋成熟，其不断向着小型化、舒适化、智能化以及信息精准安全、提供医疗服务、性价比高、穿着舒适且符合老年人审美需求的方向发展。可穿戴智能设备不仅仅是一种硬件设备，更应该是通过各类软件应用支持以及数据交互、云端交互来连接互联网，使老年人能够随时感知和监测自身生理健康状况。通过养老辅具的智能化，为提升智慧健康养老产品供给、数据应用和健康管理能力提供助力。

4. 依托元宇宙，实现生活场景智能化

元宇宙是利用科技手段进行链接与创造的，与现实世界映射与交互的虚拟世界，具备新型社会体系的数字生活空间，集合了人工智能、云计算、扩展现实（XR）、虚拟现实（VR）和数字孪生等多项技术，为打开现实叠加虚拟的新出口带来无限可能。日益逼真的扩展现实（XR）技术、改造世界工具和标准化的终端接口，以及元宇宙带来的沉浸式环境，都在向人们展示未来的数字社会规则和智慧生

活的发展趋势，老年群体也必将融入社会未来发展模式之中。

（二）模式创新持续引领智慧养老产业发展新路径

1. 强化顶层设计，拓展智慧养老行业发展方向

加强顶层设计是构建智慧养老服务体系的关键。智慧养老服务体系的建设是一个涉及社会各个主体参与的系统性工程，在构建智慧养老顶层设计的过程中，不仅要统筹协调社会制度和政策实施，还要考虑与其他养老模式之间的融合性和互补性，实现上下层政策和实施流程的连贯性。在政策层面，促进智慧养老战略与老龄化政策衔接，推动智慧养老行业标准与信息标准化建设，构建多元主体共同参与养老服务体系；在供给层面，优化与调整养老服务结构，促进医疗、健康、养老资源的优化配置，拓展智慧养老服务空间，精准识别老年用户需求，丰富智慧养老服务产品供给，加强适老化智能产品推广。

2. 创新养老模式，打造多元化智慧养老服务

根据智慧养老服务主体、供给方式、运行方式等不同标准，可以将智慧养老实践模式划分为智慧居家养老、智慧社区养老和智慧机构养老三类典型模式。智慧居家养老模式是传统家庭养老方式的创新发展，具有安全性、独立性等优势，其借助通信技术手段连接智能设备与智慧养老信息平台，为老年人提供线上线下一体的个性化服务，实现供需资源的精准对接。智慧社区养老模式是以社区为服务枢纽，整合社会资源为老年群体提供服务，使老年群体既能享有居家养老的方便，又能体会到同辈的认同。智慧机构养老模式践行“医养结合”的理念，以养老院、老年护理院等机构为载体，提升老年群体养老服务体验。此外，学界与业界开始探索构建以家庭为基点、社区为依托和机构为载体的综合性养老服务模式，通过深度融合人工智能、物联网、互联网+技术，实现养老资源的优化配给，使三者之间形成结构性和功能性联系。

（三）职业教育持续推动智慧养老产业发展

1. 为智慧养老产业发展提供技术支持

随着以互联网为代表的信息技术日益普及，“两化融合”战略的深入实施，我国正面临老龄化和信息化浪潮的双重冲击和叠加影响。职业教育贴近老年人的适老化需求，由云计算、物联网、大数据、移动互联网等技术支撑的面向老龄服务的“智慧养老”产业蓬勃发展。发布智慧养老产品及服务推广目录，开展应用试点示范，积极开发智能辅具、智能家居和健康监测、养老照护等终端产品，按照适老化要求推动智慧养老终端持续优化升级改造。大力建设智慧养老终端设备的行业标准及检测公共服务平台，提升适老产品设计、研发、检测、认证能力。

2. 为智慧养老产业发展提供人才支持

智慧养老及相关产业的发展给智慧养老专业建设和人才培养带来了机遇，对复合型智慧养老人才的需求不断增强。高职院校需要根据产业的发展趋势和动态需求调整培养目标、课程设置、教学方式，并及时地进行师资培养和队伍建设，才能培养出各方面条件都符合智慧养老需求的复合型人才。在塑造特色智慧养老专业时，除了要把握好人才培养定位，还需要结合培养目标重点选择人才培养类型，培养出各方面条件都符合产业需求的复合型人才。依据智慧养老领域的复合型人才需求类型，考虑高职学生的整体特点，智慧养老领域人才培养需把握以下两个方向：一是培养掌握计算机和智慧养老的相关技术，能够熟练应用计算机技术开展智慧养老相关产品研发和数据分析与应用，并具有一定的软件开发能力的技术应用型人才；二是培养掌握医学、护理学、管理学和智慧养老相关技术，能够熟练操作智慧养老相关软件和设备，能够在智慧养老相关领域进行养老服务、资源整合和运营管理的服务及管理人才。

主要执笔人：刘文娟，德州职业技术学院；范铁，德州职业技术学院；吕志伟，德州职业技术学院；王倩，德州职业技术学院；郭吉海，德州职业技术学院；陈震，德州职业技术学院；王建红，德州职业技术学院。

职业教育赋能新时代母婴服务升级转型与高质量发展

母婴健康是人类持续发展的前提和基础，其相关指标不仅是国际公认的基础健康指标，也是衡量社会经济发展和人类发展的重要综合性指标。按照世界卫生组织确定的标准，衡量一个国家人民健康水平主要有三大指标：人均期望寿命、婴儿死亡率和孕产妇死亡率，其中两项指标与母婴健康相关，其重要性可见一斑。近30年来，我国职业教育主动适应社会发展需要，精准定位母婴服务新业态，聚焦业态变迁进程，培养复合技能型人才，健全教育体系，促进数字化转型，推进国际化交流，为持续推动母婴服务事业高质量发展及升级转型赋能，对建设具有中国特色的妇幼健康服务网络，优化服务流程，提升服务质量，推动母婴安全产生深刻影响。

一、母婴服务业态的定位

所谓业态是指针对特定消费人群的特定需求，按照一定的战略发展目标和发展结构，以及当地的具体情况有选择地运用各种经营规划手段，为当地的经济发展提供销售和服务的类型化服务形态。母婴服务业基于预防和治疗母婴常见疾病，是保障婴幼儿健康成长而新兴的保健服务行业。最初提供母婴保健服务的机构主要是医院，而后相关服务内容不断扩大，除母婴保健外，还包括育婴、心理咨询、催乳、营养、美疗等，医院难以满足以上各类社会需求，在这种情况下，专业的母婴服务企业应运而生并逐渐发展壮大。综上所述，现代母婴服务的业态定位主要在于针对孕产妇分娩后的心理、体态、饮食以及新生儿疾病护理、成长发育、健康长大等开展的一系列服务。

母婴服务包含母婴护理、母婴保健及母婴服务咨询等多种形式。其中，母婴护理项目又分为产妇护理与婴儿护理，前者主要包括生活护理、营养配餐、产后恢复、乳房护理、心理指导等，后者则包括生活护理、常见病护理、专业护理、潜能开发等。社会上的母婴护理服务行业不同于医疗卫生行业中的母婴保健，属于非医疗性质的母婴护理服务。目前，母婴护理服务行业已在全国各地拥有超过万家的服务机构，包括月子中心、产后康复机构等。

新业态是在当今社会大环境下，伴随着科技的进步、产业的升级及消费者的需求，各种产业发展规模不断壮大、创新、融合，演变出产业融合发展的新模式。随着经济和社会的发展，我国不断调整人口政策，2016年全面放开二孩政策，2019年提出构建生育友好的社会环境，2021年全面开放三孩政策，一系列政策调整为母婴服务行业及孕妇服务行业带来了重大发展机遇，现代母婴服务新业态也赢得了更广阔的发展空间。因此，职业教育工作者应主动适应时代要求，更新传统母婴服务认知，紧密关注新业态发展，厘清服务市场供求关系的转变、经济结构的组成、行业发展的前沿等，立足自身专业，坚持理论联系实际，切实做好新业态背景下的政策解读和环境分析，充分发挥自身专业优势，将生产、教学、研究三者有效结合。

二、母婴服务业态的变迁

在社会进步和卫生事业发展浪潮中，我国母婴服务业态在过去30年中逐步发展和完善，不断优化服务，强化服务，适应了不同时期的社会需求；职业教育也在持续调整，人才培养实现了质和量的飞跃，满足不同时期母婴服务业态的需求。

（一）新中国成立初期的母婴服务业态

新中国成立初期，母婴服务的核心任务是降低母婴死亡率。当时，广大农村妇女分娩普遍由非专业人员，如产婆、家属施以旧法接生，因无科学的接生技术，加之接生器具未消毒，产妇产后大出血、会阴撕伤、产后感染及新生儿破伤风等情况屡见不鲜，母婴死亡率较高。《中国妇幼健康事业发展报告（2019）》中提到中华人民共和国成立前，我国广大农村和边远地区的孕产妇死亡率高达1 500/10万，婴儿死亡率高达200‰。长期战乱和社会落后使中国妇女生育保健事业历经晚清、民国，到新中国成立初期依然发展缓慢甚至停滞，频繁、危险的生育是损害妇女健康的主要因素，生育健康状况不容乐观。医务人员匮乏也是阻碍母婴保健服务发展滞后的重要因素，这使得新中国成立初期母婴保健服务需求十分迫切。为了改变这种状况，1950年8月，原卫生部在第一次全国妇幼卫生会议上提出“改造旧式接产，推行新法接生”的工作方针。随后，各省将改造旧产婆、培训新法接生员作为妇幼卫生工作和母婴服务的重点，这种非学历的母婴服务职业化培训使得新法接生的政策迅速普及。同时，国家积极开办专业化职业教育以提升母婴服务质量。一方面，在卫生学校设立助产士班或开设助产学校培养大量的助产士。1954年，首批76名助产士在上海接受为期两年半的中专教育，标志着我国助产职业教育的开端，也拉开了正规助产中专教育的序幕。到1985年，全国助产士已由1949年的13 900名增加到65 517名，增长了5.4倍。另一方面，有些省市中专卫校还设置了妇幼保健员培训班，通过6个月短期培训成为基层初级助产人员，以弥补当时母婴服务专业人员的缺口。因此，新中国成立初期开展的新法接生员、妇幼保健员等非学历职业教育培训及中专助产职业教育对当时降低孕产妇及新生儿死亡率作出了重大贡献。

（二）改革开放时期的母婴服务业态

改革开放以后，随着我国经济快速增长、国民健康素养提高、城镇化水平稳步提升，每个家庭对母婴健康的重视程度逐渐加强，社会对母婴保健服务的需求也随之上升。这一时期，世界卫生组织（WHO）曾提出发展中国家的专业助产士须增加33万人，以保障母婴安全从而降低死亡率。从“独生子女”政策到1982年的“一胎半”政策，再到2013年实施的“单独二孩”政策表明，我国生育需求逐步增加。根据《2014世界助产状况报告：通用路径——妇女的健康权利》预测：2012—2030年，卫生体系要面对24.548亿人次的产前检查，3.085亿婴儿的出生量，12.34亿产妇的产后和出生后随访问题，2030年我国母婴服务必须适应每年2 480万人的怀孕量。而当时我国母婴服务力量不足，母婴服务人员从数量和质量上都不能适应社会需求。1980年，原卫生部批准在省、市、县中级卫生学校开设和增加助产人才培养，并规定了中专助产专业设置的标准，这标志着国家开始重视母婴服务职业教育的人才培养质量。滨州卫生学校、大同卫生学校等一些中等卫生学校率先开始招收助产士班，由此，中等助产职业教育开始向专业化方向发展。

同时，为填补当时我国较大的母婴服务专业人才缺口，适应改革开放带来的对母婴服务需求的提升，助产职业教育也在国家教育理念的指导下迎来了发展的新契机。1985年，《中共中央关于教育体制改革的决定》明确要求“积极发展高等职业技术院校”，届时高等职业教育成为我国母婴服务业态变迁中的重要部分。20世纪90年代后期，部分院校逐渐开设了助产专业大专教育，母婴服务职业教育也由中专教育逐渐过渡到中专与大专教育并存阶段。助产大专教育主要针对培养初中毕业生（学制5年）和高中毕业生（学制3年），毕业后通过相应课程考核后，获得高职高专学历，如当时浙江金华职业技术学院和深圳市职业技术学院开设的大专层次助产专业。2005年，天津高等医学专科学校等开设了助产专科教育，之后全国各地卫生学校相继升格，陆续兴办助产专科教育，专科层次的高级助产人才培养达到了空前规模。2010年底，全国已有78所学校开设了专科助产教育，至2017年底，开办院校达245所。原卫生部在《卫生部贯彻2011—2020年中国妇女儿童发展纲要实施方案》中指出：必须强化助产高等教育，探索加强助产士队伍建设的有效途径。由此，母婴服务人才培养实现了由中专层次教育向专科层次教育的巨大转变。

除此之外，这一时期由于大众对产后新生儿养育与保健逐渐重视，但家属对护理产妇及新生儿知识缺乏无法满足需求，从而加大了母婴保健市场服务需求。当时，我国母婴机构培养模式尚无统一、权威的官方认证运行体制，母婴护理员属于家政服务行业，由家政服务协会管理，初期存在月嫂培训质量参差不齐、市场混乱、入职门槛低等现象。2003年，原劳动和社会保障部正式认可并颁布了育婴师的相关职业标准，部分通过资质审核的高职高专院校开展了育婴师职业资格培训。例如，扬州职业大学医学院采取了德国“双元制”教学模式培养产期母婴保健师（又称月嫂），即企业和学校联合办学，学生拥有学生和员工双重身份，企业和学校全程参与，确定课程标准，采用基地学习3个月、企业实践3个月的模式，签署顶岗实习的合作协议，共同实施学员顶岗实习管理和质量评价，培养了一大批优秀“月嫂”，成为广受欢迎的产后保健服务主力军。青海职业技术学院育婴师培养对象主要为实习阶段的二年制、三年制、五年制护理及助产专业学生，成绩合格者由青海省人社厅颁发三级、四级育婴师国家职业资格证书。由此，母婴保健人员职业资格培训的开展也推动了母婴服务业态的发展。

（三）生育政策调整后的母婴服务业态

随着国家二孩、三孩政策放开，全方位、全周期孕育服务要求逐步提高，激发了我国母婴保健服务市场的更大需求。同时，国家积极构建“纵向贯通、横向融通”的现代职业教育体系，开展本科层次职业教育试点。由此，母婴服务职业教育走向了提质培优、增值赋能的高质量发展阶段。

党的十八届三中全会提出“单独二孩”政策，预测我国在之后几年将会迎来生育高潮，社会对母婴服务机构人力资源、硬件设备、配套设施的需求量显著增加。但在当时，我国助产士与产妇比例为1∶4 000，远低于国外助产士与产妇的比例1∶1 000。相关调查显示，2014年出生人口数与前一年相比增加了2.9%，到2015年我国助产士的需求量可能达到35万人。随着信息技术和经济高速发展，孕产妇对产科服务需求和质量要求日益增高，而由于母婴服务的人力资源仍旧匮乏，很难满足孕产妇及家属对母婴服务的需求。因此，在国家生育政策调整的背景下，加强助产职业教育，强化自身业务技能，已成为提升母婴保健服务的首要任务。

为了助力国家人口政策的规划发展及尽快满足社会需求，2014年，原国家卫计委启动了助产本科招生培养试点工作，在8所本科院校（南方医科大学、天津医科大学、北京大学医学部、协和医科大学、复旦大学、浙江中医药大学、四川大学及西安交通大学）开展试点教育，随后陆续有更多院校获得培养助产本科招生资格，至2019年，国内已有60多所高校开设了助产本科专业，助产本科教育的发展为应对即将到来的生育高潮和提供全方位、全周期的母婴保健服务发挥了关键作用。这一时期呈现出中专—大专—本科“纵向贯通”的助产职业教育景象。

近年来，很多医院也逐步重视助产士在职培训和认证，以提升母婴服务质量、保障母婴安全和健康。2010年，原卫生部发布的《护士执业资格考试办法》将助产士纳入考试对象，使助产士与护士的考核办法完全相同，职业晋升体系同护士一致。2015年，在原国家卫计委妇幼司和中国妇幼保健协会的大力支持下，浙江大学医学院附属妇产科医院、中国福利会国际和平妇幼保健院等国内8所医院通过评审，正式成为助产士规范化临床培训基地。通过理论授课和实际操作，加强对助产士基本知识、基本理论和技能的培训，培养能胜任助产士工作的人才队伍，进而强化了助产士终身学习的职业教育理念，也使我国助产专业建设正式走上与国际接轨、规范化发展的道路。在这一阶段，母婴服务业的多层次教育体现在为临床输送大量的人力资源，将规范化、专业化的照护逐步扩展到孕产妇家庭，母婴保健市场开始通过互联网平台提供医疗预约、在线咨询、健康指导等服务，母婴服务迈入了全新阶段。

同时，育婴师、托育师、母婴护理员等市场需求也有所提升，大批职业人才进入母婴保健行业。新型育婴师人才培养模式不仅重视乳母保健，而且涉及产后体型恢复、营养摄入、心理健康及母乳喂养等多个方面，为乳母及婴幼儿提供全方位服务。2019年以来，国家相继出台各项托育服务相关政策，如国务院办公厅发布的《国务院办公厅关于促进3岁以下婴幼儿照护服务发展的指导意见》，提出要构建婴幼儿照护服务的政策法规体系和标准规范体系，将婴幼儿照护服务纳入经济社会发展规划；同年10月，国家卫生健康委员会印发《托育机构设置标准（试行）》和《托育机构管理规范（试行）》，对托育服务提出要求，有效规范了托育服务行业标准，也对育婴职业教育提出了新要求和新挑战。

综上，我国母婴服务业已进入新的发展阶段，相关专业领域职业教育人才培养质量不断提高。尽管目前各地区母婴服务职业人才理论知识和基本技能水平仍存在一定程度的差异，婴儿养育、托育服务体系和职业教育有待进一步加强，但只要坚持以服务社会需求为导向的母婴服务理念，就能为构建生育友好社会奠定坚实基础。

三、母婴服务新业态未来发展

随着社会发展和教育普及，新时代的父母受教育程度普遍较高，其信息来源更为广泛，群众对于生活品质有了更高的要求。因此，现代母婴服务新业态迎来从“量”到“质”的新模式转变，专业化、精细化、个性化、高端化发展将成为母婴服务业态未来的发展趋势。

（一）母婴服务质量不断提高

当前，国际助产专业的服务理念是崇尚自然分娩，主张为产妇提供连续性照护。由于产妇在医疗机构得到的照护时间有限，而我国母婴护理的“医院—社区—家庭”服务衔接体系尚未完全形成，使得孕前、孕中、产后母婴保健和健康教育出现了服务缺口。有研究表明，约75%的产妇在产褥期出现身体不适，约13%~21%的产妇可能出现产后抑郁，约8%~12.5%的产妇配偶可能出现产后抑郁，社会支持度低是其主要影响因素。为满足多样化、多层次母婴服务的需求，现代母婴服务产业亟须创新与发展，不断拓宽服务形式与内容。

家庭式母婴护理。家庭母婴护理服务作为社区延伸性护理服务的重要形式之一，对母婴的身心健康产生持久影响。部分孕产妇在出院后立即联系家庭母婴护理员，同时，大多数孕产妇表示需要母婴护理机构在月子期结束后提供后续跟踪服务，表明家庭母婴护理员的需求较大，是未来兴起的行业之一。

机构式母婴护理。母婴护理机构主要服务是依靠专业服务人员，在非医疗场所、特定时间段提供产妇保健、婴儿护理等服务。月子中心作为母婴护理机构不仅能提供产后的护理，还能给予孕产妇及其家庭知识方面的健康教育。孕产妇对产后照护机构服务项目总体需求程度较高，并且期望母婴护理机构与医院建立合作关系，以获取更为专业、科学、权威的信息。

婴幼儿照护服务是生命全周期服务管理的重要环节，也是补齐“幼有所育”民生短板的重要内容。国务院办公厅于2019年5月印发《国务院办公厅关于促进3岁以下婴幼儿照护服务发展的指导意见》指出，要多种形式开展婴幼儿照护服务，逐步满足人民群众对婴幼儿照护服务的需求。因此，婴幼儿照护和托育成为大健康行业重点发展的领域，且未来有较大的发展空间。例如，助产士门诊，目前，我国临床开展的主要有个性化产前门诊、体验式模拟分娩、连续性管理与特殊门诊，但助产士门诊在医疗机构中普及率不高，开展时间较短，与国际助产士门诊的现状有一定差距。在信息化时代，“互联网+母婴护理”远程医疗精准服务模式已被证明可提高护理质量及获得卫生服务的机会，将来也可应用远程医疗完成高效的后续跟踪服务。基于手机APP的远程监控系统及网络平台可持续了解母婴的情况，就产妇及家属提出的问题给予线上指导，并后续跟进。利用大数据组建母婴延续护理大数据分析系统，与现有的母婴保健系统实现有效融合。

（二）母婴服务培训进一步规范

目前，母婴服务行业总体发展不平衡、不稳定，对标准规范的认知和落实程度也不一致。因此，母婴服务行业需要贯彻全国职业教育大会精神，增强职业教育的社会适应性，做好母婴服务人才队伍建设与专业化、规范化培训，以提升母婴服务质量，赋能引领母婴职业教育发展，为生育政策顺时顺势调整提供有力的辅助。

全面优化专业技能人才培养模式。以岗位胜任力为导向制订助产专业人才培养方案，注重职业技能的培养，拓宽助产专业人才培养路径。学校同行业、医院、母婴护理机构成立专业指导建设委员会，建立校、院、企三方共同参与人才培养、师资培育、教学资源开发、科研合作的长效机制。

全面提升母婴护理员素质。无论是母婴护理机构的护理员还是家庭式母婴护理员，母婴护理员均须具有过硬的职业素养。目前，家庭式母婴护理员的整体素质水平偏低，主观培训意愿不强，知识来源的科学性和准确性有待进一步提升，职业培训有待进一步规范。2016年，中国妇幼保健协会公布了《中国妇幼保健协会产后母婴康复机构管理和服务指南》，该指南有利于引导产后母婴康复行业的健康发展。2017年，中国妇幼保健协会产后母婴康复机构管理委员会成立，开展产后母婴康复机构行业调研与行业指导任务，进一步促进行业水平的全面提升，促进市场优胜劣汰。未来，母婴职业教育培训课程应按等级分层、线上与线下相结合授课的形式开展，邀请经验丰富的母婴护理专家，结合护理工作中遇到的常见案例，深入浅出地传授知识，保证职业教育培训内容的实用性和科学性。

四、职业教育服务母婴服务新业态发展

我国进入中国式现代化建设新阶段，职业教育时值提质培优的机遇期和改革攻坚的关键期。“二胎”“三胎”政策的相继发布，母婴服务业亟须高质量发展。回顾母婴服务职业教育发展进程，职业教育为现代母婴服务新业态发展作出了突出贡献。

（一）职业教育立足国情推进母婴服务现代化进程

党的十八大以来，我国人口发展呈现重大转折性变化，人口总量增长势头明显减弱，少生优生成为社会主流的观念，母婴服务要求也从单一渠道和简单需求转向科学化和精细化育儿，从初始的父母照护或雇佣保姆的方式，到如今更加专业和标准的母婴护理，母婴群体的满意度持续向好，母婴服务进入现代化高质量发展阶段。2020年，我国孕产妇死亡率为10万分之16.9，与2015年相比，下降幅度为15.9%；婴儿死亡率为千分之5.4，与2015年相比，下降幅度为33.3%；5岁以下儿童死亡率为千分之7.5，与2015年相比，下降幅度为30%；孕产妇系统管理率、儿童健康管理率分别达到92.7%和94.3%。

现代职业教育进入了新的发展期，推进职业教育产教融合、科教融汇，优化精准定位成为新时代职业教育体系建设的重大战略举措。党和国家高度重视职业教育，职业教育前途广阔、大有可为。国务院印发《国家职业教育改革实施方案》，

我国职业教育改革发展走上提质培优、增值赋能的快车道，母婴服务职业教育面貌发生了格局性变化，坚持以母婴健康为中心，增进了民生福祉，使幼有所育，提升了母婴生活品质，为实现中国式现代化发展、实现伟大中国梦注入强大力量。

（二）职业教育构建母婴服务新发展格局

我国加快推进经济结构调整和产业转型升级，迈向更高质量、更有效率、更加公平、更可持续、更为安全的发展之路。职业教育作为对接产业最密切、服务经济最直接的教育类型，其在经济高质量发展中起到了重要的人力资源供给和生产力转化作用。有调查表明，超60%的母婴家庭在产后有意愿选择高质量的产后康复、婴儿抚触、小儿推拿等服务。因此近年来一系列与妇女儿童健康密切相关的机构，如“月子中心”“产后康复机构”等应运而生，为产妇提供产后恢复、婴儿喂养等服务。母婴服务作为经济产业中超万亿规模的行业，经济态势持续稳定上升，我国母婴服务市场规模持续增长，2021年达34 591亿元，预计到2025年将达到46 797亿元，母婴服务消费市场热情持续高涨。

作为一种新兴业态，母婴护理业目前仍存在着缺乏监管部门导致监管难，缺乏规范培训导致安全隐患多等问题。职业教育适时为上述问题提供了解决方案，开辟了新时代母婴服务事业的新篇章。近年来，职业教育积极响应党中央号召，结合自身实际情况，基于创新创业教育理念，将母婴服务的理论教育和实践教育充分融合，以市场需求为导向，在教学过程中融入创新创业理念，充分利用校企合作商业模式，开展创新创业人才培养，提升创新体系整体效能，与我国“大众创业、万众创新”的国情相适应，为推动母婴服务经济高质量发展作出了关键贡献。

（三）职业教育引领母婴服务复合型技能型人才培养

行业发展，人才先行。职业教育始终秉持“就业有能力、发展有保障”的人才培养准则，坚持为党和国家培育优秀人才，全面提升自主培养母婴服务人才质量，办好人民满意的教育。新时代，社会大众对于优生优育的追求，对于导乐陪伴分娩、母乳喂养咨询、产后恢复等新兴助产服务的需求不断出现，而母婴服务高水平专业人才严重匮乏。在这种情况下，各个职业院校应认真落实国务院印发的《国家职业教育改革实施方案》，积极启动“学历证书+若干职业技能等级证书”（简称“1+X证书”）试点工作。积极探索学校教育和职业技能培养双重结合，创新原有的教学方式，优化职业教育教学质量，通过搭建现代母婴健康服务专业“一体两翼”人才培养平台，创新助产、母婴护理（含月嫂）等现代母婴健康服务业人才培养模式，优化教育资源，培育兼具教学能力和研发能力的创新型母婴服务专业团队，提升专业的创新力和竞争力，培养可持续发展能力强、综合素质高、具备岗位所需的现代产科服务能力的新型母婴服务人才，增加母婴护理行业专业人才数量，创新母婴服务人才培养路径。同时，推进建立学习型社会和学习型大国，促进国家资历框架的建立和完善。

（四）职业教育促进母婴服务教育发展

职业教育根据国务院及卫健委指示精神，积极落实“十四五”规划中的民生福祉目标，依托政府引导、行业指导、校企合作、校校合作的政、行、校、企协同育人机制，最大程度发挥职业教育在母婴服务高素质人才培养模式中的作用，进而推动母婴服务事业蓬勃发展。职业院校通过“厚基强技”的职业技术能力培养体系，厚积职业教育在母婴专业方面的基础理论、基础知识、基础技术，并强化核心技能和专项技能，使课程更加贴合岗位标准，提升学生的岗位胜任力和就业竞争力。积极努力提升师资队伍质量，建设“双师型”培训基地，打破“职”“教”界限，提高教师整体素质。推动构建职普融通的现代化职业教育体系，将职业教育从中专逐渐提升到大专、本科层次，加强横纵向沟通，推动理论研究和操作实践双培养，一体化提升学生的理论基础和实践能力。积极深化教育教学改革、主动与不同教育要素开放重组、与各类产业要素和创新要素互动融合、创新校企合作办学机制、打造中国特色母婴服务职业教育品牌。

（五）职业教育促进母婴服务数字化转型发展

党的二十大报告指出，要加快建设网络强国、数字中国。建设数字中国是数字时代推进中国式现代化的重要引擎，是构筑国家竞争新优势的有力支撑。我国职业教育紧盯数字技术前沿，加快专业升级改造，提升数字技能人才培养能力，使人才培养适应数字经济变革。医药卫生类职业院校借助混合学习优势，应“互联网+职业教育”的发展需求，建设移动平台，积极研发MOOC课程教学视频，建设虚拟仿真实训基地，学生可在实习期间随时开展线上学习，并与教师实时线上交流，通过线上方式促进“工”“学”结合，充分利用好智慧教育平台，提高教学效率。特别是在母婴服务技能教学培训中，利用数字化教学资源对岗位服务场景的真实再现、标准化操作进行演示，有效避开对母婴的生活干扰问题、隐私性问题和家属拒绝等难题，为学生提供直观感受。高职院校也不断探索运用现代信息技术改进教学方式方法，线上辅助线下形成连续性教学培养模式，用专业的教育促进母婴服务事业的数字化发展。

（六）职业教育促进母婴服务国际化交流

教育国际合作与交流一直以来都是承担国际文明交往的一种有效载体，其中，职业教育作为教育的一个重要分支，其国际化的实践活动亦是一种国际文明交往的重要形式。我国母婴服务职业教育积极开展国际合作与交流，面向世界、融通中西，引进国际优秀资源，中外合作共建教育课程、开展师资培训等，在“引进来”“走出去”中不断实现“再提升”，共建母婴服务人类命运共同体，共同推进母婴服务行业繁荣发展。例如，澳大利亚与中国借助互联网技术签署远程教育协议，提供职业教育培训；新加坡开展中国职业院校教师访问学者赴新加坡参观和交流活动。我国也为其他国家提供了职业教育带动经济发展、改善民生的中国模式与中国经验。

主要执笔人：单伟颖，承德护理职业学院；张银萍，西安交通大学医学部护理学系；茅清，厦门医学院；郭洪花，海南医学院；陶巍巍，大连医科大学护理学院；宁艳娇，承德护理职业学院；肖倩，首都医科大学。

职业教育促进休闲旅游新业态高质量发展

随着人们生活水平的提高和闲暇时间的增加，休闲旅游将成为旅游业发展的重要组成部分，休闲旅游可以使游客开阔眼界、陶冶性情、欣赏自然和人文风光、体验现代化城市的生活方式以及满足购物需求等。国务院印发的《“十四五”旅游业发展规划》强调要“推进文化和旅游融合发展”“优化城乡旅游休闲空间”；文化和旅游部印发的《“十四五”文化和发展规划》也提出要“坚持以文塑旅、以旅彰文”“推动文化和旅游更广范围、更深层次、更高水平上融合发展”“打造独具魅力的中华文化旅游体验”。旅游职业教育战线积极作为，全面分析休闲旅游行业发展态势与人才需求，及时更新专业，调整课程设置，深度产教融合，培养师资队伍，改善实训设施，主动适应休闲旅游业发展新变化。近年来，旅游职业院校为休闲旅游业培养了一批高素质的技术技能人才，有力地促进我国休闲旅游新业态高质量发展。

一、休闲旅游业态的定位

（一）休闲旅游业态的概念与特点

休闲，是人类生存发展的客观要求，除却生产劳动，休闲是人类个体维持生存的要件。游戏、嬉戏、竞赛抑或放空冥想，均为人类个体生存与再生产的内在要求。休闲旅游，作为人们度过闲暇时间的方式，是一种高层次的、具有享受与发展二重属性的消费模式。所谓休闲旅游是指游客以旅游的资源作为背景，以休闲娱乐作为目标，以基础设施作为需求，以特定的文化景观和服务项目为主题，为了放松心灵、休息身体而选择短暂地离开长期居住地，到异地一段时间进行休闲旅游。休闲旅游具有以下特点。

1. 休闲旅游促进修身养性

修养身心是游客休闲旅游最基础的要求。休闲是要在一种“无忧无虑”的状态中放松身体、调整心情，使身心得到完全放松，并将身心调整到最佳状态。因此休闲旅游产品应具备令人感到轻松、愉悦的特性，帮助游客获得正面的情绪价值。

2. 休闲旅游产品发展的多元化

发展休闲旅游应做到休闲旅游产品多元化，能够满足不同游客的多样化需求。除了提供传统旅游产品，还应发展如观光休闲、度假休闲、城郊休闲、温泉休闲、娱乐休闲、农家休闲、康体休闲等多种类型的休闲旅游产品。

3. 休闲旅游目的地的重游性

游客对旅游地认可并且能够多次将其作为旅游点，是休闲旅游很显著的特性。休闲观光的游客对旅游的目的地能否给他们带来熟悉感、亲切感和放松感是非常在意的。

4. 休闲旅游要求交通的便捷性

随着经济社会的发展与进步，选择休闲旅游的游客已经不再只关注路途产生的费用，而是希望能够更快抵达旅游的目的地并且较快地融入旅游环境中，所以在旅途中交通的便捷性也是极为重要的。同时，还应以个性化、多样化的交通方式提升休闲旅游服务质量，激活交通沿线休闲旅游区的发展。

5. 休闲旅游层次和要素的丰富性

选择休闲旅游的游客，在选择旅游目的地时，更加追求旅游目的地的整体文化建设及精神体验。因此旅游目的地需要在文化环境和精神体验上满足游客的多种需求，从而加强游客对旅游目的地进行二次或多次旅游的意愿。

（二）休闲旅游业态发展的意义

休闲旅游是以观光旅游作为前提，增加了对精神内涵和身体放松的要求，其主要目的就是让游客放松心情、减少压力、调养身体及娱乐消遣等。随着经济社会的发展，人们的生活水平也在不断提高，各种需求不断涌现，原来的单一旅游模式已经无法满足现在的游客，游客越来越喜欢具有个性化、文化性、参与性的休闲旅游项目。如果想要解决当地一定的就业问题，那么可以选择开发当地的休闲旅游。因为旅游业属于劳动力集中的行业，可以创造许多就业岗位。开发建设休闲旅游的基础是具备一个全面的服务系统，这个系统不仅需要管理人员、导游、服务人员，还需要具备完整的基础配套设施，包括住宿、交通、饮食、商场等。此时，旅游业的发展不仅仅是发展旅游，还可以带动周边关联行业一同发展，形成休闲旅游行业发展新业态。

二、我国休闲旅游业态历史变迁、发展现状及行业动态

（一）休闲旅游业态的历史变迁

我国从旅游业到休闲旅游业的发展，大致经历了三个阶段。

1. 初期阶段（1980—1995年）

我国自改革开放将工作重心转移到经济建设上以来，除了发展能源、重工业和轻工业，也开始大力发展旅游业。但因理念问题，发展旅游业时，因环境保护意识不强，对有些资源过度开发使生态环境遭受破坏。

2. 规划开发阶段（1995—2006年）

在初期阶段，旅游目的地被过度无序地开发，导致环境破坏受到政府相关部门关注。因此政府开始将旅游目的地的规划开发作为一种宏观性管理手段进行有效运作。例如，引入可持续发展理念，不再仅注重经济目标的实现，而是把旅游目的地的经济、社会文化和自然生态效益的最优化放到首要位置，尽量减少和避免对生态环境、社会环境的负面影响。

3. 创新开发阶段（2006年至今）

为满足国内游客的需求，旅游市场做出针对性改变，旅游目的地类型也在不断丰富，由传统旅游向休闲旅游发展。在休闲旅游时代，传统景区面临着巨大发展瓶颈，尤其是特色文化、综合服务项目的比重有所欠缺。对于休闲旅游区，文化的凸显、诠释与演绎是发展的命脉，产品的特色化和业态丰富性则是旅游体验感和可持续性发展的关键。在休闲旅游时代，需要加强业态发展的核心吸引力，强化休闲旅游目的地的特色、品牌、主题和形象。

（二）休闲旅游业态发展现状

党的十八大以来，党和国家聚焦人民日益增长的美好生活需要，不断完善休闲旅游顶层设计，推动休闲旅游蓬勃发展，初步建立起具有中国特色的现代国民旅游休闲体系，切实增强了人民群众的获得感、幸福感和安全感。目前，休闲旅游业态主要包含以下五种发展模式。

1. 文化+旅游

文化+旅游是指通过旅游实现感知、了解、体察人类文化具体内容之目的的行为过程。泛指以鉴赏当地传统文化、追寻文化名人遗踪或参加当地举办的各种文化活动为目的的旅游。寻求文化享受已成为当前旅游业的一种风尚。

文化+旅游可分为四个层面，即以文物、史籍、遗址、古建筑等为代表的历史文化层面；以现代文化、艺术、科学技术成果为代表的现代文化层面；以居民日常生活习俗、节日庆典、祭祀、婚丧、体育活动和衣着服饰等为代表的民俗文化层面；以人际交流为表象的道德伦理文化层面。大力发展文化+旅游意义重大，它不仅可以增强文旅产品的吸引力，提高经济效益，还可以大力传播与弘扬中华文化。

2. 生态+旅游

生态+旅游是指具有保护自然环境和维护当地人民生活双重责任的旅游活动。生态旅游的内涵强调的是对自然景观的保护，是可持续发展的旅游。

生态+旅游不仅是指在旅游过程中欣赏美丽的景色，更强调的是行为模式和思维方式，即保护性的旅游。生态旅游以旅游促进生态保护，以生态保护促进旅游，它不仅不会破坏自然，还能使当地从保护自然资源的过程中得到经济收益。

生态+旅游是绿色旅游，以保护自然环境和生物多样性、维持资源利用的可持续发展为目标。它强调以一颗平常心尊崇自然的异质性，把自然作为有个性的独立生命来看待。参加生态旅游的游客在欣赏自然美色的同时，不以个人的意志强加于自然和其他生命，学会静观默察、敬天惜物，充分感悟自然、审美自然。

3. 康养+旅游

康养+旅游也称为医疗健康旅游，即通过养颜健体、营养膳食、修身养性、关爱环境等各种手段，使游客在身体、心智和精神上都能达到自然和谐的良好状态的各种旅游活动。康养是在物质生活已经被满足的前提下衍生出来的精神层面的深度体验，乃至享受。

康养+旅游有助于人们的身体健康，是人民群众美好生活的重要载体。随着旅游业的不断发展，旅游已经成为大家的刚性需求，而现在人们也极为重视身体的健康，因此，康养旅游将是大势所趋。

康养+旅游还能促进旅游业的发展，开发富有特色的康养旅游产品，可以让广大的游客享受热点聚集、业态丰富以及功能全面的现代化康养产品的服务，打造有地域特色的康养旅游品牌，从而带动一个地区旅游业的发展。

4. 乡村+旅游

乡村+旅游是一种以野外村庄为空间，以人文无干扰、生态无破坏，以野行和游居为特色的乡野旅游形式。乡村旅游包括两个方面：一是发生在乡村，二是把乡村自然作为旅游景点，两者缺一不可。

乡村+旅游可以促进农村经济的发展。利用农村独特的自然资源、人力资源、民俗资源发展旅游业，吸引来自各地的游客前来参观，可以极大地改善农村现有的发展模式，同时也为农产品开辟巨大的消费市场，增加农民的收入，实现产业繁荣与生活富足的有机结合。

5. 体育+旅游

体育+旅游是指旅游者为了满足各种体育需求，借助体育组织或其他中介机构进行的旅游活动，包含各种娱乐身心、锻炼身体、竞技竞赛、刺激冒险、康复保健、体育观赏及体育文化交流等活动。

体育+旅游是一种丰富的旅行产品，促进了全球旅游规划和旅游目的地的拓展，对于拓展经济增长的新空间也十分重要，具有广阔的发展前景。此外，无论对于区域性体育旅游的形象塑造还是旅游产品与服务质量的提升都有极其深远的意义。

（三）休闲旅游行业发展动态

1. 休闲旅游行业相关政策

随着休闲产业日益受到国家的重视，近年来中共中央、国务院出台了一系列有关休闲产业发展的政策与法规，来保障和推动休闲产业的持续、健康、快速发展。

2009年，《国务院关于加快发展旅游业的意见》中将休闲作为加快发展旅游业的重要内容，明确提出制定国民旅游休闲纲要，设立“中国旅游日”，落实带薪休假制度。

2013年12月11日，《国务院关于修改〈全国年节及纪念日放假办法〉的决定》规定全体公民放假的节日为11天，与每周的“双休日”加在一起，我国公民大概可享受115天的法定节假日。这为休闲产业的发展提供了时间条件。

《国民旅游休闲纲要（2013—2020年）》中提出，到2020年，形成与小康社会相适应的现代国民旅游休闲体系。

2016年，《“健康中国2030”规划纲要》中提出要“积极发展健身休闲运动产业”，打造健身休闲综合服务体和具有区域特色的健身休闲示范区、健身休闲产业带。

《“十三五”旅游业发展规划》提出“促进旅游与健康医疗融合发展。鼓励各地利用优势医疗资源和特色资源，建设一批健康医疗旅游示范基地。发展中医药健康旅游，启动中医药健康旅游示范区、示范基地和示范项目建设。发展温泉旅游，建设综合性康养旅游基地。”这一规划定位为康养休闲旅游产业发展营造了有利的市场前景。

2018年，《中共中央 国务院关于实施乡村振兴战略的意见》提出“实施休闲农业和乡村旅游精品工程，建设一批设施完备、功能多样的休闲观光园区、森林人家、康养基地、乡村民宿、特色小镇”。

2017年，党的十九大报告指出，“要激发全民族文化创新创造活力”；2022年，党的二十大报告指出，“坚持以文塑旅、以旅彰文，推进文化和旅游深度融合发展”“鼓励共同奋斗创造美好生活，不断实现人民对美好生活的向往”，这为推进休闲旅游产业规模化、高质量发展提出了新要求。

休闲旅游产业已经成为关乎国民经济发展的重要支撑，成为满足人民美好生活追求、促进社会生活和谐的重要途径，而推进这一发展进程，离不开休闲旅游产业供给的质量和效率保障。

2. 休闲旅游行业发展与人才需求

各个国家和地区对休闲旅游行业的划分尚未达成一致，但大都将文化业、娱乐业、旅游业、体育业、餐饮业、批发零售业、信息业、交通运输业、会展业纳入范畴。消费需求是休闲旅游产业发展的市场基础，消费者旺盛的需求会促进休闲旅游产业规模扩大，供给质量和效率提高。从消费发展路径来看，消费结构开始从“衣食”向“住行”和“服务”升级，其中，医疗健康、交通通信、旅游文化娱乐、教育等所占消费支出比例将会快速增长。中国社会科学院旅游研究中心等进行的“中国国民休闲状况调查（2020）”问卷调查结果显示，2019年我国国民年均休闲消费为5 647元，占当年国民人均消费总支出21 599元的26.19%，与发达国家相比，比重依然偏小。中国休闲旅游行业具有巨大的发展潜力。

市场增长最重要的长期驱动力是人力资本，特别是通过教育快速实现人力资本的转化。休闲旅游产业是人才密集型产业，尤其是在创新驱动发展战略背景下，其对创新型人才的要求更高，这就为休闲旅游人才的培养提出了挑战。以康养休闲旅游服务专业教学标准为例，其职业岗位设置与主要工作任务见表26-1、表26-2。

三、休闲旅游业态未来发展趋势

（一）休闲旅游业态发展方向

近年来，国家相关政策文件不断支持休闲旅游发展。2016年《“健康中国”2030规划纲要》中提出要“积极促进健康与旅游、健身休闲、食品等方面的融合，催生健康新产业、新业态、新模式”。此外，《乡村振兴战略规划（2018—2022年）》《中共中央、国务院关于实施乡村振兴战略的意见》《国务院办公厅关于促进全域旅游发展的指导意见》《“十四五”文化产业发展规划》等文件出台，标志着休闲旅游已上升至国家战略层面，行业融合多元发展促使休闲旅游业态呈现更加丰富的发展模式。

2021年10月，中国旅游研究院发布《中国休闲发展年度报告（2021）》显示，与2019年相比，2021年以来城镇居民工作日、周末、节假日休闲时间均出现不同幅度增长，其中，周末增幅最大、节假日次之，休闲时间分别增加0.91小时和0.64小时。农村居民平均每天的休闲时间从3.14小时上升至4.36小时，涨幅达38.85%。报告指出，我国国民不断注重生活品质提升，休闲正成为继工作、学习、日常生活之后的重要选择，文化休闲已成为城乡居民重要的日常生活选项。

因此，从趋势上看，未来相当长一段时期，本地、周边和短途的城市休闲业态和乡村度假业态将成为旅游消费的主要内容，休闲旅游产业也将成为稳定旅游业发

表26-1 康养旅游服务企业职业岗位设置与主要工作任务

岗位名称	行程服务部	项目执行部	餐饮服务部	住宿服务部	项目策划部	营销策划部	营运管理部	岗位需求
主要工作任务	康养旅游线路考察及产品设计、咨询服务、接待、行程安排、办理手续、事后服务等	身体健康测评、心理咨询、心理调适及情绪管理引导、编制服务方案、康养特色项目跟踪服务及管理、项目评价等	接待服务、营养与健康知识介绍、编制营养食谱、康养特色菜点介绍与推荐、餐前准备、席间服务、餐后服务等	康养住宿产品介绍、住宿接待、客房整理和清洁、康养客房维护、睡眠建议及跟踪服务等	康养体验项目规划、策划、研制、开发及项目评价等	策划运营、旅游网络推广、活动助理、产品研发、产品推销、营销跟踪等	旅游网站运营、运营活动策划和落实、推进推广活动、产品建议、项目管理、过程管理等	康养旅游设备使用、运动指导与中医养生方法推介与引导、旅游咨询、康乐服务等

表26-2 休闲旅游服务企业职业岗位设置与主要工作任务

岗位名称	行程服务部	餐饮部	娱乐部	运营管理部	项目策划部	岗位需求
主要工作任务	休闲旅游线路考察及产品完善、产品设计、业务协调、服务监控、咨询服务、接待服务、行程安排、投诉处理、宣传推介等	餐前准备、迎送服务、特色菜点推介、席间服务等	接待服务、项目咨询与介绍、休闲娱乐项目指导、康乐服务、户外休闲、项目服务场地和设施维护等	旅游网络推广、旅游网站运营、媒介宣传、活动策划、项目运营、产品研发，产品营销过程管理、营销服务等	项目指导、项目咨询与介绍、深度体验项目规划、策划、研制、开发等	休闲运动服务、康乐休闲、城市休闲、乡村休闲服务、心理调适及情绪管理引导等

展的“基本盘”。

（二）休闲旅游业态的发展前景

随着旅游消费不断由观光向休闲、度假、康养等多元化发展，休闲需求日益旺盛，休闲旅游成为旅游消费新趋势。休闲旅游主要具备以下发展前景。

1. 产业化

无业态不休闲，业态对于休闲旅游而言无处不在、无时不有。除了滨海、温泉、山地，未来休闲旅游的内容和主题会越来越丰富，邮轮、滑雪、湖泊、康养、避暑、避寒度假等都在快速崛起。休闲旅游既能够满足消费者一站式消费需求，也可满足个性偏好要求，休闲旅游在形成产业化的同时，不断拉长产业链，扩大消费面。

2. 特色化

主题休闲观光资源是指具有一定独特性的休闲观光资源，主题要鲜明。未来，休闲旅游发展通常是建立在依托规模较大、品质较好的休闲观光资源基础之上，包括海滨海岛、湖泊、山地森林、温泉、乡村田园等，这些主题资源能满足游客放松身心、康体休闲的核心诉求。

3. 系统化

未来的休闲旅游产品从单要素优化向多要素优势集成跃迁，业态从服务游客向服务产业提升，游客从传统渠道招徕向多种渠道招徕发力，形成集群优势明显的休闲旅游体系。

4. 夜间化

旅游是生活方式的异地化，在时间上，不只是日间的匆匆而过，还有夜间的体验感受。要想更加具有吸引力，旅游产品的动线设计和配套业态都应满足这一需求，比如，各类特色餐饮、酒吧、水疗、茶道等，以复合业态承载夜间休闲旅游需求。

5. 融合化

与观光旅游相比，休闲旅游更加强调丰富的休闲活动和高品质的旅游服务，但发展休闲旅游不是简单地从观光旅游向休闲旅游过渡，而是融合发展，从自身的资源特质、功能特色、市场定位出发，增加休闲元素，提供差异化服务，从而相互叠加，成为复合型旅游产品。

6. 信息化

随着互联网、移动互联网、信息通信技术等高新科技产业的发展，“智慧旅游”应运而生，电子信息化技术将为休闲旅游延伸行业服务，扩展旅游空间。例如，手机软件购票、机器自助购票、网络电子票务等多样化、智能化的购票模式。

四、职业教育促进休闲旅游产业高质量发展

（一）更新旅游职业教育定位，适应休闲旅游产业发展新变化

伴随旅游产业的发展，职业教育也随之不断发展变化，应调整、更新人才定位与人才培养观念。《“十四五”旅游业发展规划》指出，“打造一批文化特色鲜明的国家级旅游休闲城市和街区。以满足本地居民休闲生活与外地游客旅游度假需要为基础，培育文化特色鲜明、旅游休闲消费旺盛、生态环境优美的国家级旅游休闲城市”，“推动更多城市将旅游休闲作为城市基本功能，充分考虑游客和当地居民的旅游休闲需要”。旅游行业向着文旅融合、全域旅游方向快速发展，旅游行业对于人才的需求也在随之变化。促进旅游职业教育高质量发展，旅游职业教育的人才观和能力观也进行了必要的拓展与延伸。从培养定位来看，旅游职业教育正在从单一的功能定位走向多元化的功能定位，从就业导向过渡到生涯发展导向，从学校职业教育向终身教育转变，以满足学生的多元需求。从能力与技能来看，强调学生需要掌握解决问题的灵活度和综合判断的应变能力；掌握沟通合作与协同工作的能力；掌握技术思维与技术能力、管理思维与管理能力以及具备良好的职业精神。职业教育面向休闲旅游将逐步开启“定制化”的教育新时代，“定制化”不仅在于学生学习和培养的定制化，还在于培养学生未来从业后对个性化、休闲化旅游的定制化服务能力。

（二）调整旅游类专业目录，对接休闲旅游产业新发展

职业教育紧跟旅游行业发展，对接休闲旅游产业需求，从专业设置到教学标准设定，为休闲旅游产业提供技术技能人才支持。2021年，为贯彻《国家职业教育改革实施方案》，加强职业教育国家教学标准体系建设，落实职业教育专业动态更新要求，推动专业升级和数字化改造，教育部组织对职业教育专业目录进行了全面修（制）订，形成了《职业教育专业目录（2021年）》（以下简称《目录》）。在新的《目录》中，高职专科专业目录将旅游类从原来的10个专业扩展至13个专业，新增“定制旅行管理与服务”“民宿管理与运营”“智慧旅游技术应用”等专业，同时，部分专业进行更名和归属调整，如“葡萄酒营销与服务”更名为“葡萄酒文化与营销”，“茶艺与茶叶营销”更名为“茶艺与茶文化”等。新版《目录》同时修（制）订了旅游类专业的专业简介及教学标准。新版《目录》在科学分析我国旅游产业、职业、岗位、专业关系的基础上，对接现代旅游产业体系，服务新业态、新职业，补齐人才短板。从《目录》设置的调整可以看出，旅游行业已经从偏向营销与管理，向着定制化、个性化、休闲化方向转变，强化旅游类人才培养面向商务服

务业企业、专业技术服务业企业、娱乐业企业，为休闲旅游中游憩、休闲、购物、康养等方面需求提供技术与服务。

（三）组建旅游类专业群，培养复合型旅游专业人才

职业教育实施“双高建设”计划，以专业群形式培养复合型旅游专业人才。2019年4月，教育部、财政部联合印发的《关于实施中国特色高水平高职学校和专业建设计划的意见》明确指出，要推进专业群建设，实现高职教育高质量发展。同年12月，《教育部　财政部关于公布中国特色高水平高职学校和专业建设计划建设单位名单的通知》显示，旅游大类中共有“双高建设”计划15所院校的16个专业群，这15所申报旅游大类专业群的高职院校均位于中国旅游城市，专业群建设依托区域产业发展，为旅游行业培养优秀专业人才。旅游大类的专业群中，旅游管理专业群8个，酒店管理专业群3个，导游专业群2个，现代商旅服务专业群1个，烹调工艺与营养专业群1个，餐饮管理专业群1个。旅游类专业群的人才培养定位及所面向的岗位群，从传统的技术技能型复合型人才开始向文旅融合、创意研发、国际管理等综合型人才转移；对专业人才的培养有了多元化的要求，新知识、新技术、新工艺的培养以及创意研发元素的融入和国际化标准及素养的培养均有充分体现，在一定程度上反映了旅游产业转型升级发展过程中对行业人才的要求及期望。专业群的专业结构组成，主要根据专业群所培养人才的目标定位及所对应的产业岗位群进行设置。各专业群的设置都在向着培养复合型旅游专业人才方向努力。

（四）构建“双师型”教师教学创新团队，实现教学改革新突破

职业教育打造教师教学创新团队建设，从职业教育内部提升教育教学水平，重点突破教学改革瓶颈问题，对接文旅行业企业需求，提升人才培养质量。2019年，教育部立项首批国家级职业教育教师教学创新团队，共覆盖全国27个省（区、市）的122所高职院校；2021年，确定第二批国家级职业教育教师教学创新团队立项建设单位240个，国家级职业教育教师教学创新团队培育建设单位2个，其中文体旅游领域有17家院校。深入开展国家级职业教育教师教学创新团队的建设，尤其是在文体旅游领域开展教师团队建设，推动旅游领域院校、企业及行业的多方协作。通过研究合作、资源共享、人员互聘、学分互认等方式，围绕团队建设、人才培养、教学改革、职业技能等级证书培训考核等方面开展协同研修，使得团队建设整体水平得到不断提升。设置专项课题推动教学改革重点问题的突破，帮助院校聚焦职业教育教学、教材、课程、资源等改革创新，针对加强团队教师教学能力建设、构建对接职业标准的课程体系、创新团队协作的模块化教学模式等核心任务，团队教改研究实践成效初显。通过团队建设形成示范引领作用，文体旅游领域的教师教学创

新团队对接本区域旅游业集群，统筹做好省级、校级职业教育教师教学创新团队整体规划，辐射带动“三教”改革落地落实。

（五）深度开展校企合作，适应休闲旅游产业新布局

职业教育配合旅游行业区域特点，调整相关专业结构，以此对接区域发展，促进校企深度合作。区域产业结构是高职院校专业设置的基础和前提，高职院校专业结构设置必须以区域产业结构调整及变动趋势为导向，有针对性地适时调整专业结构。旅游行业具有一定的区域特色，伴随着休闲旅游的蓬勃发展，职业教育也在不断对专业设置及专业结构进行调整。对当前高职招生专业目录中新增加的旅游专业方向进行合理论证和严格审批，组织研究旅游产业创新升级背景下旅游专业人才培养模式、课程设置、专业教学、师资发展等标准，为高职旅游院校专业结构适应产业结构提供依据。院校结合专业情况，分析旅游专业结构及课程设置与本区域特色旅游产业的适应性，实现传统旅游专业的提质升级，达到高质量发展目标。为推动专业建设与产业发展相适应，职业院校通过企业主导招生、校企联合培养、企业负责就业的合作模式，打造中高职紧密衔接的专业群共创平台、校企深度合作的专业群共建共享平台、“中职—高职—企业”三方合作的新型人才共育平台。同时，通过多方面的多种合作模式，实现精准把握产业升级、主动对接新需求、带动专业建设的目标，实现在招生、人才培养、技术创新、社会服务、就业创业等多个方面的深度合作，打造校企命运共同体，实质推动校企协同育人。

主要执笔人：刘婉昆，浙江旅游职业学院；邵鹿洲，浙江旅游职业学院；王昆欣，浙江旅游职业学院；郎富平，浙江旅游职业学院。

职业教育赋能数字新媒体服务业态高质量发展

数字新媒体服务业态快速发展，呈现多元化、个性化等特点，对职业教育提出了新的挑战和要求。聚焦职业教育赋能数字新媒体服务业态发展，探讨职业教育如何紧跟数字新媒体服务行业的发展趋势，为行业提供人才支撑和技术支持。数字新媒体服务业态是以基于互联网、移动互联网等数字技术，以内容生产、传播、消费为核心，涵盖多种形式的服务和产品的新兴产业。职业教育需要加强与数字新媒体服务行业的融合，开展校企合作，培养符合行业需求的高素质人才，也需要注重教学内容和方法的创新，提高学生的实践能力和创新能力。职业教育与数字新媒体服务行业的相互支撑、相互促进，将有助于推动数字新媒体服务行业的健康发展。

一、数字新媒体服务业态的定位

中文的“新媒体”一词是英文“New Media”的直接翻译。“新媒体”作为传播媒介的一个专有术语，最早由担任过美国哥伦比亚广播公司（CBS）技术研究所所长的P.戈尔德马克（Peter Carl Goldmark）提出。业界通常从四个层面理解新媒体的概念：技术层面，是指利用数字技术、网络技术和移动通信技术；渠道层面，包括互联网、宽带局域网、无线通信网和卫星等渠道；终端层面，包括以电视、计算机和手机等作为主要输出终端；服务层面，是指向用户提供视频、音频、语音数据服务、连线游戏、远程教育等集成信息和娱乐服务。

数字新媒体服务是基于数字技术和互联网平台，提供信息传播、广告投放、娱乐内容和教育培训等服务的一种新型业态。数字新媒体服务具有数字化、网络化、个性化和交互性等特点，为用户提供了更广泛、更便捷的服务体验。数字新媒体服务通过数字技术实现信息的数字化传播，突破了时间和空间的限制，形成数字化传播特色；数字新媒体服务依托互联网平台实现信息的全球传播和用户之间的互动交流，形成网络化平台特色；数字新媒体服务根据用户的需求和兴趣进行个性化的内容定制和推送，提供更符合用户需求的服务体验，形成个性化定制特色。数字新媒体服务鼓励用户参与互动，用户可以在数字平台上进行评论、分享、点赞等，与内容创作者和其他用户进行互动交流，形成交互性体验特色。

根据业务范围和服务内容，数字新媒体服务主要包括以下五个领域。

1. 传媒领域

数字新媒体服务在传媒领域的应用日益广泛。新闻门户网站、社交媒体平台、在线视频平台等成为用户获取新闻、观看视频和分享资讯的重要渠道。数字新媒体服务通过个性化推荐和定制化内容，提供更精准的信息服务，并改变了传统传媒机构的运营模式。如“今日头条”是一款以新闻资讯为主的数字新媒体服务产品，通过大数据分析和人工智能技术，为用户提供个性化推荐。

2. 广告领域

数字新媒体服务对广告领域的影响深远。通过精准的用户定位和数据分析，数字新媒体服务可以提供个性化的广告投放方案，提高广告的宣传效果和回报率。同时，数字新媒体服务也促进了原生广告、社交媒体广告和视频广告等新型广告形式的兴起。

3. 娱乐领域

数字新媒体服务在娱乐领域发挥着重要作用。在线音乐平台、视频直播平台和游戏平台等数字媒体服务的兴起，使用户可以随时随地享受各类娱乐内容。数字新媒体服务还推动了虚拟现实（VR）和增强现实（AR）等新技术在娱乐领域的应用，如抖音短视频产品是一款基于短视频分享和直播的数字新媒体服务，通过算法推荐个性化内容，吸引大量年轻用户；通过打造优质主播，吸引大量用户关注。抖音的成功经验在于不断创新，引入直播、社交电商等功能，拓展业务范围。

4. 教育领域

数字新媒体服务在教育领域的应用不断拓展。在线教育、远程教育和移动学习等数字化教育模式的兴起，使学习变得更加丰富和便捷。数字新媒体服务通过互动、多媒体和个性化定制等手段，提供更灵活、自主的学习方式。

5. 电子政务领域

政府不断将人工智能技术应用到政务活动中，越来越多的智能化政务新媒体涌现，如智慧政务应用程序、智能政务机器人、城市智能体等。人工智能正在按照其自身逻辑将政务新媒体与“万物”深度关联、融为一体，从而形成新的、智能的泛政务新媒体系统。

其他数字新媒体服务还有淘宝网、京东商城等，提供在线购物、支付等电子商务服务；如支付宝、微信支付等，提供移动支付、理财、信用卡服务等金融服务；如美团、大众点评等，提供餐饮、外卖、酒店预订等生活服务。

二、数字新媒体服务业态的变迁和创新

数字新媒体服务业态在信息时代崛起，并不断发展和演进。数字化技术的兴起和互联网的普及推动了数字新媒体服务业态的诞生。它以数字技术为基础，通过互联网平台为用户提供多样化的信息传播、广告投放、娱乐内容和教育培训等服务。数字新媒体服务业态经历了从初创期到成熟期的发展过程。起初，它主要集中在内容创作和传播方面，用户主要是被动接收。随着技术的进步和用户需求的变化，数字新媒体服务逐渐从单向传播向互动、个性化和多样化转变，用户参与度和体验感得到提升。

数字新媒体服务业态的变迁主要包括技术创新和商业模式创新。技术创新涵盖了移动互联网、大数据分析、人工智能等技术的应用，提升了数字新媒体服务的交互性、个性化和智能化水平。商业模式创新则包括付费订阅、广告变现、电商销售和跨界合作等方式，为数字新媒体服务提供了可持续发展的商业模式。

从信息传播角度来看，数字新媒体技术创新发展主要经过了三个阶段：Web1.0时代、Web2.0 时代和 Web3.0时代。第一个阶段的用户主要在互联网技术的基础上，通过浏览信息，被动接受网站中所提供的信息，信息交流是单向交流，以门户网站为代表。从大多数门户网站来看，用户只能通过这些门户网站搜索信息，用户互动性比较低。第二个阶段是交互式分享的时代，用户不再局限于浏览信息，而开始主动搜索并寻找自己需要的信息，还可以自己创建内容并上传到网络，形成传播者和受众者之间的交互。百度等公司从互联网行业产生，该阶段形成用户和用户、用户和网站的双向交流。博客是该阶段新媒体技术发展的重要标志，通过博客及各种社区论坛、各类社交网站，用户可以将自己的日常发布到网站上，照片归自己所有，受自我支配。第三个阶段是聚合平台为主的时代，涉及更多的是思想的创新。这个阶段互联网主要体现的特点是“自媒体”和“自系统”，微博和微信是这个阶段一种新的强大媒体形式，日益成为新时代的主流媒体。

新媒体服务业态的商业模式也呈现多样化特点且不断演进。较为主流的商业模式包括内容付费模式、粉丝经济模式、广告变现模式。近年来，数字新媒体服务中出现了许多内容付费平台，如腾讯视频、爱奇艺等，这些平台通过提供高质量的内容吸引用户付费观看，实现盈利。部分数字新媒体服务通过培养忠实粉丝群体实现盈利，如直播平台中的主播，主播通过与粉丝互动、提供优质内容吸引粉丝打赏、购买周边产品等，从而实现收益。数字新媒体服务也通过投放广告获取收益，随着精准投放技术的不断进步，数字新媒体服务的广告变现能力将进一步提高。

三、数字新媒体服务业态发展趋势

随着科技的快速发展和互联网的广泛普及，数字新媒体服务行业正经历着前所未有的变革，技术驱动、用户需求变化和商业模式的演变是数字新媒体服务业态变迁的重要驱动力和影响因素。未来，数字新媒体服务业态将进一步受到技术驱动，跨界融合和用户体验的重视，将促进其持续健康发展。

1. 规模持续扩大

根据智研咨询发布的《2021—2027年中国新媒体行业竞争格局分析及投资决策建议报告》相关数据：2020年，我国数字新媒体服务市场规模达到10 548亿元，同比增长18.1%。预计到2023年，规模将在万亿市场持续扩展。这表明，数字新媒体服务市场具有广阔的发展前景，未来几年将继续保持高速增长。

2. 内容个性发展

未来，数字新媒体服务业态将更加注重内容个性化。随着用户对数字新媒体服务的需求越来越多样化，个性化定制服务也将成为未来的发展趋势。通过大数据分析和人工智能技术，运用精准的用户画像和个性化推荐算法，数字新媒体服务企业可以为用户提供更加精准的服务。与此同时，用户体验将成为数字新媒体服务发展的重要方向。个性化定制、互动参与、跨平台无缝连接等将成为提升用户体验的关键要素。数字新媒体服务需要不断提升用户界面设计、内容推荐算法和互动功能，以满足用户多样化的需求。

根据新媒体行业一项调研数据分析，超过70%的用户表示，他们更愿意使用提供个性化内容的数字新媒体服务。个性化推荐已经成为用户选择数字新媒体平台的重要因素，其中，根据用户兴趣推荐的内容点击率和留存率相对较高。知名通用信息平台今日头条通过使用个性化算法，根据用户的喜好和行为，推荐用户感兴趣的内容和广告。这种个性化推荐机制使得用户能够更好地获取他们感兴趣的内容，提高了用户体验和参与度。

3. 社交媒体升级

社交媒体在数字新媒体服务中扮演着重要角色，并将继续升级和演变。未来的社交媒体将更注重用户互动和参与，提供更多元化和创新的社交体验。社交媒体升级将为用户提供更加智能化、个性化的内容和服务，提高用户的使用体验和满意度。这将促进用户的忠诚度和活跃度，增加用户留存率和复购率。

微信是一个提供聊天、朋友圈、公众号等多种功能的社交媒体平台，满足用户的社交需求。微信不断更新和升级功能，使用户能够更好地分享和交流，推动了社交媒体的发展。通过朋友圈，用户可以分享自己的生活、工作内容，并与好友互动交流。这种功能可以增加用户的互动和社交体验，提高用户黏性和活跃度。此外，微信还加强了对用户隐私和数据安全的保护，提高了用户的信任度和满意度。

4. 移动端视频崛起

视频已经成为数字新媒体服务的重要形式，并在未来持续崛起。用户对于视觉内容的需求日益增长，视频能够提供更直观、生动和多样化的信息传递方式。

根据预测数据，视频内容在未来几年内将占据互联网流量的绝大部分。全球视频用户数量和视频内容的观看量在不断增加，用户平均每天观看视频的时间也在增长。移动短视频平台抖音是移动端视频增长的典型案例，其通过短视频形式，迅速吸引了大量用户，尤其是年轻用户，用户可以通过手机随时随地浏览和分享短视频内容，使得移动端成为数字新媒体服务的热门平台之一。

5. 人工智能技术深度应用

人工智能技术将在数字新媒体服务业态中发挥越来越重要的作用。它可以帮助数字媒体企业实现自动化生产、智能推荐、内容创作等功能，提高效率和用户体验。人工智能技术能够分析用户行为和兴趣，为用户提供个性化推荐和精准广告投放。同时，人工智能技术在内容创作和编辑方面也有着巨大的潜力。因此，数字新媒体服务业态将呈现内容生产方式的变革。传统的内容生产模式将逐渐被数字化、智能化的内容生产模式所取代。数字新媒体服务企业将会采用更加灵活、高效的内容生产方式，如人工智能创作、自动化生产等，以满足用户不断变化的需求。

语音助手技术是人工智能在数字新媒体服务中的典型应用之一。语音助手能够通过语音识别和自然语言处理技术，与用户进行智能对话和指令操作。知名的语音助手平台，如小冰以及新近大热的生成式人工智能聊天软件ChatGPT等，已经成为用户获取信息、分析决策的一个渠道。

6. 虚拟现实成熟发展

虚拟现实游戏和娱乐内容是虚拟现实技术应用的典型案例。用户可以通过虚拟现实设备，如虚拟现实（VR）头盔，体验身临其境的游戏和娱乐内容，提升了数字新媒体服务的沉浸感和参与度。虚拟现实（VR）和增强现实（AR）技术可以为用户提供更加真实、沉浸式的数字新媒体体验，如虚拟旅游、虚拟购物等。根据工信部等五部门联合发布的《虚拟现实与行业应用融合发展行动计划（2022—2026年）》，2026年中国VR/AR市场规模预计将达到3 500亿元人民币，成为数字媒体服务业态中的一个重要领域。

作为更高层次的虚拟现实技术应用，元宇宙建设场景也将不断拓展。除了成熟的游戏娱乐领域，元宇宙技术还将应用于教育、医疗、金融等领域，提供更加丰富多彩的用户体验和服务。例如，在教育领域中，元宇宙技术可以用于模拟实验和操作，提高学生的学习效果；在医疗领域中，元宇宙技术可以用于模拟手术操作和治疗过程，提高医生的技能水平。

虚拟现实技术和元宇宙技术将成为数字新媒体服务业态中的重要发展方向。随着硬件设备的升级换代、内容创作的创新、应用场景的拓展以及社交网络的发展，虚拟现实技术和元宇宙技术将为数字新媒体服务业态带来更加丰富的用户体验和商业价值。

7. 区块链技术扩大应用

区块链技术将为数字新媒体服务业态带来更多的应用场景。区块链的去中心化、透明性和安全性特点可以解决数字版权保护、广告透明度和用户隐私等问题，从而提高数字媒体服务的可信度和安全性。根据中国互联网协会发布的《中国互联网发展报告（2022）》中有关2021年中国区块链发展状况的数据，截至2022年底，我国共有27个省份上线了区块链应用平台，涉及金融、物流、版权等多个领域的区块链技术应用。

区块链技术在数字版权保护方面有着广阔的应用前景。通过区块链的不可篡改性和溯源性，可以确保数字媒体内容的真实性和权益保护。一些区块链数字媒体平台已经开始尝试将版权信息和交易记录上链，为内容创作者提供更可靠的版权保护机制。

8. 业态跨界融合

数字新媒体服务将与其他行业进行更深入的跨界融合。通过与零售、旅游、健康等行业的合作，数字新媒体服务可以整合各个领域的资源，提供更全面、综合的服务体验，满足用户多元化的需求。同时，数字新媒体服务业态将呈现越来越强的产业协同效应。不同领域的数字新媒体企业将加强合作，共同开发新的业务模式和技术应用，推动整个数字新媒体产业的发展，数字新媒体与金融、物流等领域的结合将会产生更多的商业机会和创新点。例如，电商直播是典型的数字新媒体服务与电商行业的跨界融合案例，通过直播形式，主播展示和推荐商品，用户可以实时与主播互动、购买商品，使数字新媒体服务与电商销售有机结合。

9. 数据驱动决策

数据驱动决策将成为数字新媒体服务业态的重要趋势。通过收集、分析和利用用户数据，数字新媒体服务能够更准确地了解用户需求和行为，从而优化内容创作、推荐算法和广告投放。

在线社交平台抖音是数据驱动决策的典型案例，通过分析用户观看历史、评分和喜好，抖音能够推荐个性化的视频内容，提供符合用户兴趣的内容。这种数据驱动的决策使得用户能够更好地发现和享受自己喜欢的内容，提升了用户满意度和平台的竞争力。

10. 注重隐私保护

随着用户对于个人数据隐私的关注不断增加，隐私保护将成为数字新媒体服务业态的重要议题。数字新媒体服务需要加强用户数据安全管理、加强隐私保护，并建立可信赖的数据治理机制，以增强用户信任和保护用户权益。根据艾媒咨询发布的《2020中国移动应用市场生态洞察报告》，超过60%的用户表示关注个人数据隐私问题，并认为数字新媒体服务平台应加强隐私保护措施。数字新媒体企业需要采取更加严格的措施来保护用户的个人信息和数据安全，以避免出现数据泄漏、滥用等问题，这将对数字新媒体服务业态的发展产生重要的影响。

四、职业教育赋能数字新媒体服务业态的创新发展

数字新媒体服务业态以其个性化、互动性和创新性等特点，不断吸引着用户的关注和参与。在数字新媒体服务业态的发展中，人才需求和专业知识的更新迭代是关键驱动因素。职业教育作为培养专业人才和提供相关技能培训的重要渠道，对数字新媒体服务业态的发展起着不可替代的作用。

1. 职业教育为数字新媒体服务业态提供了专业人才支撑

数字新媒体服务业态需要大量的专业人才支持，而职业教育为其提供了可靠的人才来源。《2022—2027年中国新媒体行业投资分析及“十四五”发展机会研究报告》指出，目前我国新媒体运营行业从业人数达到300万人，这表明数字新媒体领域对专业人才的需求量非常大。在数字新媒体领域，职业院校可以提供与数字新媒体相关的各类专业课程，培养具备相关技能和知识的专业人才。这些人才不仅能够满足数字新媒体服务业态的需求，还能够推动数字新媒体产业的不断发展。例如，广东轻工职业技术学院根据数字新媒体服务业态对人才的要求，积极开展教学改革，推行具有职业教育特色，富有探索意义的新媒体业态专业人才培养。

强化实践能力。数字新媒体服务业态强调实践能力的重要性。广东轻工职业技术学院推行项目教学、企业参与、团队接单、多元评价等教改措施，支持学生的实习、实训、实践环节，充分锻炼学生的动手能力、团队协作能力和解决问题的能力。近五年，在职业院校学生技能大赛、计算机设计大赛、蓝桥杯等多个新媒体赛项上，广东轻工职业技术学院获得国奖7项、省奖23项，在提升学生实践能力的同时，为其将来的职业生涯做好充分准备。

支持跨界融合。数字新媒体服务业态涉及多个技术领域，如编程、设计、传媒、市场营销等，这为职业教育提供了一个跨界融合的机会，让学生在学习过程中拓宽视野，培养综合素质。广东轻工职业技术学院数字媒体技术专业采用“产品开发导向、创新创业驱动”的人才培养模式，培养具有行业视野、技术素养和审美能力的互动媒体技术高素质复合型人才。近五年，在中国互联网+大学生创新创业大赛、“挑战杯”中国大学生创业计划竞赛等学生综合素质、创新创业竞赛中获得国

奖3项、省奖11项的成绩。

推行个性化教育。数字新媒体服务业态鼓励个性化教育，允许学生根据自己的兴趣和特长选择学习方向。这种灵活性选择有助于提高学生的学习积极性和效果。广东轻工职业技术学院工业互联网技术学院实施“0.5+1.5+0.5+0.5”的大类招生、分段分流的培养模式，将三年培养期分成4段（0.5+1.5+0.5+0.5），入学实施计算机大类招生，第1学期做基础能力培养，期末选择专业；第2—4学期做专业能力培养；第5学期按就业方向分流，做综合能力培养；第6学期做岗位能力培养。该模式根据学生的学习基础、过程表现、个人意愿实施分流，并在第五学期引导各专业与当地行业龙头企业联合举办特色工坊班，根据企业需要的技术、运营、策划等不同方向进行培养，兼顾专业培养定位和学生发展意愿，毕业生就业的灵活度、适应性都得到较大提升，也在第一时间满足了企业的定制化用人需求。

2. 职业教育促进了数字新媒体服务的创新与发展

数字新媒体服务业态的不断创新和发展需要源源不断的创新动力。职业院校通过开展各种类型的创新创业教育，激发学生的创新意识和创业精神，培养学生的创新能力和创业能力，为数字新媒体服务业态的创新发展提供了有力的支持。同时，职业教育也为学生提供了更加广阔的发展空间和机会，鼓励学生积极参与数字新媒体服务业态的创新和发展。职业院校还可以通过开展职业指导和就业服务，帮助数字新媒体服务业态从业者更好地适应职业发展需求和市场变化，提高他们的就业竞争力和职业发展前景。这不仅有助于数字新媒体服务业态的稳定发展，还能够促进整个数字经济的发展。

部分高职院校已经设立数字新媒体创新创业工作室，为学生提供创业培训、项目导师和创业资源支持。通过实验室的培育和孵化，一些学生成功创办了数字新媒体服务公司，提供创新的服务和产品。他们的成功创业不仅推动了个人发展，也推动了数字新媒体服务业态的创新和发展。

根据2021年发布的《在线新经济背景下的新职业与新就业发展白皮书》相关调查数据，近年来，越来越多的职业教育毕业生选择在数字新媒体服务领域创业。他们利用所学专业知识和技能，在内容创作、社交媒体运营、数字营销等领域开展创业实践。职业教育的创新创业培养模式为他们提供了创业能力培养和创业资源支持，为数字新媒体服务业态的创新注入了新的活力。

3. 职业教育为数字新媒体服务业态提供了更好的社会服务

职业教育通过开设各种类型的职业课程，例如，数字媒体制作、网络编辑、社交媒体营销等，帮助数字新媒体从业者提高专业技能和知识水平，使他们能够更好地满足数字新媒体服务业态的需求，为社会提供更加优质的服务。

根据教育部官方网站公布的《全国高等学校名单》，截至2023年6月15日，全国高等职业教育院校数量共计1 578所。另外，根据教育部职业教育与成人教育司下设的全国职业院校专业设置管理与公共信息服务平台数据，全国高等职业院校共计开设1 386个“新媒体”相关专业。这些专业涵盖了数字媒体、传媒管理、广告创意、网络编辑等与数字新媒体服务相关的领域。职业教育通过培养具备实践操作能力和创新思维的学生，为数字新媒体服务业态提供了大量的人才储备。

综上所述，职业教育为数字新媒体服务业态的发展作出了重要的贡献。通过提供专业人才支撑、促进创新与发展、推动人才培养和交流以及提供更好的社会服务等多方面的支持，职业教育为数字新媒体服务业态的健康发展提供了坚实的基础。未来，随着数字新媒体技术的不断发展和应用场景的不断扩大，职业教育将继续扮演着重要的角色，为数字新媒体服务业态的可持续发展作出更大的贡献。

主要执笔人：赖晶亮，广东轻工职业技术学院工业互联网技术学院；孙楚原，中国工业互联网研究院；廖永红，广东轻工职业技术学院工业互联网技术学院；张昂，中国工业互联网研究院。

职业教育赋能餐饮外卖业态高质量发展

近几年，我国外卖行业快速发展，行业规模增速明显高于餐饮行业整体增速，成为餐饮行业不可或缺的重要组成部分，在推动餐饮行业线上化、品牌化、数字化发展等方面发挥了重要作用。随着餐饮行业的复苏和景气度的提升，电商渠道驱动外卖增长，餐饮外卖新业态得到迅速发展，产业技术、岗位特征和岗位职责都发生了显著变化。为主动适应餐饮行业新格局，推动餐饮外卖新业态的高质量发展，培养大批新型数字化技术技能人才，职业教育将发挥重要作用。

一、餐饮外卖业态的定位

（一）餐饮外卖业态综述

2023年第一季度，中国餐饮行业迎来强劲复苏，收入达到约1.21万亿元，同比增长13.9%。而作为餐饮行业发展的重要一环，外卖行业也继续保持相对快速的发展态势，对餐饮行业渗透率呈逐年上升态势。用户总量持续增长、用户下单频次显著提升，为外卖实现订单量和交易额的扩大奠定了坚实基础。餐饮外卖业日趋成熟，成为餐饮行业不可或缺的重要组成部分。

1. 餐饮行业基本面：数字经济赋能餐饮业高质量发展

随着经济发展、国民收入增长与消费习惯的改变，我国餐饮行业市场规模日渐庞大。国家统计局数据显示，2022年，全国餐饮行业收入4.39万亿元，同比下降6.3%。自2022年12月以来，随着优化疫情防控措施落地、助企纾困力度加大，各地餐饮业开始逐步回归正轨。预计我国餐饮行业未来5年收入增速约为6%~8%，2023年有望突破5万亿元（图28-1）。

餐饮业数字化转型加快，服务的新模式和新业态不断涌现。一方面，数字技术通过创造新消费场景，构建线上业务渠道，减少了服务业的时空制约，餐饮行业形成线上、线下良性循环的发展局面。另一方面，数字化带动智能机器人、大数据、SaaS（Software as a Service，软件即服务）系统等在餐饮业领域的应用，提高了餐饮行业的生产和服务效率。

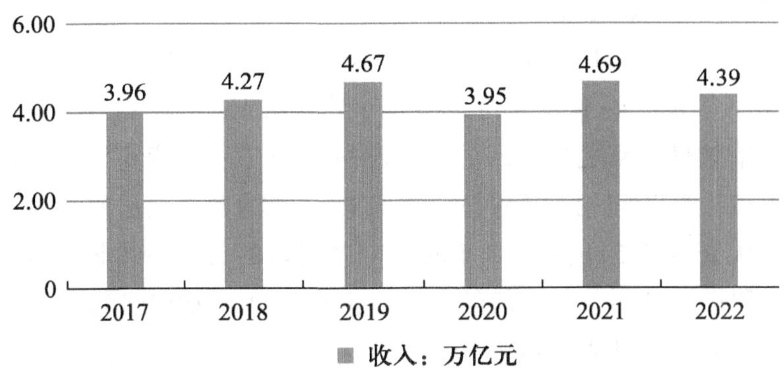

图28-1　2017—2022年中国餐饮行业收入趋势图

数据来源：国家统计局、中商产业研究院。

2. 餐饮外卖基本面：市场规模对餐饮渗透率持续提升

2022年，外卖市场规模约为0.94万亿元，同比增长19.8%，对全国餐饮渗透率达25.4%，显示出数字化对餐饮行业提效的重要性，外卖已经成为餐饮行业数字化的代表形态，也是未来引领餐饮行业高质量发展的重要力量（图28-2）。

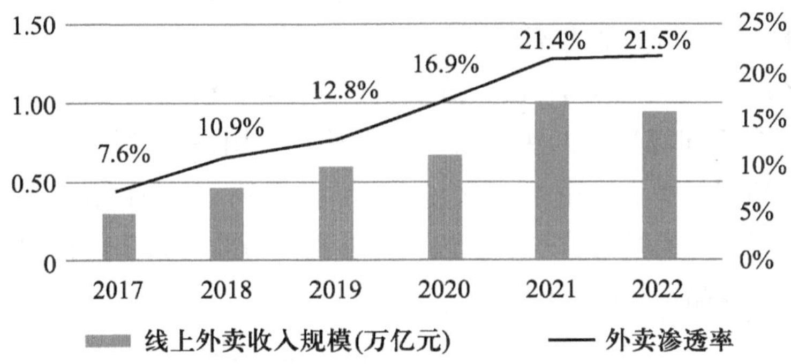

图28-2　2017—2022年在线外卖收入占全国餐饮行业收入比值

数据来源：《中国共享经济发展报告》。

有数据显示，接入外卖的商户可以较明显地增加营业额和提高经营效率，主动提升服务水平，同时经营时空范围得到扩展，突破堂食限制，有效调节了堂食高峰与低谷期间接待能力和就餐人群的矛盾，餐饮行业效率不断优化，推动了行业高质量发展。

（二）餐饮外卖业态现状概述

1. 餐饮外卖业态持续演化

一是规模大。仅美团外卖平台数据显示，2022年餐饮外卖下单人数已达4.5亿。生活节奏的加快，工作的忙碌，“宅经济”盛行，以及餐饮外卖的丰富性和便利性，使得越来越多的人愿意选择外卖，以节省时间和精力。而且外卖用户还体现出消费能力强、频次高等特点，2022年美团餐饮外卖花费超过2 000元的人数接近1亿，下单次数大于100次的人数超过4 000万。

二是场景多。非核心时段餐饮外卖下单人数超过3.5亿。餐饮外卖按时间分为早餐、午餐、下午茶、晚餐、夜宵及其他6类。数据显示，午餐、晚餐需求最高，这两个时段下单量呈“双驼峰”式分布，早餐、下午茶、夜宵等时段逐渐增长。午高峰呈现订单量大且时间相对集中的特征。晚高峰消费峰值虽然不及午高峰，但持续时间较长，从16时至21时的5个小时内，各时段的订单量均超过晚间峰值时段订单量的一半。甜点饮品在下午时段的订单量占比较高，夜宵订单量也有所提升，“下午茶”和“夜间消费”已成为新潮流。

三是品类宽。美团外卖数据显示，下单菜品品类大于20种的人数超过6 000万。随着人群不断扩大，消费者对外卖需求的品类也在“变宽”，外卖平台涌现了诸多新鲜品类，如“花胶鸡火锅”“吨吨桶奶茶”“减脂餐”“中式汉堡”等。这些品类在美团外卖的订单量增长明显，成为连接平台与消费者之间的黏性“密码”。餐饮外卖已从工作日午餐、年轻人专属，变成了更广阔人群围绕更宽品类的需求。例如，2022年老年消费者日均订单量年同比增长超30%，儿童餐订单量同比增长300%。与此同时，健身达人、品质美食家型的外卖消费者，也在拓展餐饮行业对外卖的想象。

2. 餐饮外卖平台服务能力不断增强

在消费者端，网上外卖平台通过优化营销策略、精细化运营和多样化的活动，有效满足了更多不同场景下的用户需求，推动平台用户黏性持续增长。在商户端，网上外卖平台拓展早餐、下午茶、夜宵等多品类业务，并不断迭代营销工具帮助商家吸引并留存客户、提升运营效率，进而推动餐饮行业的数字化转型。

3. 餐饮外卖爆品销量高速增长

在线上、线下双主场背景下，餐饮行业的爆品化特征更加明显。美团外卖数据显示，线上高速增长的餐饮品类多是单品爆品，如湘味小炒肉、重庆烤鱼、广式猪脚饭等。这和供需两方面的特征有关：一方面，用户点外卖时直接搜索具体品类，更容易选择单品爆品；另一方面，商家面对线上消费选择更多元、消费决策更感性、决策更快速的特点，靠个性突出的单品爆品更容易吸引用户。

二、餐饮外卖业态的变迁

（一）餐饮外卖业态的主要发展阶段

1. 萌芽阶段（2000—2010年）

餐饮商家为满足消费者堂食的即时性需求提供电话订餐服务，即消费者通过指定电话点餐并提供住址，餐饮商家接单制作并派门店送餐员进行配送和收款。这种电话订餐模式当前依然存在，但在当时受限于门店送餐的及时性和收款的便捷性，这种模式并未大面积普及。电话订餐服务为网络订餐服务的出现奠定了基础。

2. 快速发展阶段（2011—2016年）

伴随硬件设施和互联网技术的逐步完善，市场出现众多新兴业态。2011年，ABC订餐网在深圳上线，餐饮外卖行业依托互联网发展开拓的网络订餐模式出现，标志着我国餐饮外卖行业正式进入快速发展阶段。2013年，饿了么利用高额的满减补贴迅速扩展大学生市场，随后，美团、百度陆续进入餐饮外卖市场，很快形成了美团外卖、百度外卖、饿了么“三足鼎立”的大型外卖平台。各平台之间为了快速拓展餐饮外卖市场份额，大肆开展低价竞争，通过抵扣券等方式补贴消费者和商家，吸引消费者复购和餐饮商户入驻。在此阶段，前期消费者主要从个人计算机端下单，随后又陆续转至移动端，使得外卖应用程序成为主要的流量渠道。

3. 成熟发展阶段（2017年至今）

2017年8月，饿了么正式宣布收购百度外卖，我国餐饮外卖市场进入“2+N”的局面，饿了么和美团两大餐饮外卖平台占据了中国餐饮外卖市场95%的市场份额，市场围绕饿了么和美团这两大餐饮外卖平台的资本活动也较为频繁。饿了么与美团也逐渐从粗放型、外延式发展向内涵式、品质化发展转变，不断扩充餐饮外卖品类，深挖消费者对于营养、健康餐食的不同需求，推出低脂轻食、花胶燕窝、月子餐、健身餐、病人餐等，并且外延至商超新零售、蔬菜水果、鲜花蛋糕、生鲜食材等。用餐时段也从午间、晚间高峰发展至24小时全时段，涵盖早餐、午餐、下午茶、晚餐、夜宵等。

（二）餐饮外卖平台发展概况

餐饮外卖平台大致经历了小商家上线期、纯外卖店发展期、传统堂食上线期和传统堂食精细化运营期，分别对应为线上客场期、线上主场期、双主场起始期和双主场深化期（图28-3）。不同发展阶段本质上是不同的需求驱动了不同的供给，也催生出了不同的商业模式，进而满足不同的需求。双主场指的是一个线下主场和一个线上主场，属于两个完全不同、但又同等重要的主场。双主场与过去的“线上、线下一体化”并不相同，线上、线下一体化仍为同一个市场，只是将线下的产品复制到线上。而今随着移动互联网的发展，线上形成了和线下不同的用户群体、不同的消费场景、不同的消费需求、不同的支付意愿等完全不同的消费决策因素。

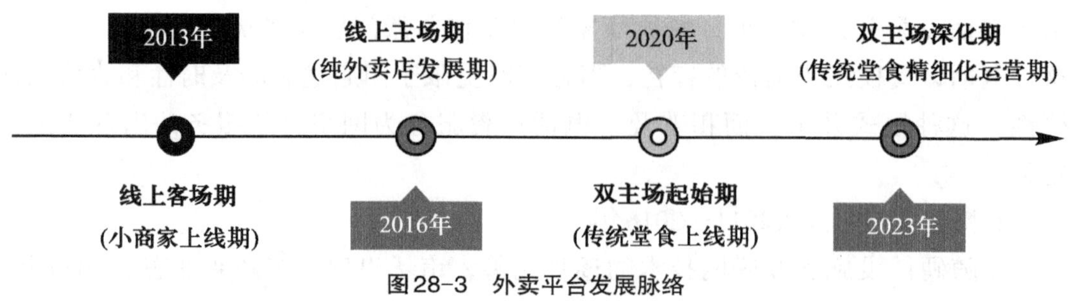

图28-3 外卖平台发展脉络

三、餐饮外卖业态未来发展

(一)用户需求:体验至上、消费升级

1. 外卖产品多元化,丰富用户选择

随着生活节奏的加快,人们对外卖的需求不断提升。外卖用户以年轻用户为主,他们对方便快捷的追求普遍高于父辈,而且对于商品口感、颜值、健康度、新鲜感、趣味性等方面有着更高的要求。这意味着外卖企业需要利用大数据分析用户需求,提供更优质、更多元化的品类和个性化推荐。

2. 外卖服务品质提高,赢得用户口碑

随着互联网的发展和技术的不断升级,餐饮外卖市场已经进入差异化竞争时代,企业需要通过创新性的服务方式和良好的口碑来获得消费者的青睐。因此,未来外卖企业将更加注重提升服务品质,通过加强食品安全监管、推动合规化运营等手段提高消费者信任度。

3. 外卖配送模式革新,优化用户体验

外卖配送是外卖企业的“最后一公里”,它的质量直接影响消费者的满意度。未来,外卖企业将更加注重配送端的创新,采用更为智能、高效的配送方式,如无人机、自动驾驶等,提高配送效率,降低成本,提高消费者满意度。

(二)技术创新:智能驱动、精准高效

1. 人工智能技术在餐饮外卖中的应用趋势

未来,人工智能技术将成为推动外卖行业增长的主要驱动力。通过人工智能技术实现智能点餐、智能推荐、智能物流等,大幅提高消费者体验和订单效率,并有望将外卖行业推向更高的发展阶段。

2. 物联网技术在餐饮外卖中的应用前景

物联网技术将实现外卖行业的全链路数字化控制及服务智能化。例如,基于物

联网技术的智能餐厅，可以通过物联网传感器实时监测餐桌使用状况、菜品销售情况等数据，从而更好地满足用户需求和提高经营效率。

3. 精细化配送网络在餐饮外卖中的应用发展

精细化配送网络通过智能算法和数据分析，优化送餐路线，是提高外卖配送效率的关键手段。外卖平台高度优化配送环节，采用人工智能技术实现精准的配送路线规划。通过智能配送系统的大数据来指导商家的库存和备货，提前备货，进一步缩短配送时效。

（三）商业模式：数字转型、多渠道运营

在本地生活领域，短视频和直播的信息密度比较大，尤其是在餐饮外卖领域，餐饮制作过程具有观赏性，也能拉近与消费者之间的距离，增强对于所售商品的信任感。2020年3月，抖音上线了团购功能，提供团购到店和外卖配送两种服务；2021年初，抖音生活服务正式上线；2022年8月，抖音与饿了么联手，在视频化时代带来“即看、即点、即达”的本地生活新体验；2023年4月18日，美团正式开启外卖直播，通过直播售卖商品券，“直播+货架”的联动模式带来了更多的连带消费行为。可见，在未来餐饮外卖数字转型的道路上，流量是终极密码，其以用户互动体验为中心，向精细化运营发展；数字化构建私域流量，向智能化运营方向发展；公域与私域联动，向多渠道运营方向发展，助推餐饮外卖高质量发展。

（四）政策趋势：加强监管、持续发展

1. 立法为外卖配送保驾护航

2023年5月1日起，杭州开始施行《杭州市网络餐饮外卖配送监督管理办法》，该办法明确配送主体及其责任，保护外卖骑手权益，在规范和促进外卖配送行业发展方面做了有益探索，为其他地方提供了可复制、可借鉴的经验。规范外卖运作、维护外卖员的正当权益，才能更好地推动外卖平台经济健康、高质量发展。

2. 督促平台落实食品安全管理责任

指导、督促网络餐饮服务第三方平台围绕交易主体备案、管理体系建设、审查登记与抽查监测、风险隐患防控、配送环节管理等五个方面，建立并完善食品安全管理、人员培训考核、投诉举报处理等管理制度。督促网络餐饮服务第三方平台加强对入网商家的日常巡查和监测，对存在违法违规行为的商家及时采取下线等处置措施；确保所提供的食品容器、餐具和包装材料无毒、清洁；配送有保鲜、保温、冷藏或者冷冻等特殊要求食品的，采取能保证食品安全的保存、配送措施；鼓励网络餐饮服务第三方平台提供者提供可降解的食品容器、餐具和包装材料。

3. 落实食品安全监管职责

按照“线上、线下”监管一致性原则，加大对辖区内第三方平台、自建网站餐饮服务提供者的监管力度。针对入网餐饮单位食品安全管理制度落实，从业人员培训考核和健康管理、食品原料采购、加工操作，餐饮具消毒，配送人员及过程管理等重点环节开展风险隐患排查治理。

4. 实行食品安全社会共治制度

积极开展网络食品安全法律法规宣传，倡导品牌消费、绿色环保、健康安全的消费理念。引导、提醒消费者在外卖订餐时，注意查验相关许可资质，合理保障自身权益，同时提高食品经营许可资质审查的精准性和有效性。鼓励实施“互联网+明厨亮灶”，让消费者可以实时查看餐饮单位后厨卫生、食材加工等情况，实现看得清楚、吃得放心。畅通投诉举报渠道，实施食品安全有奖举报制度，充分调动广大消费者举报餐饮违法行为的积极性，强化食品安全社会监督，切实维护广大消费者的合法权益。

四、职业教育对餐饮外卖业态发展的主要贡献

职业教育作为对接产业最密切、服务经济最直接的教育类型，在经济高质量发展中起到了重要的人力资源供给和生产力转化作用。近些年，餐饮职业教育适应行业需求而稳步发展，规模日益壮大，形成了一定特色，尤其是在《国家职业教育改革实施方案》的指导下，各个职业院校紧密对接餐饮行业升级与新业态发展需要，持续进行专业升级与数字化改造，促进教育链、人才链与产业链、创新链有效衔接，在服务餐饮行业的高质量发展中发挥着越来越重要的作用。

（一）优化各层次技术技能人才供给，助力餐饮外卖业态发展

一是构建了完善的职业教育体系。目前，餐饮类的中等职业教育开设有中餐烹饪、西餐烹饪、中西面点等专业，高等职业教育开设有餐饮智能管理、烹调工艺与营养、中西面点工艺、西式烹饪工艺和营养配餐等专业，高等职业教育本科开设专业为烹饪与餐饮管理，基本形成了较为完善的餐饮职业教育体系，为餐饮行业培养了不同层面、层次的人才。同时，普通本科中的职业技术师范教育专业烹饪与营养教育则为餐饮职业教育培养了大量的优秀师资。在高职层次专业中，餐饮智能管理专业的招生规模不断扩大，在课程体系中融入外卖运营管理、新媒体营销等内容，更好地满足了行业发展对综合智能化管理人才的迫切需求。

二是开展了高质量的职业技能培训。职业院校育训并举，建立餐饮职业技术技能培训基地。近年来，培训规模大、培训范围广，达到了新的历史水平。多数院校

开展了面向在校生和餐饮企业员工的就业前培训和在职技能培训，提高其职业能力。面向退伍军人、农民、社区居民等开发定制化培训课程，开展烹饪技能、餐饮服务、外卖产品开发与服务等再就业培训，服务社区教育，服务乡村振兴战略，提高社会职业技能水平。

此外，各个院校还积极开展餐饮服务管理、餐饮管理运行等职业技能等级证书的培训考核与认证，提升专业人才培养的针对性和适应性。浙江旅游职业技术学院还与阿里巴巴、饿了么签约联合职业认证，共建数字经济新职业认证基地，培养和认证连锁经营管理师、外卖运营师等600余名。

（二）发挥产业学院优势特色，服务地方餐饮外卖升级

一是成立产业学院，扩大地方餐饮影响力。职业院校立足区域发展，强化办学特色，通过充分挖掘地方菜系特色，利用校企合作办学优势，与行业领军企业深度合作，共建了餐饮产业学院，搭建了政行企校资源共建共享平台。眉山职业技术学院眉州东坡川菜学院、重庆商务职业技术学院渝派川菜研究院围绕川菜产业链，挖掘川菜美食文化，进行川菜特色菜品研发，优化川菜加工工艺，制定了《重庆市地标菜质量技术规范》等标准，推动川菜产业的发展。长沙商贸旅游职业技术学院湘菜学院联合湖南卫视拍摄《我和大师学湘菜》系列教学片，出版《湖南餐饮老字号》等湘菜系列书籍，开发湘菜地方特色宴席，承办援萨摩亚2019年太平洋运动会技术援助项目厨师培训班，为传承湘菜文化、发展湘菜产业、提高湘菜的国际影响力作出了突出贡献。

二是聚焦技术难题，发挥校企协同优势，助力关键技术升级。青岛酒店管理职业技术学院与青岛农业大学、青岛市食品药品检验研究院以及企业等联合成立青岛市预制菜标准化研究所，成立研发团队，对海鲜预制菜品、传统鲁菜预制菜品进行专项研发，服务预制菜的同时为创新外卖品类贡献力量。柳州职业技术学院柳州螺蛳粉产业学院依托学校专业优势，开展螺蛳粉包装自动化生产线研制，对智能型螺蛳粉无人售卖烹饪一体机进行升级迭代改造，研发柳州螺蛳粉产业大数据展示中心可视化软件等，解决螺蛳粉自动化生产设备、大数据信息服务等技术难题，更为螺蛳粉在外卖中的品质、口感、包装等难题带来了新的解决方案。

五、职业教育赋能餐饮外卖业态高质量发展

（一）合理调整职业教育人才结构和人才培养定位

职业教育人才结构和人才培养定位调整，是通过校企行联合展开调研，分析现

代餐饮外卖业态高质量发展的人才需求变化，从餐饮行业人才培养的供给侧进行改革而实现的。当前，餐饮数字化管理型人才需求量大且供给量少，尤其是外卖数字化运营的人才更是紧缺。在现代餐饮职业教育体系中，要将外卖菜品制作能力融入中职专业人才培养目标中；高职教育则需要调整现有的以烹饪技能型人才为主体的餐饮人才培养结构，转向以餐饮智能管理人才为主，同时强化对餐饮外卖运营管理能力的培养；职业教育本科层次教育可进一步考虑专设外卖方向，强化对外卖高层次人才的培养。有条件的职业院校可以以服务餐饮外卖业态为特色，整合学校餐饮类、食品类、电子信息类、财经商贸类、文化艺术类、装备制造类等优势专业成立特色外卖学院，紧密对接餐饮外卖领域布局，推动职业教育餐饮外卖人才链深度嵌入产业链。

（二）调研分析论证为政府决策提供智库支持

餐饮外卖是数字经济与实体经济融合发展的典型业态，是引领餐饮行业高质量发展的重要力量。当前，网络餐饮服务经营者体量大、分布广，低、小、散经营商户占比达80%以上，业态健康发展存在隐患。职业院校要组织专家团队，既要从宏观层面研究餐饮外卖业态发展规划问题，更好地引领高质量发展，又要从微观层面强化应用对策研究，面向社会关注的餐饮外卖热点、难点问题，如食品安全监管、餐饮外卖各个参与主体的权益保护、互联网餐饮准入规范等展开扎实的调研分析与论证工作。同时，进一步畅通学校与政府部门之间的信息交流，提高政策研究的前瞻性和转化率，为政府献计献策，最终实现餐饮外卖业态在政府的统筹布局下的规范化发展；完善数字化餐饮平台与服务体系，尽可能实现大数据共享，形成大监管格局。

（三）构建技术技能平台促进企业降本增效

与行业领军企业、科研院所深度合作共建，充分发挥各方在技术技能积累与创新上的优势，重点服务中小微餐饮企业外卖业务和展开餐饮外卖关键技术攻关。一是面向餐饮外卖消费者的需求变化，开发满足全时段、全场景、全品类的餐饮外卖产品，将营养健康、绿色环保、方便快捷、文化特色等融入产品开发中。提供餐饮外卖产品可视化订餐服务，利用人工智能、物联网技术开展智能点餐、可视化制作、餐品溯源、智能配送等服务。二是面向餐饮外卖从业人员的需求变化，优化外卖管理流程，提供大数据精准营销，优化餐饮外卖配送人员线路，提高餐饮外卖从业人员的服务质量与效率。三是服务餐饮企业外卖的数字化管理，从数字化基础设施建设、数字化平台开发应用、数字化运营能力等方面进行研究，推动数字化赋能餐饮外卖行业的发展，强化研究成果的有效转化，真正支持餐饮企业扩产增效。

（四）努力营造良好职业氛围提升行业自信

当前，餐饮职业教育普遍面临着社会认同度不高、学生不愿意学餐饮、学了不愿做餐饮等现实问题。对于餐饮外卖这种新的职业形态，尚未建立较强的职业价值认同，直接影响到职业院校学生择业、就业的信心，不利于餐饮职业教育的长远发展。因此，职业院校要联合政府、行业企业，一起畅通餐饮外卖行业从业人员上升通道，让他们有清晰的职业发展路径。同时，加强对餐饮外卖新模式、新业态、示范企业、特色院校、优秀学生成长成才典型案例等的宣传，引导全社会全面认识餐饮外卖业态的新定位、新理念、新职业，吸引相关专业毕业生对口就业，增强餐饮外卖行业的职业归属感和荣誉感。组织行业优秀大师、名师进学校、进企业、进园区、进社区，使技能人才获得更多的职业荣誉感，获得社会认同，带动更多学生走技能成才之路。

主要执笔人：赵勍，长沙商贸旅游职业技术学院；周豫湘，长沙商贸旅游职业技术学院；谢军，长沙商贸旅游职业技术学院；丁乐，中国烹饪协会；姜婷，中国烹饪协会。

职业教育赋能电子竞技产业高质量发展

中国电子竞技产业的发展从玩家自发参与、社会自愿组织到成为国家正式体育竞赛项目，经历了早期萌芽、趋步探索和融合发展三个阶段，逐渐形成了规范化、多元化、科技化、开放化的趋势。在电子竞技产业的发展过程中，职业教育作出了重要贡献。一方面，各个院校积极开设电子竞技专业或方向，在人才培养和课程设置上紧密贴合产业需求，不断加强标准建设和教材建设，通过对电子竞技职业教育的规范化引领业态发展；另一方面，职业教育也一直在开发和利用电子竞技的正向功能，以产教融合、校企合作等多种形式开展技能培训，实现电子竞技产业的技术赋能，推动社会服务。

一、电子竞技产业业态的定位

电子竞技是指电子游戏比赛达到竞技层面的体育项目，利用电子设备作为运动器械进行人与人之间智力和体力的比拼。从玩家自发参与、社会积极组织，被国家体育总局批准列为正式体育竞赛项目，当前电子竞技在产业化、规范化、全民化的方向上进展显著。

据统计，2022年，我国电子竞技用户规模达到4.88亿人，是目前全球规模最大的用户群体；我国电子竞技产业市场规模达到1 445.03亿元，其赛事相关收入占全球收入的1/3，跻身全球电子竞技大国行列（数据来源于艾瑞咨询《2022年中国电子竞技行业研究报告》）。我国各级政府部门高度重视电子竞技产业发展及其正向社会价值的发挥，一些企业也日渐深入参与到全球头部电子竞技游戏的研发制作和运营之中，我国电子竞技俱乐部和选手也参与到全球重要赛事的角逐并拥有了一定的国际声誉，可见，我国在全球电子竞技生态中的影响力也逐步提升。

随着电子竞技项目活动的深入开展，电子竞技产业也日渐规模化和体系化。目前，我国电子竞技产业主要分为两个部分，一部分是以电子竞技赛事为核心的电竞赛事产业链，主要包括内容授权、赛事参与、赛事执行、内容制作、内容传输等模块；另一部分是与电子竞技文娱相关的泛电竞产业，包括电竞地产、电竞营销、电竞文化、电竞旅游及周边衍生品等。教育部门进行人才培养，为企业输送人才，监管部门进行全方位监督。至此，电子竞技相关活动已经形成了融体育、文化、旅游、制造等多种传统产业为一体的新业态（图29-1）。

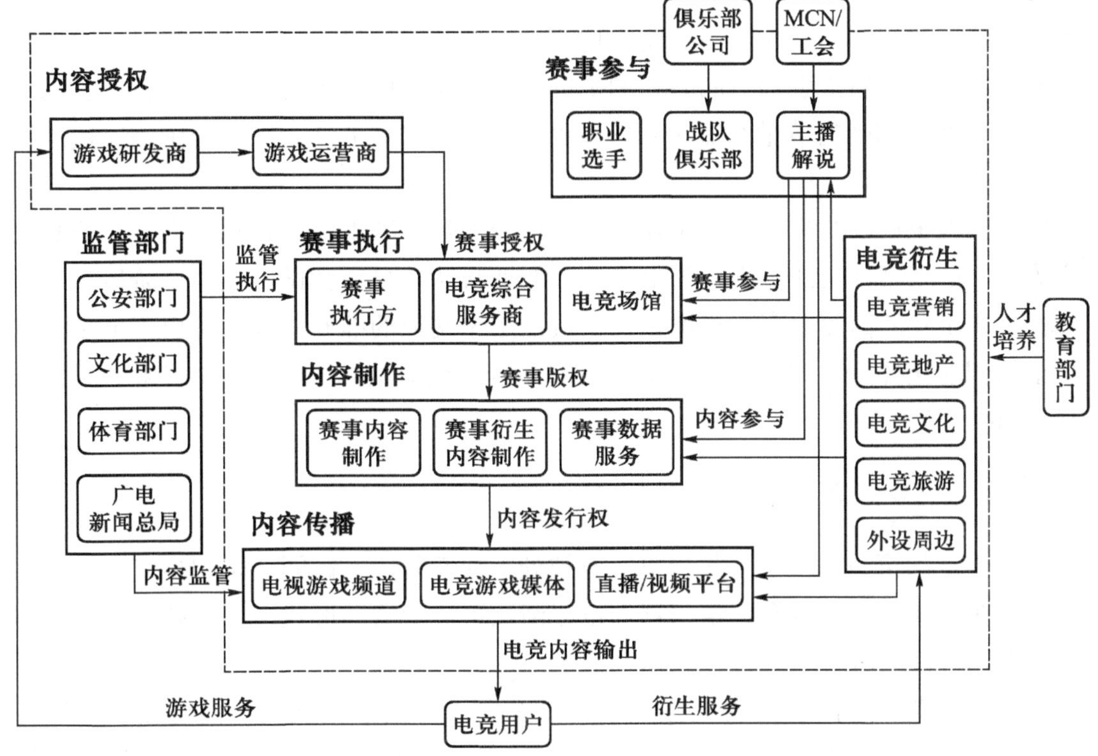

图29-1　电子竞技产业新业态概览图

二、我国电子竞技产业业态的变迁

我国电子竞技产业的业态变迁可以分为早期萌芽、趋步探索和融合发展三个阶段。

（一）早期萌芽

电子竞技产业由于受限于信息技术的发展，直到20世纪90年代才开始在我国萌芽，这一时期电子竞技活动的主要载体是网吧，电子竞技团体组织也尚未成形。

改革开放之前，在当时的经济条件和社会文化背景下，中国人的日常文化娱乐还未曾出现电子游戏的概念。1987年，国内首次实现与国外计算机联网，与此同时，电子游戏开始在国内出现，并立刻受到了市场的热烈欢迎，电玩厅成为核心游戏场所。20世纪90年代中后期，互联网在我国逐渐普及。1996年，国内开始出现对公众开放的互联网和网吧，基于《星际争霸》《雷神之锤》系列和《虚幻》系列的民间电子竞技赛事开始出现。当时，中国第一家网吧诞生于上海，出现了上网1小时收费40元的天价。1998年，在我国全面接入互联网数年后，游戏产业开始起步——陈天桥创办了盛大网络、鲍岳桥创办了联众游戏等，使许多年轻人首次接触到网络游戏这一新鲜事物。同时，网吧的疯狂扩张也助推了电子竞技的普及。到了2000年，我国网吧的数量在短短两年内就从4万家增加到11万家，全国网民数量约2 250万人。

我国电子竞技的第一批力量在全国各地的网吧中滋生、成长和壮大，一群好友相约开展的新型社交活动则成为电子竞技职业战队的早期尝试。在这个阶段，基于几款主要游戏的商业比赛明显增多，一批诞生于网吧的准专业战队开启了电子竞技最早的职业化探索，如国内最早的《星际争霸》明星战队“=A.G=”就来自于重庆彩虹网吧。

（二）趋步探索

21世纪的第一个十年，我国电子竞技处于探索阶段。民间战队初步成形，选手们开始在世界大赛中崭露头角，官方也逐渐认可这种活动形式，并开始将其纳入体育赛事的管理范畴。

这一时期，中国各地的电竞玩家开始奔向世界电子竞技大赛的赛场，并取得了一些成绩。2001年，第一届世界电子竞技大赛（World Cyber Games，以下简称WCG）总决赛在韩国举办，来自37个国家和地区的超过470名职业选手在4天内进行了激烈角逐，中国选手以2金1铜的成绩获得了总分第二名，仅次于东道主韩国，其中获得了《FIFA足球世界》项目2V2比赛和《星际争霸》项目2V2比赛的两个世界冠军。这是中国第一次在世界电子竞技舞台上获得冠军。2005年4月，中国电子竞技史上第一个职业俱乐部——Team World Elite（Team WE）成立，同年，俱乐部成员Sky李晓峰在新加坡举行的WCG总决赛中夺得《魔兽争霸3》冠军，这是中国电子竞技第一个WCG单人项目世界冠军。2007年，第二届亚洲室内运动会举办，电子竞技运动第一次被列为国际综合性体育运动会的正式比赛项目，中国电子竞技队在《极品飞车》《NBA篮球》《FIFA足球世界足球》三个项目中获得3枚金牌。

自2004年开始，依托《星际争霸》《魔兽争霸3》《反恐精英》和《FIFA足球世界》等热门电子竞技项目，一大批电子竞技赛事在世界各地举办，中国和韩国、美国的一系列电子竞技赛事遥相呼应，共同促成了世界电子竞技的第一轮集中爆发式发展。同一时期，电子竞技职业战队开始出现，2007年电子竞技职业选手联赛（Pro Gamer League，PGL）等电子竞技联盟先后成立，开始出现了战队的概念。

电子竞技在这一时期也开始被纳入政府部门管理范畴。2003年11月，电子竞技成为国家体育总局承认的第99个正式体育项目，并在2008年更改为第78号体育项目。此前，在2003年3月，中央电视台体育频道播出《电子竞技世界》栏目，深受广大电子竞技爱好者的喜爱及大众对电子竞技的关注。但由于执行层面的不规范和公众层面的误解，2004年4月12日，国家广播电影电视总局就电脑网络游戏类节目的问题发出《关于禁止播出电脑网络游戏类节目的通知》，电子竞技的公众传播受到了一定影响。直到2009年，国家体育总局体育信息中心成立了电子竞技项目部，开始正式接管中国电子竞技项目的相关管理工作。这意味着电子竞技从原来的民间主导模式变为政府管理模式。

初代中国电竞人进行了各种尝试，将这个全新的项目推进了发展轨道，在此过程中留下的各种痕迹为中国电子竞技的早期发展积累了丰富的经验。而中国选手和战队参与世界级赛事的过程，不仅使电子竞技项目逐步摆脱了网络游戏的负面标签，激发了国内更多力量投入这个新兴行业，而且也促使商业资本入驻电子竞技产业。电子竞技被国家体育总局官方认可以及官方媒体对于电子竞技活动的关注和报道等，这些积极的举措都为此后十几年中国电子竞技的发展奠定了基础。

（三）融合发展

随着电子竞技项目的商业属性增强，与电子竞技有关的软硬件厂商在电子竞技领域找到了新的切入点。2010年以来，电子竞技产业的发展速度加快，各个电子竞技项目的文化功能也得以释放，各项资本的注入催化了电子竞技产业圈的发展，电子竞技产业逐渐规模化。自2016年开始，我国电子竞技产业市场规模已突破500亿元，辐射人数接近2亿人，并呈逐年增长的趋势。目前，电子竞技已作为一项重要产业逐渐融入国家整体性的产业布局和产业规划中，进而融入国民经济的“各个角落”（图29-2）。

全国各地持续加大电子竞技产业扶持力度，包括支持重大电子竞技赛事落地举办、电子竞技场馆建设、电子竞技人才培养及更多电子竞技衍生业态扶持等。2010年，国家体育总局下属的中体产业集团股份有限公司承接了选拔中国电子竞技国家集训队的任务，并规划建设国内首个大型电子竞技场馆。至2022年，全国各地陆续出台多项有关发展电子竞技的相关政策文件。表29-1列出一些近年来电子竞技产业发展的部分相关政策。

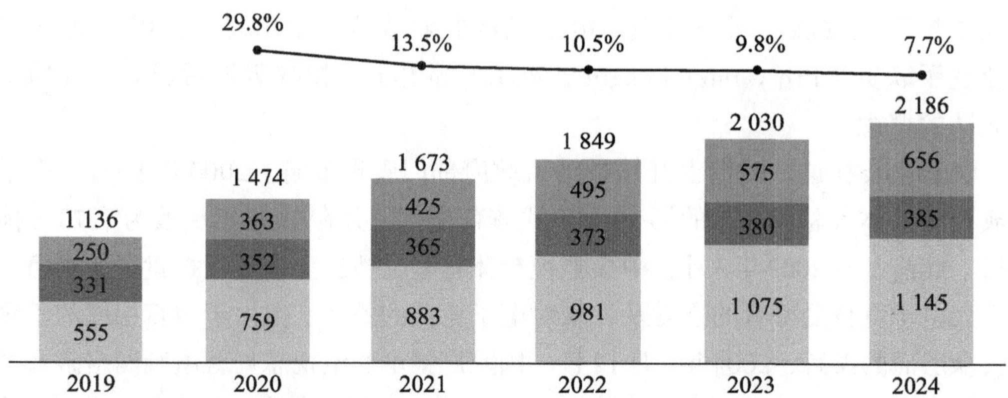

图29-2　2019—2024年我国电子竞技整体市场规模

数据来源：根据企业公开财报、行业访谈及艾瑞统计预测模型估算。

表29-1　一些近年来电子竞技产业发展的相关政策

时间/年	单位	政策名称	主要内容
2016	国务院办公厅	《关于加快发展健身休闲产业的指导意见》	推动极限运动、电子竞技、击剑、马术、高尔夫等时尚运动项目健康发展，培育相关专业培训市场
2020	四川省成都市人民政府办公厅	《关于推进“电竞+”产业发展的实施意见》	提出完善产业生态建设、打造多层次赛事体系、建强产业发展载体、积极推动融合发展、加强人才队伍建设、优化产业发展环境六大措施
2021	文化和旅游部	《“十四五”文化产业发展规划》	促进电子竞技与游戏游艺行业融合发展
2021	工业和信息化部等十部门	《5G应用“扬帆”行动计划（2021—2023年》）	打造AR/VR业务支撑平台和云化内容聚合分发平台，推动与5G结合的社交、演播观影、电子竞技、数字艺术等互动内容产业发展
2021	上海市体育局	《2021年上海市体育产业工作要点》	推动体育产业与相关产业复合经营、传统体育产业与新兴体育产业互动发展，拓展体育产业领域。加强体育与文化旅游、健康养老、教育培训等规划与政策协同，积极推进“体育+”和“+体育”。充分发挥市电子竞技运动协会作用，促进电子竞技健康发展，助力全球电竞之都建设
2021	国务院办公厅	《关于以新业态新模式引领新型消费加快发展的实施意见》	加快发展体育动漫、体育游戏、电子竞技、运动在线指导等体育新兴产业，重点培育一批体育与文化融合发展的骨干企业

续表

时间 / 年	单位	政策名称	主要内容
2021	海南省发展改革委	《海南省“十四五”时期产业结构调整指导意见》	发展电子竞技、影视、动漫游戏、旅游演艺等文化产业，培育新兴文化消费业态
2022	北京市经济和信息化局、北京市商务局	《北京市数字消费能级提升工作方案》	基于精品游戏研发基地、网络游戏新技术应用中心、智慧电竞赛事中心等产业园区，满足年轻消费群体的沉浸式、体验型消费需求。鼓励有条件的地区和相关单位为电竞游戏企业提供登记注册、金融信贷等配套服务，加大对人才落户、房租补贴、研发奖励等方面的支持力度

这一时期，我国选手在国际电子竞技赛事的参与上也取得了较好的成绩。2018年《英雄联盟》S8全球总决赛上，中国战队（IG）夺得了英雄联盟职业联赛（LPL）第一个S赛冠军。同年，雅加达亚运会宣布将《王者荣耀国际版（Arena of Valor）》《皇室战争》《英雄联盟》《实况足球2018》《炉石传说》《星际争霸2》列为2018年雅加达亚运会的6个电子体育表演项目，中国队夺得2金1银的优异成绩。2021年，中国战队EDG获2021年英雄联盟全球总决赛冠军；同年，国际奥委会授权虚拟体育赛事，8个电子竞技项目入选。2023年举办的杭州亚运会上，电子竞技首次成为亚运会正式项目。亚运会作为一个综合性的体育赛事，为电子竞技业态注入了新的发展动力。

自20世纪90年代以来，中国电子竞技经历了波峰和波谷，目前已经是一项社会认可、官方认证并支持的体育项目，进入了更规范、更健康的发展阶段。目前，电子竞技行业不仅在世界范围内呈现持续向好的发展态势，在我国更是实现了短时间内的快速成长，部分层面上已经接近甚至超越了传统体育和文化产业。作为有着广泛基础人群的数字娱乐项目，电子竞技已经成为人们日常文化娱乐的消费选择之一。

三、电子竞技产业发展趋势

（一）规范化

随着电子竞技受众的不断增加和市场需求的增长，电子竞技市场规模将继续扩大。一是相关职能部门、高等院校、项目开发商、俱乐部、电子竞技选手等多方代表参与的电子竞技运动协会等，将制定行业标准，做好准入审查、赛事设计、赛事管理、纪律处罚、争议裁决等工作，为行业发展提供优质、专业的服务指导，如国家新闻出版署于2021年下发了《关于进一步严格管理切实防止未成年人沉迷网络游戏的通知》，未成年人网络游戏时长被大幅度削减。二是电竞研发、赛事举办、电竞直播、场馆布局及商业运营等重点领域的法制也将日渐规范。三是科学合理的电子竞技行业考评、电子竞技人才资质审定、电子竞技运动等级认证、电子竞技从业人员保障等制度日渐完善，形成“法制完善、考评完备、惩办分明”的保障机制，进一步推动电子竞技行业科学化、制度化、规范化发展。

（二）多元化

产业生态链通过与其他行业进一步融合延伸，逐步构成“电竞+”的广义生态环境。

首先，电子竞技与金融、地产、文旅、家居家装、通信、消费电子等产业的交叉融合，形成多个交叉项目是一种必然趋势。尤其是线上内容、线下实景化的模式将推动电子竞技群体从线上转向线下体验和消费，促进了电子竞技及其相关产业的发展。

其次，电子竞技赛事形态的多元化。电子竞技的线下实体赛事是其存在于体育领域的重要现实保障，线下实体赛事是区别于网络游戏的物理前提，也是产生更大社会价值的重要手段。随着电子竞技正式纳入亚运会项目，未来电子竞技赛事将更加专业化和商业化，赛事组织者亦将更加注重运营和营销，以吸引更多的赞助商和观众。电子竞技赛事市场的线下参与度有极大发展空间，因此积极拓展线下营销场景将成为电子竞技赛事下一步的重点发展方向。

最后，剧场化运营也是电子竞技生态的一个重要组成部分。与传统体育赛事相融合，套用集体观看、集体活动的消费模式，众多个体在物理空间中聚合成趣味相投的整体，参与令人难忘的时刻，表达各自的强烈情感，形成群体认同和群体关系。电子竞技剧场化的呈现，将打通赛事和演出的连接，开拓群体投入和消费支持。

（三）科技化

“科技”已成为电子竞技产业发展的关键因素，尤其是日益成熟的互联网技术将为电子竞技产业创造高质量标准的网络环境；同时，硬件的不断发展可以为赛事的运行提供稳定的基础保障；此外，凭借先进的直、转播技术，电子竞技爱好者可以通过流媒体观看高分辨率、低延迟的赛事。高质量的直播将不断吸引用户进入电子竞技产业，实现电子竞技的大众化。

电子竞技是创意产业中的一个高技术密集行业，涉及众多前沿尖端技术，包括

5G、增强现实（AR）、虚拟现实（VR）、大数据（Big Data）、区块链技术等，这一行业发展依赖这些前沿技术，同时也促进这些技术的发展。电子竞技产业与人工智能（AI）、虚拟现实（VR）、增强现实（AR）等技术的结合将对电子竞技的赛事内容、用户体验等方面完成升级，而相关的资源投入也将进一步带动前沿技术的研发和应用。新兴技术赋能电子竞技，人工智能等前沿技术为电子竞技的未来发展带来更多的可能性，同时也进一步拓宽电子竞技的未来发展空间。2023年6月，首届奥林匹克电子竞技周正式开启，进一步推动了电子竞技产业的发展，让电子竞技成为公众体验科技和文化融合新兴成果的窗口，带来全新电子竞技体验的同时也提升全民的科技素养与文化素养。

（四）开放化

电子竞技行业具有鲜明的竞技属性、科技属性和娱乐属性等，而这些属性会随着电子竞技行业的发展而不断发展和成熟。这些属性能够帮助行业培育优质内容、传播正能量、履行社会责任。源远流长的中华传统文化与时下流行的电子竞技相结合可以助力中华传统文化传播，向世界讲述多彩的“中国故事”。

同时，游戏自研能力的提升也促进了中国电子竞技的开放化发展。2022年全球最受欢迎的电竞项目前10名里有4个是手机游戏，分别是《无尽对决》（MLBB）《绝地求生》（PUBGM）《荒岛生存》（Free Fire）《荣耀竞技场》（AOV）。这4个项目是2022年观赛时长和峰值观赛人数表现最佳的移动电子竞技项目，而且都是我国自研的移动电子竞技项目，我国电子竞技的优势不仅体现在竞技实力方面，也体现在游戏自研方面。东南亚、南美、中东等新兴市场是我国电子竞技出海的主阵地。在东南亚地区，《无尽对决》《绝地求生》《荣耀竞技场》已经成为国民游戏，连续入选东南亚运动会正式比赛项目。电子竞技成为海外观众了解中国文化的新渠道，很多海外观众通过电子竞技对中国传统文化元素产生更多认知。

四、职业教育赋能电子竞技产业发展

（一）人才培养

我国电子竞技产业市场规模的扩大带来了相关岗位的增加，在我国电子竞技产业中，岗位分工进一步细化，而其中电子竞技知识和技术的专业化折射出了电子竞技产业对人才的需求。2016年9月6日，教育部在《普通高等学校高等职业教育（专科）专业目录》中增补了“电子竞技运动与管理”专业（670411），从属于教育与体育专业大类。电子竞技运动与管理专业的设置，为整个电子竞技行业的健康可持续发展奠定了坚实的基础，补齐了电子竞技生态中教育缺失的一环。

1. 专业开设

各个职业院校积极开设“电子竞技运动与管理”专业。自2016年教育部公示设置该专业，2017年第一批招生，至今全国各地申报该专业的职业院校都逐年增加。2017—2019年，开设院校从19所快速增加至95所，到2022年达到146所，分布在28个省、自治区和直辖市（表29-2）。

表29-2 电子竞技运动与管理专业历年拟招生备案数据

序号	年份	拟招生备案数目/所
1	2022	146
2	2021	144
3	2020	139
4	2019	95
5	2018	51
6	2017	19

数据来源：全国职业院校专业设置管理与公共信息服务平台。

2. 培养定位

电子竞技运动与管理专业的人才培养和课程设置上紧密贴合产业需求，主要培养面向电子竞技产业从事项目赛训、赛事策划、赛事执行、新媒体运营、主播与解说等工作的高素质复合型技术技能人才。毕业生成为电子竞技俱乐部、电子竞技赛事组织、电子竞技文创企业等的骨干。各个院校培养的人才活跃在赛事活动过程之中，如裁判、运营、主播、解说，俱乐部的领队、教练，电子竞技衍生类的直播、新媒体运营等岗位。

3. 标准建设

教育部高度重视各类专业标准的建设，重视职业院校在行业规范的引领作用。自电子竞技运动与管理专业设立以来，教育部已组织湖南体育职业学院等校企单位先后牵头制定了高职专科电子竞技运动与管理专业简介、高等职业学校电子竞技运动与管理专业教学标准、高等职业学校电子竞技运动与管理专业实训教学条件建设标准和高等职业教育本科电子竞技技术与管理专业简介（表29-3）。这些标准的制定和发布，可以有效地推动专业建设和教师队伍建设、优化人才培养方案，以国家标准引领推进职业教育高质量发展。各项标准的建立，为电子竞技人才培养规格提供了参照，同时也为电子竞技业态发展奠定了人才基础。

表 29-3　电子竞技运动与管理专业标准汇总表

序号	年份	标准名称	制定情况	牵头单位	参与单位
1	2018	高职专科电子竞技运动与管理专业简介	2022年9月发布	湖南体育职业学院	福建体育职业技术学院、南京直尚电竞科技有限公司、广西爱电竞教育发展有限公司、广州超竞教育投资有限公司、山西体育职业学院、上海奥加电竞信息科技有限公司等
2	2018	高等职业学校电子竞技运动与管理专业教学标准	待发布	湖南体育职业学院	福建体育职业技术学院、南京直尚电竞科技有限公司、广西爱电竞教育发展有限公司、广州超竞教育投资有限公司、山西体育职业学院、上海奥加电竞信息科技有限公司等
3	2021	高等职业学校电子竞技运动与管理专业实训教学条件建设标准	2022年1月发布	湖南体育职业学院	锡林郭勒职业学院、上海电子信息职业技术学院、上海群星职业技术学校（中职）北京君通电子竞技有限公司、完美世界教育科技（北京）有限公司、上海洋铭数码科技有限公司、中竞（浙江）教育科技有限公司、苏州钛度教育科技有限公司、全国体育运动学校联合会、南京直尚电竞科技有限公司等
4	2021	高等职业教育本科电子竞技技术与管理专业简介	2022年9月发布	湖南体育职业学院	北京大学、福建体育职业技术学院、山东化工职业学院、中国互联网上网服务行业协会、长沙直尚信息科技有限公司、完美世界教育科技（北京）有限公司、杭州电魂/中竞（浙江）教育科技有限公司等
5	2022	高等职业教育本科电子竞技技术与管理专业教学标准	制定中	湖南体育职业学院	北京大学、福建体育职业技术学院、山东化工职业学院、中国互联网上网服务行业协会、长沙直尚信息科技有限公司、完美世界教育科技（北京）有限公司、杭州电魂/中竞（浙江）教育科技有限公司等

4. 教材建设

电子竞技运动与管理专业教材的建设也初成体系。电子竞技专业以就业为导向，具有明显的行业特征，所以最初的电子竞技教材主要由企业编写，但随着电子竞技教育的体系化，企业开始与院校合作，近几年，电子竞技教材也渐趋于规范化和体系化。院校在编写与选用教材时也主动邀请了相关行业企业专家进行指导，促进了职业教育与市场的密切结合（表29-4）。

表29-4 电子竞技相关教材汇总表

出版时间	教材名称	出版单位	作者/编著
2005年12月	《电子竞技运动概论》	人民体育出版社	李宗浩、李柏、王健
2012年7月	《游戏电子竞技教程》	中国水利水电出版社	房晓溪、侯宇坤
2017年11月	《卡牌类游戏的分析与应用》《第一人称射击游戏的分析与应用》	北京体育大学出版社	中教易未来
2018年3月—2019年9月	《电子竞技导论》《电子竞技文化》《电子竞技产业生态》《电子竞技心理学》《电子竞技俱乐部运营与管理》《电子竞技赛事管理》《电子竞技传播与解说》	高等教育出版社	直尚电竞（湖南体育职业学院参与编审）
2019年4月	《电竞简史》	上海人民出版社	戴焱淼
2019年5月—2022年7月	《电子竞技职业生涯规划》《电子竞技运动概论》《电子竞技用户分析》《电子竞技商务英语》《电子竞技俱乐部运营与管理》《电子竞技赛事运营与管理》《电子竞技场馆运营与管理》《电子竞技IP运营》《电子竞技赛事编导》《电子竞技赛是导播》《电子竞技运动心理学》《电子竞技运动康复学》《电子竞技主持解说》《电子竞技数据分析》	高等教育出版社	超竞教育、腾讯电竞（湖南体育职业学院参与编审）
2019年9月	《电子竞技概论》	机械工业出版社	浙江网竞教育科技有限公司
2019年11月—2020年7月	电子竞技运动与管理专业系列教材：《电子竞技发展史》《电子竞技概论》《电子竞技解说教程》	机械工业出版社	恒一、查天奇、李季涛、乔宇、林旭等
2019年6月—2020年6月	全国电子竞技专业系列教材：《电子竞技产业概论》《电子竞技赛事策划与管理》《电子竞技产业概论》《电子竞技数字媒体艺术设计》	电子工业出版社、高等教育出版社	姜汉烽、吕楠、直尚电竞
2020年8月	高职高专游戏与电子竞技“十三五”规划教材：《游戏与电子竞技概论》《电子竞技直播与解说》《电子竞技赛事运营与服务》《电子竞技媒体制作与运营》	中国铁道出版社有限公司	邬厚民、朱恺文、戴运筹
2022年11月	《电子竞技概论》	科学出版社	龚雨玲、曾长春

（二）社会服务

1. 正向引领

电子竞技教育的任务之一，就是要研究如何利用和开发电子竞技的正向功能。

职业教育也一直在开展此项工作，力求改变民众对电子竞技认识的思维定式，帮助民众正确对待电子游戏所产生的负面影响，并提出举措积极加以克服等。我国电子竞技在社会认知上整体偏低，所以，对电子竞技项目的社会价值和发展状况、电子竞技专业的设置和课程的开设等进行深度研究和解读是必要的。近几年来，职业院校的教师在这方面做了大量工作。

对当前普遍存在的社会对电子竞技运动认知偏差问题，职业院校也一直在积极普及电子竞技运动的相关知识，积极开展电子竞技就业指导讲座，带领学生外出参观和实习，构建学校教育与电子竞技产业之间的桥梁，普及电子竞技知识，引导学生树立正确的就业观和择业观。此外，部分职业院校还通过举办和参与电子竞技运动有奖问答的形式，组织相关电子竞技比赛等，引导学生和社会大众走出对电子竞技的认知误区，树立正确的职业观。

2. 技能培训

电子竞技职业教育在技能培训上主要以校企合作、产教融合的模式实现。学校与企业签订职业技能培训协议，跨界搭建职业技能培训平台，联合开展企业员工培训项目，提升参训人员的技术技能水平。2021年2月，人力资源和社会保障部等颁布了包括“电子竞技运营师”在内的13个全新的国家职业技能标准，明确规定了相关的职业定义、工作内容和技能要求等标准，实现了电子竞技职业教育与国家官方技能认定的正式结合。

技能培训还体现在1+X证书制度的执行上，职业院校与企业进行合作，依托电子竞技赛事运营等证书，进一步增强学生在数字文创领域的创业就业能力，为行业企业遴选输送高水平技能人才，切实履行好育人职能。部分职业院校与企业达成深度合作，对通过高级证书考核的学生开展1对1高水平就业服务，包括职业发展规划、岗位招聘信息解读、简历面试指导等。这些措施都有力地提高了学生的专业水平，将学校与市场间的差距缩小，更好地培育适合从事电子竞技产业的高素质技术技能人才。

3. 志愿服务

目前，大型电子竞技产业中的志愿者多以大学生为主体。随着电子竞技产业的蓬勃发展，泛电子竞技产业链条日趋完整。不少城市都陆续举办或承办各种类型、各种规模的电子竞技赛事。例如，“电竞北京2021”系列活动围绕平台搭建、赛事举办、生态营造和消费引领四大主题，在北京举办论坛峰会、电子竞技赛事、文娱表演、网络综艺等各类活动50余项；还有其他电子竞技项目赛事，如《英雄联盟》城市英雄争霸赛、《王者荣耀》全国大赛城市赛、《穿越火线》百城联赛、《第五人格》城市挑战赛、《和平精英》高校赛总决赛等项目的举办，不仅开启了全民电子竞技时代，也让赛事成为主办城市对外展现欣欣向荣的崭新气象的“窗口”。

除了普通志愿者，大、中型赛事还会招募一些专业的志愿服务人员，由于岗位专业性较强，目前，志愿者大多是在学校中进行招募，如执行裁判和游戏OB（行业术语：即Observer/观察者/游戏导演）。通过志愿服务帮助更多群体了解电子竞技运动的运动背景与体育精神，建立正确的认知，通过以点带面的方式向社会大众普及“电子竞技产业”。同时，学生志愿者以专业化的面貌服务于参与者，也充分展现了城市的人文精神，推动文化志愿服务常态化、规范化，助力公共文化服务体系建设。

4. 技术赋能

职业院校除了在人才培养、标准规范和正向引领等方面作出贡献，其他专业也一直在为电子竞技行业的支撑和发展提供技术支持。

电子竞技行业高度依赖数字软、硬件技术。新兴技术的不断发展，给玩家的游戏体验感、观众的观赛体验感带来持续提升，也拓宽了电子竞技产业未来发展的空间。新兴技术包括但不限于芯片、服务器、通信网络、交互设备等硬件技术，游戏引擎、人工智能、技术美术工具、数据分析工具等软件技术，以及云服务、动作捕捉、虚拟现实、混合现实、高速通信网络等综合技术。这些新兴技术的发展，给电子竞技游戏的研发和运营持续助力，有助于不断优化游戏视听表现和玩法机制，给玩家提供更精彩的游戏体验，还有助于更为流畅、稳定、智能、沉浸化的直、转播环节体验，提升线上比赛、观赛体验。职业院校积极融入前沿技术，将新兴科技引入课堂教学中，同时，在制造和使用科技中为电子竞技产业提供技术支撑。

主要执笔人：柳军，湖南体育职业学院；谭焱良，湖南体育职业学院；刘雅真，湖南体育职业学院；潘萱竹，湖南体育职业学院；杨帅，湖南体育职业学院；李泽西，天津市飞赫体育文化传播有限公司；沈敏，杭州电魂/中竞（浙江）教育科技有限公司；范英楠，完美世界教育科技（北京）有限公司。

职业教育赋能城市地下综合管廊行业高质量发展

随着城市的快速发展，地下综合管廊已经成为城市基础设施中的重要组成部分，是提升城市形象、推动城市经济、促进城市可持续发展、提高城市综合抗灾能力的前提条件。自1978年我国建设第一条地下综合管廊以来，该行业迅猛发展，目前，已初步实现建设集约化、施工预制拼装化、管理智能化、建设市场化。作为新兴行业，地下综合管廊在规划设计、施工管理、运维监控等方面都存在巨大的发展空间，地质数据共建共享、统一规划设计、优化建设施工、智慧运维管理、强化保障机制是其主要发展方向。近年来，各地职业教育院校也积极参与地下综合管廊建设，通过培养复合型高技能的行业人才、提供成熟的行业培训服务和多维合作提高社会服务水平等为行业的发展提供坚实基础。

一、城市地下综合管廊行业的定位

近年来，我国城镇化进程快速发展，新城建设、老城改造等城市建设工作如火如荼地开展，市政基础设施中的各种管线越来越多，传统管线敷设模式使各类管线单位“各自为政”，造成维修增设时管线敷设位置、种类、大小等信息共享程度严重不足，从而引发维修管线事故频发，“拉链工程”不断出现，强弱电线形如“蜘蛛网”，严重影响城市形象，也给老百姓生活带来不便。

持续增长的城市人口数量、规模化的城市集群、庞大的城市资源消耗对未来城市的资源运输系统提出了挑战，综合性、便捷性、高效性、安全性为一体的城市资源运输系统是城市化发展的必然选择和必由之路，城市地下综合管廊在此背景下得以迅速发展。城市地下综合管廊是一种集中敷设电力、给排水、通信、燃气、热力等各类管线的地下公共管道系统，通过紧凑合理、统一布置公共廊道内各类管线，避免了频繁挖掘道路对交通和居民出行造成影响和干扰，保持了路面的完整性和各类管线使用的耐久性，同时便于各种管线的敷设、增减、维修和日常管理，达到了高效利用道路下空间，节约城市用地的目的。因此，城市地下综合管廊对满足民生基本需求和提高城市综合承载力的重要作用不容忽视，是保证城市安全、稳定、可持续发展的重点市政工程，以此兴起的城市地下综合管廊行业也得到越来越多的认可和关注。

随着城市建设重心从地上设施建设向地下设施建设和地下空间开发利用转移，城市地下综合管廊行业对社会的突出贡献也体现在了诸多方面。

（一）发展城市地下综合管廊行业是提升城市形象的重要举措

快速的城市化发展进程使得各种管线网络日益增多，而相应的敷设规划研究等工作未能有效地开展，致使现今城市中因采用传统敷设管线方式造成“拉链式”马路、天空“蜘蛛网”等现象。以城市地下综合管廊为契机的城市地下空间开发利用实现了各种管线的集中敷设，可以充分有效地利用地下空间资源，解放城市地上空间，避免出现空中交错搭线等不美观现象，对改善城市面貌具有重要意义。

（二）发展城市地下综合管廊行业是推动城市经济发展的重要动力

随着信息技术的发展，城市地下综合管廊行业智能化升级趋势日益凸显，渗透到地下综合管廊设计、施工、管理、运维等方面，也推动了一批新兴产业的发展，如云技术、大数据等。新兴产业的发展有助于提高就业容量、增加公共产品有效投资、拉动社会资本投入及打造经济发展新动力，从而为打造智慧城市、实现既有旧城改造也有城市复兴提供了经济和技术支撑。

（三）发展城市地下综合管廊行业是促进城市可持续发展的重要保障

虽然城市地下综合管廊的一次性投资较大，但长期效益非常明显。一方面，城市地下综合管廊建成后使用周期较长，且对入廊管线有良好的保护作用，可以减少环境资源的消耗、延长管线的使用寿命、降低管线管理和维护的成本、实现集中统一的高效管理。城市地下综合管廊带来的直接效益与间接效益远远要高于传统的管线直埋法，更利于实现社会效益最大化，是保障城市可持续发展的关键一步。另一方面，因此节省的地上空间有效缓解了城市用地紧缺的状况，为完善城市基础设施，保证城市各项功能稳定、集约、高效地运转留存了更多空间，为城市可持续发展提供了无法估量的经济和社会效益。

（四）发展城市地下综合管廊行业是提高城市综合抗灾能力的重要内容

各类工程管道是城市的“大动脉”，是城市能源输送的“生命线”，如果发生灾害事故，可能会导致城市的整体瘫痪。利用城市地下综合管廊实现多种管线集中统一管理，保证了各类管线的运行安全，提高了管线的抗灾能力，在一定程度上降低了地震、洪涝、冰冻等突发性灾害对廊道内的管线的直接伤害，明显提升了管线运行的可靠性和城市综合抗灾能力。

二、城市地下综合管廊行业的变迁

利用城市地下空间建设综合管廊的概念起源于19世纪的欧洲，首条综合管廊于1833年在法国巴黎建成。在此之后，英国、德国、日本、西班牙等国家陆续开展地下综合管廊建设，经过一百多年的探索、研究和实践，国外发达城市的地下综合管廊已成为市政建设管理和城市公共管理的重要部分，行业发展日趋成熟。我国在该领域发展相对滞后，1958年建设完成第一条地下综合管廊。该管廊建造于北京，总长约1.3 km、埋深7~8 m，解决了重要节点的交通问题，是国内地下综合管廊的雏形。此后20年，地下综合管廊的发展仍处于停滞阶段。

1. 摸索徘徊阶段（1978—2000年）

随着改革开放的逐步推进和城市化进程不断加快，城市基础设施建设逐步完善和提高，国外一些关于地下综合管廊的先进经验传到中国，地下综合管廊行业随之崭露头角。1978年，上海宝钢一期工程开始兴建，该工程的电缆干线和支干管线采用了地下综合管廊方式敷设，是我国地下综合管廊建设的起点。上海宝钢一期工程启动后，一些发达地区也开始尝试进行管线综合建设。1985年，北京市国际贸易中心建设了一条公用管线，用于容纳大楼内的电力、通信和供热管；1988年，天津新客站工程为穿越的7股铁路线路建设了一条长约50 m的地下综合管廊，管廊内容纳了雨水管道、给水管道和动力控制线；1991年，济南3号矿井工业场地地下综合管廊开始建设。但是由于技术上的阻碍，管线综合实施仍是极其困难的，至1993年底，全国共完成地下综合管廊建设规模不足2 km。直至1994年，上海浦东新区张杨路两条宽5.9 m、高2.6 m、双孔各长5.6 km，全长约11.2 km的地下综合管廊修建完成。该管廊由电力室和燃气室两部分组成，收容了电力、通信、燃气、给水4种城市管线，同时配套了安全设施，以及通风、照明、监控、火灾检测报警、可燃气体检测报警、氧气检测、中央计算机数据采集与显示等附属设备和系统，是我国第一条较具规模且正规运营的地下综合管廊。

该阶段的城市地下综合管廊建设目的以试验为主，且仅在北京、上海等个别经济较发达的地区开展。由于国内建设环境和建设经验的欠缺，市政设计单位只能在借鉴国外已有成果的基础上摸索着进行工作，只有极个别项目初具规模并能投入使用；施工工艺上以明挖法为主，最大限度地降低施工难度；廊内安全设施不完善，使用周期短。该阶段建成的地下综合管廊大多在后期进行了重新改造升级或不再使用。

2. 快速发展阶段（2001—2016年）

随着城市经济建设的快速发展及城市人口的膨胀，城市对于开拓地下空间的需求不断增长以适应城市发展和建设的需要。加之相关专业技术人员在前一阶段的理论验证、研究实践和经验积累，城市地下综合管廊行业进入了迅猛发展阶段。

2002年，上海在安亭新镇启动了国内第一条网络化地下综合管廊工程，全长约6 km，服务面积约2.5 km^2，该项目有效解决了管廊空间布置交叉的技术难题。2005年，在广州大学城建成了全长17.4 km、断面尺寸7 m × 2.8 m的地下综合管廊，成为当时国内投入运营的单条距离最长、规模最大、体系最完善的地下综合管廊，廊道内集中了电力、通信、燃气、给排水等多种市政管线。该管廊建于外环主干中央隔离绿化带下，呈环状结构布局，支线管廊长度达到 80 km。2007年，上海世博会园区地下综合管廊工程开始建设，这是我国首次将预制预应力施工工艺应用于地下综合管廊结构，园区管廊总长约6.4 km，其中预制预应力综合管廊示范段长约0.2 km。2008年，青岛率先在高新区规划建设55 km的地下综合管廊网络，形成“成网成片”的布局；2011年，青岛投入使用了该规划项目的第一条地下综合管廊；目前，青岛市高新区已建成并投入地下综合管廊运营55 km，勇于开拓创新的“青岛模式”也在全国逐步得到推广。

除了上述标志性工程，杭州、武汉、南京、厦门等一大批大中型城市的管线综合规划设计和建设工作也陆续开展并完成。自2013年起，国家陆续发布相关政策及指导意见，积极部署、引导工作开展，进一步推进城市地下综合管廊工程的规范、有序发展（表30-1）。

表30-1　2013—2016年我国城市地下综合管廊相关政策

发布时间	政策名称	主要内容
2013年9月	《关于加强城市基础设施建设的意见》	用3年左右时间，在全国36个大中城市全面启动地下综合管廊试点工程；中小城市因地制宜建设一批综合管廊项目；新建地下管网应按综合管廊模式进行开发
2014年6月	《关于加强城市地下管线建设管理的指导意见》	2015年底前完成城市地下管线普查，建立综合管理信息系统，提高综合管廊建设管理水平；探索投融资、建设维护、定价收费、运营管理等模式；用10年左右时间，建成较为完善的城市地下管线体系
2014年12月	《关于开展中央财政支持地下综合管廊试点工作的通知》	中央财政将对地下综合管廊试点城市给予专项资金补助：最终确定包头、沈阳、哈尔滨、苏州、十堰、厦门、长沙、海口、六盘水、白银10个城市作为第一批试点城市，计划3年内合计建设地下管网389 km，总投资351亿元
2015年8月	《关于推进城市地下综合管廊建设的指导意见》	启动编制综合管廊专项规划，完善标准规范；到2020年建设一批具有国际先进水平的地下综合管廊并投入运营
2016年1月	《城市综合管廊国家建筑标准设计体系》	按照总体设计、结构工程、专项管线、附属设施4部分进行构建，标准设计项目覆盖了城市地下综合管廊工程设计和施工中的主要内容

续表

发布时间	政策名称	主要内容
2016年2月	《关于开展2016年中央财政支持地下综合管廊试点工作的通知》	第二批综合管廊试点城市共15个，为郑州、广州、石家庄、四平、青岛、威海、杭州、保山、南宁、银川、平潭、景德镇、成都、合肥、海东
2016年5月	《关于推进电力管线纳入城市地下综合管廊的意见》	鼓励电网企业参与投资、建设、运营城市地下综合管廊，做好电力管线入廊工作；各地统筹管廊电网规划及年度建设计划，明确工程标准，加强入廊管理，实行有偿使用
2016年8月	《关于提高城市排水防涝能力推进城市地下综合管廊建设的通知》	将城市排水防涝与城市地下综合管廊建设协同推进，构建城市排水防涝工程体系，并与城市防洪规划做好衔接

2016年《政府工作报告》中指出“开工建设城市地下综合管廊2 000 km以上”，这是2016年的重点工作之一。在政府引导支持、社会力量助力投资、技术人员研究实践的环境之下，自2013年起我国城市地下综合管廊行业蒸蒸日上，广州大学城、青岛高新区等多个大规模地下综合管廊项目建成并投入运营。该阶段主要以传统型管廊为主，在设计上以单一建设为主，收纳给水、电力、通信等传统管线，尚未实现与地下空间的合建；在施工上多采用明挖现浇法；在融资上基本为政府投资。至2016年，我国已建成并投入使用地下综合管廊长度达479 km，在建规模约为1 791 km，2016年，单年市政公用设施建设固定资产投资达到294.7亿元。

3. 推进创新阶段（2016年至今）

在政府的强力推动下，社会资本开始积极参与到城市基础设施特别是地下综合管廊的建设上来，我国城市地下综合管廊建设开始蓬勃发展，同时拉动了国民经济发展。2017年《全国城市市政基础设施建设“十三五”规划》明确了城市综合管廊的建设指标。在政府的强力推动下，社会资本开始积极参与到城市基础设施特别是综合管廊的建设上来，我国综合管廊建设开始蓬勃发展，同时拉动了国民经济发展。2016年以后，我国地下综合管廊建设继续有序推进（图30-1），各个城市根据当地的实际情况编制更加合理的管廊规划，制订切实可行的建设计划，随着社会力量的引入，政府投资从峰值开始逐年下降。

根据2017—2021年城乡建设统计公报，全国已建成地下综合管廊长度从2 418 km增长至6 682 km，四川、河北等试点城市所在省份发展尤其迅速。截至2021年底，华东地区的城市地下综合管廊规模为全国之首，占31.26%；华北地区综合管廊总建设里程相对较少，仅占8.4%。四川和山东建成地下综合管廊里程超过了800 km，而重庆、宁夏、山西、天津、黑龙江、西藏仍不足50 km。

在本阶段，地下综合管廊完成了由传统管廊向现代管廊的转变，以建设集约化、施工预制拼装化、管理智能化、建设市场化为特征。

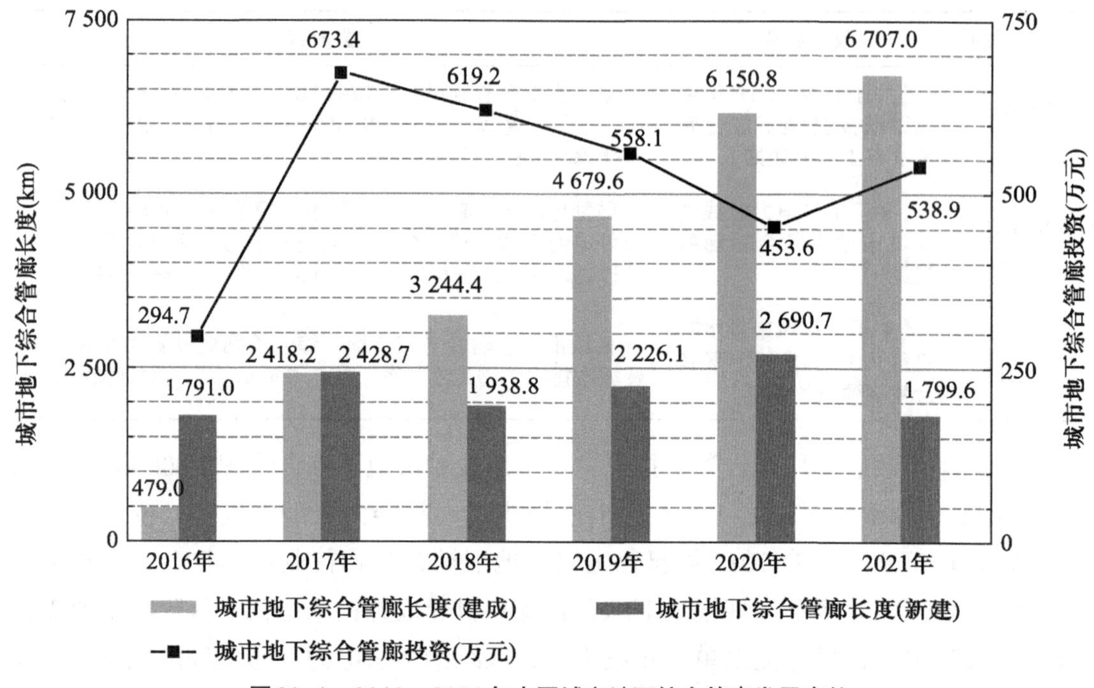

图30-1　2016—2021年中国城市地下综合管廊发展走势

建设集约化。随着技术的发展趋向于成熟，地下管廊内的管道类型越来越多，电力、中水等市政管线也逐渐被统筹规划至统一空间。此外，部分综合管廊与地铁、地下道路、地下街等地下工程合建，避免了重复建设和投资，节约了有限的地下空间，实现了资源的高效利用。

施工预制拼装化。地下综合管廊预制拼装技术是将管廊结构拆分为若干预制管片，运至现场后采用拼缝接头构造拼装，使管廊形成整体，并符合结构强度和防水性能等要求。地下综合管廊预制拼装技术能够有效控制管片质量，施工不受季节及气候的影响，可以进一步节约工程成本、保证工程施工质量、缩短工程周期、加快工程建设进度，弥补了传统现浇施工方式的不足。

管理智能化。现代管廊结合物联网、大数据、地理信息系统等信息化技术，建立运维管理平台，对地下综合管廊采取更加精准、科学、高效的数字化管理模式。目前，我国部分地下综合管廊项目管理已经实现了数据的及时感知和更新、自动报警和提醒等智能化功能，对于城市地下空间的科学化、信息化规划逐步形成，管理水平提升到一个更高的层次。

建设市场化。自2015年《国家发展改革委、住房和城乡建设部关于城市地下综合管廊实行有偿使用制度的指导意见》发布，明确了“遵循使市场在资源配置中起决定性作用和更好发挥政府作用”的原则以来，城市地下综合管廊有偿使用制度开始推行，调动了社会资本投入的积极性。虽然目前尚未形成合理的收费机制，“入廊难”和“收费难”问题仍然没有解决，但在政府的推动下市场力量参与的积极性逐渐见长。

三、城市地下综合管廊行业未来发展

城市地下综合管廊对推进新型城镇化、补齐城市基础设施短板，实现城市可持续发展的重大意义不必再多赘述。作为近几年国家重点支持的新兴行业，城市地下综合管廊行业目前仍处于尚未成熟、大量吸收新技术的发展阶段。在前期的调研中发现，地下综合管廊在规划设计、施工、运维管理及后期的常态化监控等方面都存在巨大的发展空间。

（一）地质数据共建共享

地下综合管廊大多顺沿城市干线分布，沿线构筑设施众多、地质环境复杂、施工难度大，尤其是软土及地下条件复杂的区域。前期详细准确掌握施工地区的工程地质条件、水文条件、不良地质及特殊性岩土等情况，成为保证工程质量的基础。因此，全面弄清城市地质结构、地下空间状况，加强城市地下资源、环境、空间等多要素综合地质调查，建立地下基础信息的统一汇交管理及动态更新机制，搭建城市地下空间基础信息共享平台，是开展地下综合管廊建设的基本保障。通过构建地下空间大数据平台，可以为地下综合管廊的安全、可持续发展提供技术支撑。

（二）统一城市地下综合管廊规划设计

1. 地下空间一体化开发

地下综合管廊的规划设计已从独立建设转向与地下工程合建，但仍处于初期。一方面，地下空间的开发一般不可逆，一旦出现缺陷难以通过重建弥补；另一方面，新建管廊项目常常与已建或规划用地的地下空间产生矛盾。提高规划的系统性、前瞻性，以全周期视角统筹考虑地下空间资源的长期效益与综合效益是解决地下空间使用矛盾的前提。以地下综合管廊为契机，确保其与交通、市政、商服、仓储等多功能地下空间统一设计、有序建设、协同运行，可以有效避免重复建设和投资、降低建设成本和周期，充分提高管廊集约化效益。

2. 因地制宜规划地下综合管廊建设

2023年，住房和城乡建设部修订了《城市地下综合管廊建设规划技术导则》，指导各地“从城市发展需求和建设条件出发，因地制宜分类施策，发挥综合管廊集约布局管线和提高管线运行安全可靠性作用，在实现城市市政管网系统整体布局最优的基础上，科学合理确定综合管廊建设规划方案”。出于资金、技术难度等条件的限制，目前的地下综合管廊建设主要集中在新城区或者开发区，难以在老城区开展。然而老城区建设年代久远、道路狭窄、地面交通复杂、电力等架空线布置随意，存在的安全隐患不容忽视，对于管线入廊的需求更为迫切。老城区的地下综合管廊工程未来将结合老旧城区改造、架空线入地等举措，大力推进量大、面广的地下综合管廊建设。

（三）优化城市地下综合管廊建设施工

1. 预制拼装的标准化及模块化

预制拼装施工技术因其操作简便、节约工程成本、能够保证工程施工质量、缩短工程周期、加快工程建设进度等优点而被广泛推行，在现阶段的城市地下综合管廊工程建设中较为常用，也是未来发展方向之一。地下综合管廊标准化、模块化是预制拼装技术继续发展的重要前提，标准化的预制拼装模板及其他相关设备可用于多种工程，间接降低了投资成本。此外，基于地下综合管廊标准化的通用图也能大幅降低设计单位的工作量、节约设计周期、提高设计质量，从而提升工程整体的建设质量和安全水平。

2. 地下综合管廊与海绵城市建设技术相结合

2016年发布的《城市综合管廊工程技术规范》（GB 50838—2015）中增加了排水管道入廊技术规定，建议给水、雨水、污水、再生水、天然气、热力、电力、通信等城市工程管线纳入综合管廊统筹范围。一方面，排水管道入廊能提高排水防涝标准，提升城市应对洪涝灾害的能力，是解决城市内涝问题的新思路；另一方面，城市排水系统体量较大，增加了管廊的体积，对施工造成挑战。地下综合管廊与海绵城市建设的结合势在必行，而解决两者矛盾的关键技术仍待突破。

（四）智慧城市地下综合管廊运维管理

1. 运维管理智慧化

随着信息技术的广泛应用，其与城市地下综合管廊的融合也日益完善。以智能化监控设备为基础，数据融合分析应用为手段，结合建筑信息模型（BIM）、物联网、大数据等技术的地下综合管廊智慧化运维管理平台，通过对地下综合管廊工程在运维过程中协同监管和可视化管理，能够为综合管廊的智慧运维管理提供较为完善、可靠的一体化解决方案，从而达到可靠监管、智慧运维、降本增效的管理目标，保障综合管廊的安全运行。

2. 管理平台统一化

在推进智慧城市建设过程中，各单位已经对所辖管线进行了数字化管理，但各部门之间还没有实现信息开放和共享，信息化系统建设相对分散，没有形成统一的管理平台，缺乏交互界面和联动分析。这就造成各个管理部门之间缺乏有效的信息沟通渠道，数据共享程度低，信息管理不够全面，重复管理、相互矛盾等现象十分常见，无法对管网进行整体规划和控制，不利于实施管廊信息化。因此，综合多项业务应用、整合多个地下综合管廊、涵盖多个智能监控系统，使用一套标准及流程、一个智能管控平台、一个智能网络的多功能运维管理平台成为当前研究的主流方向，统一的平台可以有效提高运维管理效率、设施设备运行安全性和资源利用集约化。

3. 风险评估体系化

地下综合管廊作为城市的重要基础设施，是保证城市安全、稳定、可靠运行的重要环节。地下综合管廊结构封闭复杂、内部多种管线集中放置，多风险因子联合作用极易诱发多灾种耦合的风险事故，如泄漏、火灾、爆炸、坍塌事故相互转化的灾害链，并快速衍生出城市功能服务中断、空气污染、水体污染等事件，给社会造成难以估量的损失。目前的地下综合管廊风险评估以单类型管线的定性分析为主，集中在因素识别和风险应对方面，尚无公认的城市地下综合管廊运行安全评价指标体系。随着地下综合管廊工程对于运维管理技术的要求逐步提升，基于多灾害耦合的风险评估模型和统一的安全评价指标体系是未来的发展主流之一。

（五）强化城市地下综合管廊保障机制

1. 地下综合管廊使用有偿化

城市地下综合管廊建设周期长且投资大，在大力推进管线入廊的进程中，只有政府财政补贴来保障资金需求是不够的，社会投资必将成为地下综合管廊建设资金的主要来源。然而，在不能确保投资安全、收益可靠的前提下，很难提升社会资本投资的参与热情。所以，建立健全城市地下综合管廊有偿使用制度，形成合理收费机制，调动社会资本投入积极性，是促进城市地下综合管廊建设发展的资金保障。

2. 完善相关法律法规

地下综合管廊工程规模大、涉及范围广、牵扯多方利益，极易出现管理混乱的情况。通过进一步完善相关法律法规，对企业和施工人员进行有效约束，能够在一定程度上确保各项工作的有序协调。然而，目前的法律法规无法覆盖城市地下综合管廊规划、建设、施工以及使用的全周期，仍需要在运用中不断改进、补充和完善。

四、职业教育服务城市地下综合管廊人才发展

自城市地下综合管廊行业兴起以来，各地职业教育院校积极参与其中，通过地下综合管廊实训基地建设、综合管廊行业人员培训等手段向社会输送了一大批行业人才，为该行业的发展提供了坚实的基础。职业教育为城市地下综合管廊行业发展的支撑具体体现在以下三个方面。

（一）培养复合型高技能的地下综合管廊施工、运维、管理人才

一些职业教育院校密切关注地下综合管廊行业的发展，敏锐地察觉到其广阔的发展前景。在该行业发展初期，已有部分院校将综合管廊相关的理念融入教学，并逐渐调整专业教学方向，积极开展与相关企业的合作，不仅为土建类专业学生的就业拓展了新方向，同时也为行业提供了大量的人才。近年来，一些领先的职业院校又将智能化技术与地下综合管廊相结合，打造了大批基于BIM、“互联网+”等信息技术的高质量地下综合管廊实训基地，为人才培养创造了锻炼空间，从而为社会输送了大批懂技术、会实操的学科交叉型技能人才。

随着国家地下综合管廊建设投资力度不断加大，人才缺口问题显现，相关院校在如何培养管廊运维人才方面做了积极探索。以杭州科技职业技术学院城市建设学院为例，为进一步明确地下综合管廊实训基地的总体定位、功能布局和预期目标，更好地对接行业人才需求，实现人才培养模式的动态调整，提高人才培养质量，增强社会服务综合能力，该校组织相关人员进行了大量的走访调研，并于2021年10月联合头部企业率先建成地下综合管廊实训基地（图30-2）。建成的地下综合管廊实训基地已成为国内首家地下综合管廊“建设与运维”教学示范基地、杭州市首家以“安全城市”为主题的创新示范基地，目前已培养管廊运维技术技能人才100余名，且均已被杭州市地下管道开发有限公司等国有企业录用。

图30-2　地下综合管廊实训基地（实训区）

（二）提供成熟的地下综合管廊行业培训服务

在前期大量人才培养、校企合作经验积累以及基地建设的基础上，职业院校已

经完全具备能力提供地下综合管廊行业的施工、运维、管理人员相关的社会培训服务。以杭州科技职业技术学院为例，该校以证书考取为出发点，常态化组织社会人员的行业培训，进一步推广办学经验，以人才输送的形式推动行业发展，对外提供社会化培训服务。近几年，该校与相关管廊运维等公司共同举办了地下综合管廊运维员培训班，为确保地下综合管廊安全运行提供了强大助力，进一步拓宽高素质技术技能人才的培养路径，打造了职业教育服务城市发展的“全国样板”。

（三）多维合作，提高社会服务水平

目前，管廊相关标准还尚未完善，部分职业院校积极参与《城市综合管廊运行维护质量评价标准》等标准的编写工作，解决当下标准缺失的问题，促进行业健康可持续发展。同时，让高职院校的教师参与标准制定等社会工作，有助于提高自身的业务水平，使得其培养的学生在市场中更具有核心竞争力和影响力。

主要执笔人：温欣，住房和城乡建设部人力资源开发中心；金波，杭州科技职业技术学院；姚欣宇，杭州科技职业技术学院。

后 记

职业教育因产而生、向产而长、随产而兴。随着我国经济结构调整和产业升级不断加快，数字经济蓬勃发展，新技术、新业态、新模式、新职业层出不穷，一些传统职业开始衰落甚至消失，一些新职业不断涌现并迅速发展，2022年，人社部公布《中华人民共和国职业分类大典》，相较2015版大典，新增职业168个，总职业数达1 639个，从“360行”到“上千行”的职业变迁，既是我国经济结构进一步优化升级、经济活力不断迸发的真实写照，也是社会分工日益细分、市场需求不断升级的必然结果。

职业教育作为与经济社会发展结合最为紧密的教育类型，坚持教随产出，主动适配产业发展，深入推进供给侧结构性改革，构建完善了与产业发展相匹配的专业目录体系，设置19个专业大类、97个专业类、1 349个专业，有力支撑了国家重大战略实施，服务了经济社会高质量发展和产业转型升级需要。

为总结宣传中国职业教育主动适应经济社会发展和产业变革需要，充分展现职业教育与新业态相互支撑、相互促进的良好生态，本书依据《新产业新业态新商业模式统计分类》，对标《中华人民共和国职业分类大典》《职业教育专业目录》，遵循“业态—专业—职业”匹配原则，聚焦强国制造，遴选了先进制造业、现代服务业等重要产业领域的“铁路高端制造”“直播电子商务”“大数据服务”“电子竞技”等新业态，聚焦绿色经济选择了新型能源活动、节能环保活动领域的“风力发电”“环境监测评估”等新业态，聚焦乡村振兴选择了“数字农业经济智能农机应用”等30种新业态。这些新业态主要涵盖“现代农林牧渔业大类”“先进制造业大类”“新型能源活动大类”“互联网与现代信息技术服务大类”等9个“三新”经济大类，代表了产业高端化、智能化、绿色化、个性化发展新方向，对应128个职业教育专业，涉及67种新职业。

本书面向相关行指委等单位征集新业态发展研究成果，每篇成果内容主要覆盖“业态定位”“业态变迁”“业态未来发展”“职业教育为支撑业态发展作出的贡献”等方面，内容丰富、数据翔实、特色鲜明，对深入推进产教融合，促进教育链、人才链与创新链、产业链有机深度融合有着重要借鉴意义。

本书由教育部职业教育发展中心主任彭斌柏策划指导、副主任曾天山统筹组织，产教合作处处长唐以志具体推进，教育部职业教育发展中心周荣亚、王海鹰、李旸等人参与了整体策划、专家联络和整理统稿工作。

本书编写得到了全国电子商务行指委副主任陆春阳、中联研究院院长刘建军、云农京飞（北京）科技股份有限公司董事联合创始人赵酝等专家的支持与指导，中联研究院和工信行指委、住建行指委、卫生行指委、药品行指委、机械行指委、电子商务行指委、汽车行指委、餐饮行指委、旅游行指委、体育行指委、有色金属行指委等行业指导委员会积极供稿，高等教育出版社给予鼎力支持，在此一并致以衷心的谢意。

图书中疏漏和不妥之处敬请读者提出宝贵意见！

编写组

2023年9月

读者意见反馈

为收集对教材的意见建议，进一步完善教材编写并做好服务工作，读者可将对本教材的意见建议通过如下渠道反馈至我社。

咨询电话 400-810-0598

反馈邮箱 zz_dzyj@pub.hep.cn

通信地址 北京市朝阳区惠新东街4号富盛大厦1座　高等教育出版社总编辑办公室

邮政编码 100029